Retos de programación con juegos

Python y Java

Manual Imprescindible

Retos de programación con juegos

Python y Java

Mariona Nadal Farré

Manual Imprescindible

Montaje de cubierta: Celia Antón Santos
Diseño de maqueta: Laura Apolonio Guerra
Revisión: Yohana B. Martínez Abreu y Gelsys M. García Lorenzo
Maquetación: Claudia Valdés-Miranda Cros
Responsable editorial: Eugenio Tuya Feijoó

Edición española:

© EDICIONES ANAYA MULTIMEDIA (GRUPO ANAYA, S.A.U.), 2024
   Valentín Beato, 21
   28037 Madrid.
   www.anayamultimedia.es

PAPEL DE FIBRA
CERTIFICADA

Depósito legal: M-536-2024
ISBN: 978-84-415-4900-5
Printed in Spain

*A mis queridos alumnos de primero de DAM y DAW
(curso 2023/24) en EEP iGroup,
con quienes me habría encantado utilizar este libro,
pero aún estaba «en construcción».
Día a día me ayudáis a ser consciente del nivel de quienes
empiezan, y así ajustar mejor cómo explico las cosas.*

*A mis alumnos de cursos anteriores, donde se sembraron las
semillas de muchos de los juegos presentados en este proyecto.*

*A mis compañeros de carrera, de jugar con vosotros al Lingo
en las mesas nació la implementación inicial
del juego final presentado en esta obra.*

Mariona Nadal Farré

SOBRE LA AUTORA

Mariona Nadal es ingeniera informática por la Universidad Politécnica de Madrid (2003). Cursó el máster habilitante del profesorado en la Universidad Complutense de Madrid (2023).

Actualmente ejerce como profesora de programación (y otros módulos) en grados superiores de Formación Profesional (rama Informática). Es instructora de LinkedIn Learning, donde cuenta con un número creciente de videocursos sobre fundamentos de la programación y Java.

Este es su tercer libro. El primero fue *Manual Imprescindible. Curso de programación Java* (2021) y el segundo, *Estructuras de datos y algoritmos. Guía ilustrada para programadores* (2022), ambos del sello Anaya Multimedia.

Antes de su plena dedicación a la docencia, sumó más de 20 años de experiencia en la práctica del desarrollo de aplicaciones Java en entornos empresariales para grandes clientes internacionales.

Su metodología fresca, directa y realista hace sus cursos amenos, claros y útiles, cercanos al aprendiz novel. Te lleva a través de la práctica a un estilo de programación de fácil mantenimiento y alta empleabilidad, y crea la base necesaria y firme para convertirte en un programador profesional.

En https://school.dsrroma.es encontrarás todos sus cursos y más recursos.

 Web DSR School
bit.ly/dsrschoool

 Cursos en LinkedIn Learning
bit.ly/lilmnadal

gracias

A todas las personas que ya mencioné en mi primer y segundo libros, pues, para llegar al tercero, los anteriores debían de existir.

Especialmente, a Pablo, quien ha leído uno a uno, largos o cortos, todos los capítulos para verificar que no decía ninguna tontería ni olvidaba nada importante. Así como a Virginia, quien los ha leído con la curiosidad y el entusiasmo del aprendiz, detectando lo indetectable.

Evidentemente, un enorme agradecimiento para el equipo de Anaya Multimedia que con su profesionalidad me ha ayudado a construirlo:

- *A Eugenio, por dirigir la orquesta.*

- *A Gelsys, por corregir una y otra vez los errores, erratas y despistes en los textos originales.*

- *A Claudia, por lograr facilitaros la lectura del código y de los diagramas con su estupenda maquetación.*

- *A Celia, por tener la portada lista cuando fue necesario.*

- *Al resto del equipo de Anaya Multimedia y empresas vinculadas, que se encargan de hacer llegar los píxeles escritos en mi pantalla hasta el libro que tienes entre manos.*

- *A Juan Miguel, Azucena, Laura y demás miembros del equipo de Antwology por darme la oportunidad de participar en su programa y «hablar de mi libro», una buena recarga de energía para terminarlo con fuerza.*

Gracias también a todas aquellas personas que, aunque no mencione explícitamente, han hecho aportaciones a lo largo de mi vida que me han llevado a escribir este volumen.

No quiero olvidarme de quienes me ayudaron a escoger portada, ni de todos aquellos que, con sus reseñas sobre mis cursos y libros, me ilusionan para seguir generando nuevos contenidos.

Índice de contenidos

Cómo usar este libro

A quién va dirigido y qué es necesario para empezar

Este libro va dirigido a programadores noveles que están dando sus primeros pasos en el mundo de la programación, bien siguiendo una educación formal, bien en modo autodidacta.

Asume que el lector tiene cierta base y quiere aplicarla en programas reales: juegos que podrá jugar. Pero como en la segunda parte se tratan los fundamentos teóricos mínimos necesarios para seguir los primeros capítulos, también puede resultar útil para lectores sin experiencia previa en programación.

Se trata de una obra multilenguaje en Python y Java, así que puede ser utilizada por quienes están aprendiendo Python como su primer lenguaje de programación, o por quienes están empezando por Java, o por quienes no saben por cuál de los dos comenzar, o por los que, conociendo ya uno, quieren aprender el otro.

La temática de los retos, los juegos, hace la obra atractiva para **adolescentes** (y **preadolescentes**), que están aprendiendo a programar en la escuela, en extraescolares o *motu proprio*. Pero también para **adultos** de cualquier edad, que prefieran retos entretenidos a los tediosos ejemplos habituales de personas, estudiantes, vehículos, animales, pedidos, nóminas… Especialmente indicado como guía para los **profesores** de programación de estudiantes de secundaria y bachillerato.

Para afrontar los retos propuestos e implementar los juegos, necesitas un ordenador en el que instalar los entornos de desarrollo necesarios, aunque hay páginas web en las que se podrían probar los más sencillos desde un móvil o una *tablet*. Si bien no son los dispositivos más adecuados para programar, sí te servirán para seguir aprendiendo.

Estructura del libro

La primera parte está compuesta por nueve juegos, uno por capítulo, con un nivel de dificultad creciente: se inicia con juegos muy simples, en modo texto, hasta llegar a programas de varios cientos de líneas de código, aplicando la orientación a objetos y con interfaz gráfica de usuario. En la segunda parte, «la teoría», encontrarás los conocimientos básicos que te apoyarán para seguir el ritmo al que sube el nivel de los juegos.

El primero, **Eco, eco**, es tremendamente simple, para romper el hielo. En **Pares o nones**, empezamos a programar «de verdad» con estructuras condicionales, para añadir las estructuras iterativas en **Adivina un número**. En **Piedra, papel, tijeras** se complica el algoritmo y aumenta el entretenimiento del resultado obtenido. En el famoso juego de **El ahorcado**, trabajamos el desarrollo incremental proponiendo una versión inicial básica y una versión final mejorada, aunque seguro que no será «final», porque la seguirás evolucionando con los retos propuestos. Retos que encontrarás al final de cada capítulo para mejorar cada uno de los juegos. ¡Espero capturas o vídeos de tus versiones! ¡Menciónname cuando las publiques en redes sociales!

El juego del **Tres en raya** presenta también varias versiones: empezamos con el ejercicio de representar un tablero en modo texto, utilizando programación estructurada, para introducir luego la orientación a objetos en una versión jugable, pero manteniendo la interfaz en modo texto, a la que rápidamente añadiremos una interfaz gráfica para, a partir de ese momento, comenzar a ver colores en pantalla y usar el ratón para jugar. Los tres juegos siguientes, el **Memory**, el **Buscaminas** y el **Lingo**, ya se hacen directamente orientados a objetos y con interfaz gráfica, con el consiguiente aumento de dificultad de los algoritmos y con más funcionalidades ofrecidas en cada capítulo.

Durante estos capítulos encontrarás preguntas cuya respuesta comprobarás mediante el código QR que las acompaña.En paralelo, cuentas con la opción de consultar la parte teórica, que empieza con la instalación de los **Entornos de desarrollo** (en plural, porque trabajamos en Python y/o en Java), seguida de las pautas básicas para llevar a cabo el proceso de **Depuración**, que te ayudará a entender los programas y corregirlos si tuvieran errores. Siempre es importante contar con unos buenos **Fundamentos de la Programación** para avanzar con paso firme. Tras asentar las bases, empezamos con las nociones de **Programación Estructurada**, que te ayudarán con los seis primeros juegos. Llegados a la mitad del capítulo sexto, cuentas con el apoyo de los capítulos dedicados a la **Programación orientada a objetos**, a la **Programación dirigida por eventos** y a la **Interfaz Gráfica de Usuario**.

Se deja al criterio del lector determinar el orden de lectura: primero la teoría, luego el juego, o bien la teoría como apoyo, si fuera necesario, durante el desarrollo del juego.

Convenios utilizados en este libro

Para facilitar la comprensión de este manual se han utilizado algunos formatos especiales:

- Los nombres de comandos, menús, opciones, cuadros de diálogo y otros elementos aparecen en letra «de palo seco» para distinguirlos fácilmente del resto del texto: por ejemplo, la instrucción System.out.println.

- Los fragmentos de código los verás como textos de ancho fijo, al igual que los resultados de la ejecución de los programas, el color del texto te dará la pista para saber de qué tipo se trata:

```
fragmento de código
resultados de ejecución
```

- A lo largo del libro aparecen notas informativas separadas del texto principal que proporcionan información, tales como aclaraciones, advertencias, curiosidades o consejos:

Información de soporte

Los ejemplos y proyectos desarrollados en este libro están disponibles en el repositorio git de acceso público https://github.com/DSRschool/Anaya-MI-Juegos.

 Repositorio en git
bit.ly/gitMIJuegos
Puedes descargarte todo en un fichero zip, pero te recomiendo aprender las operaciones básicas de git para sacarle el máximo provecho.

Recomendaciones y buenas prácticas

El libro es multilenguaje. Quizá has escogido seguir solo el camino Python, quizá has preferido el camino Java, pero no descartes la otra mitad directamente... A veces ver cómo se hacen las cosas en el otro lenguaje puede abrirte la mente y ayudarte a entenderlo. O a lo mejor, simplemente, las distintas palabras que utilizo para explicar lo mismo, cuando coinciden, te resultan más útiles.

Te llevo de la mano para ir desarrollando mi solución de los juegos, pero ¡hay que ser valiente! ¡Suéltate de mi mano y avanza más! Acepta los retos propuestos, échale imaginación y evoluciona aún más los juegos. Cuando aprendas algo nuevo, vuelve atrás e intenta aplicarlo a los juegos anteriores. El espacio en el libro es limitado, tu capacidad de aprendizaje es infinita. ¡Quiero ver tu creatividad en redes!

Fíjate en los diagramas. Están ahí para ayudar a entender la solución propuesta. Puede parecer extraño, pero conviene que tengas papel y lápiz a mano. Tomar apuntes, hacer esquemas y diagramas ayuda, y mucho, a la hora de programar.

Tienes todos los ficheros disponibles para descargar, pero, si de verdad quieres aprender a programar, escríbelos tú. Como los cuadernos de caligrafía de la escuela, escribir letra a letra los programas te llevará a asimilar lo que estás escribiendo. Olvídate de copiar y pegar hasta que no sepas perfectamente qué estás copiando y pegando.

Para generar buenos programas, debemos ordenar nuestra mente, pero también nuestros ficheros. Clasifícalos en carpetas, da nombres significativos tanto a las carpetas como a los ficheros, de forma que te resulte fácil recuperar lo que estés buscando.

Por cierto, yo propongo **una** solución, a veces dos. Pero no **la** solución, porque en programación, **la** solución no existe. Todo se puede resolver de muchas maneras.

Contacta conmigo

Tus sugerencias, comentarios, correcciones, propuestas... son una fuente de crecimiento para mí y mis contenidos. Puedes escribirme a school@dsrroma.es. Procuraré contestar tan pronto como las circunstancias tengan a bien. También puedes seguirme en X (antes Twitter) en mi perfil @MarionaJava o en LinkedIn como marionanadal, para estar al día de mis nuevas publicaciones.

Introducción

¿Python o Java? ¿Java o Python? Ambos son lenguajes punteros, muy demandados por las empresas y muy enseñados en institutos y universidades. Elegir uno u otro no debe ser por fanatismo, cada uno tiene sus pros y sus contras, pero lo que demuestras escogiendo este libro es tu intención de abrir tu mente a aprender ambos, o cualquiera de los dos.

Dicen que Python es más fácil para comenzar, porque tiene una sintaxis más ligera. Quizá porque yo empecé en Java, tengo la sensación de que, al ser más estricto, facilita que el código funcione bien, pero sensaciones aparte, ¿qué diferencias hay entre ellos?

Java es un lenguaje de tipado estático, así que, al declarar una variable, hay que decir de qué tipo es (un número, un texto, un objeto representando un coche o una persona) —aunque esto ha cambiado en las versiones modernas—, mientras que en Python el tipado es dinámico: cuando se ejecute el programa, ya se inferirá de qué tipo es cada variable. Por eso Java nos dará más problemas de compilación, pero menos de ejecución.

Los programas escritos en Python se interpretan para ser ejecutados: son rápidos de escribir y ejecutar, mientras que el código Java requiere ser compilado para generar código binario, que podrá ser ejecutado en cualquier sistema que tenga una máquina virtual Java (JVM). Ejecutar una vez puede ser más lento, pero el proceso de compilación no habrá que repetirlo en cada ejecución.

Java es la elección para aplicaciones empresariales, gracias a su escalabilidad y rendimiento, mientras que Python está en auge debido al aumento del desarrollo del análisis de datos, la inteligencia artificial y la computación científica.

A la hora de escoger un lenguaje u otro para desarrollar un proyecto, dependerá de sus requisitos.

¿Y a la hora de escoger con cuál empezar a aprender a programar? Yo apostaría por Python si solo queremos curiosear en el mundo de la programación y obtener resultados rápidos. Sin embargo, optaría por Java si tu objetivo es convertirte en programador. Una vez tengas controlado Java, aprender Python será más fácil.

En cualquier caso, aprovecha la oportunidad que te da este libro de conocer ambos en paralelo para comparar y escoger con criterio.

¿Vale la pena aprender a programar en la era de la inteligencia artificial? ¡Claro que sí! Al programar, mejorarás tus habilidades en resolución de problemas, tu pensamiento crítico y lógico, la creatividad, la capacidad de organización y con ello la eficiencia, además de aumentar la tolerancia al fallo, la capacidad de concentración y la atención al detalle.

Programar es una tarea apasionante. Puede resultar frustrante, pues raramente sale todo a la primera, pero la satisfacción de lograrlo tras muchos intentos no tiene precio. Si además el resultado de dicho esfuerzo es un juego funcional, que se puede enseñar a familiares y amigos, e incluso, que se puede ver cómo lo disfrutan los demás, es mucho más gratificante.

¡Diviértete programando estos juegos, y también jugándolos!

Parte 1

Los juegos

1

Eco, eco

- La implementación de programas o juegos simples.
- La escritura de los mensajes de salida en pantalla.
- La lectura de la entrada del usuario mediante el teclado.

Introducción

Empecemos con un juego muy sencillo: **eco, eco**. El ordenador mostrará en pantalla lo que escribamos por el teclado.

Lo haremos, como en todos los juegos de este libro, en dos lenguajes de programación distintos: Java y Python. Verás que la sintaxis a veces es muy distinta y otras veces se parece mucho. No te preocupes: separaré ambos programas, para que no los confundas.

Aunque este ejemplo es muy sencillo, empezaremos con las buenas prácticas desde ya, así que iremos haciendo las cosas paso a paso.

Definición y análisis del problema

La **definición del problema** surge de lo que nos cuenta el cliente que quiere que programemos, sus requisitos. Para resolver bien el problema, debemos entenderlo, así que buscaremos una definición lo más precisa posible. En el **análisis del problema** los analistas (o programadores), sabiendo ya qué debemos hacer, pensamos en cómo hacerlo, qué necesitamos, qué caso debemos contemplar…

Según avancemos, tendremos definiciones y análisis más complejos, pero de momento esto nos vale:

El ordenador debe explicar al usuario el juego, con el mensaje «Juego del "eco, eco": dime algo que yo lo repito». A continuación, lo animará a escribir algo, con el mensaje «¿eco?» y leerá lo que escriba el jugador mediante el teclado, para luego pintarlo por pantalla, escribiendo «¡eco!» seguido de lo escrito por el usuario.

Diseño del algoritmo

Un algoritmo es una secuencia de pasos para resolver un problema, de una forma secuencial (paso a paso), precisa y sin ambigüedades. Debe terminar en un número finito de pasos y no depende del lenguaje de programación (aunque quizá sí del paradigma, la forma de resolver los problemas, que utilicemos).

Los algoritmos se pueden definir mediante pseudocódigo o mediante diagramas de flujo. En este juego usaremos pseudocódigo, que no es más que un lenguaje de programación «inventado» que, como lo tenemos que entender las personas y no los ordenadores, no tiene una sintaxis tan estricta.

```
Eco, eco:
ESCRIBIR introducción: 'Juego del "eco, eco": dime algo que yo lo repito'.
ESCRIBIR el prompt: "¿eco?".
LEER teclado guardando la frase en una variable.
ESCRIBIR la frase: "¡eco!" + la frase.
FIN.
```

He utilizado un par de palabras que quizá no entiendas. Primero, un anglicismo, *prompt*, que se utiliza para referirnos a ese texto que se le proporciona al usuario para animarlo a, o para sugerirle, que escriba algo. Luego, un término de programación: variable. En programación utilizamos las variables para almacenar los datos que necesita manejar nuestro programa como cuando, echando cuentas a mano, apuntas en una esquina un valor intermedio. En la segunda parte del libro profundizaremos más en los conceptos de programación.

Implementación

Sin más dilación, ya llegamos al momento de la verdad. Toca escribir el código en un lenguaje que el ordenador entienda, para que pueda ejecutarlo. Si en pseudocódigo teníamos cierta flexibilidad en lo que escribíamos, a la hora de escribir código, da igual qué lenguaje de programación utilicemos, hay que cumplir las normas de dicho lenguaje.

Implementación en Python

Empezamos con el código final, y luego te explico cada línea. Tienes que escribirlas en un fichero cuya extensión sea .py, por ejemplo, eco.py.

eco.py	Python

```
01   print('Juego del "eco, eco": dime algo que yo lo repito')
02   frase = input("¿eco? ")
03   print("¡eco!", frase)
```

En la primera línea llamamos a la función print pasándole como parámetro el mensaje que queremos imprimir, mostrar, por pantalla. Los textos literales que escribimos en el código tienen que ir entrecomillados; en Python, podemos usar las comillas simples o las dobles. Como dentro de la frase necesitamos utilizar las comillas dobles, mejor utilizamos fuera las simples, aunque también podríamos *escaparlas* como veremos que se hace en Java.

La segunda línea se encarga de darle el *prompt* al usuario, recoger lo que se escribe por teclado y guardarlo en la variable frase.

Finalmente, en la tercera línea, volvemos a usar la función print y le pasamos dos parámetros, pero le podríamos pasar tantos como necesitemos. Serán los fragmentos de texto que queremos concatenar. print se encargará de añadir un espacio en blanco entre fragmento y fragmento, y un salto de línea al final.

Ejecución y salida

El resultado de ejecutar este código será el siguiente:

```
Juego del "eco, eco": dime algo que yo lo repito
¿eco? hola
¡eco! hola
```

Que en Spider (un IDE de Python) se vería así:

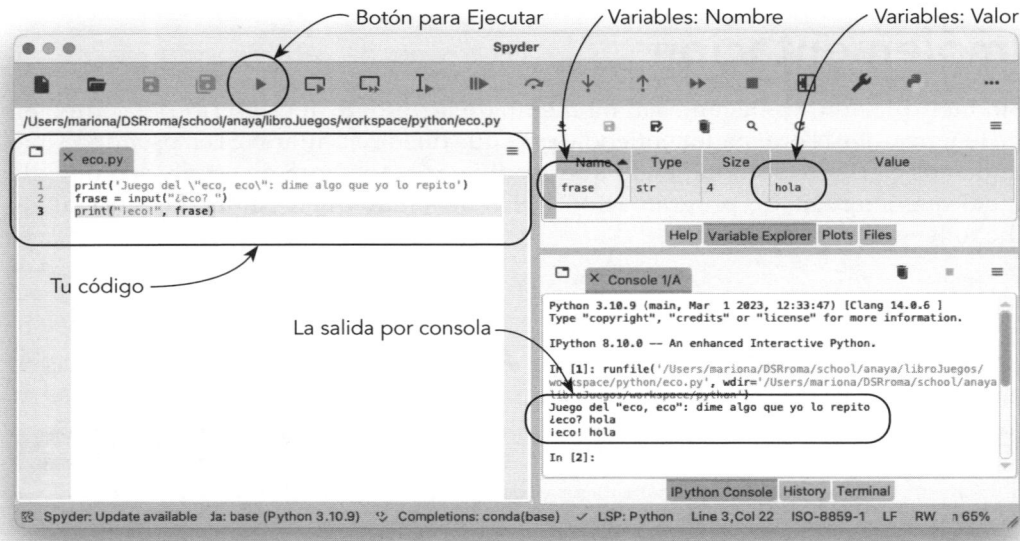

Figura 1.1. Ejecución de eco, eco en Python, utilizando Spyder.

Implementación en Java

EcoEco.java	Java

```java
01  import java.util.Scanner;
02
03  public class EcoEco {
04
05      public static void main(String[] args) {
06          System.out.println("Juego del \"eco, eco\": dime algo que yo lo repito");
07          Scanner s = new Scanner(System.in);
08          System.out.print("¿eco? ");
09          String frase = s.nextLine();
10          System.out.println("¡eco! " + frase);
11          s.close();
12      }
13  }
```

Como has observado, la sintaxis de Java es un poco más pesada que la de Python, necesitamos más líneas para escribir el mismo programa, y utilizamos más signos. Esto puede parecer un inconveniente, pero en ocasiones es una ventaja. En cualquier caso, no es motivo suficiente para descartar un lenguaje, así que dale una oportunidad, porque tanto Python como Java son dos lenguajes de programación muy importantes: ambos están en las primeras posiciones en los *rankings* de lenguajes más utilizados. Es como si dijeras «paso de aprender inglés, que tiene una ortografía muy rara; con el español me basta». Ambos son idiomas muy extendidos, pero si conoces ambos, se te abrirán más puertas. Pues con Java y Python, igual.

El código no se suele escribir del tirón de inicio a fin, así que te iré contando las líneas de código según se escriben.

Empezamos por las líneas 3 y 13. Java es un lenguaje orientado a objetos y todo el código debe ir metido dentro de una clase. En la línea 3 estamos declarando una clase, llamada EcoEco, que será pública, es decir, que podrá ser vista por otras clases. Hace falta que sea pública para poder ejecutarla. El fichero en el que guardamos el código se llamará exactamente como la clase, respetando mayúsculas y minúsculas, con la extensión .java. Es decir, su nombre será EcoEco.java. Al final de la línea 3 abrimos una llave, {, que cerramos en la línea 13, }. Todo el código correspondiente a la clase debe ir entre esas dos llaves y, para que se lea mejor, todo lo que vaya ahí dentro irá con una tabulación al principio de la línea. Así vemos fácilmente que la llave de cierre de la línea 13 está a la misma altura que la primera letra de la línea 3, en este caso, al inicio de línea, sin tabulaciones.

ADVERTENCIA:

Atención, en Java es para que se lea mejor. En Python, ¡ya verás cómo las tabulaciones sí importan!

Seguimos con las líneas 5 y 12. En ellas estamos declarando el método main (principal) que será el que se ejecute cuando queramos ejecutar una clase. Y se declara tal cual está escrito en esa línea, sin cambiar nunca nada. De nuevo, abrimos y cerramos llaves para indicar dónde empieza y termina el bloque, en este caso, el método. Estas dos líneas llevan un nivel de indentación, una tabulación, porque están dentro de la clase.

Este esqueleto lo repetiremos en casi todos los programas, cambiando solo el nombre de la clase.

Vamos ahora a por el código «de verdad», el que conseguirá que el programa haga lo que queremos que haga.

En la línea 6 pintamos el mensaje. La instrucción que pinta mensajes en Java es System.out.println. Para este lenguaje, las comillas simples se utilizan para los caracteres (letras sueltas) y las dobles, para los String (cadenas de texto), así que, si queremos escribir comillas dentro del texto, no nos queda otra que *escaparlas*, es decir, poner un carácter delante que avise a Java de que eso no debe interpretarlo como una comilla de cierre, sino como parte del texto. Se utiliza la contrabarra, \, así que pondremos \" cada vez que queramos pintar unas comillas dobles. El final de cada sentencia debe llevar un punto y coma.

Leer del teclado, de la entrada estándar, es un poco más complicado en Java que en Python. Tenemos que declarar un objeto de tipo Scanner que reciba como parámetro de dónde leeremos, System.in, como hacemos en la línea 7. Para poder utilizar la clase Scanner, que está definida aparte, en otro paquete, debemos importarla, y las importaciones se ponen al principio del código, como en nuestra línea 1.

A diferencia de Python, no podemos pasarle un *prompt* a la lectura de teclado, así que tenemos que hacer otro System.out para escribir «¿eco?», pero como no queremos que escriba una línea nueva, esta vez usaremos print en vez de println. En Java mandamos nosotros para indicar dónde queremos o no que haya espacios en blanco, así que si queremos que lo que escriba el usuario no se pegue al ?, tenemos que poner un espacio entre el interrogante y las comillas, como hemos hecho en la línea 8.

En la línea 9 llega el momento de leer, tenemos que pedirle al escáner, que hemos llamado s, mediante su método next() que lea la siguiente línea. ¿De dónde? De la entrada estándar, el teclado, y que lo guarde en la variable frase, que será de tipo String. Java es un lenguaje fuertemente tipado, lo que significa que a cada variable u objeto tenemos que indicarle de qué tipo es. Puede parecer un engorro, pero nos hará la vida más fácil, porque evitaremos confusiones de usar textos como si fueran números, por ejemplo.

En la línea 10 pintamos el resultado. Queremos juntar «¡eco!» con lo que ha escrito el usuario, frase. Para concatenar dos String utilizamos el signo +, el de sumar. En otras palabras, sumamos un texto con el otro, y se juntan. De nuevo, si queremos espacios de separación entre uno y otro, hemos de indicarlo. Por eso, hay un espacio entre el signo de admiración y las comillas. Si bien los espacios delante y detrás del igual, del más… son decorativos en Java, se ponen solo para facilitar la lectura, los que hay entre las comillas dobles que forman parte de los textos literales sí son significativos.

Ya casi estamos. Solo nos falta cerrar al salir. Hemos abierto un escáner, mejor lo cerramos, llamando a su método close(). Hay formas mejores de hacerlo, pero por ahora nos vale así.

Ejecución y salida

El resultado de ejecutar este código será el siguiente:

```
Juego del "eco, eco": dime algo que yo lo repito
¿eco? hola
¡eco! hola
```

Que en Eclipse (un IDE de Java) se vería así:

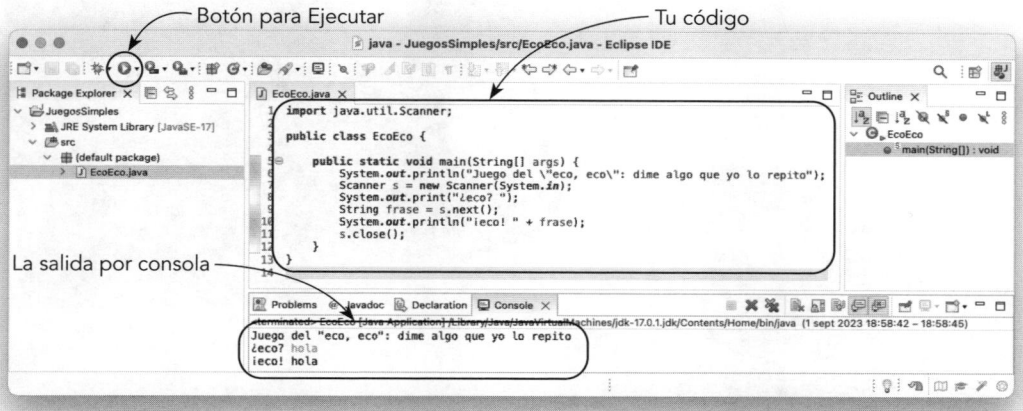

Figura 1.2. Ejecución de eco, eco en Java, utilizando Eclipse.

Rétate

Te propongo a continuación algunos retos que puedes intentar por tu cuenta, tomando como inspiración el código sobre el que hemos trabajado.

- Cambia los mensajes que el ordenador da al usuario.
- Elimina todos los mensajes del ordenador, que este no diga nada, solo que espere a que el usuario escriba y luego repita lo que ha escrito.
- Escribe ¡eco! y la frase en dos líneas en vez de en una sola.
- Pide primero el nombre, luego el apellido, y píntalos al final, a la vez.

Y si quieres retos más difíciles (puede que requieran que consultes capítulos posteriores o documentación adicional, como otros libros, la documentación oficial del lenguaje o foros en internet), aquí va uno:

- Escribe la frase del usuario en mayúsculas.

2

Pares o nones

- Las estructuras condicionales (if).
- El manejo de números y texto.
- La generación de números aleatorios.
- El control de errores.
- Las comparaciones numéricas y textuales.

Introducción

Segundo capítulo, segundo reto: **pares o nones**. ¿Sabes jugar a pares o nones? Se trata de un juego de manos, de dos jugadores, en el que ambos, de forma simultánea, deben mostrar uno o dos dedos de su mano. Pero antes, uno de ellos debe decir si saldrán pares o no. Ganará si acierta si la suma de dedos mostrados es par o impar.

Para resolver este problema, trabajaremos algunos conceptos nuevos. Tendremos que manejar números y textos, hacer comparaciones, tener alternativas o generar números aleatorios, además de controlar posibles errores.

Definición y análisis del problema

Empecemos definiendo inequívocamente el funcionamiento del juego: queremos jugar a pares o nones contra el ordenador. Tanto la persona como la computadora deben escoger entre 1 y 2. Según si la suma de los valores escogidos es par o impar, el ordenador responderá con los mensajes «¡Pares!» o «¡Nones!».

Ahora, el análisis:

Para que el ordenador escoja uno de los valores establecidos, debemos generar un valor aleatorio (*random*, en inglés) limitado a los valores 1 y 2. También la respuesta del usuario, que leeremos del teclado, debe limitarse a esos dos posibles valores, así que si lo que leemos es distinto, tendremos que dar un mensaje de error.

Para calcular si el resultado del juego es «¡Pares!» o «¡Nones!», sumamos ambos valores y comprobamos si el resto obtenido al dividirlo entre 2 es 0 (número par) o 1 (número impar). En informática, para calcular el resto de la división entera se utiliza la operación módulo.

¿Algo más a tener en cuenta? En principio, no. Podemos seguir con el siguiente paso.

Diseño del algoritmo

Pares o Nones:
```
GENERAR aleatoriamente 1 o 2 guardando el valor en la variable ordenador.
ESCRIBIR el prompt: "¿1 o 2?".
LEER teclado guardando el valor en jugador.
SI jugador != "1" Y jugador != "2" ENTONCES
    ESCRIBIR ERROR "¡Mal!".
SI NO
    CONVERTIR jugador en numero.
    suma := ordenador + numero.
```

```
        SI suma es par ENTONCES
            ESCRIBIR "¡Pares!".
        SI NO
            ESCRIBIR "¡Nones!".
        FIN SI.
        ESCRIBIR "El ordenador dijo " + ordenador + " y el jugador " + jugador.
FIN SI.
FIN.
```

Poco importa si es el ordenador o el jugador quien decide primero, pero, para evitar suspicacias, mejor que sea primero el ordenador, cuando aún no sabe el valor que escogerá el jugador, quien juegue. El primer paso del algoritmo será la generación de un valor aleatorio, 1 o 2, por parte del ordenador.

Para a continuación, invitar al usuario a hacer lo propio.

Una vez conozcamos la elección humana, debemos comprobar que está entre los valores permitidos. Si no es así, escribiremos un mensaje de error indicándoselo al usuario. Si no, si el valor es válido, podemos seguir con el juego.

Lo que leemos del teclado son letras, pero para hacer sumas necesitamos números, así que hay que convertir el "1" o el "2" del jugador en un 1 o un 2 que podamos sumar al generado aleatoriamente. Fíjate en que los textos los pongo entre comillas, mientras que los números, los escribo sin ellas.

Cuando ya tenemos los dos números, los sumamos, y comprobamos si el resultado, guardado en la variable suma, es par. Si es par, escribimos «¡Pares!». Si no lo es, escribimos «¡Nones!».

Para tranquilizar al usuario (y para verificar que todo ha ido bien), escribiremos un mensaje adicional por pantalla en el que mostraremos la jugada de ambos participantes.

Implementación

En este reto hay cosas nuevas para aprender... por ejemplo, la operación módulo. En este caso Python y Java coinciden. Para calcular el resto de una división, ambos utilizan el operador %, llamado módulo. En otros lenguajes se usa la palabra mod.

Por cierto, el código esta vez será un poco más largo, pero sin miedo, línea a línea, te ayudo a entenderlo. Utilizaremos una estructura condicional (if / else) y, por tanto, también condiciones. Las condiciones son expresiones booleanas, para comprobar si algo se cumple (es cierto, *true*) o si no (es falso, *false*). En ocasiones, podemos necesitar que se cumplan varias condiciones (y, *and*) o solo una de ellas (o, *or*).

Implementación en Python

En el capítulo anterior hablamos de las tabulaciones en Java, que usábamos para que el código fuera más fácil de leer, pero que no eran obligatorias y adelantábamos que en Python sí iban a ser importantes. Si en Java utilizamos la apertura y cierre de llaves para indicar el ámbito de un bloque, en Python se hace de forma más sutil: anidando con una tabulación adicional cada bloque.

> **ADVERTENCIA:**
>
> *En Python es fundamental respetar las tabulaciones, ya que indican el ámbito de los bloques.*

---

paresnones.py   **Python**

```
01  import random
02
03  ordenador = random.randint(1, 2)
04  jugador = input("¿1 o 2?\n")
05
06  if not jugador == "1" and not jugador == "2":
07      print("¡Mal!")
08  else:
09      numero = int(jugador)
10
11      suma = ordenador + numero
12
13      if suma % 2 == 0:
14          print("¡Pares!")
15      else:
16          print("¡Nones!")
17
18      print("El ordenador dijo", str(ordenador), "y el jugador", jugador)
```

En la línea 3 estamos generando un valor entero (un número), entre 1 y 2. Utilizamos la función randint del módulo random. Para ello, necesitamos importar el módulo, como hacemos en la línea 1.

En la cuarta línea, como ya hicimos con eco, eco, utilizamos la función input para preguntarle al usuario qué valor quiere jugar. Fíjate en que en el *prompt*, tras el cierre del interrogante, hay un \n, esta combinación la utilizamos para indicar que queremos meter un salto de línea. La respuesta la guardamos en la variable jugador.

> **NOTA:**
>
> *Funciones, métodos y procedimientos hacen referencia a conceptos muy similares pero no idénticos. No quiero profundizar en ello ahora, pero normalmente utilizaré el término «método» cuando hable de Java y el término «función» en Python.*

El siguiente paso de nuestro algoritmo es comprobar una condición y, en función del resultado, actuar de una forma u otra. Necesitamos utilizar el if. En la línea 6, comprobamos una condición compuesta: si jugador no es un "1" y jugador no es un "2" (que en lenguaje natural diríamos: si jugador no es ni uno ni dos). En Python, para negar un booleano utilizamos la palabra reservada not (no); para exigir que se cumplan dos condiciones, la palabra reservada and (y); y si fuera suficiente con que solo se cumpliera una de ellas, utilizaríamos un or (o).

Pero aún tenemos otra novedad en la sexta línea, la comparación entre una variable (jugador) y un valor literal ("1" o "2"). En Python, para hacer comparaciones, duplicamos el signo igual (==). Así pues, no te líes con los iguales: un igual (=) sirve para asignar un valor nuevo a una variable, dos iguales (==) sirven para comparar: el resultado que obtendremos será un booleano (cierto o falso, *true* or *false*).

Terminamos la línea con dos puntos (:), para completar la sintaxis del if e indicar que empieza un bloque. A partir de ahora, todo lo que tengamos que hacer si se han cumplido las condiciones de la línea 6 hay que ponerlo con un nivel de tabulación. En este caso, simplemente pintamos en la línea 7 el mensaje "¡Mal!", con la función print, que ya conocemos.

Y ya no tenemos que hacer nada más, así que, vamos a por el otro caso. Si no se ha cumplido la condición (else:), seguimos con el juego. Todas las instrucciones dentro del bloque else tendrán que ir también anidadas con su tabulación.

Estamos en la línea 9, ya hemos comprobado que la jugada del humano es válida, así que vamos a convertirla a número (recuerda que era un texto, pulsó la tecla 1 o 2 de su teclado). Para ello, llamaremos a la función int, pasándole como parámetro jugador y recogiendo el resultado en la variable numero.

En la línea 11, seguimos manteniendo el nivel de tabulación y hacemos la suma de la jugada del ordenador más la del jugador, convertida a numero.

En la línea 13 llega el momento de comprobar si la suma de las jugadas es par o no… Por eso, volvemos a utilizar un if, si es par, escribiremos "¡Pares!" (línea 14, con dos niveles de tabulación) y, si no lo es (else, línea 15, a la misma altura que el if, con una tabulación), escribiremos "¡Nones!" (línea 16, de nuevo con dos tabulaciones). Como ves, podemos anidar bloques dentro de otros bloques, aunque no conviene abusar de ello.

En la línea 18 también tenemos detalles que observar. En ella estamos escribiendo una frase compuesta de cuatro fragmentos:

- "El ordenador dijo": texto literal.
- str(ordenador): conversión a texto (a string) de la variable ordenador (que contiene el número que hemos generado aleatoriamente). Python no sabe imprimir números con print, debemos convertirlos antes a texto, con la función str.
- "y el jugador": otro texto literal.
- jugador: en este caso no tenemos que convertir nada, porque la variable jugador es la que hemos leído del teclado, y ya es un string.

Pero ¿cuándo se ejecutará esta línea? Para responder bien a esta pregunta debemos fijarnos en cuántas tabulaciones tiene, a qué profundidad está, para saber en qué bloque está. Si tuviera dos tabulaciones, estaría en el mismo bloque que el print("¡Nones!"). Es decir, solo si la suma fuera impar. Si no tuviera ninguna tabulación, se ejecutaría siempre, fuera válida o no la respuesta del jugador. Pero, si te fijas bien, solo tiene una tabulación, está dentro del else de la línea 8, pero fuera del de la 15, así que se ejecutará si se supera el control de errores, independientemente de si el resultado es pares o nones.

PREGUNTA: **RESPUESTA:**

¿Con cuántas tabulaciones pondrías una línea de despedida que se mostrara siempre?

Ejecución y salida

```
[1]
¿1 o 2?
1
¡Pares!
El ordenador dijo 1 y el jugador 1

[2]
¿1 o 2?
2
¡Nones!
El ordenador dijo 1 y el jugador 2

[3]
¿1 o 2?
2
¡Pares!
El ordenador dijo 2 y el jugador 2
```

He ejecutado tres veces el código, para ver distintos casos. En la ejecución [1] yo he dicho 1, el ordenador también, así que "¡Pares!". En la [2] yo he dicho 2, pero el ordenador ha insistido en el 1, así que "¡Nones!". Finalmente, en la [3], los dos hemos dicho dos, así que "¡Pares!" de nuevo. Si lo intentas reproducir tú, puede que las respuestas del ordenador no coincidan con las que yo muestro… recuerda que se genera de forma aleatoria, unas veces dirá 1, otras 2, pero no podemos predecirlo.

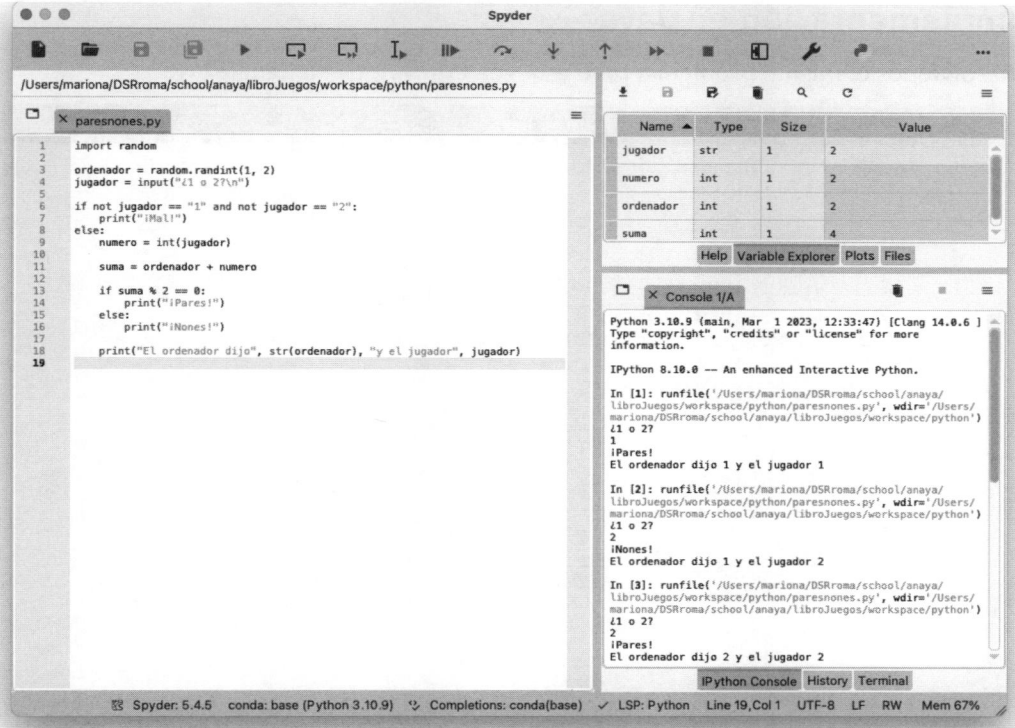

Figura 2.1. Ejecución de pares o nones en Spyder.

Si nos fijamos en la pantalla de Spyder tras la ejecución de la tercera prueba, en la pestaña de exploración de variables vemos las intimidades de las cuatro variables que hemos utilizado:

- jugador: es un texto (str) con valor 2.
- numero: es un número (int) con valor 2.
- ordenador: es un número (int) con valor 2.
- suma: es un número (int) con valor 4.

La exploración de variables nos ayuda a entender qué está pasando en el código, aunque, como hemos añadido la línea de «El ordenador dijo…», no nos ha contado nada nuevo, porque ya lo veíamos ahí.

Implementación en Java

Resolvamos el mismo problema, pero esta vez utilizando el lenguaje Java.

```java
     ParesNones.java                                          Java
01   import java.util.Random;
02   import java.util.Scanner;
03
04   public class ParesNones {
05
06       public static void main(String[] args) {
07           Random r = new Random();
08           int ordenador = r.nextInt(1, 3);
09
10           System.out.println("¿1 o 2?");
11           Scanner s = new Scanner(System.in);
12           String jugador = s.next();
13
14           if (!jugador.equals("1") && !jugador.equals("2")) {
15               System.err.println("¡Mal!");
16           } else {
17               int numero = Integer.parseInt(jugador);
18               int suma = ordenador + numero;
19
20               if (suma % 2 == 0) {
21                   System.out.println("¡Pares!");
22               } else {
23                   System.out.println("¡Nones!");
24               }
25
26               System.out.println("El ordenador dijo " + ordenador
                     + " y el jugador " + jugador);
27           }
28           s.close();
29       }
30   }
```

En la línea 4 declaramos la clase, bautizada como ParesNones, y, por tanto, guardada en un fichero llamado ParesNones.java. Cerramos la clase en la última línea, la 30.

Entre las líneas 6 y 29, tenemos el método main, con el código que queremos ejecutar nuestro juego.

Empezamos generando la jugada del ordenador, que debe ser un número entero entre 1 (incluido) y 3 (excluido). Una de las formas de Java para generar valores aleatorios es utilizando una instancia, la variable r en nuestro caso, de la clase Random. Necesitamos importarla, como hacemos en la línea 1. Creamos esta instancia en la línea 7, y la utilizamos en la línea 8, llamando a su método nextInt (siguiente entero). El resultado será un número, que guardamos en la variable ordenador.

Dejamos una línea en blanco para facilitar la lectura.

En la línea 10 escribimos el prompt para el usuario, pero, como vimos en el juego anterior, necesitamos crear una instancia de Scanner (línea 11) y pedir el siguiente token (fragmento) a s, valor que guardaremos en la variable jugador, de tipo String. No debemos olvidar la importación de esta clase tampoco, como en la línea 2.

Ya tenemos la jugada de la máquina y la de la persona. Pero como no nos fiamos un pelo de los usuarios, mejor comprobamos que nos ha dado una de las dos respuestas válidas. Si hubiera más opciones, deberíamos hacerlo de otra forma, pero con solo dos casos nos vale así. Tenemos que utilizar una estructura condicional, el if. La sintaxis del if en Java requiere la condición entre paréntesis, y las llaves para abrir el bloque.

Así pues, en la línea 14, hacemos un and, utilizando el signo ampersand duplicado (&&), ya que, para lanzar el mensaje de error, queremos que se cumplan las dos partes: que jugador no sea 1 y que jugador no sea 2. Para negar, utilizamos un signo de exclamación (!), y de comparar textos en Java... tenemos que hablar un poco.

Si hubiéramos escrito jugador == "1" o, mejor aún, jugador != "1", no lo estaríamos haciendo bien: en Java la comparación de String se hace llamando al método equals, ya que queremos comprobar su contenido, no su ubicación en memoria.

Por tanto, leo la línea 14 en lenguaje natural: si jugador no es igual a 1 y jugador no es igual a 2, y sigo con la línea 15: pintamos el mensaje de error «¡Mal!». Conocemos ya System.out.println, pero esta vez estamos utilizando System.err.println. Funciona casi igual, pero, en vez de escribir el mensaje en la salida estándar, lo escribe en la salida de error. Según esté configurado el sistema, pueden ser, por ejemplo, ficheros distintos, pero en los IDE como Eclipse, lo pinta en la misma consola, en distinto color: normalmente, el error en rojo.

Ya con el error controlado, llegamos a la línea 16 que, aunque es bien breve, estamos haciendo dos o tres cosas. Primero, una llave para cerrar el bloque del if; luego, la palabra reservada else y la llave de apertura para empezar el bloque de código que se ejecutará si no se cumplió la condición.

Dentro de los bloques en Java también ponemos una tabulación adicional. Si no lo haces, a cualquier programador que lea tu código le dolerán los hojos (como a ti ahora mismo, con esta hache que sobra), pero el programa funcionará igual.

Bien, el bloque else abarca las líneas 17 a 26, la lógica principal de este juego.

En la línea 17 convertimos el valor textual, que hemos guardado en jugador, en un entero y lo guardamos en la variable llamada numero. Para convertir debemos llamar al método estático parseInt de la clase Integer. Como el método es estático, no necesitamos crear una variable con una instancia de Integer para poder llamarlo.

Ahora que ya tenemos dos números, el del ordenador y el del jugador, los sumamos, y asignamos el valor resultante a la variable suma.

Tomamos aire en la línea 19; y en la 20 vamos a por el segundo nivel de condiciones. Ahora queremos comprobar si la suma es par. Ya hemos comentado cómo se hace, calculando el módulo dos y comprobado que da 0. Para comparar enteros sí podemos (y debemos) utilizar el doble igual (==). Como en el caso de Python, un igual es asignación y dos son comparación (pero solo de tipos básicos, en Java).

En las líneas 21 y 23 pintamos el resultado del juego, «¡Pares!» o «¡Nones!», según si vamos por el if (es par) o por el else (no lo es).

Ya casi terminamos. En la línea 26 pintamos el mensaje que nos ayuda a entender el juego, mostrando los valores en juego. Java sí sabe pintar números, así que no necesitamos convertir el valor ordenador a texto, como sí hemos tenido que hacer en Python.

Finalmente, en la línea 28, cerramos el escáner que habíamos abierto (s), ya que no lo necesitaremos más.

Ejecución y salida

Como ya vimos todos los casos correctos en Python (puedes consultarlos en las páginas anteriores, si te has saltado esa sección), esta vez ejecutaré solo un caso bueno:

```
¿1 o 2?
1
¡Pares!
El ordenador dijo 1 y el jugador 1
```

Pero también uno malo:

```
¿1 o 2?
x
¡Mal!
```

Veamos la captura de justo este caso:

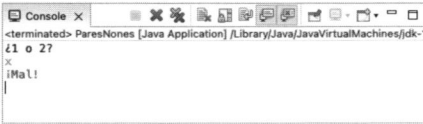

Figura 2.2. Resultado de una ejecución fallida de pares o nones en la consola de Eclipse.

Posiblemente cueste apreciarlo en esta imagen en escala de grises, pero en tu IDE sí lo podrás ver: la primera línea, ¿1 o 2?, está en negro, porque es la salida estándar. La segunda, lo escrito por el usuario, en verde, y la tercera, el mensaje de error, en rojo.

Rétate

Ahora que ya sabes reaccionar según lo que responda el usuario, ¿te atreves con los siguientes retos?

- Crea una conversación, si el usuario dice «Hola», responde «¿Qué tal?»; pero si dice otra cosa, di «¡Hasta luego!».
- Pídele un número al usuario, si es menor que 0, di «¡Negativo!» y, si no, «¡Positivo!».
- Casi lo mismo, pero ahora, si es mayor o igual que 0 dices «¡Positivo!» y, si no, «¡Negativo!».
- Antes de pedir la jugada, pregunta si serán «pares» o «nones», y luego comprueba si ha acertado.

¿Subimos de nivel?

- Pregúntale al usuario un número de mes (del 1 al 12) y responde con el número de días que tiene ese mes (ignora los años bisiestos).

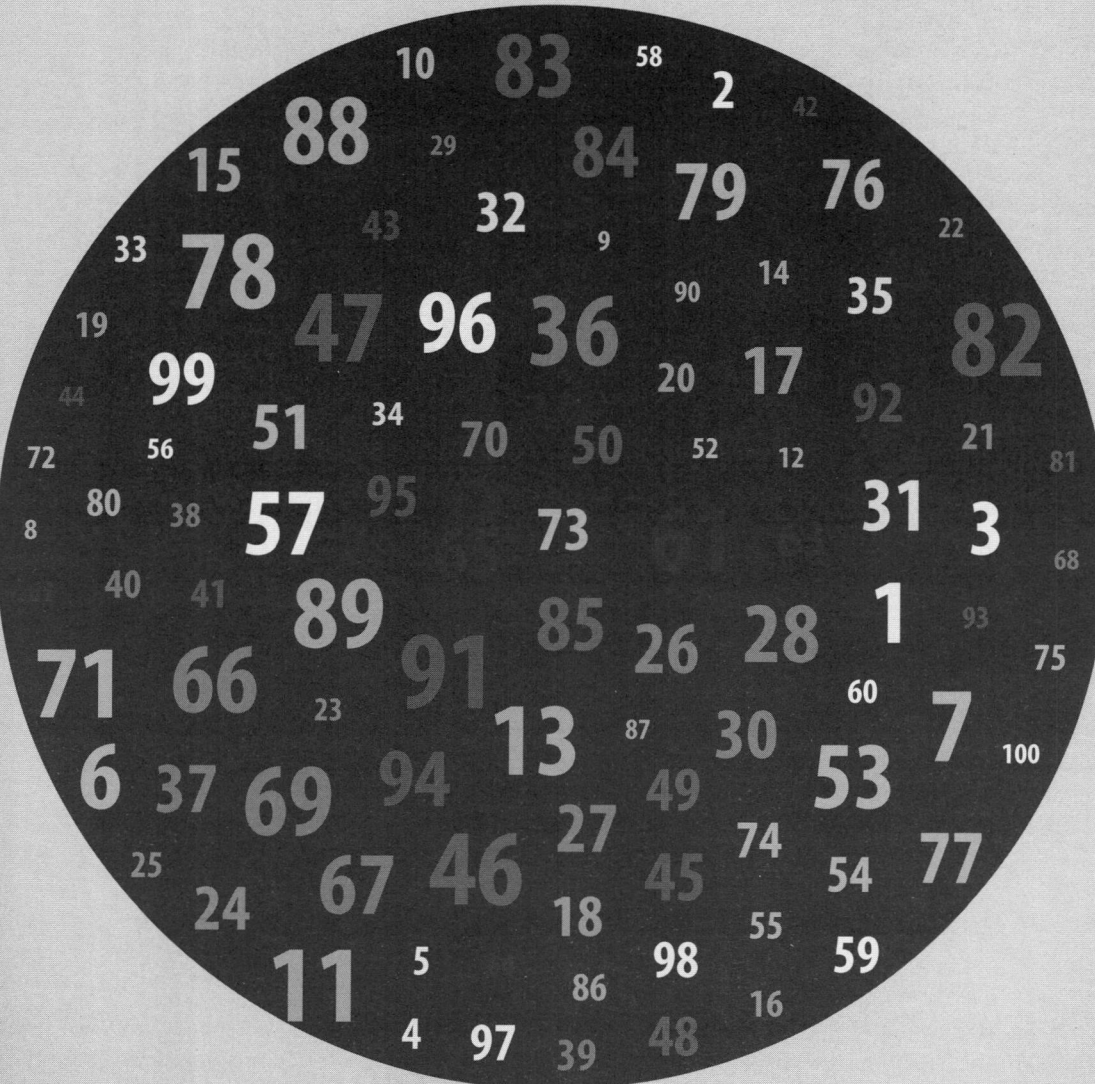

3

Adivina un número

- Las estructuras iterativas (bucle while).
- Las estructuras condicionales (if).
- La generación de números aleatorios.
- Las estructuras anidadas.
- Los comentarios en el código.

Introducción

Poco a poco vamos implementando juegos más entretenidos e interesantes. Ahora jugaremos contra el ordenador para **adivinar un número entre 1 y 100**. Nos dirá si el número buscado es mayor o menor que el que le hemos dado y lo volveremos a intentar hasta adivinarlo. Así pues, aprenderemos a repetir una y otra vez las mismas instrucciones. Pero no sabemos cuántas veces, dependerá de la suerte y la habilidad del jugador. Por eso, aprenderemos a utilizar estructuras iterativas (llamadas bucles), en concreto, el bucle while (mientras), que hace repetir el código mientras se cumpla una condición.

Definición y análisis del problema

Es un juego sencillo, pero vamos a definirlo. El ordenador debe establecer un número entre 1 y 100 que será el objetivo. Seguidamente, le pedirá al usuario un número y evaluará la jugada. El usuario puede haber acertado, en cuyo caso el juego termina, o puede que el número buscado sea mayor o menor que el jugado, en cuyo caso, tras comunicar esa pista al jugador, le pedirá otro, y repetirá la evaluación, hasta que acierte.

Como funcionalidad adicional se puede indicar, al terminar el juego, cuántos intentos han sido necesarios.

PREGUNTA:	RESPUESTA:

Si utilizas una estrategia óptima, ¿cuántos intentos necesitas, como máximo, para adivinar cualquier número entre 1 y 100?

¿Lo analizamos con más detalle?

Como en el juego anterior, generaremos un número aleatorio, esta vez entre 1 y 100 y, como antes también, le tenemos que pedir al usuario su jugada, pero esta vez necesitamos vigilar si el usuario ha acertado ya (para parar) o no (para seguir jugando). *A priori*, no sabemos cuántas veces tendremos que repetir la operativa, pero sí cuándo tenemos que parar: cuando el jugador haya adivinado el número buscado. Repetiremos las mismas acciones mientras no se haya adivinado el número.

¿Y qué acciones tenemos que repetir?

Para comparar los números necesitamos que sean números, así que lo primero es convertir la entrada del teclado, que es un texto, en un número entero.

Y empezamos las comprobaciones. Si el número coincide con el objetivo, mostramos el mensaje con la solución y nos apuntamos que ya lo ha adivinado, y así detenemos las repeticiones.

Si no, tenemos que ver si es un número demasiado bajo o demasiado alto, para poderle dar la pista correcta al usuario.

Sea mayor o menor, tenemos que pedirle otra apuesta al jugador.

Hasta aquí tendríamos la versión simple del algoritmo. Pero podemos añadir el mostrar el número de intentos que han sido necesarios, al terminar. Para ello, necesitaremos llevar un contador que inicializaremos en cero e incrementaremos en cada intento, en cada iteración del bucle.

¿Te parece que esto resuelve nuestro juego? Vamos a formalizarlo, y lo probamos.

Diseño del algoritmo

Como esto se está complicando, escribiremos el algoritmo en dos fases, primero la versión simple y luego ya añadimos la funcionalidad adicional con el contador de intentos.

Adivina un número:
```
ESCRIBIR "=== Adivina un número del 1 al 100 ===".
GENERAR aleatoriamente un número del 1 al 100 guardando el valor en
objetivo.
INICIALIZAR adivinado := falso.
MIENTRAS NO adivinado
    ESCRIBIR el prompt: "Dime un número del 1 al 100:".
    LEER teclado guardando el valor en entrada.
    CONVERTIR entrada en numero.
    SI numero == objetivo ENTONCES
        ESCRIBIR "¡¡Bien!! Era " + numero.
        adivinado := cierto.
    SI NO
        SI numero < objetivo
            ESCRIBIR "Mayor, mayor".
        SI NO
            ESCRIBIR "Menor, menor".
        FIN SI.
        ESCRIBIR "Vuelve a intentarlo".
    FIN SI.
FIN MIENTRAS.
FIN.
```

La parte de generar el número aleatorio, escribir el *prompt* y leer del teclado la respuesta del usuario y guardarla en una variable ya la tenemos controlada, así que vamos con las novedades.

Para vigilar si el usuario ha acertado ya o no, utilizaremos una variable booleana, llamada adivinado, que inicializaremos a falso, pues cuando empezamos el juego aún no se ha adivinado el resultado. Ahora ya está todo preparado para entrar en la parte repetitiva del juego. *A priori*, no sabemos cuántas veces tendremos que repetir la operativa, pero sí cuándo tenemos que parar: cuando el jugador haya adivinado el número buscado. En estos casos, el **bucle** (que es como se llaman en programación las estructuras iterativas) que escogemos es el while (mientras). Repetiremos las mismas acciones **mientras se cumpla una condición**: que no se haya adivinado el número, que adivinado sea falso o, dicho un poco más artificialmente, que se cumpla que «no adivinado».

Ya estamos dentro del bucle, ahora repitamos hasta que el usuario acierte: pedimos su jugada al usuario, la convertimos en número y hacemos la primera comprobación: ¿el número introducido es igual al objetivo?

Si sí, entonces escribimos el mensaje felicitando al usuario y, muy importante, modificamos la variable auxiliar que nos ayuda a controlar el bucle para que ya sea cierta, el jugador ya ha adivinado el número: adivinado := cierto.

Si no, tendremos que darle pistas al usuario. Si es menor que el objetivo, decimos «Mayor, mayor»; si no, decimos «Menor, menor».

Y aquí se termina el algoritmo, pero no el juego porque, como estamos dentro del bucle, al llegar al final regresamos al principio del bucle, comprobamos si «no adivinado», pedimos y convertimos la entrada, comprobamos… y al llegar al final del bucle regresamos al principio del mismo, comprobamos… Por eso es muy importante que en algún momento dentro del bucle cambiemos los valores de las variables que utilizamos en la condición. Si no, si nunca se deja de cumplir esa condición, jamás podríamos salir del bucle y entraríamos en un **bucle infinito**.

Este algoritmo ya necesita ser probado antes de darlo por bueno, así que simulemos una ejecución: generamos un número aleatorio, por ejemplo, el 25. Adivinado es falso. Entramos en el bucle. Pedimos al usuario un número, dice "50". Convertimos el "50" en 50. Comparamos ambos números. ¿50 == 25? No, entonces, ¿50 < 25? Tampoco, entonces "Menor, menor". Adivinado sigue siendo falso. Volvemos a intentarlo. En el segundo intento el usuario dice "25". Convertimos "25" en 25, como 25 == 25, "¡¡Bien!! Era 25" y adivinado := cierto. Adivinado es cierto, ya terminamos. Puedes hacer algunas pruebas más por tu cuenta, ejecutando el algoritmo como si fueras un ordenador.

Habíamos propuesto una mejora al juego, que indicara el número de intentos; vamos a ello:

Adivina un número:
```
ESCRIBIR "=== Adivina un número del 1 al 100 ===".
GENERAR aleatoriamente un número del 1 al 100 guardando el valor en
objetivo.
```

```
INICIALIZAR adivinado := falso.
INICIALIZAR contador := 0.
MIENTRAS NO adivinado
    INCREMENTAR contador.
    ESCRIBIR el prompt: "Dime un número del 1 al 100:".
    LEER teclado guardando el valor en entrada.
    CONVERTIR entrada en numero.
    SI numero == objetivo ENTONCES
        ESCRIBIR "¡¡Bien!! Era " + numero.
        adivinado := cierto.
    SI NO
        SI numero < objetivo
            ESCRIBIR "Mayor, mayor".
        SI NO
            ESCRIBIR "Menor, menor".
        FIN SI.
        ESCRIBIR "Vuelve a intentarlo".
    FIN SI.
FIN MIENTRAS.
ESCRIBIR "Lo has conseguido en " + contador + " intentos.".
FIN.
```

En negritas las líneas añadidas. Antes de entrar en el bucle debemos inicializar una variable contador, con valor 0. Lo primero que hacemos dentro del bucle es incrementar el contador (sumarle uno). Así, cuando salgamos del bucle, ya podremos pintar cuántos intentos han sido necesarios.

Implementación

En las implementaciones de este juego te encontrarás comentarios. Son líneas que escribimos para ayudarnos a entender el código, son para ser leídas por humanos, no por el ordenador. En Python, los comentarios se marcan con una almohadilla (#), mientras que en Java utilizaremos dos barras (//). Se considera comentario todo lo que viene detrás del símbolo conveniente, hasta el final de la línea. Notarás que en tu entorno de desarrollo se coloreen de forma distinta. En los listados de código los marcaré en cursivas.

También pondré como comentario (pero sin cursivas) la línea que pinta el objetivo, que no queremos que se ejecute normalmente, solo si necesitamos hacer alguna prueba en concreto, en cuyo caso descomentaremos (quitaremos la almohadilla o las barras). A veces, algunas líneas no las necesitamos, pero nos da cosa quitarlas: podemos comentarlas, aunque no es buena práctica abusar de ello, en este caso sí podemos permitírnoslo.

Otra novedad a la que nos enfrentamos es el bucle while, el que utilizamos para repetir un fragmento de código mientras se cumpla una condición. En ambos lenguajes se implementan de la misma forma, aunque cambie un poco la sintaxis.

Implementación en Python

La sintaxis del bucle while es muy similar a la del if: pondremos la palabra reservada while, la condición y los dos puntos, y todo el bloque que queramos incluir dentro del bucle, anidado un nivel más.

```python
01  import random
02
03  # Título del juego
04  print("=== Adivina un número del 1 al 100 ===")
05
06  # Generación del número aleatorio
07  objetivo = random.randint(1, 100)
08  # Chuleta para pruebas, mantener comentado
09  # print(objetivo)
10
11  # Inicialización de variables auxiliares
12  adivinado = False
13  contador = 0
14
15  # Bucle para repetir hasta que no se haya adivinado
16  while not adivinado:
17      # Incremento del contador de iteraciones
18      contador += 1
19      # Petición de jugada al usuario
20      entrada = input("Dime un número del 1 al 100: ")
21      # Conversión de texto a entero
22      numero = int(entrada)
23
24      # Evaluación
25      if numero == objetivo: # Acertado
26          print("¡¡Bien!! Era", numero)
27          adivinado = True
28      else:
29          if numero < objetivo: # Número demasiado pequeño
30              print("Mayor, mayor")
31          else: # Número demasiado grande
32              print("Menor, menor")
33
34  # Al terminar, indicación del número de intentos
35  print("Lo has conseguido en", contador, "intentos.")
```

Si te fijas, en la línea 12 inicializamos adivinado al valor falso; y en la 27, modificamos el valor a cierto. Los valores booleanos en Python son False y True, con la primera letra en mayúscula.

Quizá te llame la atención la línea 18, con ese operador +=. Es una forma de simplificar el código. Sería lo mismo que escribir `contador = contador + 1`.

Una vez entiendas bien este código, si lo deseas, puedes juntar las líneas 20 y 22 en una, haciendo la conversión a entero en la misma línea y evitando utilizar la variable entrada:

```
numero = int(input("Dime un número del 1 al 100: "))
```

Ejecución y salida

Con este programa sí que será distinta cada ejecución… No sabemos qué número será nuestro objetivo.

```
[1]
=== Adivina un número del 1 al 100 ===
Dime un número del 1 al 100: 50
Mayor, mayor
Dime un número del 1 al 100: 75
Mayor, mayor
Dime un número del 1 al 100: 87
Mayor, mayor
Dime un número del 1 al 100: 93
Menor, menor
Dime un número del 1 al 100: 90
Mayor, mayor
Dime un número del 1 al 100: 91
Mayor, mayor
Dime un número del 1 al 100: 92
¡¡Bien!! Era 92
Lo has conseguido en 7 intentos.
```

Nos ha costado un poquito, pero hemos descubierto qué número era, ¡el 92!

Implementación en Java

En el caso de Java, la sintaxis del bucle while también es equivalente a la del if: palabra reservada, condición entre paréntesis y bloque entre llaves. ¡Suerte que los lenguajes de programación son coherentes!

Como en tus primeros pasos en Java pueden ser un poco abrumadoras tantas llaves, en este ejemplo verás que he añadido, en algunas de las llaves de cierre, un comentario que indica qué estamos cerrando. Está bien ponerlos mientras estamos aprendiendo. Con el tiempo dejarás de necesitarlos.

```java
01  import java.util.Random;
02  import java.util.Scanner;
03
04  public class Adivina {
05
06      public static void main(String[] args) {
07          // Título del juego
08          System.out.println("=== Adivina un número del 1 al 100 ===");
09
10          // Creación de la instancia de Random
11          Random r = new Random();
12          // Generación del número aleatorio
13          int objetivo = r.nextInt(1, 101);
14          // Chuleta para pruebas, mantener comentado
15  //      System.out.println(objetivo);
16
17          // Iniciación del Scanner para la lectura del teclado
18          Scanner s = new Scanner(System.in);
19
20          // Inicialización de variables auxiliares
21          boolean adivinado = false;
22          int contador = 0;
23
24          // Bucle para repetir hasta que no se haya adivinado
25          while (!adivinado) {
26              // Incremento del contador de iteraciones
27              contador++;
28              // Petición de jugada al usuario como entero
29              System.out.print("Dime un número del 1 al 100: ");
30              int numero = s.nextInt();
31
32              //Evaluación
33              if (numero == objetivo) { // Acierto
34                  System.out.println("¡¡Bien!! Era " + numero);
35                  adivinado = true;
36              } else {
37                  if (numero < objetivo) { // Número demasiado pequeño
38                      System.out.println("Mayor, mayor");
39                  } else { // Número demasiado grande
40                      System.out.println("Menor, menor");
41                  } // if mayor/menor
42              } // if acierto
43          } // while
44
45          // Al terminar, indicación del número de intentos
46          System.out.println("Lo has conseguido en " + contador + " intentos.");
47          // Cierre del escáner (aprenderemos a hacerlo mejor)
48          s.close();
49      } // main
50  }
```

Los valores booleanos en Java son false y true, con todas sus letras minúsculas. En este ejemplo lo usamos en la línea 21 para inicializar adivinado, y en la 35 para cambiarle el valor.

En el ejemplo en Python hemos mencionado el incremento del contador con contador += 1. Eso también se puede hacer en Java, pero no lo encontrarás en Adivinado.java, porque hay otra opción aún mejor: si solo vamos a sumarle 1 utilizaremos el operador ++ (autoincremento) haremos contador++, como se aprecia en la línea 27. También existe el autodecremento, --.

Ahora quiero que te fijes en la línea 30: le pedimos al Scanner que nos dé un entero, utilizando nextInt() evitamos la necesidad de hacer la conversión a mano. En Python podemos hacerlo en una o en dos líneas, pero necesitamos hacer la conversión de texto a número por nuestra cuenta.

Ejecución y salida

La única diferencia que encontrarás en la ejecución en Java respecto a la ejecución en Python es el número objetivo. Lo estamos haciendo adrede, ya que buscamos la misma interfaz de usuario, aunque lo implementemos en lenguajes distintos.

```
=== Adivina un número del 1 al 100 ===
Dime un número del 1 al 100: 50
Menor, menor
Dime un número del 1 al 100: 25
Mayor, mayor
Dime un número del 1 al 100: 37
Mayor, mayor
Dime un número del 1 al 100: 43
Mayor, mayor
Dime un número del 1 al 100: 46
Menor, menor
Dime un número del 1 al 100: 44
¡¡Bien!! Era 44
Lo has conseguido en 6 intentos.
```

Entre esta ejecución de ejemplo y la anterior, ¿has deducido cuál es la forma óptima para encontrar el número en el menor número de pasos posibles?

Rétate

Los juegos se van complicando, y los retos también:

- Modifica el juego para que sea para adivinar un número entre 1 y 10 o entre 1 y 1000. ¿Sabrías hacerlo para números entre 100 y 200?
- Controla que el número proporcionado por el usuario esté entre 1 y 100.

¿Son retos demasiado fáciles? ¡Intenta esto!

- Limita el número de intentos: si el usuario no lo consigue, pierde.
- Convierte el juego a «adivina una letra», de la a a la z. ¡Tienes que seguir dando la pista de mayor o menor!
- Modifica el juego para que sea el ordenador el que deba adivinar el número.

4

Piedra, papel, tijeras

En este capítulo practicarás:

- Las estructuras iterativas (while, for y do while).
- Las instrucciones break y continue.
- Las estructuras condicionales (if y switch).
- La comparación de textos, los *arrays* y las constantes.
- La sintaxis para líneas largas.
- El uso de métodos o funciones auxiliares.

Introducción

En este capítulo trabajaremos con el juego de **piedra, papel, tijeras** entre un jugador humano y el ordenador. Lo conoces, ¿verdad? ¡Con este ya podemos pasar un buen rato jugando o, incluso, impresionar a la familia y a amigos!

Empezaremos a ver diferencias más importantes entre las implementaciones en Python y en Java, a la vez que seguimos practicando las estructuras iterativas y condicionales. Trabajaremos con la comparación de textos (ignorando mayúsculas y minúsculas en el caso de Java), los *arrays*, las constantes o los métodos o funciones.

Definición y análisis del problema

El juego de manos piedra, papel, tijeras es muy conocido, pero, por si no sabes las reglas o sigues algunas distintas, te las explico. Es un juego para dos jugadores. Ambos cantan unos versos que dependen de la versión, pero que pueden ser algo así como «Un, dos, tres; piedra, papel, tijeras; un, dos, tres, ¡ya!» y, justo al terminar la canción, cada jugador muestra su mano haciendo uno de estos signos:

- **piedra:** el puño cerrado.
- **papel:** la mano abierta, con los dedos extendidos.
- **tijeras:** el dedo índice y el medio extendidos y separados haciendo una «V» y el resto de dedos cerrados.

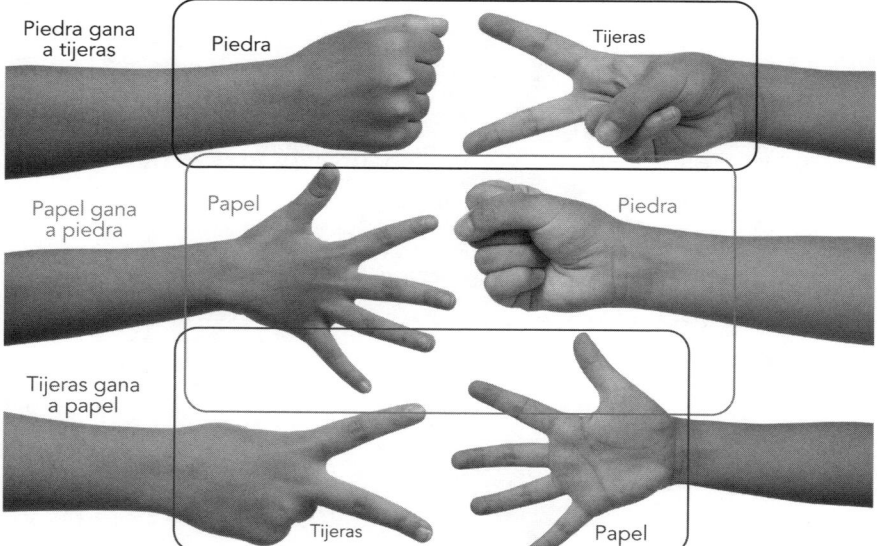

Figura 4.1. Signos con las manos del juego piedra, papel, tijeras.

El objetivo del juego es sacar el arma que gana a la que saque el oponente, teniendo en cuenta que:

- **Piedra gana a tijeras:** la piedra aplasta las tijeras.
- **Papel gana a piedra:** el papel envuelve la piedra.
- **Tijeras gana a papel:** las tijeras cortan el papel.

Si ambos jugadores sacan el mismo elemento, hay empate; entonces, se suele repetir. Se puede jugar al mejor de tres o de cinco, pero hay que acordarlo antes.

Ahora que ya tenemos claro cómo se juega con las manos, pensemos cómo implementarlo en forma de juego de ordenador, que tendrá cuatro fases:

1. Explicación del juego (y significado de cada letra).
2. Generación de la jugada del ordenador (aleatoria).
3. Petición al jugador humano de su jugada (utilizando la letra P para piedra, L para papel, T para tijeras o S para salir).
4. Evaluación de la jugada para decidir el vencedor.

Las fases dos, tres y cuatro se repetirán de forma indefinida, hasta que el jugador decida salir.

Diseño del algoritmo

Por un lado, necesitamos diseñar el algoritmo general del juego, su mecanismo:

Piedra, papel, tijeras:

```
ESCRIBIR "=== Vamos a jugar al Piedra, Papel, Tijeras ==="
MIENTRAS cierto
    GENERAR aleatoriamente un número entre 0 y 2.
    ESCRIBIR el prompt: "¿Cuál es tu jugada? [P]iedra, pape[L], [T]ijeras
        o [S]alir".
    LEER del teclado la elección del jugador.
    SI elección del jugador == "S" ENTONCES
        SALIR del bucle.
    FIN SI.
    Convertir la elección del jugador en número.
    SI jugada no válida ENTONCES
        ESCRIBIR ERROR "No te he entendido.".
        VOLVER al principio del bucle.
    FIN SI.
    Determinar ganador.
    Pintar ganador.
FIN MIENTRAS.
ESCRIBIR "¡Gracias por jugar!"
FIN.
```

Pero también debemos pensar cómo determinar el ganador. Por ejemplo, utilizando el propio orden del nombre del juego, «piedra, papel, tijeras», la jugada posterior gana a la anterior: papel gana a piedra, tijeras gana a papel y, si volvemos a empezar, piedra gana a tijeras. Para programarlo, en la solución propuesta, implica convertir la letra en un número, saber cuál es su posición en esa lista, comparar dichas posiciones y determinar el ganador del siguiente modo: si ambas están en la misma posición (distancia 0), empate. Si la del jugador humano está justo una posición después de la del PC (distancia 1), gana el humano. Si esa distancia es de dos posiciones (volviendo al principio si se acaba la lista), entonces gana el PC.

Implementación

Este juego empieza a tener muchas cosas que implementar y, a medida que crecen los proyectos, cada vez es menos viable escribirlos linealmente, de principio a fin. Es conveniente ir implementándolo paso a paso, de forma que podamos probar, tras cada avance, que todo sigue funcionando bien. Llegará un punto en el que ya tengamos el juego funcionando y podamos parar el desarrollo o seguir avanzando incluyendo nuevas funcionalidades, según el presupuesto (en tiempo o en dinero), con el que contemos.

Así pues, las fases en las que propondré el desarrollo de este programa son las siguientes:

1. Definición de constantes.
2. Instrucciones al usuario.
3. Generación de las jugadas.
4. Interpretación de las jugadas y determinación del ganador.
5. Iteración del juego.

Fases de la implementación

Definición de constantes

Para evitar los números mágicos en el código (valores que se utilizan muchas veces), empecemos creando unas cuantas variables, tanto numéricas como textuales.

Por un lado, tendríamos constantes técnicas como:

- La lista de jugadas (o, mejor dicho, de las letras que las representan): "P", "L" y "T".
- El código de salida.
- Las distancias entre los valores que nos marcarán el empate (0), la victoria (1) o la derrota (2).
- Un código para las jugadas erróneas (-1).

Y, por otro, las constantes textuales que formarán la interfaz de usuario, los mensajes de:

- Bienvenida.
- Despedida.
- Error (si la letra no es válida).
- El usuario gana, pierde o empata.

Instrucciones al usuario

Empecemos imprimiendo, mostrando los mensajes de bienvenida y de despedida. No es un gran avance, pero nos permite confirmar que vamos bien, que hemos construido bien la base de nuestro fichero y que podemos ejecutarlo.

Generación de las jugadas

Tenemos dos tipos de jugadores y, por tanto, dos formas de generar sus jugadas. Por un lado, tenemos la del ordenador, que es aleatoria: generamos un número entre cero y dos, que se corresponderá con la posición de esa jugada en la lista de jugadas. Por otro lado, nos encontramos con la jugada del jugador humano. En este caso, le pediremos una letra de entre las posibles, pero tenemos que explicarle el significado de cada una de las letras. Por eso, en el texto que utilizaremos para animarlo a participar, indicaremos entre corchetes la letra correspondiente a cada jugada.

Interpretación de las jugadas y determinación del ganador

El ordenador genera un número, el usuario juega con una letra. ¿Cómo comparamos estas jugadas? Las cuentas son más fáciles de echar con números que con letras, así que necesitamos saber qué posición, en el *array* JUEGO (la lista de jugadas), ocupa la letra indicada. La forma de conseguirlo dependerá del lenguaje en el que estemos implementando el programa.

Ahora quizá llega la parte que requiere activar más neuronas. Podríamos contemplar todos los casos, uno a uno, en nuestra implementación, no son tantos:

- piedra vs. piedra: empate
- piedra vs. papel: gana papel
- piedra vs. tijeras: gana piedra
- papel vs. piedra: gana papel
- …

Sería fácil de entender, pero un poco tedioso de picar y, sobre todo, poco elegante. Otra alternativa, la que aplicaremos en nuestro código, es pensar un algoritmo. Ya les hemos asignado valores numéricos a cada jugada, su posición en el *array* JUEGO: piedra = 0, papel = 1, tijeras = 2. También dijimos que papel, que viene detrás de piedra, gana a esta; que tijeras que viene detrás de papel, gana a este; y que, piedra, que vendría detrás de tijeras, gana a estas, como se muestra en la figura 4.2.

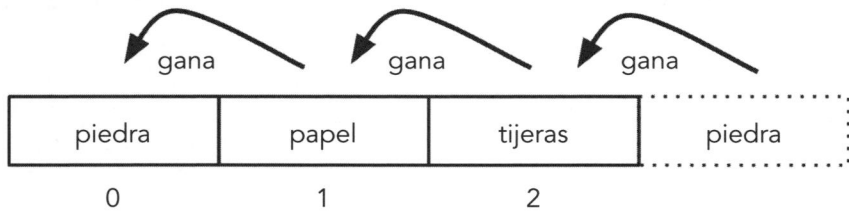

Figura 4.2. Determinación del ganador en piedra, papel, tijeras.

Programáticamente, podemos aprovechar esto para calcular con facilidad el ganador: calculamos la diferencia entre el valor numérico de la jugada del jugador y la del PC. Si es menor que cero, le sumamos tres (el número de jugadas que tenemos), para garantizar que el resultado sea un número entre cero y dos. Y, como ya adelantamos al preparar las constantes, cero significa empate, uno que gana el jugador y dos que quien vence es el ordenador.

Por ejemplo, si el jugador sacó piedra y el PC tijeras, tendríamos 0 - 2, que da -2; como es negativo, sumamos 3 y nos da 1: uno significa que gana el jugador.

Sin embargo, si el jugador sacó tijeras y el PC piedra, tendríamos 2 - 0, que da 2, que significa que gana el ordenador.

Iteración del juego

Jugar una sola vez ya es un logro, pero realmente lo atractivo, desde el punto de vista del usuario, es poder jugar una y otra vez, tantas veces como desee. Afortunadamente, los lenguajes de programación incluyen las estructuras iterativas, los bucles, que nos permiten implementar fácilmente esta repetición.

Utilizaremos un bucle con la condición «cierto», que nos metería en un bucle infinito, sin salida, salvo que, cuando el usuario responda "S" (salir), rompamos el flujo y salgamos del bucle para despedirnos y terminar el juego.

Siempre que contemos con respuestas del usuario, debemos contemplar la posibilidad de que el usuario se equivoque. Por tanto, también tendremos que comprobar que las respuestas que no dé estén entre las esperadas. De no ser así, hemos de resolver el asunto elegantemente, por ejemplo, mostrando un mensaje de error y continuando adelante con el juego, regresando al punto de volver a preguntar por su jugada, sin rencor, como si nada malo hubiera sucedido.

Implementación en Python

Definición de constantes

En Python no existe una sintaxis específica para la definición de constantes y no existen las constantes, pero las podemos simular utilizando una nomenclatura distinta a la del resto de las variables, por ejemplo, escribiendo sus nombres en mayúsculas, utilizando *snake_case* si el nombre está compuesto por más de una palabra, como se hace en Java y en otros lenguajes.

```
01  # Declaración de constantes
02  JUEGO = ["P", "L", "T"]
03  SALIR = "S"
04
05  EMPATE = 0
06  GANAS = 1
07  PIERDES = 2
08  ERROR_NO_ENCONTRADA = -1
09
10  BIENVENIDA = "=== Vamos a jugar al Piedra, Papel, Tijeras ==="
11  DESPEDIDA = "¡Gracias por jugar!"
12  PEDIR_JUGADA = ("¿Cuál es tu jugada? "
13      "[P]iedra, pape[L], [T]ijeras o [S]alir\n")
14  MSJ_GANAS = "¡Has ganado!"
15  MSJ_PIERDES = "¡Has perdido!"
16  MSJ_EMPATE = "¡Hemos empatado!"
17  MSJ_ERROR = "No te he entendido."
```

Fíjate especialmente en PEDIR_JUGADA: como el texto es tan largo que no nos cabe en una línea (en una página del libro, seguramente en tu pantalla sí quepa), en Python ponemos el texto entre paréntesis, rodeando los fragmentos de cada línea con sus comillas dobles (").

ADVERTENCIA:

En Python nada nos impedirá, salvo el seguir las buenas prácticas de programación, modificar el valor de una supuesta «constante».

Instrucciones al usuario

En Python, podemos mezclar instrucciones a ejecutar con la definición de métodos, pero si queremos que nuestro código sea fácil de leer y de mantener, mejor no lo mezclamos. Cuando juntemos todos los elementos, pondremos atención en ordenarlos coherentemente, por ejemplo, declarando primero las (falsas) constantes, seguidas de las funciones y terminando con el código a ejecutar.

```
01  # Declaración de constantes
    # ...
19  print(BIENVENIDA)
20  print(DESPEDIDA)
```

Ejecución y salida

```
=== Vamos a jugar al Piedra, Papel, Tijeras ===
¡Gracias por jugar!
```

Es poquito, pero ya tenemos algo.

Generación de las jugadas

Para generar un número aleatorio en Python, como hemos visto y practicado en capítulos anteriores, importamos el módulo random y utilizamos la función randint, indicándole que queremos un número entre cero y la longitud de la lista de jugadas (JUEGO) menos uno, es decir, entre cero y dos.

Para leer el teclado y recuperar la elección del usuario, utilizamos la función input, pasándole como parámetro el mensaje contenido en la constante PEDIR_JUGADA, cuyo valor es "¿Cuál es tu jugada? [P]iedra, pape[L], [T]ijeras o [S]alir\n". Le añadimos un salto de línea al final para hacer más legible la interfaz de usuario. Guardaremos el resultado en la variable eleccionJugador.

piedrapapeltijeras_paso3.py (fragmento)	Python

```
01  import random
02
03  # Declaración de constantes
    # ...
21  print(BIENVENIDA)
22  eleccionPc = random.randint(0, len(JUEGO)-1)
23  print(eleccionPc)
24  eleccionJugador = input(PEDIR_JUGADA)
25  print(eleccionJugador)
26  print(DESPEDIDA)
```

Podemos incluir, de momento, el mostrar los valores de ambas jugadas, simplemente para comprobar que todo va bien.

Ejecución y salida

```
=== Vamos a jugar al Piedra, Papel, Tijeras ===
2
¿Cuál es tu jugada? [P]iedra, pape[L], [T]ijeras o [S]alir
P
P
¡Gracias por jugar!
```

En esta ejecución el ordenador ha generado un 2 (que serían tijeras), y yo, sabiéndolo, he hecho un poco de trampas y he dicho P (que sería papel). Pero como no está aún implementado el resto del juego… ¡las trampas no me han servido para ganar!

Interpretación de las jugadas y determinación del ganador

La interpretación de la jugada, tal cual la hemos planteado, en Python, es muy directa: llamando a la función index sobre el *array* JUEGO, pasándole como parámetro la jugada buscada, nos devuelve qué posición ocupa esta en el *array*.

piedrapapeltijeras_paso4.py (fragmento)	Python

```
41   codElecJug = JUEGO.index(eleccionJugador)
```

Como determinar el ganador no es tan inmediato, es buena idea implementarlo en una función, que recibirá el valor de las jugadas de PC y usuario y, como hemos explicado ya, calculará su diferencia. Si el resultado es negativo, le sumamos la longitud del *array* (el número de jugadas), y con ello obtendremos el 0, 1 o 2 que nos indicará quién ha ganado.

piedrapapeltijeras_paso4.py (fragmento)	Python

```
21   def determinarGanador(pc, jugador):
22       res = jugador - pc
23       if res < 0:
24           res += len(JUEGO)
25       return res
```

En cuanto le añadamos a este código otra función, pintarResultado, que muestre de forma amigable el resultado, ya tendremos una versión jugable, pero eso sí, solo una vez.

piedrapapeltijeras_paso4.py	Python

```
01   import random
02
03   # Declaración de constantes
04   JUEGO = ["P", "L", "T"]
05   SALIR = "S"
06
07   EMPATE = 0
08   GANAS = 1
09   PIERDES = 2
10   ERROR_NO_ENCONTRADA = -1
11
```

```
12  BIENVENIDA = "=== Vamos a jugar al Piedra, Papel, Tijeras ==="
13  DESPEDIDA = "¡Gracias por jugar!"
14  PEDIR_JUGADA = ("¿Cuál es tu jugada? "
15      "[P]iedra, pape[L], [T]ijeras o [S]alir\n")
16  MSJ_GANAS = "¡Has ganado!"
17  MSJ_PIERDES = "¡Has perdido!"
18  MSJ_EMPATE = "¡Hemos empatado!"
19  MSJ_ERROR = "No te he entendido."
20
21  def determinarGanador(pc, jugador):
22      res = jugador - pc
23      if res < 0:
24          res += len(JUEGO)
25      return res
26
27  def pintarResultado(pc, jugador, resultado):
28      print("Tú has jugado", JUEGO[jugador], "y el ordenador",
29              JUEGO[pc], end=" ")
30      if resultado == GANAS:
31          print(MSJ_GANAS)
32      elif resultado == PIERDES:
33          print(MSJ_PIERDES)
34      else:
35          print(MSJ_EMPATE)
36
37  print(BIENVENIDA)
38
39  eleccionPc = random.randint(0, len(JUEGO)-1)
40  eleccionJugador = input(PEDIR_JUGADA)
41  codElecJug = JUEGO.index(eleccionJugador)
42  resultado = determinarGanador(eleccionPc, codElecJug)
43  pintarResultado(eleccionPc, codElecJug, resultado)
44
45  print(DESPEDIDA)
```

NOTA:

En Python la estructura condicional switch no existe, pero no es ningún drama. Como vemos en pintarResultado, el problema se resuelve perfectamente con la estructura condicional if.

Ejecución y salida

¡Ya podemos jugar! Pero, eso sí, un solo intento por ejecución.

```
=== Vamos a jugar al Piedra, Papel, Tijeras ===
¿Cuál es tu jugada? [P]iedra, pape[L], [T]ijeras o [S]alir
P
Tú has jugado P y el ordenador L. ¡Has perdido!
¡Gracias por jugar!
```

Iteración del juego

El último paso para terminar la implementación del juego, buscando la repetición del juego una y otra vez, implica incluir todo el código que se encuentra entre el saludo inicial y la despedida en un bucle while que se ejecute hasta que el usuario responda "S", en cuyo caso saldremos del bucle mediante la instrucción break, de la línea 43, que nos llevará a la línea 51.

También es importante asegurarnos de que la elección del usuario es una de las letras válidas, así que, si no está en el *array* JUEGO, mejor imprimimos un mensaje de error y lo volvemos a intentar, terminando esta iteración de bucle y empezando una nueva mediante la instrucción continue, que nos llevará desde la línea 46 hacia atrás, hacia la 40.

Este fragmento de código quedaría así:

piedrapapeltijeras.py (fragmento)	Python

```python
37  print(BIENVENIDA)
38
39  while True:
40      eleccionPc = random.randint(0, len(JUEGO)-1)
41      eleccionJugador = input(PEDIR_JUGADA)
42      if eleccionJugador == SALIR:
43          break; # salimos del bucle
44      if eleccionJugador not in JUEGO:
45          print(MSJ_ERROR)
46          continue; # saltamos a la siguiente iteración
47      codElecJug = JUEGO.index(eleccionJugador)
48      resultado = determinarGanador(eleccionPc, codElecJug)
49      pintarResultado(eleccionPc, codElecJug, resultado)
50
51  print(DESPEDIDA)
```

Código completo

Llegados a este punto, ya tenemos el código completo, aunque con margen a recibir unas cuantas evoluciones.

```python
01  import random
02
03  # Declaración de constantes
04  JUEGO = ["P", "L", "T"]
05  SALIR = "S"
06
07  EMPATE = 0
08  GANAS = 1
09  PIERDES = 2
10  ERROR_NO_ENCONTRADA = -1
11
12  BIENVENIDA = "=== Vamos a jugar al Piedra, Papel, Tijeras ==="
13  DESPEDIDA = "¡Gracias por jugar!"
14  PEDIR_JUGADA = ("¿Cuál es tu jugada? "
15      "[P]iedra, pape[L], [T]ijeras o [S]alir\n")
16  MSJ_GANAS = "¡Has ganado!"
17  MSJ_PIERDES = "¡Has perdido!"
18  MSJ_EMPATE = "¡Hemos empatado!"
19  MSJ_ERROR = "No te he entendido."
20
21  def determinarGanador(pc, jugador):
22      res = jugador - pc
23      if res < 0:
24          res += len(JUEGO)
25      return res
26
27  def pintarResultado(pc, jugador, resultado):
28      print("Tú has jugado", JUEGO[jugador], "y el ordenador",
29              JUEGO[pc], end=" ")
30      if resultado == GANAS:
31          print(MSJ_GANAS)
32      elif resultado == PIERDES:
33          print(MSJ_PIERDES)
34      else:
35          print(MSJ_EMPATE)
36
37  print(BIENVENIDA)
38
39  while True:
40      eleccionPc = random.randint(0, len(JUEGO)-1)
41      eleccionJugador = input(PEDIR_JUGADA)
42      if eleccionJugador == SALIR:
43          break; # salimos del bucle
44      if eleccionJugador not in JUEGO:
45          print(MSJ_ERROR)
46          continue; # saltamos a la siguiente iteración
47      codElecJug = JUEGO.index(eleccionJugador)
48      resultado = determinarGanador(eleccionPc, codElecJug)
49      pintarResultado(eleccionPc, codElecJug, resultado)
50
51  print(DESPEDIDA)
```

Ejecución y salida

Con el código completo, ya podemos jugar hasta que nos aburramos, terminando cuando respondamos "S". Eso sí, tenemos que responder en mayúsculas; si no, nos dirá que no nos entiende (como en la segunda jugada de este ejemplo). Tampoco nos entenderá si contestamos una letra que no espere.

```
=== Vamos a jugar al Piedra, Papel, Tijeras ===
¿Cuál es tu jugada? [P]iedra, pape[L], [T]ijeras o [S]alir
P
Tú has jugado P y el ordenador T. ¡Has ganado!
¿Cuál es tu jugada? [P]iedra, pape[L], [T]ijeras o [S]alir
t
No te he entendido.
¿Cuál es tu jugada? [P]iedra, pape[L], [T]ijeras o [S]alir
L
Tú has jugado L y el ordenador T. ¡Has perdido!
¿Cuál es tu jugada? [P]iedra, pape[L], [T]ijeras o [S]alir
T
Tú has jugado T y el ordenador L. ¡Has ganado!
¿Cuál es tu jugada? [P]iedra, pape[L], [T]ijeras o [S]alir
T
Tú has jugado T y el ordenador P. ¡Has perdido!
¿Cuál es tu jugada? [P]iedra, pape[L], [T]ijeras o [S]alir
T
Tú has jugado T y el ordenador T. ¡Hemos empatado!
¿Cuál es tu jugada? [P]iedra, pape[L], [T]ijeras o [S]alir
S
¡Gracias por jugar!
```

Implementación en Java

Definición de constantes

Para declarar una constante en Java, debemos hacerlo dentro de la clase, pero fuera de cualquier método, anteponiéndole tres modificadores:

- **public, protected o private:** según la visibilidad que queramos que tenga, privadas en este caso, ya que no necesitamos utilizarlas fuera de nuestro programa.
- **static:** aunque de momento aún no estamos utilizando objetos, static hará que solamente exista una instancia de cada constante.
- **final:** tras asignarle un valor inicial ya no se puede asignarle otro valor. ¡Justo lo que queremos! ¡Que su valor sea constante!

A continuación, indicaremos el tipo de la variable, seguido del nombre que le queramos dar, en mayúsculas, utilizando *snake_case* si el nombre está compuesto por más de una palabra, terminando con la asignación de su valor, que será el definitivo: como ya hemos dicho, no se podrá modificar.

Pon atención en PEDIR_JUGADA: al no caber el texto en una línea, en Java unimos, mediante la concatenación de String (+), los fragmentos de las distintas líneas, cada uno de ellos rodeado de sus comillas dobles (").

PiedraPapelTijerasPaso1.java	Java

```java
01  public class PiedraPapelTijeras {
02      // Declaración de constantes
03      private static final String[] JUEGO = {"P", "L", "T"};
04      private static final String SALIR = "S";
05
06      private static final int EMPATE = 0;
07      private static final int GANAS = 1;
08      private static final int PIERDES = 2;
09      private static final int ERROR_NO_ENCONTRADA = -1;
10
11      private static final String BIENVENIDA =
12              "=== Vamos a jugar al Piedra, Papel, Tijeras ===";
13      private static final String DESPEDIDA = "¡Gracias por jugar!";
14      private static final String PEDIR_JUGADA = "¿Cuál es tu jugada? "
15              + "[P]iedra, pape[L], [T]ijeras o [S]alir";
16      private static final String MSJ_GANAS = "¡Has ganado!";
17      private static final String MSJ_PIERDES = "¡Has perdido!";
18      private static final String MSJ_EMPATE = "¡Hemos empatado!";
19      private static final String MSJ_ERROR = "No te he entendido.";
20  }
```

Instrucciones al usuario

El código que queremos ejecutar al ejecutar una clase Java debe ir incluido en (o ser llamado desde) el método main. Será dentro del main donde añadiremos las primeras instrucciones del juego: mostrar los mensajes de bienvenida y de despedida.

PiedraPapelTijerasPaso2.java (fragmento)	Java

```java
01  public class PiedraPapelTijeras {
02      // Declaración de constantes
        // ...

21      public static void main(String[] args) {
22          System.out.println(BIENVENIDA);
23          System.out.println(DESPEDIDA);
24      }
25  }
```

Ejecución y salida

```
=== Vamos a jugar al Piedra, Papel, Tijeras ===
¡Gracias por jugar!
```

No hace mucho, pero ¡parece que funciona!

Generación de las jugadas

Cuando generamos un número aleatorio de Java, una de las opciones con las que contamos es crear un objeto instancia de la clase Random, que llamaré r, al que le pediremos un número hasta la longitud de la lista de jugadas, que en nuestro ejemplo es de 3. De esta forma, nos generará un número entre 0 y 2. La otra alternativa sería utilizar el método random() de la clase Math, pero, como genera números decimales, es un poco más engorroso. Con ello obtendremos la jugada del ordenador.

¿Y para la del jugador? Queremos leer una letra del teclado, así que crearemos un objeto instancia de la clase Scanner, que llamaré s, inicializada con la entrada estándar (System.in), a la que luego le pediremos el siguiente elemento (next()). Como hicimos en Python, guardaremos el resultado en la variable eleccionJugador.

PiedraPapelTijerasPaso3.java (fragmento)	Java

```java
01  import java.util.Random;
02  import java.util.Scanner;
03
04  public class PiedraPapelTijeras {
05      // Declaración de constantes
        // ...

24      public static void main(String[] args) {
25          System.out.println(BIENVENIDA);
26          Scanner s = new Scanner(System.in);
27          Random r = new Random();
28          int eleccionPc = r.nextInt(JUEGO.length);
29          System.out.println(eleccionPc);
30          System.out.println(PEDIR_JUGADA);
31          String eleccionJugador = s.next();
32          System.out.println(eleccionJugador);
33          s.close();
34          System.out.println(DESPEDIDA);
35      }
36  }
```

Mientras vamos avanzando, he añadido un par de líneas que pintan las jugadas, para que podamos ver, al ejecutar el código, que todo va bien. Si no sé qué ha jugado el ordenador, ¿cómo sabré si me dice bien quién ha ganado?

Para utilizar las clases Random y Scanner, debemos importarlas. Están en el paquete java.util.

Ejecución y salida

```
=== Vamos a jugar al Piedra, Papel, Tijeras ===
0
¿Cuál es tu jugada? [P]iedra, pape[L], [T]ijeras o [S]alir
X
X
¡Gracias por jugar!
```

Ya que no estamos jugando de verdad aún, aprovecho y respondo cualquier cosa como, por ejemplo, una "X". El 0 aleatorio del ordenador se correspondería a la piedra.

Interpretación de las jugadas y determinación del ganador

El usuario ya nos ha dado una letra, ahora nos toca interpretar qué significa, cuál es su jugada. Hemos hablado de que el valor que le daremos a la jugada es la posición de la letra en el *array* JUEGO. Lamentablemente, en Java no es tan directo como en Python, no contamos con una función que nos diga el índice de un elemento en una secuencia, pero no pasa nada, es muy fácil de implementar y, además, nos permite practicar una vez más los bucles.

Para convertir la letra de la jugada en el número que indica su posición en el *array*, recorreremos con un bucle for tradicional (necesitamos saber por qué iteración vamos). Por cada uno de los valores en JUEGO, comprobamos, sin distinguir mayúsculas y minúsculas, si coincide con la jugada recibida. ¿Que sí? Terminamos, devolviendo esa posición, i. ¿Que no? Seguimos recorriendo el *array*, mientras no se termine. ¿Que se termina? Entonces no hemos encontrado la letra entre las válidas, devolvemos un código de error, que luego utilizaremos para mostrar un mensaje avisando al usuario.

Devolver un código de error no es la forma correcta de manejar errores en Java, deberíamos hacerlo utilizando excepciones, pero al nivel al que estamos programando, aún es pronto para utilizarlas.

```java
42    private static int convertir(String jugada) {
43        for (int i = 0; i < JUEGO.length; i++) {
44            if (JUEGO[i].equalsIgnoreCase(jugada)) {
45                return i;
46            }
47        }
48        return ERROR_NO_ENCONTRADA;
49    }
```

PREGUNTA: **RESPUESTA:**

¿Por qué método deberíamos reemplazar equalsIgnoreCase si quisiéramos ser estrictos con el usuario y no permitirle responder en minúsculas?

Al tener el valor numérico de la jugada del usuario, ya es posible compararla con la jugada del PC. Lo implementaremos en el método determinarGanador. Esta vez sí, la implementación es idéntica a la de Python: al recibir el valor de las jugadas de PC y usuario, calculamos su diferencia. Si el resultado es negativo, le sumamos la longitud del *array* (el número de jugadas posibles) y, con ello, obtendremos el 0, 1 o 2 que señalará al ganador.

| PiedraPapelTijerasPaso4.java (fragmento) | Java |

```java
51    private static int determinarGanador(int pc, int jugador) {
52        int res = jugador - pc;
53        if (res < 0) {
54            res += JUEGO.length;
55        }
56        return res;
57    }
```

Sabiendo quién ha ganado, se lo tenemos que explicar al usuario, de una forma amigable:

```
59  private static void pintarResultado(int pc, int jugador, int res) {
60      System.out.print("Tú has jugado " + JUEGO[jugador]
61          + " y el ordenador " + JUEGO[pc] + ". ");
62      switch (res) {
63      case GANAS:
64          System.out.println(MSJ_GANAS);
65          break;
66      case PIERDES:
67          System.out.println(MSJ_PIERDES);
68          break;
69      case EMPATE:
70          System.out.println(MSJ_EMPATE);
71      }
72  }
```

Hemos utilizado la estructura condicional switch que, en función del resultado res obtenido, indica si el usuario gana, pierde o empata. Recibe como parámetro las jugadas de ambos, para poder mostrarlas en el mensaje, recuperando la letra correspondiente según la posición de la jugada en el *array* JUEGO.

El método main, de momento, nos queda así:

```
24  public static void main(String[] args) {
25      System.out.println(BIENVENIDA);
26      Scanner s = new Scanner(System.in);
27      Random r = new Random();
28      int eleccionPc = r.nextInt(JUEGO.length);
29      System.out.println(PEDIR_JUGADA);
30      String eleccionJugador = s.next();
31      int codElecJug = convertir(eleccionJugador);
32      if (codElecJug == ERROR_NO_ENCONTRADA) {
33          System.out.println(MSJ_ERROR);
34          return;
35      }
36      int resultado = determinarGanador(eleccionPc, codElecJug);
37      pintarResultado(eleccionPc, codElecJug, resultado);
38      s.close();
39      System.out.println(DESPEDIDA);
40  }
```

Iteración del juego

Ya tenemos el juego funcionando para una ronda, vamos a hacerlo infinito ahora, que se repita hasta que el usuario teclee una "S". Una forma de hacerlo es metiendo todo el código que queremos que se repita (desde después de instanciar el Scanner y el Random hasta antes de cerrar el Scanner) dentro de un bucle infinito (con condición cierta, true). En Python no nos quedaba otra que usar el while, pero, como en Java podemos escoger entre los bucles while y do-while, optaré por este segundo. La diferencia entre ambos es, simplemente, que el while se puede no ejecutar ninguna vez, mientras que el do-while se ejecutará, al menos, la primera vez, ya que la condición se comprueba al final. Pero como en este caso nuestra condición se cumplirá siempre, ambos se comportarán de forma equivalente.

Eso sí, si ponemos que la condición se cumple siempre, necesitamos buscar otra forma de terminar. Cuando el usuario teclee una "S" (o una "s", porque somos amables y aceptamos mayúsculas y minúsculas), romperemos el ciclo: saldremos del bucle ejecutando la instrucción break (líneas 32 a 34). Tras la ejecución de la línea 33, se ejecutará la línea 44.

¡Debemos tener en cuenta otra posibilidad!: que la elección del usuario no sea una jugada válida (ni el código de salida). En ese caso, si el método convertir nos devuelve el código de error de jugada no encontrada, utilizaremos la instrucción continue para terminar esta iteración ya y empezar con la siguiente, dándole una nueva oportunidad de jugar, escogiendo una letra aceptada (líneas 36 a 39). Tras la ejecución de la línea 38, se ejecutará, de nuevo, la línea 29.

```java
24  public static void main(String[] args) {
25      System.out.println(BIENVENIDA);
26      Scanner s = new Scanner(System.in);
27      Random r = new Random();
28      do {
29          int eleccionPc = r.nextInt(JUEGO.length);
30          System.out.println(PEDIR_JUGADA);
31          String eleccionJugador = s.next();
32          if (SALIR.equalsIgnoreCase(eleccionJugador)) {
33              break; // salimos del bucle
34          }
35          int codElecJug = convertir(eleccionJugador);
36          if (codElecJug == ERROR_NO_ENCONTRADA) {
37              System.out.println(MSJ_ERROR);
38              continue; // seguimos con la próxima iteración
39          }
40          int resultado = determinarGanador(eleccionPc, codElecJug);
41          pintarResultado(eleccionPc, codElecJug, resultado);
42
43      } while (true);
44      s.close();
45      System.out.println(DESPEDIDA);
46  }
```

PiedraPapelTijerasPaso.java (fragmento) — Java

Código completo

Listamos por fin el código completo, sobre el que puedes seguir haciendo las evoluciones que creas convenientes, como las propuestas en la sección «Rétate».

PiedraPapelTijeras.java	Java

```java
01  import java.util.Random;
02  import java.util.Scanner;
03
04  public class PiedraPapelTijeras {
05      // Declaración de constantes
06      private static final String[] JUEGO = {"P", "L", "T"};
07      private static final String SALIR = "S";
08
09      private static final int EMPATE = 0;
10      private static final int GANAS = 1;
11      private static final int PIERDES = 2;
12      private static final int ERROR_NO_ENCONTRADA = -1;
13
14      private static final String BIENVENIDA =
15              "=== Vamos a jugar al Piedra, Papel, Tijeras ===";
16      private static final String DESPEDIDA = "¡Gracias por jugar!";
17      private static final String PEDIR_JUGADA = "¿Cuál es tu jugada? "
18              + "[P]iedra, pape[L], [T]ijeras o [S]alir";
19      private static final String MSJ_GANAS = "¡Has ganado!";
20      private static final String MSJ_PIERDES = "¡Has perdido!";
21      private static final String MSJ_EMPATE = "¡Hemos empatado!";
22      private static final String MSJ_ERROR = "No te he entendido.";
23
24      public static void main(String[] args) {
25          System.out.println(BIENVENIDA);
26          Scanner s = new Scanner(System.in);
27          Random r = new Random();
28          do {
29              int eleccionPc = r.nextInt(JUEGO.length);
30              System.out.println(PEDIR_JUGADA);
31              String eleccionJugador = s.next();
32              if (SALIR.equalsIgnoreCase(eleccionJugador)) {
33                  break; // salimos del bucle
34              }
35              int codElecJug = convertir(eleccionJugador);
36              if (codElecJug == ERROR_NO_ENCONTRADA) {
37                  System.out.println(MSJ_ERROR);
38                  continue; // seguimos con la próxima iteración
39              }
40              int resultado = determinarGanador(eleccionPc, codElecJug);
41              pintarResultado(eleccionPc, codElecJug, resultado);
42          } while (true);
43          s.close();
44          System.out.println(DESPEDIDA);
45      }
46
```

```java
47    private static int convertir(String jugada) {
48        for (int i = 0; i < JUEGO.length; i++) {
49            if (JUEGO[i].equalsIgnoreCase(jugada)) {
50                return i;
51            }
52        }
53        return ERROR_NO_ENCONTRADA;
54    }
55
56    private static int determinarGanador(int pc, int jugador) {
57        int res = jugador - pc;
58        if (res < 0) {
59            res += JUEGO.length;
60        }
61        return res;
62    }
63
64    private static void pintarResultado(int pc, int jugador, int res) {
65        System.out.print("Tú has jugado " + JUEGO[jugador]
66                + " y el ordenador " + JUEGO[pc] + ". ");
67        switch (res) {
68        case GANAS:
69            System.out.println(MSJ_GANAS);
70            break;
71        case PIERDES:
72            System.out.println(MSJ_PIERDES);
73            break;
74        case EMPATE:
75            System.out.println(MSJ_EMPATE);
76        }
77    }
78 }
```

Ejecución y salida

En este ejemplo de ejecución, se han hecho ocho iteraciones, se han probado las tres jugadas (en mayúsculas y en minúsculas), además de una letra no aceptada ("x") y la "s" para salir y terminar.

```
=== Vamos a jugar al Piedra, Papel, Tijeras ===
¿Cuál es tu jugada? [P]iedra, pape[L], [T]ijeras o [S]alir
P
Tú has jugado P y el ordenador P. ¡Hemos empatado!
¿Cuál es tu jugada? [P]iedra, pape[L], [T]ijeras o [S]alir
P
```

```
Tú has jugado P y el ordenador T. ¡Has ganado!
¿Cuál es tu jugada? [P]iedra, pape[L], [T]ijeras o [S]alir
L
Tú has jugado L y el ordenador L. ¡Hemos empatado!
¿Cuál es tu jugada? [P]iedra, pape[L], [T]ijeras o [S]alir
l
Tú has jugado L y el ordenador T. ¡Has perdido!
¿Cuál es tu jugada? [P]iedra, pape[L], [T]ijeras o [S]alir
T
Tú has jugado T y el ordenador L. ¡Has ganado!
¿Cuál es tu jugada? [P]iedra, pape[L], [T]ijeras o [S]alir
t
Tú has jugado T y el ordenador T. ¡Hemos empatado!
¿Cuál es tu jugada? [P]iedra, pape[L], [T]ijeras o [S]alir
x
No te he entendido.
¿Cuál es tu jugada? [P]iedra, pape[L], [T]ijeras o [S]alir
s
¡Gracias por jugar!
```

Rétate

¿Qué mejoras te atreves a hacerle a este juego? ¡Seguro que se te ocurren un montón, pero, por si la inspiración te ha abandonado temporalmente, te propongo unos cuantos retos:

- Añade un *array* con las palabras "Piedra", "Papel" y "Tijeras" y úsalas en la interfaz de usuario para pintar el resultado, en lugar de poner solo las letras.

  ```
  Tú has jugado Papel y el ordenador Tijeras. ¡Has perdido!
  ```

- Lleva un marcador de las partidas ganadas, perdidas y empatadas.
- Termina el juego al cabo de diez partidas.
- Termina el juego cuando uno de los jugadores haya alcanzado el número de victorias indicado por una constante.

Y si quieres complicarlo un poquito más:

- Implementa «piedra, papel, tijeras, lagarto, Spock».

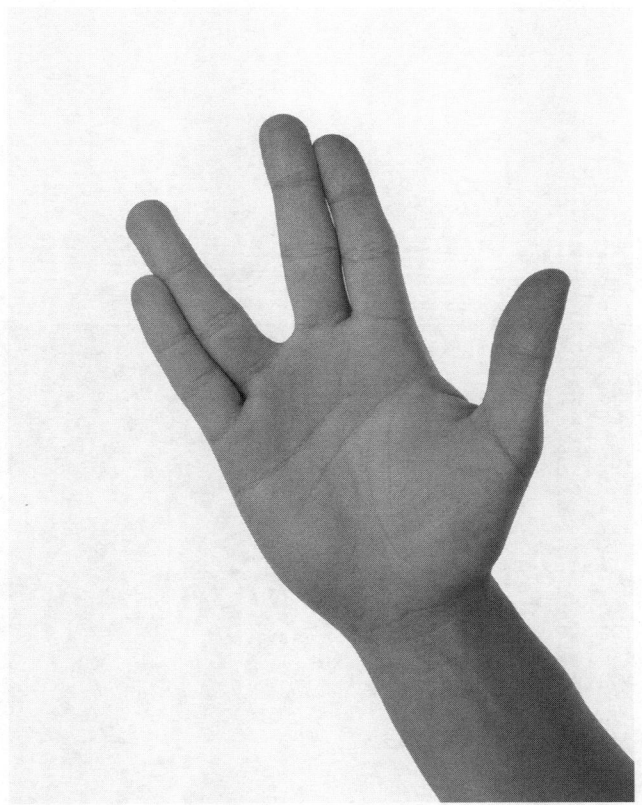

Figura 4.3. Piedra, papel, tijeras, lagarto, Spock.

5

El ahorcado

- El manejo de *arrays* (segmentos en Python, cómo recorrerlos y rellenarlos en Java).
- Las estructuras iterativas (for y while en Python, for y do-while en Java).
- El condicional ternario de Java.
- El *try-with-resources* de Java.
- La conversión a mayúsculas.

Introducción

En este capítulo vamos a jugar al **ahorcado**, ya sabes, ese juego que nos presenta tantos huecos como letras tenga una palabra, y tenemos que decir letras para ir completando esos huecos, pero… a cada fallo, cuando la letra escogida no está en la palabra a adivinar, se va incrementando la construcción de un dibujito de una persona ahorcada. Hay que conseguir adivinar la palabra antes de quedarse sin intentos.

Además de ir programando juegos más jugables, más entretenidos, iremos profundizando en su implementación, utilizando nuevos conceptos y mejorando los ya conocidos. Seguiremos manejando *arrays*, bucles y condicionales y, por fin, aprenderemos la forma correcta de cerrar el Scanner en Java.

Definición y análisis del problema

Como de costumbre, aunque todos conozcamos los juegos de este libro, definamos bien la versión que implementaremos del ahorcado. Hoy en día hay un montón de apps y juegos de ordenador, pero antaño se jugaba en papel. Un jugador pensaba una palabra, pintaba tantas líneas como letras tuviera la palabra, y el otro jugador iba cantando letras buscando adivinarla. Si la letra estaba en la palabra, el primer jugador la escribía en su posición, tantas veces como apareciera. Si no, incorporaba un elemento más al dibujo del ahorcado: la cabeza, el cuerpo, un brazo, el otro, una pierna, la otra… El juego terminaba si el jugador adivinador completaba todas las letras o si el jugador que propuso la palabra acababa de pintar el monigote ahorcado.

En nuestro juego será el ordenador quien «piense» la palabra y el usuario quien intente adivinarla. Teniendo en cuenta que aún estamos aprendiendo a programar, estamos trabajando con un entorno de texto, no gráfico… En vez de un monigote, pintaremos puntitos y asteriscos marcando los intentos disponibles y los ya gastados. En vez del diccionario entero de la RAE, nos conformaremos con una lista de palabras cerrada y bastante escueta.

¿Tenemos que contemplar algún error? Creo que solo asegurarnos de que el jugador nos da una letra y no una palabra entera.

Trabajaremos en dos versiones. En la primera, el objetivo será fijo, no controlaremos errores, no limitaremos intentos, pero el juego ya será jugable. La segunda será ya el juego completo. En el caso de Java, tendremos una tercera versión con algunas mejoras, no en la funcionalidad, sino en la calidad de la implementación.

Diseño del algoritmo

Sin entrar en mucho detalle, el funcionamiento del juego en su versión inicial se podría ver reflejado en el siguiente pseudocódigo:

El Ahorcado (v1):
```
ESCRIBIR "=== El Ahorcado ===".
ESTABLECER "PAPA" como palabra objetivo.
INICIALIZAR juego con comodines.
adivinado := Falso.
MIENTRAS NO adivinado HACER
    LEER del teclado la letra jugada.
    reemplazarLetra(objetivo, letra).
    adivinado := no quedan comodines.
    ESCRIBIR estado de la partida.
FIN MIENTRAS.
ESCRIBIR enhorabuena.
FIN.
```

Podemos jugar, pero es una solución muy pobre, el jugador siempre gana (si tiene la paciencia suficiente como para intentarlo con todas las letras), así que mejor, en la siguiente versión:

- Escogemos la palabra objetivo de forma aleatoria.
- Controlamos el número de intentos.
- Terminamos diciendo si el jugador ha perdido o ganado.

Añadiendo estos puntos en el pseudocódigo, en negritas, nos quedaría:

El Ahorcado (v2):
```
ESCRIBIR "=== El Ahorcado ===".
ESCOGER aleatoriamente una palabra objetivo.
INICIALIZAR juego con comodines.
fallos := 0.
adivinado := Falso.
MIENTRAS NO adivinado Y fallos < NUM_INTENTOS HACER
    LEER del teclado la letra jugada.
    acierto := reemplazarLetra(objetivo, letra).
    SI NO acierto ENTONCES
        fallos += 1.
    FIN SI.
    adivinado := no quedan comodines.
    ESCRIBIR estado de la partida.
FIN MIENTRAS.
ESCRIBIR resultado final.
FIN.
```

Tras escoger la palabra objetivo de la partida, preparamos el texto con los huecos a rellenar, inicializamos el contador de fallos y el *flag* (así se suelen llamar este tipo de booleanos) que nos marcará si la palabra ya ha sido adivinada o hay que seguir jugando.

Tras las inicializaciones, empezamos con el bucle, mientras no se haya adivinado, y no superemos el número máximo de intentos permitido, le pedimos al usuario una letra, comprobamos si está en la palabra y la reemplazamos. Si no estaba, incrementamos el número de fallos. Comprobamos si quedan letras por adivinar en la palabra, para saber si ya se adivinó o aún no, y pintamos en pantalla las nuevas pistas.

En cuanto se adivine o no nos queden intentos, informamos al jugador del resultado final.

Implementación (versión inicial)

En la implementación de la versión inicial, utilizaremos cinco constantes:

- PALABRA: con la palabra objetivo, fija, por ejemplo "PAPA", aunque, como se ve en el comentario, podría ser "ABRACADABRA" o cualquier otra.
- COMODIN: el carácter con el que construiremos los huecos a rellenar por el usuario, por ejemplo, el guion bajo (_).
- TITULO: el texto con el título del juego.
- DIME: el texto con el *prompt* para que el usuario juegue.
- ENHORABUENA: el texto con el mensaje de enhorabuena. Recuerda que en esta versión, al no limitar los intentos, el jugador siempre terminará ganando.

Con las constantes ya definidas, el flujo del programa consistirá en mostrar el título, establecer el objetivo (usando la constante recién definida), preparar la base de juego, llamada enJuego, que es una serie de guiones, con tantos guiones como letras tenga la palabra objetivo y pintarla. enJuego empezará valiendo "____", pero se convertirá en "_A_A" cuando se juegue con la A, y en "PAPA" si después se juega con una P. Lo utilizaremos para mostrar al usuario el estado del juego, cuántas letras tiene que adivinar, cuáles ha adivinado ya…

Y, a partir de ahí, empezar la parte repetitiva: pedir una letra al usuario, reemplazarla en la base de juego, comprobar si quedan comodines por reemplazar (nos indicarán cuándo se ha acertado la palabra) y repetir si aún no se ha terminado.

Finalmente, pintar el mensaje de enhorabuena.

A continuación, la implementación de esta versión tanto en Python como en Java.

Implementación en Python

```python
01  PALABRA = "PAPA" # "ABRACADABRA"
02
03  COMODIN = "_"
04
05  TITULO = "=== El Ahorcado ==="
06  DIME = "Dime una letra\n"
07  ENHORABUENA = "Enhorabuena, has resuelto la palabra buscada:"
08
09  print(TITULO)
10  objetivo = PALABRA
11  enJuego = COMODIN * len(objetivo) # Para generar "____"
12  print(enJuego)
13  adivinado = False
14  while not adivinado:
15  letra = input(DIME)
16      for i in range(len(objetivo)):
17          if objetivo[i] == letra:
18              enJuego = enJuego[:i] + letra + enJuego[i+1:]
19          adivinado = COMODIN not in enJuego
20          print(enJuego)
21  print(ENHORABUENA, objetivo)
```

El código en Python empezará con la declaración de constantes, líneas 1 a 7, esto lo sabemos hacer ya muy bien, como el imprimir ciertos mensajes o inicializar las variables objetivo y adivinado. Pero me interesa que nos fijemos en la línea 11: estamos multiplicando una letra (el COMODIN, _) por la longitud del objetivo (4 si jugamos con "PAPA"). Esta operación generará un texto con cuatro guiones. Puede resultar muy útil si necesitamos pintar una línea de símbolos, las rayas de un tablero…

NOTA:

*Utilizar un mismo operador, como el * o el +, para realizar distintas funciones en diversos contextos se llama sobrecarga de operadores.*

Y ya entramos en un bucle while en el que permaneceremos mientras adivinado sea falso. Tras recuperar la letra indicada por el usuario, recorreremos todas las letras de la palabra objetivo utilizando un bucle for. En la línea 16 definimos una variable i que tomará los valores del rango de 0 hasta el número indicado: en este caso, la longitud del objetivo, 4. Así pues, range(4) genera la secuencia 0, 1, 2, 3, que serán los valores que tomará la i en cada una de las repeticiones del bucle for. En la línea 17, recuperamos una de las letras de la palabra objetivo, y la comparamos con la letra que nos ha dado el jugador. En nuestro ejemplo, cuando la i tome el valor 0, objetivo[i] valdrá P: cuando valga 1, será A; para i = 2, tendríamos otra P; y para la i = 3, otra A.

Supongamos que recibimos una S, como no coincide ni con las pes ni con las aes, no pasará nada. Pero si recibimos una A, jugada inicial muy probable, para i = 1 e i = 3, sí se ejecutaría la línea 18. enJuego lo hemos inicializado como "____" (cuatro guiones), y al ejecutar la línea 18 con la i = 1 y letra = A, con la sintaxis enJuego[:i] cogeríamos lo que hay en enJuego hasta el 1, es decir, "_" (un guion) más la letra, una A, más, con la sintaxis enJuego[i+1:] lo que hay desde la i+1 hasta el final: "__" (dos guiones), resultando así en "_A__". Al seguir iterando, reemplazaríamos la otra A, cuando i = 3, consiguiendo "_A_A".

En Python, para tomar un fragmento de una secuencia elementos, podemos utilizar la sintaxis secuencia[inicio:fin] para recuperar los elementos sitos entre las posiciones inicio y fin-1. Si no indicamos uno de los índices, como hemos hecho en este programa, tomará desde el inicio de la secuencia o hasta su fin. Te recomiendo que, en un programa aparte, hagas algunas pruebas con esta sintaxis: toma una secuencia, de números, letras o palabras, y pinta diversos segmentos, para comprobar de tu propia mano cómo se comporta.

En la línea 19 comprobamos si la palabra ya ha sido adivinada verificando que ya no quedan comodines en la variable enJuego. El operador in (o not in) nos permite comprobar si una secuencia contiene (o no) un elemento.

Llegamos al final del bucle e imprimimos en la línea 20 el estado de la partida. Observa bien las líneas 20 y 21: la tabulación de la línea 20 nos indica que está dentro del bucle, mientras que la 21, ya pegada al borde, está fuera, así que tras ejecutar la línea 20, si aún no se ha adivinado la palabra, regresaremos a la línea 14, pero si ya no quedan huecos que desvelar, la ejecución seguiría por la línea 21.

Ejecución y salida

```
=== El Ahorcado ===
____
Dime una letra
A
_A_A
Dime una letra
B
_A_A
Dime una letra
P
_A_A
Dime una letra
P
PAPA
Enhorabuena, has resuelto la palabra buscada: PAPA
```

Siendo la palabra objetivo una constante, el juego no tiene mucha gracia, pero nos sirve para comprobar que funciona como esperamos. Nos empieza presentando cuatro guiones, que se convierten en "_A_A" en cuanto jugamos la A. No pasa nada al jugar con una B, ni con una p (minúscula). Sin embargo, al jugar con la P (mayúscula), ya conseguimos "PAPA", ¡hemos ganado!

Implementación en Java

Como en Python, en Java empezados declarando las constantes y, ya dentro del método main, incluimos la lógica de nuestro programa.

AhorcadoV1.java	Java

```java
01  import java.util.Scanner;
02
03  public class AhorcadoV1 {
04
05      private static final String PALABRA = "PAPA"; // "ABRACADABRA"
06
07      private static final char COMODIN = '_';
08
09      private static final String TITULO = "=== El Ahorcado ===";
10      private static final String DIME = "Dime una letra";
11      private static final String ENHORABUENA =
12              "Enhorabuena, has resuelto la palabra buscada: ";
13
14      public static void main(String[] args) {
15          System.out.println(TITULO);
16          String objetivo = PALABRA;
17          char[] enJuego = generarBase(objetivo);
18          System.out.println(enJuego);
19          Scanner s = new Scanner(System.in);
20          boolean adivinado;
21          do {
22              System.out.println(DIME);
23              char jugada = s.next().charAt(0); // tomamos la 1ª letra
24              for (int i = 0; i < objetivo.length(); i++) {
25                  char letra = objetivo.charAt(i);
26                  if (letra == jugada) {
27                      enJuego[i] = jugada;
28                  }
29              }
30              adivinado = true;
31              for (int i = 0; i < objetivo.length(); i++) {
32                  adivinado &= enJuego[i] != COMODIN;
33              }
34              System.out.println(enJuego);
35          } while (!adivinado);
36
```

```
37          System.out.println(ENHORABUENA + objetivo);
38          s.close();
39      }
40
41      /**
42       * Genera un array de caracteres rellenos con el carácter COMODIN
43       * de la misma longitud que la palabra recibida.
44       * @param palabra de la que tomar la longitud
45       * @return array de COMODIN de la misma longitud que palabra
46       */
47      private static char[] generarBase(String palabra) {
48          char[] base = new char[palabra.length()];
49          for (int i = 0; i < base.length; i++) {
50              base[i] = COMODIN;
51          }
52          return base;
53      }
54  }
```

Si has leído la implementación en Python, quizá te haya gustado la operación de multiplicar letras. Lamento informarte de que en Java tal operación no va a funcionar. Dará error de compilación; así que mejor nos creamos un método, generarBase(), que nos ayude a hacerlo, sin que crezca demasiado el método main. Luego vemos la implementación de generarBase(), pero quédate con que en la línea 17 generaremos el "____" inicial del juego.

Antes de entrar en el bucle no tenemos nada nuevo que no hayamos visto en los juegos anteriores. Y quizá pienses: «El do-while también me lo sé, lo vimos en el juego anterior», pero ¡fíjate bien! Esta vez sí tenemos una condición en la línea 35: ejecutaremos el bucle al menos una vez y saldremos de él cuando adivinado sea cierto (es decir, seguiremos en el bucle mientras sea falso).

Dentro del bucle, cuando leemos del teclado, con s.next() conseguimos un String, pero lo que necesitamos en este juego es una sola letra; así que mediante charAt(0) tomamos la primera letra de dicho String y de esta forma conseguimos el char que nos hace falta (línea 23). Y llegamos al bucle for para recorrer todas las posiciones de la palabra objetivo (desde i = 0 mientras i menor que la longitud del objetivo) (línea 24) para comparar si la letra en dicha posición (objetivo[i]), que guardamos en la variable letra (línea 25), coincide con la jugada (if de la línea 26); en cuyo caso, reemplazaríamos el COMODIN en la posición i de enJuego: enJuego[i] = jugada (línea 27).

Por ejemplo, si jugamos con "PAPA", partimos de "____" y nos dan una A; cuando la i valga 0, compararemos la P con una A, ¡nada! Incrementaremos la i (con i++) para comparar la A con la A, ¡esta vez sí!, así que ponemos una A en la posición uno de enJuego, a la que accedemos mediante enJuego[i]), resultando en "_A__". Con la i = 2 nos encontramos con otra P, nada, pero con i = 3 repetimos con la A, obteniendo el "_A_A" que mostraremos.

En Java no contamos tampoco con el operador in: necesitaremos otro bucle for para recorrer enJuego y comprobar si en alguno de sus elementos es un guion. El for de las líneas 31-33 utiliza la variable i como lo hace el for de las líneas 24 a 29, pero no es la misma i. Cada una de esas líneas nace donde se declara, entre los paréntesis del for, y muere con la llave de cierre correspondiente a ese for. Por eso, es posible utilizar en ambos el nombre i como índice de ambos bucles. Normalmente, utilizamos i para el índice de los bucles. Solo en caso de tener un for dentro de otro cambiamos el nombre del índice, utilizando j para el bucle interno. Si todos cumplimos esta regla, cuando leemos el código escrito por otra persona, lo entendemos más fácilmente.

En este segundo bucle, recorreremos todas las posiciones de nuevo, pero esta vez comprobaremos si el valor en la posición i-ésima no coincide con el comodín. Inicializamos el booleano adivinado a cierto, valor neutro de la conjunción y (línea 30); y en la línea 32, bueno, ahí hacemos dos cosas, así que mejor las desgloso:

- enJuego[i] != COMODIN: comprobamos si el contenido en la posición i de enJuego es distinta del COMODIN, es decir, si ya está resuelta. Nos devolverá un booleano.
- adivinado &= …: es equivalente a adivinado = adivinado && (*and*, y) el resultado del fragmento anterior.

¿Y qué logramos con esto? Estamos comprobando si todos los comodines han sido ya reemplazados por letras. Si queda algún COMODIN todavía, adivinado será falso, así que seguiremos jugando. Pero si ya no queda ninguno, conservaremos el cierto inicial, y terminaremos la partida.

Teníamos pendiente el método generarBase(), ¿verdad? Como en Java no se multiplican las letras, tendremos que construir la base, la serie de tantas rayitas como letras tenga la palabra objetivo, «a mano», utilizando un bucle for. Empezamos (línea 48) declarando una variable de tipo *array* de caracteres (char[]) llamada base, y la inicializamos indicando el tamaño que tendrá: la longitud de la palabra recibida como parámetro. Con el for, la recorremos, desde la i = 0 hasta la longitud de la secuencia (línea 49), para rellenar el contenido en la posición i-ésima con un COMODIN. Al terminar el bucle, devolvemos la secuencia.

Por cierto, ¿has prestado atención a las líneas 41 a 46? Lo que hay ahí escrito se llama *javadoc*. Parece un comentario, pero empieza con dos asteriscos tras la barra, no solo uno (/**). Se utiliza para explicar qué hace, cómo funciona, un método, y va dirigido a los programadores que utilizarán nuestro método. Podemos (y debemos) utilizar las etiquetas que existen para ordenar la información. Por ejemplo:

- @param: la utilizaremos una vez por cada parámetro que tenga el método, seguida del nombre del parámetro y luego su significado.
- @return: con ella explicaremos qué devolvemos, pero sin indicar el nombre de la variable devuelta, porque no aporta nada al lector.

A partir del *javadoc* que escribimos en el código, se puede generar una versión en HTML. La propia documentación de Java tiene un *javadoc* muy bueno, así que puedes utilizarlo como referencia e inspiración.

Ejecución y salida

Si ejecutamos el juego implementado en Java, no veremos demasiadas diferencias respecto a la versión en Python, por no decir ninguna.

```
=== El Ahorcado ===

_____
Dime una letra
M

_____
Dime una letra
P
P_P_
Dime una letra

a
P_P_
Dime una letra

A
PAPA
Enhorabuena, has resuelto la palabra buscada: PAPA
```

Así que, para variar un poco, esta vez he jugado primero con la P.

Implementación (versión final)

Habíamos dicho de añadir tres funcionalidades nuevas para esta versión, las recordamos y vemos cómo implementarlas.

- **Escogemos la palabra objetivo de forma aleatoria:** Lo mejor sería contar con un diccionario completo de palabras para escoger entre todas, pero ello requeriría una conexión a un servicio remoto o a una base de datos o leer de un fichero; algo que, de momento, no sabemos hacer. Así que lo simularemos utilizando un *array* con unas cuantas palabras, y así aprovechamos para afianzar nuestro manejo de *arrays*. Al empezar la partida, necesitaremos determinar una posición aleatoria dentro del tamaño de la secuencia de palabras y seleccionar el objetivo que encontremos en dicha posición, en lugar de usar la constante de la versión 1.

- **Controlamos el número de intentos:** Esta evolución es algo más compleja que la anterior. Necesitamos:

  - El número máximo de fallos que vamos a permitir. Es posible utilizar una constante, pero también podríamos obtenerlo de un fichero de configuración, una parametrización externa… Lo podrás hacer en un tiempo, cuando tengas las bases de la programación controladas. De momento, la constante será suficiente.

  - Mostrar, al empezar y tras cada intento (acertado o fallido), el estado de los intentos. Podría ser un monigote colgado cada vez con más elementos, pero, como estamos en una versión simple, pintemos estrellitas para los fallos ya cometidos y puntitos para los intentos aún disponibles, por ejemplo.

- Llevar un contador de fallos, que inicializaremos en cero antes de entrar en el bucle, y que incrementaremos tras cada jugada, si la letra propuesta no forma parte de la solución.

- Añadir, en la condición del bucle, el control del número de fallos ya cometidos, para asegurarnos de que no supera el límite, junto al control de no haber adivinado todavía, que ya teníamos.

- **Terminamos diciendo si el jugador ha perdido o ganado:** Añadiremos un nuevo mensaje para dar la mala noticia.

Aunque no quedó reflejado en el análisis previo ni en el pseudocódigo, conviene que nos aseguremos de que la respuesta del usuario ha sido solo una letra, ya que técnicamente podría escribir una palabra o una frase y, claro, luego no nos funcionaría bien el juego. Y ya que nos ponemos restrictivos con los jugadores, quizá podemos tener con ellos un detalle bonito: ¡aceptemos las respuestas en minúsculas!

Implementación en Python

Listamos primero el nuevo código y, a continuación, te explico los cambios hechos.

> **NOTA:**
>
> *Las líneas con el fondo sombreado son las líneas que hemos añadido o modificado respecto a la versión anterior.*

ahorcadoV2.py	Python

```python
01  import random
02
03  PALABRAS = ["PELOTA", "CAMISA", "PESADO", "AMIGAS", "ZAPATO",
04             "TOMATE", "JUGADA", "ALMEJA", "PETATE", "LUCERO",
05             "AMIGA", "BUCEO", "CASPA", "DEDAL", "ELITE", "FUEGO"]
06  NUM_FALLOS = 5
07
08  COMODIN = "_"
09
10  TITULO = "=== El Ahorcado ==="
11  DIME = "Dime una letra\n"
12  ENHORABUENA = "Enhorabuena, has resuelto la palabra buscada:"
13  PERDIDO = (
14     "¡Oooh! Ya no te quedan intentos para dar con la palabra buscada:"
15     )
16  ERROR_MUCHAS = "No vale, solo una letra"
17  INTENTOS = "Intentos:"
18  INTENTOS_GASTADOS = "*"
19  INTENTOS_RESTANTES = "."
20
```

```python
21  def escogerObjetivo():
22      return PALABRAS[random.randint(0, len(PALABRAS)-1)]
23
24  print(TITULO)
25  objetivo = escogerObjetivo()
26  enJuego = COMODIN * len(objetivo)
27  print(enJuego, "\t", INTENTOS, INTENTOS_RESTANTES * NUM_FALLOS)
28
29  fallos = 0
30  adivinado = False
31  while not adivinado and fallos < NUM_FALLOS:
32      acierto = False
33      letra = input(DIME).upper()
34      if len(letra) != 1:
35          print(ERROR_MUCHAS)
36          continue
37      for i in range(len(objetivo)):
38          if objetivo[i] == letra:
39              acierto = True
40              enJuego = enJuego[:i] + letra + enJuego[i+1:]
41      if not acierto:
42          fallos += 1
43      adivinado = COMODIN not in enJuego
44      print(enJuego, "\t", INTENTOS,
45          INTENTOS_GASTADOS * fallos
46          + INTENTOS_RESTANTES * (NUM_FALLOS - fallos))
47
48  if adivinado:
49      print(ENHORABUENA, objetivo)
50  else:
51      print(PERDIDO, objetivo)
```

PREGUNTA: **RESPUESTA:**

Con la nueva lista de PALABRAS, ¿cuántas podrían ser la buscada si tenemos la pista PE_ _ _ _?

En las líneas 3 a 5 hemos cambiado la constante PALABRA por una secuencia de PALABRAS, en la que podrás añadir tantas palabras como quieras. Por eso, en la línea 25 ya no utilizamos la antigua constante, sino que llamamos a la función escogerObjetivo() (líneas 21 y 22) para establecer con qué palabra jugaremos. ¿Y cómo escogemos el objetivo? Importamos (en la línea 1) el módulo random, para poder generar un número aleatorio entre cero y el número de palabras que tengamos, y así determinar la posición a la que acceder. ¿Que nos sale un cuatro? ¡El objetivo será «ZAPATO»!

Para el control del número de intentos, declaramos la constante NUM_FALLOS en la línea 6, así como los textos que necesitaremos para representarlo, las constantes de las líneas 17 a 19. Marcaremos los intentos gastados con un asterisco (*) y los restantes con un punto alto (·). Así, en la línea 27, además de enJuego, como antes, pintamos el resultado de multiplicar el puntito por el número de fallos permitidos, así lograremos un "·····". Pero esto es solo interfaz de usuario. Para modificar el comportamiento, hay que inicializar a cero la variable fallos, en la línea 29, y utilizarla en la condición del while (línea 31). Ahora serán necesarias dos condiciones para seguir jugando: no haber acertado y (and) que nos queden oportunidades.

Para que esto funcione, debemos incrementar el número de fallos (línea 42), pero solamente si no ha habido acierto (línea 41), si la letra propuesta no estaba en la palabra objetivo. Por eso, inicializamos acierto a falso (línea 32) y lo pondremos a cierto si encontramos la letra en el objetivo, justo antes de reemplazar los comodines por esa letra (podría ser después, pero siempre dentro del if).

Al terminar cada iteración y actualizar el estado al jugador, hay que combinar asteriscos y puntitos. Gracias a la multiplicación de caracteres por números, podemos pintar tantos asteriscos como fallos llevemos, y tantos puntitos como intentos nos queden (líneas 44 a 46).

Al final del código (líneas 48 a la 51) distinguimos entre la victoria y la derrota: nos ayuda a ello un if. Si se ha adivinado la palabra, utilizaremos el mensaje de ENHORABUENA; si no, el mensaje de la constante PERDIDO.

Nos quedan algunos cambios más. ¿Has visto qué hay al final de la línea 33? Al llamar a la función upper() sobre un texto, lo convertimos en mayúsculas. A partir de ahora, nos dará igual si el usuario nos da una 'a' o una 'A' porque, como la pasaremos a mayúsculas, para nosotros será siempre una 'A'. ¡Eso sí: asegúrate de escribir todas las PALABRAS en mayúsculas (o usar upper() al escogerObjetivo())!

Y ya el último cambio. Observa el condicional de las líneas 34 a 36: si la longitud de lo que hemos leído del teclado, que se llama letra, pero podría ser algo más, no es uno, entonces pintamos el mensaje ERROR_MUCHAS, y continuamos: la instrucción continue nos llevará de nuevo a la línea 31, no tendremos en cuenta esta jugada fallida.

Ejecución y salida

Ahora nuestro juego luce mucho más completo. ¿Jugamos una partida?

```
[1]
=== El Ahorcado ===
_ _ _ _ _ _           Intentos: · · · · ·
Dime una letra
A
A _ _ _ A             Intentos: · · · · ·
Dime una letra
e
A _ _ E _ A           Intentos: · · · · ·
Dime una letra
i
A _ _ E _ A           Intentos: * · · · ·
Dime una letra
O
A _ _ E _ A           Intentos: ** · · ·
Dime una letra
u
A _ _ E _ A           Intentos: *** · ·
Dime una letra
m
A _ ME _ A            Intentos: *** · ·
Dime una letra
L
ALME _ A              Intentos: *** · ·
Dime una letra
J
ALMEJA               Intentos: *** · ·
Enhorabuena, has resuelto la palabra buscada: ALMEJA
```

Mira cómo nos ha aceptado la 'e' o cómo, al fallar con la 'i', un puntito se convirtió en asterisco.

Pero en la vida no siempre se gana… Veamos qué sucede cuando el usuario no vence:

```
=== El Ahorcado ===
_ _ _ _ _ _           Intentos: · · · · ·
Dime una letra
x
_ _ _ _ _ _           Intentos: * · · · ·
Dime una letra
x
_ _ _ _ _ _           Intentos: ** · · ·
Dime una letra
x
_ _ _ _ _ _           Intentos: *** · ·
Dime una letra
```

```
x
_____          Intentos: ****·
Dime una letra
x
_____          Intentos: *****
¡Oooh! Ya no te quedan intentos para dar con la palabra buscada: JUGADA
```

Implementación en Java

Veamos cómo implementar la versión avanzada en Java.

> **NOTA:**
>
> *Las líneas añadidas o modificadas están resaltadas con el fondo sombreado.*

AhorcadoV2.java	Java

```java
01 import java.util.Random;
02 import java.util.Scanner;
03
04 public class AhorcadoV2 {
05
06     private static final String[] PALABRAS = {
07             "PELOTA", "CAMISA", "PESADO", "AMIGAS", "ZAPATO",
08             "TOMATE", "JUGADA", "ALMEJA", "PETATE", "LUCERO",
09             "AMIGA", "BUCEO", "CASPA", "DEDAL", "ELITE", "FUEGO" };
10     private static final int NUM_FALLOS = 5;
11
12     private static final char COMODIN = '_';
13
14     private static final String TITULO = "=== El Ahorcado ===";
15     private static final String DIME = "Dime una letra";
16     private static final String ENHORABUENA =
17             "Enhorabuena, has resuelto la palabra buscada: ";
18     private static final String PERDIDO = "¡Oooh! Ya no te quedan "
19             + "intentos para dar con la palabra buscada: ";
20
21     private static final String ERROR_MUCHAS =
22             "No vale, solo una letra";
23     private static final String INTENTOS = "Intentos: ";
24     private static final String INTENTOS_GASTADOS = "*";
25     private static final String INTENTOS_RESTANTES = "·";
26
27     public static void main(String[] args) {
28         System.out.println(TITULO);
29         String objetivo = escogerObjetivo();
30         char[] enJuego = generarBase(objetivo);
31         System.out.println(String.valueOf(enJuego)
32                 + "\t" + INTENTOS + intentos(0));
33
```

```java
        Scanner s = new Scanner(System.in);
        int fallos = 0;
        boolean adivinado = false;
        do {
            boolean acierto = false;
            System.out.println(DIME);
            String entrada = s.next();
            if (entrada.length() > 1) {
                System.err.println(ERROR_MUCHAS);
                continue;
            }
            char jugada = entrada.toUpperCase().charAt(0);
            for (int i = 0; i < objetivo.length(); i++) {
                char letra = objetivo.charAt(i);
                if (letra == jugada) {
                    acierto = true;
                    enJuego[i] = jugada;
                }
            }
            if (!acierto) {
                fallos++;
            }
            adivinado = true;
            for (int i = 0; i < objetivo.length(); i++) {
                adivinado &= enJuego[i] != COMODIN;
            }
            System.out.println(String.valueOf(enJuego)
                    + "\t" + INTENTOS + intentos(fallos));
        } while (!adivinado && fallos < NUM_FALLOS);

        if (adivinado) {
            System.out.println(ENHORABUENA + objetivo);
        } else {
            System.out.println(PERDIDO + objetivo);
        }
        s.close();
    }

    private static String escogerObjetivo() {
        Random r = new Random();
        return PALABRAS[r.nextInt(PALABRAS.length)];
    }

    /**
     * Genera un array de caracteres rellenos con el carácter COMODIN
     * de la misma longitud que la palabra recibida.
     * @param palabra de la que tomar la longitud
     * @return array de COMODIN de la misma longitud que palabra
     */
```

```
83     private static char[] generarBase(String palabra) {
84         char[] base = new char[palabra.length()];
85         for (int i = 0; i < base.length; i++) {
86             base[i] = COMODIN;
87         }
88         return base;
89     }
90
91     private static String intentos(int fallos) {
92         String intentos = "";
93         for (int i = 0; i < fallos; i++) {
94             intentos += INTENTOS_GASTADOS;
95         }
96         for (int i = 0; i < NUM_FALLOS - fallos; i++) {
97             intentos += INTENTOS_RESTANTES;
98         }
99         return intentos;
100     }
101 }
```

El primer cambio, bastante llamativo, es la constante PALABRA que se convierte en PALABRAS: ahora es un *array* que contiene muchas palabras distintas, lo que nos permitirá escoger, de forma aleatoria, un objetivo distinto en cada partida, lo que le dará más emoción al juego. Por eso, desde la línea 29 llamamos al nuevo método escogerObjetivo(), implementado en las líneas 72 a 75. Ya hemos visto en otros juegos cómo conseguir un número aleatorio. Ahora queremos un número entre 0 y el tamaño del *array* PALABRAS, que dependerá de cuántas pongamos. El número generado lo utilizaremos para recuperar el elemento correspondiente de la secuencia.

Si volvemos al principio del código, en la línea 10 vemos una nueva constante, NUM_FALLOS, que utilizaremos para controlar el número de oportunidades que le damos al jugador, la segunda de las mejoras de esta versión. Para esta mejora necesitaremos algunas constantes más: el mensaje si pierde (PERDIDO) y las que utilizaremos para mostrar el estado de la jugada, aquellas cuyo nombre empieza por INTENTOS. Las empezaremos a utilizar en las líneas 31 y 32, antes solo pintábamos enJuego, Java lo convertía bien a String, pero al combinarlo, mediante la concatenación con más elementos, necesitamos decirle explícitamente cómo convertirlo. Por eso, usamos String.valueOf(enJuego). Prueba a quitarlo, y ¡verás lo que sale! También llamamos al método intentos() pasándole un cero. Este método sirve para pintar "·····" si el usuario no ha cometido aún ningún fallo, o "****·" si solo le queda una oportunidad. El parámetro que le pasamos indica cuántos asteriscos queremos; la longitud total la marcará el NUM_FALLOS permitidos. Por eso, hacemos dos bucles for, el primero (líneas 93 a 95) pintará un asterisco por cada fallo ya cometido, en el segundo (líneas 96 a 98) pintará un puntito por cada intento que quede (NUM_FALLOS - fallos). Cada carácter lo iremos concatenando (mediante +=) a una variable de tipo String que inicializamos vacía, " " (dos comillas dobles seguidas, sin espacios entre ellas), en la línea 92. Este método lo utilizamos tanto en las líneas 31-32, al empezar la partida, como también al final de cada iteración (líneas 60-61), actualizando el avance del juego.

Para lograr una correcta actualización de dicho avance, debemos llevar la cuenta de si se acierta o falla en cada iteración. Por eso, añadimos la variable booleana acierto al principio del bucle (línea 38), que inicializamos en falso, y presuponemos que no acertará. En caso de que acierte (if de las líneas 48-51), cambiamos el valor a verdadero. En el if de las líneas 53 a 55 utilizamos dicha variable para incrementar (o no) el número de fallos, que precisamente pasaremos al método intentos() para pintar los asteriscos y puntitos correspondientes.

El contador de fallos también nos sirve para controlar el final del bucle. Ahora tendremos dos condiciones que cumplir para seguir jugando: que la palabra no se haya adivinado y que el valor de fallos sea menor que el NUM_FALLOS permitido. Se tienen que cumplir ambas condiciones para seguir iterando, por eso utilizamos un *and* (&&), la conjunción (y). Si nos confundimos y ponemos un *or* (||, disyunción, o) seguiríamos si se cumple una o la otra, «volviéndose loco» el juego. ¡Hay que ir con cuidado para no confundirse!

Tras terminar el bucle, sacaremos un mensaje distinto en función de si la partida ha sido un éxito o un fracaso (líneas 64 a 68).

Nos queda hablar de la entrada del usuario. Lo que hacíamos en una línea, la 23, en la primera versión, se convierte en 6 líneas (de la 40 a la 45) de la versión final. Porque ahora controlamos que lo que ha escrito el usuario sea una letra y no una palabra. Si su longitud es de más de una letra, protestamos: ponemos un mensaje de error, y continuamos, es decir, saltamos de la línea 43 a la 62, a comprobar la condición del bucle, para ver si seguimos o salimos, pero nos saltamos todo el tratamiento de esa jugada.

En caso de que el usuario lo haya hecho bien, y nos haya dado una sola letra, ya en la línea 45, convertimos la entrada a mayúsculas (utilizando el método toUpperCase()) justo antes de quedarnos solo con la primera (y única) letra (con charAt(0)). El detalle de pasarlo a mayúsculas es una pequeña gentileza que tenemos con el usuario, para aceptar sus jugadas incluso si olvida usar las mayúsculas, no nos cuesta nada, y el juego será mucho más agradable.

NOTA:

Si queremos convertir a minúsculas, podemos usar el método toLowerCase().

Ejecución y salida

Ahí va una prueba intentando adivinar la palabra y otra forzando el perder, utilizando las letras más raras que he encontrado en el teclado.

```
[1]
=== El Ahorcado ===
_____   Intentos:  · · · · ·
```

```
Dime una letra
A
___A__ Intentos: ·····
Dime una letra
e
_E_A__ Intentos: ·····
Dime una letra
l
_E_A__ Intentos: *····
Dime una letra
T
_E_A__ Intentos: **···
Dime una letra
s
_ESA__ Intentos: **···
Dime una letra
p
PESA__ Intentos: **···
Dime una letra
d
PESAD_ Intentos: **···
Dime una letra
o
PESADO Intentos: **···
Enhorabuena, has resuelto la palabra buscada: PESADO

[2]
=== El Ahorcado ===
_____ Intentos: ·····
Dime una letra
w
_____ Intentos: *····
Dime una letra
X
_____ Intentos: **···
Dime una letra
Y
_____ Intentos: ***··
Dime una letra
Z
_____ Intentos: ****·
Dime una letra
ñ
_____ Intentos: *****
¡Oooh! Ya no te quedan intentos para dar con la palabra buscada: AMIGAS
```

Podemos echar un par de partiditas (o más) de prueba, pero en Java aún no hemos terminado... Iremos a por una tercera versión mejorando la calidad del código, sin modificar la funcionalidad.

Mejoras en Java

En esta sección mostraré cuatro mejoras en el código, que, como decía, no alteran la funcionalidad.

AhorcadoV3.java	Java

```java
01  import java.util.Arrays;
02  import java.util.Random;
03  import java.util.Scanner;
04
05  public class AhorcadoV3 {
06
07      private static final String[] PALABRAS = {
08              "PELOTA", "CAMISA", "PESADO", "AMIGAS", "ZAPATO",
09              "TOMATE", "JUGADA", "ALMEJA", "PETATE", "LUCERO",
10              "AMIGA", "BUCEO", "CASPA", "DEDAL", "ELITE", "FUEGO" };
11      private static final int NUM_FALLOS = 5;
12
13      private static final char COMODIN = '_';
14
15      private static final String TITULO = "=== El Ahorcado ===";
16      private static final String DIME = "Dime una letra";
17      private static final String ENHORABUENA =
18              "Enhorabuena, has resuelto la palabra buscada: ";
19      private static final String PERDIDO = ";Oooh! Ya no te quedan "
20              + "intentos para dar con la palabra buscada: ";
21
22      private static final String ERROR_MUCHAS =
23              "No vale, solo una letra";
24      private static final String INTENTOS = "Intentos: ";
25      private static final String INTENTOS_GASTADOS = "*";
26      private static final String INTENTOS_RESTANTES = " ·";
27
28      public static void main(String[] args) {
29          System.out.println(TITULO);
30          String objetivo = escogerObjetivo();
31          char[] enJuego = generarBase(objetivo);
32          System.out.println(String.valueOf(enJuego)
33                  + "\t" + INTENTOS + intentos(0));
34
35          try (Scanner s = new Scanner(System.in)) {
36              int fallos = 0;
37              boolean adivinado = false;
38              do {
39                  boolean acierto = false;
40                  System.out.println(DIME);
41                  String entrada = s.next();
42                  if (entrada.length() > 1) {
43                      System.err.println(ERROR_MUCHAS);
44                      continue;
45                  }
46                  char jugada = entrada.toUpperCase().charAt(0);
```

```java
47              for (int i = 0, lon = objetivo.length(); i < lon; i++) {
48                  char letra = objetivo.charAt(i);
49                  if (letra == jugada) {
50                      acierto = true;
51                      enJuego[i] = jugada;
52                  }
53              }
54              if (!acierto) {
55                  fallos++;
56              }
57              adivinado = true;
58              for (int i = 0; i < objetivo.length(); i++) {
59                  adivinado &= enJuego[i] != COMODIN;
60              }
61              System.out.println(String.valueOf(enJuego)
62                      + "\t" + INTENTOS + intentos(fallos));
63          } while (!adivinado && fallos < NUM_FALLOS);
64
65          System.out.println(
66                  (adivinado ? ENHORABUENA : PERDIDO) + objetivo);
67      }
68  }
69
70  private static String escogerObjetivo() {
71      Random r = new Random();
72      return PALABRAS[r.nextInt(PALABRAS.length)];
73  }
74
75
76  /**
77   * Genera un array de caracteres rellenos con el carácter COMODIN
78   * de la misma longitud que la palabra recibida.
79   * @param palabra de la que tomar la longitud
80   * @return array de COMODIN de la misma longitud que palabra
81   */
82  private static char[] generarBase(String palabra) {
83      char[] base = new char[palabra.length()];
84      Arrays.fill(base, COMODIN);
85      return base;
86  }
87
88  private static String intentos(int fallos) {
89      String intentos = "";
90      for (int i = 0; i < fallos; i++) {
91          intentos += INTENTOS_GASTADOS;
92      }
93      for (int i = 0; i < NUM_FALLOS - fallos; i++) {
94          intentos += INTENTOS_RESTANTES;
95      }
96      return intentos;
97  }
98 }
```

Try con recursos

Llevamos ya unos cuantos juegos implementados, y en todos ellos hemos utilizado el Scanner para leer del teclado las jugadas del usuario; y al final del main, lo hemos cerrado discretamente con un s.close(), si eso, etiquetado con un comentario diciendo que ya aprenderemos a hacerlo mejor. Bien, pues llegó ese momento. La clave está en las líneas 35 y 67: a la hora de instanciar el Scanner, utilizamos la estructura try (intentar), que en su versión completa irá acompañada de las estructuras catch y/o finally, pero en este ejemplo no.

No quiero adentrarme en el manejo de excepciones (que es para lo que se usa la estructura try-catch-finally), solo te hablaré del try-with-resources (*try* con recursos), existente a partir de Java 7. Tras la palabra clave try, entre paréntesis, escribimos las instrucciones de apertura de recursos que luego tenemos que cerrar mediante el método close(). Intentaremos (de ahí el try) ejecutar todo el código del bloque (el contenido entre las llaves) y, vaya todo bien o haya algún problema serio en medio (una excepción), al final se cerrarán automáticamente ejecutándose el método close(), los recursos abiertos dentro de los paréntesis.

Por eso, en la línea 67 tenemos solo una llave de cierre (que cierra el try) y ya no llamamos a s.close(), como hacíamos en la línea 69 de AhorcadoV2.java.

Si no utilizamos este try, y el programa deja de funcionar por cualquier motivo entre la apertura y el cierre del Scanner, ese recurso se quedaría abierto, bloqueado, y podría dar problemas. Envolviéndolo en un try, nos aseguramos de que sea Java quien lo cierre cuando sea necesario.

Optimización del for

En la línea 47 encontramos otro cambio, esta vez más sutil: tendrás que comparar atentamente con la línea equivalente de la versión anterior para apreciar la diferencia.

AhorcadoV2.java (fragmento) "antes"	Java

```
46  for (int i = 0; i < objetivo.length(); i++) {
```

En la versión 2, en cada iteración estamos (re)calculando la longitud de la palabra objetivo, cuando esta no va a cambiar. No tiene mucho sentido: imagina que jugamos con "abracadabra", contaremos once veces las once letras que tiene.

fragmento "otra alternativa"	Java

```
46  int lon = objetivo.length();
47  for (int i = 0; i < lon; i++) {
```

Una alternativa muy común es guardar en una variable esa longitud y consultarla tantas veces como necesitemos. En este caso, contaremos una vez las letras del objetivo, nos apuntaremos el número y lo comprobaremos en cada iteración.

Pero en el código de la versión mejorada, se presenta otra opción.

AhorcadoV3.java (fragmento "después")	Java

```
47  for (int i = 0, lon = objetivo.length(); i < lon; i++) {
```

El bucle for tiene tres elementos entre los paréntesis, separados por puntos y coma (;):

- La inicialización de variables.
- La condición a comprobar.
- El avance de variables.

La opción que presento ahora consiste en inicializar dos variables a la vez, ambas enteras (int). La i, que será nuestro índice, la inicializamos a cero, y lon, a la longitud de objetivo. Las separaremos mediante comas (,).

Prefiero poner la variable antes del bucle, pero es verdad que la que he dejado en la versión final del código es un buen ejemplo para aprender el uso de comas, a la vez que consigue darle a la variable lon justo el ámbito que necesita: el propio bucle.

Condicional ternario

En las líneas 65 y 66 simplificamos el if que antes teníamos en las líneas 64 a 68.

AhorcadoV2.java (fragmento "antes")	Java

```
64  if (adivinado) {
65      System.out.println(ENHORABUENA + objetivo);
66  } else {
67      System.out.println(PERDIDO + objetivo);
68  }
```

Si observamos las instrucciones de la rama if y else, se parecen mucho. La única diferencia entre ellas es qué constante se utiliza para mostrar el mensaje al usuario. En estos casos, podemos utilizar el operador condicional ternario. Dentro del System.out.println, reemplazando las constantes, añadimos unos paréntesis entre los cuales comprobamos la condición, seguida de un signo de interrogación (?), seguido de la constante en caso de que se cumpla la condición, dos puntos (:), la constante en caso de que no se cumpla.

```
85  System.out.println(
86        (adivinado ? ENHORABUENA : PERDIDO) + objetivo);
```

Conseguimos una solución muy elegante para evitar repetir líneas muy similares.

Relleno de arrays

La última mejora propuesta intenta evitar reinventar la rueda. Como en Java no podemos multiplicar las letras, en la primera versión implementamos a mano un bucle para rellenar un *array* de caracteres con la misma letra en todas sus posiciones, en el método generarBase().

AhorcadoV2.java (fragmento "antes")　　　　Java

```
83  private static char[] generarBase(String palabra) {
84      char[] base = new char[palabra.length()];
85      for (int i = 0; i < base.length; i++) {
86          base[i] = COMODIN;
87      }
88      return base;
89  }
```

Nos vino muy bien para practicar los bucles, pero también podemos aprovechar la implementación ya hecha por los ingenieros de Java y utilizar el método fill() de la clase Arrays. Le pasamos el *array* vacío y el elemento con el que rellenarlo, ¡y ya está!

Eso sí, tenemos que importar la clase Arrays al principio del código.

AhorcadoV3.java (fragmento "después")　　　　Java

```
01  import java.util.Arrays;
    ...
81  private static char[] generarBase(String palabra) {
82      char[] base = new char[palabra.length()];
83      Arrays.fill(base, COMODIN);
84      return base;
85  }
```

Ejecución y salida

Al volver a ejecutar el código tras estas mejoras, no debería notarse ningún cambio ni en la interfaz de usuario ni en la funcionalidad del juego. Lo que sí nos puede pasar es que la palabra a adivinar no sea la misma, ¡ni nuestro atino para adivinarla, tampoco!

```
[1]
=== El Ahorcado ===
_____   Intentos: ·····
Dime una letra
a
A___A Intentos: ·····
Dime una letra
l
A___A Intentos: *····
Dime una letra
m
AM__A Intentos: *····
Dime una letra
e
AM__A Intentos: **···
Dime una letra
j
AM__A Intentos: ***··
Dime una letra
i
AMI_A Intentos: ***··
Dime una letra
n
AMI_A Intentos: ****·
Dime una letra
g
AMIGA Intentos: ****·
Enhorabuena, has resuelto la palabra buscada: AMIGA
```

Rétate

Estamos subiendo el nivel de los juegos, pero si quieres subir tu nivel aún más, ¡acepta los siguientes retos!

- Amplía la lista de palabras. Harás el juego más divertido.

- Haz que el número de intentos sea configurable, recibiéndolo como argumento, por ejemplo.

- No contabilices los intentos de letras ya jugadas: si el jugador intenta con la misma letra en mayúsculas, en minúsculas y aún alguna otra vez, no incrementes el contador.

- Haz que el juego sea iterativo, que tras terminar con una palabra (ganando o perdiendo, poco importa) le pregunte al jugador si quiere jugar otra vez.

- Diseña e implementa una alternativa más original para mostrar los intentos: en lugar de asteriscos y puntitos, dibuja un ahorcado, aunque ocupe varias líneas.

6

Tres en raya

- El uso de matrices (*arrays* bidimensionales).
- Las interfaces gráficas.
- La orientación a objetos.
- El formateo de String.

Introducción

En este capítulo utilizaremos el reto del **tres en raya** para aprender muchas cosas nuevas. La más llamativa: la interfaz gráfica de usuario, así que será un capítulo un poco más largo.

Empezaremos con una versión no-jugable en modo texto, en la que aprenderemos a manejar matrices (*arrays* bidimensionales) para llevar el estado de la partida. Recorreremos las matrices para pintar el tablero.

En el segundo paso, redistribuiremos el código para aplicar el paradigma de la **programación orientada a objetos**, distribuyendo las responsabilidades entre distintas clases. Hasta ahora no los habíamos utilizado porque estábamos aprendiendo estructuras más básicas.

Y sobre la versión orientada a objetos, retiraremos lo relativo al modo texto para trabajar sobre una versión con **interfaz gráfica**, utilizando las librerías Tkinter en Python o Swing en Java.

Representación de un tablero de tres en raya

Pintar un tablero de tres en raya en modo texto es un ejercicio muy interesante para practicar el uso de matrices, así que empezaremos por aquí, aunque no sea un juego completo en sí.

Definición y análisis del problema

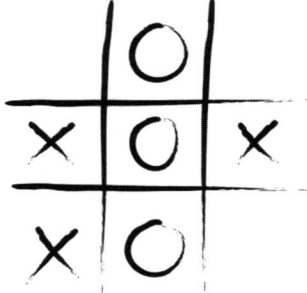

Figura 6.1. Tablero de tres en raya pintado a mano.

Pintar un tablero de tres en raya a mano es muy fácil: dos líneas verticales que se cruzan con dos líneas horizontales, creando las nueve casillas del juego.

Para hacerlo con caracteres, con el ordenador, hay que esmerarse un poco más:

```
01     |   |
02  ---+---+---
03     |   |
04  ---+---+---
05     |   |
```

Tenemos que pintarlo en cinco líneas. Las líneas impares serán las casillas y fragmentos de los trazos verticales, mientras que las pares servirían para dibujar los trazos horizontales.

Así pues, las líneas impares las pintaremos poniendo tres espacios en blanco, una barra vertical, otros tres espacios en blanco para crear la casilla central, otra barra vertical y tres espacios más para la última casilla.

Por otro lado, las líneas de separación horizontal estarán formadas por guiones, tres por casilla, con cruces (signo +) para representar los cruces, nunca mejor dicho, entre los trazos verticales y horizontales.

Cuando queramos ocupar alguna casilla, reemplazaremos el espacio central por el valor deseado. ¿Y de dónde sacamos ese valor?

Para representar el estado del tablero, emplearemos una matriz de 3 x 3, es decir, un *array* de tres elementos, cuyos elementos serán a su vez un *array* de tres elementos. La posición i, j de dicho *array* representará la casilla de la fila i y la columna j del tablero.

Diseño del algoritmo

Para pintar el tablero combinaremos la estética, los espacios, barras, guiones y cruces con los contenidos: el estado del tablero con sus huecos, sus X y sus O.

Podemos aprovechar que lo vamos a programar para hacerlo escalable, para que sirva para pintar tableros muy pequeños o muy grandes (por ejemplo, 8 x 8 para ajedrez o 19 x 19 para Go). Solo tenemos que evitar a toda costa usar el número 3 y el algoritmo se adaptará al tablero recibido, que será un *array* de dos dimensiones de caracteres, representando la X a un jugador, la O al otro y un espacio en blanco a las casillas aún vacías.

Tablero Tres En Raya (tablero):
```
filas = longitud(tablero).
PARA i DESDE 0 HASTA filas
   columnas = longitud(tablero[i]).
   PARA j DESDE 0 HASTA columnas
      Pintar " " + tablero[i][j] + " ".
      SI j != TAM-1 ENTONCES
         Pintar "|".
      SI NO
         Pintar salto de línea.
      FIN SI.
   FIN PARA j.
   SI i != filas ENTONCES
      PARA j DESDE 0 HASTA columnas
         Pintar "---".
         SI j != TAM-1 ENTONCES
            Pintar "+".
         FIN SI.
      FIN PARA j.
```

```
    SI NO
        Pintar salto de línea.
    FIN SI.
FIN PARA i.
FIN.
```

Por cada una de las filas, que serán tantas como la longitud del tablero, pintaremos una línea de casillas y, salvo para la última, una línea de separación.

En la línea de casillas, por cada una de las columnas, que serán tantas como la longitud del elemento i-ésimo del *array*, pintamos un espacio; el contenido de la casilla (X, O o espacio), otro espacio y, si no es la última casilla de la fila, una barra de separación, |; pero si es la última, pintamos un salto de línea.

La línea de separación es muy parecida, pero cambiando los signos utilizados e ignorando el contenido del tablero: pintamos tres rayitas por casilla (-) y un más (+) para las separaciones, tras las casillas intermedias. Tras la última, como antes, pintamos un salto de línea.

Pruébalo a mano, en papel cuadriculado, y verás cómo, si obedeces bien las instrucciones, te saldrá un tablero perfectamente alineado.

Implementación

Sin más dilación, procedamos a la implementación del algoritmo descrito.

Definimos cuatro constantes, para representar la ficha X, la ficha O y la casilla VACIA, además de la constante N (de *new line*, nueva línea) para representar los saltos de línea.

También definimos un par de tableros de ejemplo: uno vacío y otro simulando una partida. Recuerda que esta versión no es jugable.

El tablero vacío es un *array* de tres elementos que, a su vez, son *arrays* de tres elementos llenos de espacios en blanco (utilizando la constante VACIA). El tablero lleno sigue la misma estructura, pero en algunas de las casillas tendremos X, en otras O, y otras seguirán vacías.

Definimos un método o función pintarTablero(), que recibe una matriz con el tablero y lo pinta por consola, y luego lo llamamos con los dos tableros de muestra que hemos preparado.

Las implementaciones en Python y en Java son casi idénticas, salvo por las diferencias de sintaxis, aunque en la versión en Python ¡te espera una sorpresa al final!

Implementación en Python

tablero3enraya.py	Python

```python
01  # constantes
02  X = "X"
03  O = "O"
```

```
04  VACIA = " "
05  N = "\n"
06
07  # tableros de ejemplo
08  fichasTableroVacio = [
09          [VACIA, VACIA, VACIA],
10          [VACIA, VACIA, VACIA],
11          [VACIA, VACIA, VACIA]
12      ]
13
14  tableroLleno = [
15          [VACIA, O, VACIA],
16          [X, O, X],
17          [X, O, VACIA]
18      ]
19
20  def pintarTablero(tablero):
21      texto = ""
22      for i in range(len(tablero)):
23          # línea con las fichas
24          for j in range(len(tablero[i])):
25              texto += " " + tablero[i][j] + " "
26              if j != len(tablero[i]) - 1:
27                  texto += "|"
28              else:
29                  texto += N
30          # línea de separación
31          if i != len(tablero) - 1:
32              for j in range(len(tablero[i])):
33                  texto += "---"
34                  if j != len(tablero[i]) - 1:
35                      texto += "+"
36                  else:
37                      texto += N
38          else:
39              texto += N
40      print(texto)
41
42  print("Tablero vacío:")
43  pintarTablero(fichasTableroVacio)
44
45  print("Tablero lleno:")
46  pintarTablero(tableroLleno)
47
48  print("Tablero vacío en 1 línea:")
49  tableroVacio1Linea = \
50      ("   |" * 2 + "   \n" + "---+" * 2 + "---\n") * 2 \
51      + "   |" * 2 + "   \n"
52  print(tableroVacio1Linea)
```

Como ya hemos visto en juegos anteriores, para definir un *array* con un contenido concreto, utilizamos los corchetes ([ ]) (líneas 8 a 18).

Para iterar sobre las posiciones de un *array*, necesitamos generar la secuencia de números que representan las posiciones de sus elementos: range(len(tablero)) generará la secuencia 0, 1 y 2, si el tablero es de tamaño tres.

Puede parecer complejo, pues es una combinación de bucles y condicionales que tal vez asuste a primera vista; pero, si lo lees con calma, verás que es mucho más sencillo de lo que parece.

¿Te había prometido una sorpresa? Fíjate en las líneas 49 a 51. En una sola instrucción (sí, ocupa tres líneas en el texto porque no cabía de ancho, pero las contrabarras [\] al final de línea nos indican que se trata de una continuación) pintamos el tablero vacío, ¡sin bucles!

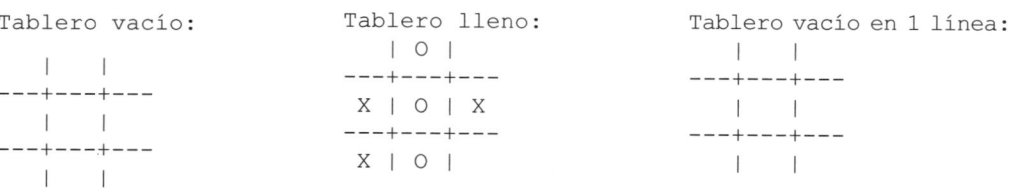

¡Esto sí que parece ilegible! Hasta que lo lea contigo: abrimos un paréntesis. Tres espacios y una barra, dos veces, más tres espacios y un salto de línea (A) (vamos, lo que hacen las líneas 24 a 29), más tres menos y un más por dos, más tres menos y un salto de línea (B) (equivalente a las líneas 32 a 37). Todo esto (C) lo multiplicamos por dos, quiero decir, lo imprimimos dos veces, y seguimos con un fragmento idéntico a la primera parte del anterior (A): la tercera fila de casillas, que ya no llevan línea de separación.

NOTA:

Esta maravilla es posible gracias a la habilidad de multiplicar texto que tiene Python, pero solo nos sirve para pintar el tablero vacío. Si queremos mostrarlo relleno, mejor utilizamos los bucles. Si quisiéramos hacerlo escalable, sí sería posible. Sería suficiente con reemplazar los doses por una variable numérica con el número de casillas deseado, menos uno.

Ejecución y salida

```
Tablero vacío:            Tablero lleno:           Tablero vacío en 1 línea:
                              | O |                      |   |
  |   |                    ---+---+---                    |   |
---+---+---                 X | O | X               ---+---+---
  |   |                    ---+---+---                    |   |
---+---+---                 X | O |                  ---+---+---
  |   |                                                  |   |
```

Implementación en Java

```java
01 public class Tablero3EnRaya {
02
03     private static final String X = "X";
04     private static final String O = "O";
05     private static final String VACIA = " ";
06
07     private static final String N = System.lineSeparator();
08
09     private static final String[][] TABLERO_VACIO = {
10             { VACIA, VACIA, VACIA },
11             { VACIA, VACIA, VACIA },
12             { VACIA, VACIA, VACIA }
13         };
14     private static final String[][] TABLERO_LLENO = {
15             { X, O, VACIA },
16             { X, O, X },
17             { VACIA, O, VACIA }
18         };
19
20     public static final void pintarTablero(String[][] tablero) {
21         String texto = "";
22         for (int i = 0; i < tablero.length; i++) {
23             for (int j = 0; j < tablero[i].length; j++) {
24                 texto += VACIA + tablero[i][j] + VACIA;
25                 if (j != tablero[i].length - 1) {
26                     texto += "|";
27                 } else {
28                     texto += N;
29                 }
30             } // for j
31             if (i != tablero.length - 1) {
32                 for (int j = 0; j < tablero[i].length; j++) {
33                     texto += "---";
34                     if (j != tablero[i].length - 1) {
35                         texto += "+";
36                     } else {
37                         texto += N;
38                     }
39                 }
40             } else {
41                 texto += N;
42             }
43         } // for i
44         System.out.println(texto);
45     }
46
```

```
47    public static void main(String[] args) {
48        System.out.println("Tablero vacío:");
49        pintarTablero(TABLERO_VACIO);
50        System.out.println("Tablero lleno:");
51        pintarTablero(TABLERO_LLENO);
52    }
53 }
```

Si has leído el código Python, no hace falta que te lo explique de nuevo, pero, por si acaso, me repito… Como ya hemos visto en juegos anteriores, para definir un *array* con un contenido concreto, utilizamos llaves ({ }) (líneas 10 a 19).

El método pintarTablero() puede parecer complejo, pues es una combinación de bucles y condicionales que tal vez asuste a primera vista; pero, si lo lees con calma, verás que es mucho más sencillo de lo que parece.

Ejecución y salida

```
Tablero vacío:                      Tablero lleno:
   |   |                                |   | O |
---+---+---                           ---+---+---
   |   |                             X | O | X
---+---+---                           ---+---+---
   |   |                             X | O |
```

Tres en raya orientado a objetos en modo texto

La implementación anterior utiliza programación estructurada. Veamos una nueva versión con programación orientada a objetos.

> **NOTA:**
>
> *Si no conoces aún la programación orientada a objetos, consulta sus nociones básicas en el capítulo 14.*

Llega el momento de manejar entidades lógicas y distribuir las responsabilidades entre cada una de ellas.

Diagrama de clases

En este juego, cada vez que juguemos, será una Partida que se jugará sobre un Tablero en el que colocaremos las Fichas.

La partida tendrá un tablero y controlará el turno que corresponde, y este podrá jugar() sobre una fila y una columna. Nos sabrá decir si ya está terminada() o qué ficha es la del ganador().

¿Quién sabe calcular cuál es el siguiente() turno? La ficha. Esa será la única responsabilidad de este enumerado, cuyos posibles valores serán X y O.

Pero la partida no puede hacerlo todo sola, se apoyará en el tablero. Cuando la partida quiera jugar(), le pedirá jugar() al tablero, indicándole con qué ficha, en qué fila y en qué columna; y este responderá si es posible o no (porque la casilla ya esté ocupada). Para saber si la partida ya está terminada(), el tablero estudiará si estaLleno() o si alguna de las fichas gana(). Se puede ganar al hacer tres en raya en horizontal, vertical o en cualquiera de las diagonales; por ello, contamos con cuatro métodos auxiliares.

Para pintar la partida y el tablero, contamos con los métodos toString() de cada clase.

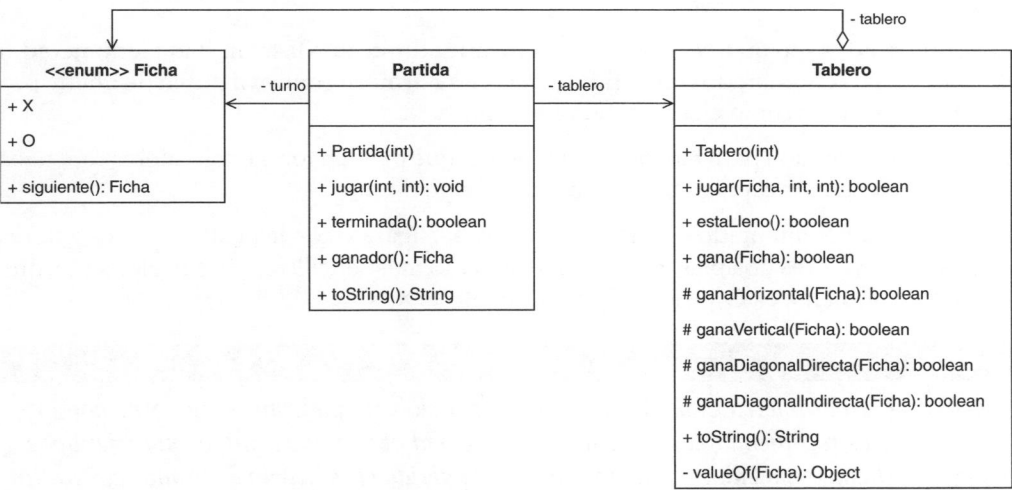

Figura 6.2. Diagrama de clases para el tres en raya.

Ahora verás el código que implementa todo esto en Python o Java, va creciendo el número de líneas, pero seguro que si vas entendiendo los párrafos que preceden a cada clase, entenderás fácilmente el programa.

Implementación

Implementación en Python

La implementación propuesta en ambos lenguajes es bastante similar, así que ahora me centraré solo en las particularidades de la versión en Python. Aunque en esta implementación tenemos el código en un solo fichero, lo trabajaremos fraccionado por apartados para facilitar su comprensión.

Encabezado

Empezamos el fichero importando los módulos necesarios: la clase Enum para extenderla y random para poder generar números aleatorios, además de un par de constantes útiles: el salto de línea y el tamaño del tablero.

```python
                    tresenraya_oo_texto.py                              Python
01  from enum import Enum
02  import random
03
04  N = "\n"
05  TAMANYO = 3
```

Clase Ficha

Los enumerados son un tipo especial de clase que admite una lista limitada (enumerada) de valores. Los enumerados en Python son clases normales, que extienden de Enum; por eso, la declaramos como class Ficha(Enum): (línea 8).

Es una buena elección para representar las fichas, que pueden tomar dos valores concretos y además deben ser capaces de determinar su siguiente().

Podríamos haber intentado programar siguiente() jugando con la posición de los valores en la lista de valores posibles, pero me ha parecido más sencillo decir, simplemente, que si soy X la siguiente es O y, si soy O, la siguiente es X.

NOTA:

Mediante el parámetro llamado self por convención (le podríamos dar otro nombre, aunque no es recomendable), hacemos referencia al objeto que estamos manejando, es decir, a la ficha cuyo valor queremos ver o a la partida cuyo turno queremos consultar o modificar, o el tablero sobre el que queremos jugar(), por ejemplo.

```python
                    tresenraya_oo_texto.py                              Python
07  ### Enum ficha
08  class Ficha(Enum):
09      X = 0
10      O = 1
11
12      def siguiente(self):
13          if self == self.X:
14              return self.O
15          if self == self.O:
16              return self.X
17          return None # Caso imposible
18  ### Fin enum ficha
```

Clase Partida

NOTA:

Los métodos __init__ (con dos guiones bajos por delante y otros dos por detrás) se utilizan para construir nuevas instancias de los objetos de esa clase.

Las partidas tienen dos atributos: el tablero y una ficha representando el turno en juego. Al jugar() una partida, si el tablero dice que se ha podido jugar(), cambiamos de turno. Si no, informamos al usuario que la casilla está ocupada y debe volverlo a intentar. Para determinar si la partida está terminada(), comprobamos si el tablero estaLleno() o si hay ganador(), para lo que le preguntamos al tablero si alguno de los jugadores gana(). Finalmente, para pintar una partida (__str__()), pintamos el tablero y el turno al que le toca jugar.

Quizá te llamen la atención tantos % en las líneas 31 y 32: cada %s del texto a escribir con el print() será reemplazado por cada uno de los valores que se le pasan entre los paréntesis de detrás del %, según el orden en el que se reciben.

tresenraya_oo_texto.py	Python

```
20  ### Clase partida
21  class Partida:
22
23      def __init__(self, tamanyo):
24          self.tablero = Tablero(tamanyo)
25          self.turno = random.choice(list(Ficha))
26
27      def jugar(self, fila, columna):
28          if self.tablero.jugar(self.turno, fila, columna):
29              self.turno = self.turno.siguiente()
30          else:
31              print("Casilla [%s, %s] ocupada, vuelve a jugar %s"
32                    % (fila, columna, self.turno.name))
33
34      def terminada(self):
35          return self.tablero.estaLleno() or self.ganador() != None
36
37      def ganador(self):
38          for jugador in list(Ficha):
39              if self.tablero.gana(jugador):
40                  return jugador
41          return None
42
```

tresenraya_oo_texto.py (continuación)	Python

```
43      def __str__(self):
44          return str(self.tablero) + "\nTurno: " + self.turno.name
45  ### Fin clase Partida
```

Creo que ya lo hemos visto en juegos anteriores, pero en el método gana(), en el que tendríamos una línea muy larga con muchos or utilizamos la contrabarra, \, para indicar que partimos la instrucción en varias líneas. Así es más fácil de leer.

Clase Tablero

La clase Tablero es algo más extensa, ¡tiene mucho trabajo por hacer!

Al construir un nuevo tablero, tenemos que crear la matriz de casillas, con dos bucles anidados para darle la bidimensionalidad. Antes de jugar(), comprobamos que la casilla indicada esté vacía, solo en ese caso la llenaremos con la ficha deseada.

¿Y cómo vemos si estaLleno()? ¡Recorriendo todas las casillas de todas las filas del tablero y verificando que no estén vacías! Para representar casillas vacías utilizamos el objeto None, que indica la falta de valor (que no la cobardía). Lo ves en acción en las líneas 17, 35, 41 o 67. También en la 132, para pintar bien las casillas vacías.

Para saber si un jugador gana(), hay que hacer unas cuantas comprobaciones: si ganaHorizontal() o ganaVertical() o ganaDiagonalDirecta() o ganaDiagonalInversa(). Para ver si ganaHorizontal(), hay que ver si, en alguna de las filas, todas sus casillas tienen la ficha de ese jugador, al igual que para ver si ganaVertical() haremos lo propio con cada una de las columnas. Comprobar si ganaDiagonalDirecta() ¡es muy fácil!: verificaremos si las casillas 0-0, 1-1 y 2-2 coinciden. Comprobar si ganaDiagonalInversa() tampoco es difícil… solo jugaremos con los índices para hacer crecer uno a la vez que decrece el otro y, así, comprobar las casillas 0-2, 1-1 y 2-0.

Podríamos pensar (y en Java verás que es así) que la implementación de ganaHorizontal() y ganaVertical() debería ser bastante parecida. Sin embargo, si te fijas en las líneas 77 a 95, los for de un método son distintos a los del otro. Esto se debe a las facilidades que nos da Python para recorrer los elementos de un array. Al hacer la comprobación horizontal, es posible recorrer todas las líneas con un for each (línea 79). Sin embargo, para recorrer por columnas, hay que trabajar con los índices (línea 89).

Vimos en la versión anterior cómo se pinta un tablero, que hacía, precisamente, solo eso.

tresenraya_oo_texto.py	Python

```
47   ### Clase Tablero
48   class Tablero:
49
50       def __init__(self, tamanyo):
51           self.tablero = []
```

```python
52          for i in range(tamanyo):
53              fila = []
54              for j in range(tamanyo):
55                  fila.append(None)
56              self.tablero.append(fila)
57
58      def jugar(self, ficha, fila, columna):
59          if self.tablero[fila][columna] == None:
60              self.tablero[fila][columna] = ficha
61              return True
62          return False
63
64      def estaLleno(self):
65          for linea in self.tablero:
66              for ficha in linea:
67                  if ficha == None:
68                      return False
69          return True
70
71      def gana(self, jugador):
72          return self.ganaHorizontal(jugador) \
73              or self.ganaVertical(jugador) \
74              or self.ganaDiagonalDirecta(jugador) \
75              or self.ganaDiagonalInversa(jugador)
76
77      def ganaHorizontal(self, jugador):
78          gana = False
79          for linea in self.tablero:
80              gana = True
81              for ficha in linea:
82                  gana &= ficha == jugador
83              if gana:
84                  break
85          return gana
86
87      def ganaVertical(self, jugador):
88          gana = False
89          for i in range(len(self.tablero)):
90              gana = True
91              for j in range(len(self.tablero[i])):
92                  gana &= self.tablero[j][i] == jugador
93              if gana:
94                  break
95          return gana
96
97      def ganaDiagonalDirecta(self, jugador):
98          gana = True
99          for i in range(len(self.tablero)):
100             gana &= self.tablero[i][i] == jugador
101         return gana
102
```

```
103     def ganaDiagonalInversa(self, jugador):
104         gana = True
105         for i in range(len(self.tablero)):
106             gana &= self.tablero[len(self.tablero)-1-i][i] == jugador
107         return gana
108
109     def __str__(self):
110         texto = ""
111         for i in range(len(self.tablero)):
112             # línea con las fichas
113             for j in range(len(self.tablero[i])):
114                 texto += " " + self.valueOf(self.tablero[i][j]) + " "
115                 if j != len(self.tablero[i]) - 1:
116                     texto += "|"
117                 else:
118                     texto += N
119             # línea de separación
120             if i != len(self.tablero) - 1:
121                 for j in range(len(self.tablero[i])):
122                     texto += "---"
123                     if j != len(self.tablero[i]) - 1:
124                         texto += "+"
125                     else:
126                         texto += N
127             else:
128                 texto += N
129         return texto
130
131     def valueOf(self, ficha):
132         if ficha == None:
133             return " "
134         return ficha.name
135 ### Fin clase Tablero
```

Ejecutable

Para poder lanzar las partidas, creamos una nueva partida, de 3 x 3 (o del tamaño que queramos), y vamos pidiendo a los jugadores fila y columna, mientras la partida no esté terminada(), teniendo en cuenta que se acaba el juego con la victoria de uno de los jugadores o en tablas.

```
137 def pideJugada(tipo):
138     while True:
139         pos = int(input("Indica la " + tipo + " "))
140         if pos >= 0 and pos < TAMANYO:
141             return pos
142         print("El valor debe estar entre 0 y " + str(TAMANYO - 1))
143
```

```
144 # main
145 print("=== 3 en raya ===")
146 partida = Partida(TAMANYO)
147 print(partida)
148 while (not partida.terminada()):
149     fila = pideJugada("fila")
150     columna = pideJugada("columna")
151     partida.jugar(fila, columna)
152     print(partida)
153     if partida.terminada():
154         print("Partida terminada")
155         ganador = partida.ganador()
156         if ganador != None:
157             print("Ha ganado", ganador.name)
158         else:
159             print("Tablas")
```

Ejecución y salida

Es posible jugar tantas veces como desees. Para no gastar demasiado papel en ello, solo te muestro un ejemplo de partida:

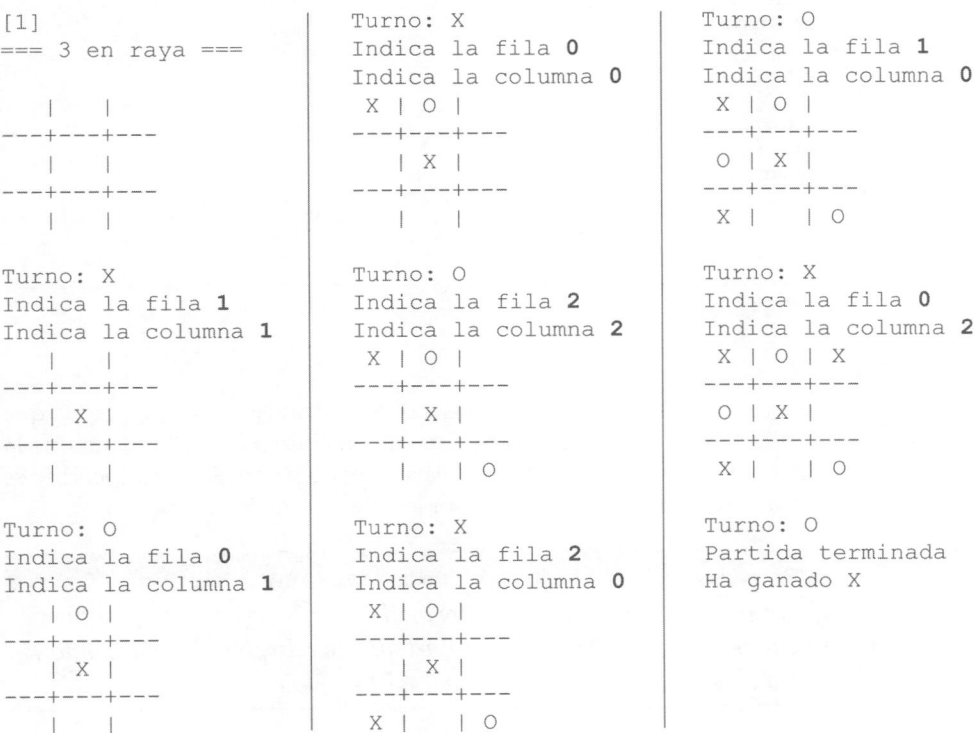

Implementación en Java

La implementación en Java recomienda (no es obligatorio, solo más conveniente) que cada clase esté en su propio fichero, así que, para organizar debidamente el código, utilizaremos un paquete, llamado tresenrayatexto, en el que estarán todas las clases de esta versión.

Enum Ficha

Para declarar un enumerado en Java, empleamos la palabra reservada enum en el lugar en el que habitualmente ponemos class, es decir, delante de su nombre.

Seguidamente, ya dentro del enum, declaramos todos los valores que tendrá, en mayúsculas, siguiendo la convención que usamos para las constantes, separados por comas.

Si nuestro enum requiere algún método, para ganar funcionalidad lo implementamos a continuación, como el método siguiente().

Ficha.java	Java

```java
01  package tresenrayatexto;
02
03  public enum Ficha {
04      X, O;
05
06      public Ficha siguiente() {
07          switch (this) {
08          case X:
09              return O;
10          case O:
11              return X;
12          default:
13              return null; // caso imposible
14          }
15      }
16  }
```

Clase Partida

En las líneas 19 y 20 se ve la alternativa en Java a la concatenación mediante + de los String que queremos construir: utilizamos el método printf() y, como en el caso de Python, aunque la sintaxis varíe un poco, cada %s del mensaje será reemplazado por el parámetro correspondiente. Este método no incluye el salto de línea, así que mejor le ponemos un %n al final.

> **NOTA:**
>
> *El método printf admite otros comodines para formatear mensajes: %d para números enteros, %f para números decimales... Consulta todos los disponibles buscando la documentación de la clase java.util.Formatter, del API de Java.*

Si te llaman la atención las líneas 10 o 29, te cuento el misterio en un momento. Aunque nosotros no lo hayamos implementado, los enumerados nos regalan el método values(), que nos permite iterar sobre todos los valores posibles de ese enum.

Partida.java	Java

```java
01  package tresenrayatexto;
02
03  public class Partida {
04      private Tablero tablero;
05      private Ficha turno;
06
07      public Partida(int tamanyo) {
08          tablero = new Tablero(tamanyo);
09          turno = Ficha.values()[
10                  (int) (Math.random() * Ficha.values().length)
11              ]; // primer turno aleatorio
12          System.out.println("Empieza jugando " + turno);
13      }
14
15      public void jugar(int fila, int columna) {
16          if (tablero.jugar(turno, fila, columna)) {
17              turno = turno.siguiente();
18          } else {
19              System.err.printf("Casilla [%s, %s] ocupada, "
20                      + "vuelve a jugar %s%n", fila, columna, turno);
21          }
22      }
23
24      public boolean terminada() {
25          return tablero.estaLleno() || ganador() != null;
26      }
27
28      public Ficha ganador() {
29          for (Ficha f : Ficha.values()) {
30              if (tablero.gana(f)) {
31                  return f;
32              }
33          }
34          return null;
35      }
36
37      @Override
38      public String toString() {
39          return tablero + "\nTurno: " + turno;
40      }
41  }
```

Clase Tablero

Quizá lo más reseñable de esta clase es su último método, valueOf(), que utilizamos en la línea 86, cuando queremos pintar una ficha. Si la ficha no tiene valor (es null), mejor pintamos un espacio en blanco. Si no, ya dejamos que la ficha se pinte solita.

NOTA:

Si en Python utilizamos el objeto None para indicar la falta de valor, en Java empleamos la palabra reservada null.

TRUCO:

La constante N, para representar los saltos de línea, la inicializo con System.lineSeparator() para que el código funcione bien en cualquier sistema operativo. Si solo ponemos "\n", en Windows puede darnos problemas, ya que el salto de línea se representa como "\r\n".

Tablero.java	Java

```java
01 package tresenrayatexto;
02
03 public class Tablero {
04     private static final String MARGEN = " ";
05     private static final String LINEA_VERTICAL = "|";
06     private static final String LINEA_HORIZONTAL = "---";
07     private static final String CRUZ = "+";
08     private static final String N = System.lineSeparator();
09
10     private Ficha[][] tablero;
11
12     public Tablero(int tamanyo) {
13         tablero = new Ficha[tamanyo][tamanyo];
14     }
15
16     public boolean jugar(Ficha ficha, int fila, int columna) {
17         if (tablero[fila][columna] == null) {
18             tablero[fila][columna] = ficha;
19             return true;
20         }
21         return false;
22     }
23
24     public boolean estaLleno() {
25         for (Ficha[] fichas : tablero) {
26             for (Ficha ficha : fichas) {
27                 if (ficha == null) {
28                     return false;
29                 }
```

```
30              }
31          }
32          return true;
33      }
34
35      public boolean gana(Ficha jugador) {
36          return ganaHorizontal(jugador)
37                  || ganaVertical(jugador)
38                  || ganaDiagonalDirecta(jugador)
39                  || ganaDiagonalInversa(jugador);
40      }
41
42      protected boolean ganaHorizontal(Ficha jugador) {
43          boolean gana = false;
44          for (int i = 0; i < tablero.length && !gana; i ++) {
45              gana = true;
46              for (int j = 0; j < tablero[i].length && gana; j ++) {
47                  gana &= tablero[i][j] == jugador;
48              }
49          }
50          return gana;
51      }
52
53      protected boolean ganaVertical(Ficha jugador) {
54          boolean gana = false;
55          for (int i = 0; i < tablero.length && !gana; i ++) {
56              gana = true;
57              for (int j = 0; j < tablero[i].length && gana; j ++) {
58                  gana &= tablero[j][i] == jugador;
59              }
60          }
61          return gana;
62      }
63
64      protected boolean ganaDiagonalDirecta(Ficha jugador) {
65          boolean gana = true;
66          for (int i = 0; i < tablero.length; i ++) {
67              gana &= tablero[i][i] == jugador;
68          }
69          return gana;
70      }
71
72      protected boolean ganaDiagonalInversa(Ficha jugador) {
73          boolean gana = true;
74          for (int i = 0; i < tablero.length; i ++) {
75              gana &= tablero[tablero.length-1-i][i] == jugador;
76          }
77          return gana;
78      }
79
```

```java
80      @Override
81      public String toString() {
82          String s = "";
83          for (int i = 0; i < tablero.length; i++) {
84              // línea de fichas
85              for (int j = 0; j < tablero[i].length; j++) {
86                  s += MARGEN + valueOf(tablero[i][j]) + MARGEN;
87                  if (j < tablero[i].length - 1) {
88                      s += LINEA_VERTICAL;
89                  }
90              }
91              s += N;
92              // línea de separación
93              if (i < tablero.length - 1) {
94                  for (int j = 0; j < tablero[i].length; j++) {
95                      s += LINEA_HORIZONTAL;
96                      if (j < tablero[i].length - 1) {
97                          s += CRUZ;
98                      }
99                  }
100                 s += N;
101             }
102         }
103         return s;
104     }
105
106     private Object valueOf(Ficha f) { // devuelve String o Ficha
107         return f == null ? " " : f;
108     }
109 }
```

Clase ejecutable

Para lanzar las partidas, contamos con la clase TresEnRaya, con su método main. Creamos una nueva partida, de 3 x 3, inicializamos un Scanner, y vamos pidiendo a los jugadores fila y columna, mientras la partida no esté terminada(), teniendo en cuenta que el juego acaba en victoria de uno de los jugadores o en tablas.

```java
01 package tresenrayatexto;
02
03 import java.util.Scanner;
04
05 public class TresEnRaya {
06
```

```
07      private static final int TAMANYO = 3;
08
09      public static void main(String[] args) {
10          Partida partida = new Partida(TAMANYO);
11          try (Scanner s = new Scanner(System.in)) {
12              do {
13                  int fila = pideJugada(s, "fila");
14                  int columna = pideJugada(s, "columna");
15                  partida.jugar(fila, columna);
16                  System.out.println(partida);
17                  if (partida.terminada()) {
18                      System.out.println("Partida terminada");
19                      Ficha ganador = partida.ganador();
20                      if (ganador != null) {
21                          System.out.println("Ha ganado " + ganador);
22                      } else {
23                          System.out.println("Tablas");
24                      }
25                      return;
26                  }
27              } while (!partida.terminada());
28          }
29      }
30
31      private static int pideJugada(Scanner s, String tipo) {
32          while (true) {
33              System.out.println("Indica la " + tipo);
34              int pos = s.nextInt();
35              if (pos >= 0 && pos < TAMANYO) {
36                  return pos;
37              } else {
38                  System.err.println("El valor debe estar entre 0 y "
39                          + (TAMANYO - 1));
40              }
41          }
42      }
43  }
```

Ejecución y salida

Como ya hicimos una partida en Python y se parecen mucho las salidas obtenidas, al ejecutar una partida de prueba en Java he provocado algunos errores a los que el programa ha respondido correctamente, ¿eres capaz de localizarlos?

```
[1]                          Indica la columna          Indica la columna
Empieza jugando O            1                          1
Indica la fila                O | O |                   Casilla [0, 1] ocupada,
0                            ---+---+---                vuelve a jugar O
Indica la columna             X |   |                    O | O |
0                            ---+---+---                ---+---+---
  O |   |                       |   |                    X | X |
---+---+---                                             ---+---+---
    |   |                     Turno: X                     |   |
---+---+---                   Indica la fila
    |   |                     4                          Turno: O
                             Indica la fila             Indica la fila
Turno: X                     El valor debe estar        0
Indica la fila               entre 0 y 2                Indica la columna
1                            1                          2
Indica la columna            Indica la columna           O | O | O
0                            1                          ---+---+---
  O |   |                      O | O |                    X | X |
---+---+---                   ---+---+---                ---+---+---
  X |   |                       X | X |                    |   |
---+---+---                   ---+---+---
    |   |                       |   |                   Turno: X
                                                        Partida terminada
Turno: O                     Turno: O                   Ha ganado O
Indica la fila               Indica la fila
0                            0
```

Tres en raya orientado a objetos en modo gráfico

Añadiendo la orientación a objetos ya hemos dado un paso importante en nuestro código, con un gran impacto en su calidad, su mantenimiento, y en nuestro nivel de programación, pero nada perceptible para el usuario. Demos otro paso más: añadamos una interfaz gráfica de usuario (GUI, por sus siglas en inglés, *Graphic User Interface*). ¡Ahora sí que se darán cuenta los jugadores!

Conseguiremos un resultado parecido a este:

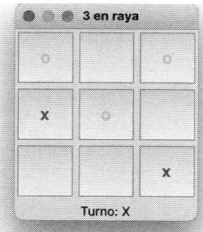

Figura 6.3. Tres en raya gráfico en Python.

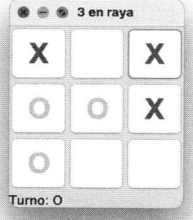

Figura 6.4. Tres en raya gráfico en Java.

En la partida de la figura 6.4, ¿en qué casilla debería jugar la O para evitar que la X gane?

¡Queda más resultón que en texto!

Diagrama de clases

Al adentrarnos en el modo gráfico, requerimos el uso de librerías adicionales para gestionar los componentes de la interfaz, y aquí es donde se separan ligeramente las implementaciones en Python y Java. En el primer caso, utilizaremos la librería Tkinter, mientras que en Java emplearemos Swing. Como ves, los nombres de los elementos se parecen mucho, aunque todos los componentes de Swing empiezan por J. Pero esa no es la única diferencia entre ambos diagramas de clase.

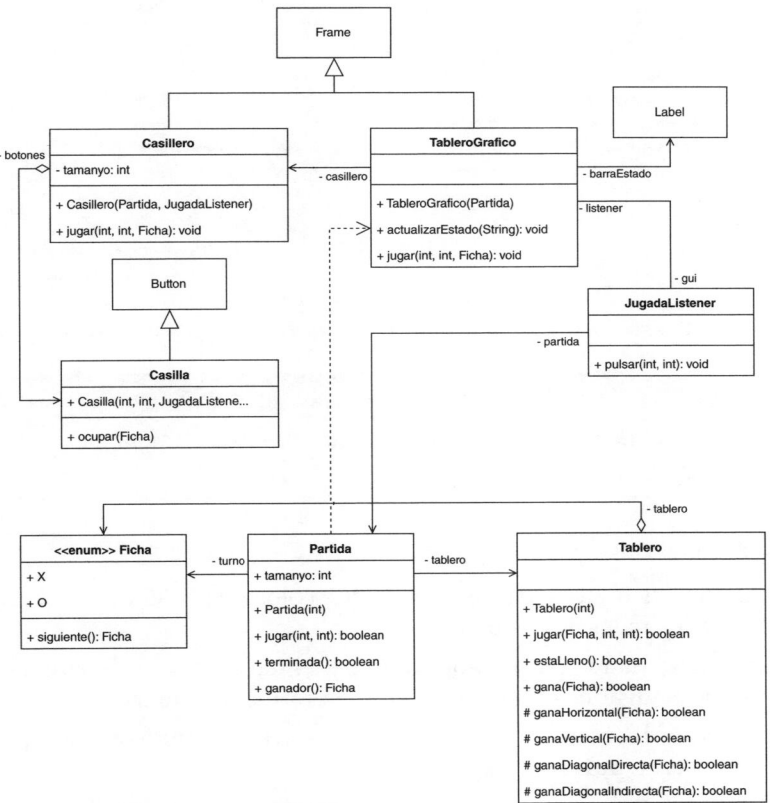

Figura 6.5. Diagrama de clases para el tres en raya gráfico en Python.

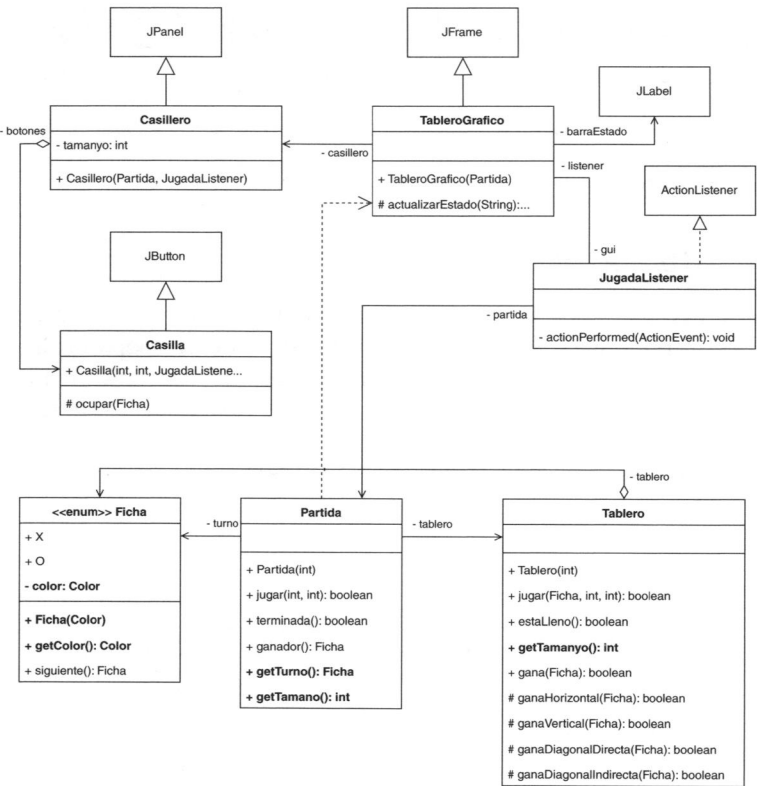

Figura 6.6. Diagrama de clases para el tres en raya gráfico en Java.

NOTA:

Los elementos añadidos respecto a la figura 6.2 en las clases que ya teníamos están destacados en negrita.

Centrémonos en las nuevas clases:

- TableroGrafico es un marco (*frame*) en el que colocaremos el título, el casillero y un espacio para los mensajes de usuario.

- Casillero es otro marco (en Python) o un panel (en Java), que albergará las casillas sobre las que el jugador pulsará, ubicadas en forma de rejilla (*grid*).

- Casilla extiende de (es un) botón. Los botones son elementos sobre los que el usuario puede interactuar, pulsando en ellos.

- JugadaListener es la clase en la que implementaremos lo que tiene que suceder cuando un usuario pulsa en un botón.

Interacción: diagrama de secuencia

Hasta ahora, hemos leído del teclado las respuestas del usuario. En este caso, tenemos que reaccionar a los movimientos del ratón, en concreto, al clicado en uno de los botones que representan las casillas.

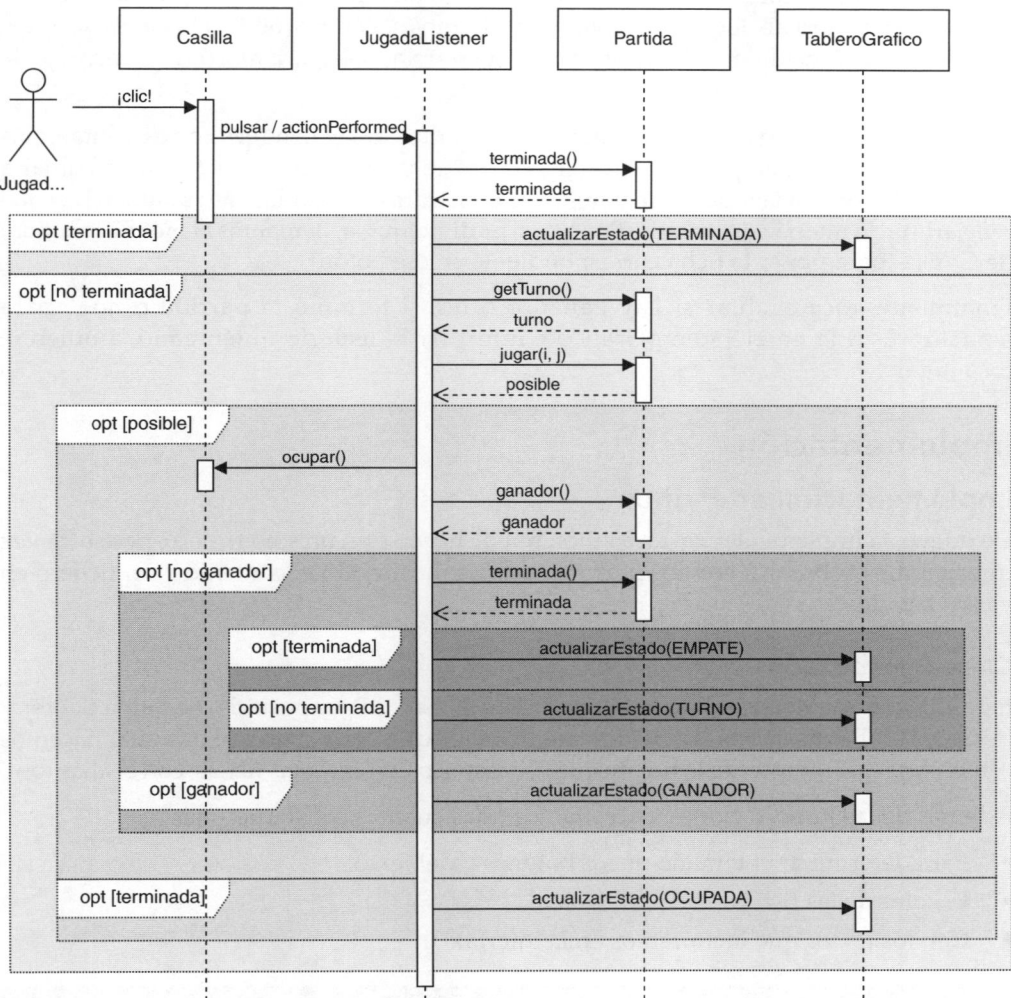

Figura 6.7. Diagrama de secuencia de la interacción con el usuario.

Este diagrama, sin ser exacto, es más cercano a la implementación propuesta en Java que a la de Python, pero sigue siendo válido para entender el proceso en ambos lenguajes.

Cuando el usuario clica en un botón del tablero, en una casilla, se lanza el método pulsar o actionPerformed de JugadaListener. Necesitamos saber en qué casilla ha clicado, sus coordenadas. Consultamos si la partida ya está terminada(), para mostrar un mensaje de error al usuario y terminar.

Si no ha terminado todavía, le preguntamos a la partida quién tiene el turno e intentaremos jugar (básicamente, no podremos jugar si la casilla ya está ocupada). Solo con llamar a jugar() de Partida, si la casilla está libre, ya se registrará esa jugada, pero también hay que reflejarlo en la interfaz de usuario. Por eso, si pudimos jugar, llamamos al método ocupar() de Casilla (para poner la ficha correspondiente en ese botón).

Finalmente, toca evaluar si hay ganador o no, si terminó la partida o no... para actualizarEstado en el TableroGrafico e informar al usuario quién ganó, a quién le toca jugar...

Implementación

Implementación en Python

De nuevo, la implementación en Python puede hacerse en un solo fichero, pero otra vez trabajaremos sobre fragmentos más manejables mostrando el contenido del fichero en varios listados.

Clase Encabezado

Para utilizar una librería para la interfaz gráfica, hay que importarla. Se llama tkinter y le damos el alias tk, que es el que utilizaremos a lo largo del código. Algo similar hacemos con la clase que representa la fuente que usaremos para pintar las fichas, con el alias font.

Además de las importaciones, necesitamos unas cuantas constantes más:

- Para determinar el tamaño de los botones y del texto.
- El color de las fichas.
- Con los textos que incluiremos en la interfaz.

Como algunos de estos textos requieren ser completados con la ficha afectada, marcamos los huecos con llaves, {}, que luego serán reemplazadas, mediante la función format(), por los valores que convenga.

```
01  from enum import Enum
02  import random
03  import tkinter as tk
04  import tkinter.font as font
05  from functools import partial
06
07  TAM_BOTON = 3
08  TAM_FUENTE = 13
09  FUENTE = font.Font(size=TAM_FUENTE, weight="bold")
10
11  ROJO = "#ff0000"
12  VERDE = "#00ff00"
13
14  N = "\n"
15  TAM_TABLERO = 3
16
17  TITULO = "3 en raya"
18  INICIO = "Empieza jugando {}"
19  TERMINADA = "Partida terminada: ganó {}"
20  EMPATE = "Partida terminada: empate"
21  TURNO = "Turno: {}"
22  OCUPADA = "Casilla ocupada - Turno: {}"
23  GANADOR = "¡{} gana!"
```

Clase Ficha

El enumerado Ficha es casi idéntico al que teníamos en el modo texto… Solo cambiamos el valor de X y de O: ahora indicamos en qué color querremos pintarlas. Podremos acceder a dicho valor, al color, con el atributo value de cada ficha. Con el atributo name conseguiremos la X o la O.

```
25  ### Enum ficha
26  class Ficha(Enum):
27      X = ROJO
28      O = VERDE
29
30      def siguiente(self):
31          if self == self.X:
32              return self.O
33          if self == self.O:
34              return self.X
35          return None # Caso imposible
36  ### Fin enum ficha
```

Clase Partida

La clase Partida ha sufrido tres cambios:

- Necesita conocer su tamaño, luego se lo pediremos.
- Debe crear una instancia del TableroGrafico.
- En la función jugar(), en vez de indicar que está ocupada con un mensaje, como hacíamos antes, tiene que indicar si la jugada ha sido posible o no. Ya se encargará la parte gráfica de avisar al usuario.

Ahora no necesitamos el método __str__().

tresenraya_oo_gui.py	Python

```python
38  ### Clase partida
39  class Partida:
40
41      def __init__(self, tamanyo):
42          self.tablero = Tablero(tamanyo)
43          self.turno = random.choice(list(Ficha))
44          self.tamanyo = tamanyo
45          TableroGrafico(self)
46
47      def jugar(self, fila, columna):
48          posible = self.tablero.jugar(self.turno, fila, columna)
49          if posible:
50              self.turno = self.turno.siguiente()
51          return posible
52
53      def terminada(self):
54          return self.tablero.estaLleno() or self.ganador() != None
55
56      def ganador(self):
57          for jugador in list(Ficha):
58              if self.tablero.gana(jugador):
59                  return jugador
60          return None
61  ### Fin clase Partida
```

Clase Tablero

En esta clase no se resalta ningún cambio, porque estos han sido supresiones: ya no necesitamos pintar un tablero en modo texto, así que hemos borrado los métodos __str__() y valueOf().

```
63   ### Clase Tablero
64   class Tablero:
65
66       def __init__(self, tamanyo):
67           self.tablero = []
68           for i in range(tamanyo):
69               fila = []
70               for j in range(tamanyo):
71                   fila.append(None)
72               self.tablero.append(fila)
73
74       def jugar(self, ficha, fila, columna):
75           if self.tablero[fila][columna] == None:
76               self.tablero[fila][columna] = ficha
77               return True
78           return False
79
80       def estaLleno(self):
81           for linea in self.tablero:
82               for ficha in linea:
83                   if ficha == None:
84                       return False
85           return True
86
87       def gana(self, jugador):
88           return self.ganaHorizontal(jugador) \
89               or self.ganaVertical(jugador) \
90               or self.ganaDiagonalDirecta(jugador) \
91               or self.ganaDiagonalInversa(jugador)
92
93       def ganaHorizontal(self, jugador):
94           gana = False
95           for linea in self.tablero:
96               gana = True
97               for ficha in linea:
98                   gana &= ficha == jugador
99               if gana:
100                  break
101          return gana
102
103      def ganaVertical(self, jugador):
104          gana = False
105          for i in range(len(self.tablero)):
106              gana = True
107              for j in range(len(self.tablero[i])):
108                  gana &= self.tablero[j][i] == jugador
109              if gana:
110                  break
111          return gana
112
```

```
113    def ganaDiagonalDirecta(self, jugador):
114        gana = True
115        for i in range(len(self.tablero)):
116            gana &= self.tablero[i][i] == jugador
117        return gana
118
119    def ganaDiagonalInversa(self, jugador):
120        gana = True
121        for i in range(len(self.tablero)):
122            gana &= self.tablero[len(self.tablero)-1-i][i] == jugador
123        return gana
124 ### Fin clase Tablero
```

Clase TableroGrafico

Y empezamos con las nuevas clases, con la clase TableroGrafico, que será el marco raíz (*root frame*) sobre el que montaremos todos los elementos gráficos del juego. Tiene que extender de tk.Frame.

NOTA:

Extender una clase de otra significa que la clase hija, TableroGrafico en este caso, tendrá todos los atributos y funciones de la clase madre (tk.Frame) más todos lo que defina ella misma.

En el constructor (la función __init__), que recibe la partida, tenemos que cumplir varias etapas:

- Inicializar el elemento gráfico de raíz, root, llamando al constructor de Tk(), al que le daremos el título del juego.
- Con la raíz preparada, llamamos al constructor del padre (línea 132).
- self.pack() sirve para incluir el elemento gráfico (*widget*, en inglés) en el contenedor padre. A efectos prácticos significa que se verá el nuevo elemento.
- Seguimos con los atributos:
  - listener será una instancia de JugadaListener, para tratar el evento de clicado sobre un botón.
  - casillero será una instancia de Casillero, que inicializaremos con la partida y el listener.
  - barraEstado es una etiqueta (para mostrar un texto) normal. No le vamos a añadir funcionalidades propias, así que llamamos al constructor de tk.Label, pasándole como contenido a mostrar el mensaje de INICIO que formatearemos con el nombre (X u O) del turno que empieza la partida (línea 137).

El casillero ya se encargará él mismo de empaquetarse, pero en el caso de la barraEstado tenemos que llamar a pack() aquí mismo, en la línea 138.

Finalmente, root.mainLoop(), línea 139, lanzará la interfaz gráfica y se quedará pendiente de las acciones del usuario.

TRUCO:

La función init lleva dos guiones bajos antes y dos más después.

Añadimos dos funciones propias a nuestro tk.Frame personalizado: actualizarEstado(), que cambiará el mensaje que se muestra en la barraEstado; y jugar(), que recibiendo coordenadas y ficha, encargará al casillero que se responsabilice de mostrar la jugada.

tresenraya_oo_gui.py	Python

```python
126 ### Clase TableroGrafico
127 class TableroGrafico(tk.Frame):
128
129     def __init__(self, partida):
130         root = tk.Tk()
131         root.title(TITULO)
132         super().__init__(root)
133         self.pack()
134         self.listener = JugadaListener(partida, self)
135         self.casillero = Casillero(self, partida, self.listener)
136         self.barraEstado = tk.Label(self,
137             text = INICIO.format(partida.turno.name))
138         self.barraEstado.pack()
139         root.mainloop()
140
141     def actualizarEstado(self, mensaje):
142         self.barraEstado.config(text = mensaje)
143
144     def jugar(self, fila, columna, jugador):
145         self.casillero.jugar(fila, columna, jugador)
146 ### Fin clase TableroGrafico
```

Clase Casillero

La clase Casillero es un tk.Frame que queremos que albergue todas las casillas, los botones. Por eso, en su constructor, tras llamar al constructor del padre, creamos un *array* vacío para las casillas, que rellenaremos en sus dos dimensiones mediante dos bucles for anidados. Creamos cada casilla y la añadimos al *array*; pero, para crear esa casilla, tenemos que indicarle qué función se va a ejecutar al clicar.

La forma de poderle pasar una función con parámetros como parámetro es utilizar una de las herramientas de la programación funcional. Llamamos a partial pasándole como primer parámetro la función que queremos que se utilice cuando haya un clic, seguida de los parámetros que dicha función espera. En este caso, la función deseada es pulsar() de listener, que espera las coordenadas de la casilla, i y j.

Si en la línea 159 añadimos la casilla a su fila, en la 160 añadimos la fila al *array* bidimensional.

Cuando terminamos de crear y añadir todas las casillas, es el momento de llamar a pack() para que el casillero sea visible.

tresenraya_oo_gui.py	Python

```python
148 ### Clase Casillero
149 class Casillero(tk.Frame):
150
151     def __init__(self, tablero, partida, listener):
152         super().__init__(tablero)
153         self.casillas = []
154         for i in range(partida.tamanyo):
155             fila = []
156             for j in range(partida.tamanyo):
157                 pulsarIJ = partial(listener.pulsar, i, j)
158                 casilla = Casilla(casillero, i, j, pulsarIJ)
159                 fila.append(casilla)
160             self.casillas.append(fila)
161         self.pack()
162
163     def jugar(self, fila, columna, jugador):
164         self.casillas[fila][columna].ocupar(jugador)
165 ### Fin clase Casillero
```

Clase Casilla

La clase Casilla es un botón (por eso, extiende de tk.Button) del que necesitaremos varias instancias para construir nuestro tablero.

En el constructor recibimos el casillero en el que serán incluidas sus coordenadas (fila y columna), además del comando que queremos que se ejecute cuando sea pulsado. He llamado pulsarIJ a la variable que alberga dicho comando. Lo primero que se hace es llamar al constructor del padre (super().__init__()), indicándole dentro de qué elemento se va a integrar (el casillero), el comando ya mencionado y su tamaño: como lo queremos cuadrado, usaremos la misma constante para el alto (height) y el ancho (width).

En lugar de utilizar la función pack(), que ya conocemos, en esta ocasión hay que recurrir a la función grid(), indicando en qué fila (row) y columna (column) de la rejilla queremos ubicar ese botón.

Heredamos de botón porque queremos que nuestras casillas sean algo más que un botón: nos interesa que sean capaces de cambiar cuando las ocupemos. Por eso, añadimos la función ocupar(), que establece la fuente (siempre la misma), el contenido (X u O) y el color de la casilla ocupada. El contenido lo obtenemos del name del jugador, mientras que el color lo tenemos en value.

```
167 ### Clase Casilla
168 class Casilla(tk.Button):
169
170     def __init__(self, casillero, fila, col, pulsarIJ):
171         super().__init__(casillero, command=pulsarIJ,
172                             height=TAM_BOTON, width=TAM_BOTON)
173         self.grid(row=fila, column=col)
174
175     def ocupar(self, jugador):
176         self["font"] = FUENTE
177         self["text"] = jugador.name
178         self["fg"] = jugador.value # color
179 ### Fin clase Casilla
```

Clase JugadaListener

La clase JugadaListener la queremos para albergar las funciones (vale, solo será una) que escucharán los eventos del usuario.

En el constructor guardamos como atributos los dos parámetros recibidos: la partida que estamos jugando y la interfaz gráfica que la representa (gui).

TRUCO:

En Python no necesitamos especificar de qué tipo es una variable o un atributo, pero, para no confundirnos, lo indico como comentario, en la línea 185.

Es justo en esta función en la que implementamos el diagrama de secuencia que vimos hace unas páginas (figura 6.7):

- si la Partida ya está terminada, avisamos al usuario y esperamos su siguiente acción (terminando esta función).
- si no, le preguntamos a la partida el turno vigente; luego lo usaremos.
- intentaremos jugar(), pidiéndoselo a la partida. Pudiera ser que estuviera ocupada, en cuyo caso lo indicaríamos. Que no está ocupada, ¿hay ganador()? Si no lo hay y la partida está terminada(), informamos del EMPATE; si no, informamos de quién tiene el TURNO, pero si hubiera ganador, naturalmente, informamos de quién venció.

Cuando el mensaje necesita una X o una O, aplicamos la función format() a la constante.

ADVERTENCIA:

En el caso del cambio de turno, no nos vale el turno que guardamos en la variable jugador, pues ha cambiado, por eso volvemos a preguntárselo a la partida.

```
181 ### Clase JugadaListener
182 class JugadaListener:
183     def __init__(self, partida, gui):
184         self.partida = partida
185         self.gui = gui # TableroGrafico
186
187     def pulsar(self, fila, columna):
188         if self.partida.terminada():
189             self.gui.actualizarEstado(
190                 TERMINADA.format(self.partida.ganador().name))
191             return
192         jugador = self.partida.turno
193         if self.partida.jugar(fila, columna):
194             self.gui.jugar(fila, columna, jugador)
195             ganador = self.partida.ganador()
196             if ganador == None:
197                 if self.partida.terminada():
198                     self.gui.actualizarEstado(EMPATE)
199                 else:
200                     self.gui.actualizarEstado(
201                         TURNO.format(self.partida.turno.name))
202             else:
203                 self.gui.actualizarEstado(GANADOR.format(jugador.name))
204         else:
205             self.gui.actualizarEstado(OCUPADA.format(jugador.name))
206 ### Fin clase JugadaListener
```

Ejecutable

Aquí no tengo mucho que decir: al crear una Partida del tamaño deseado, ya lanzamos todo el proceso.

```
208 # main
209 partida = Partida(TAM_TABLERO)
```

Implementación en Java

Para la implementación de esta versión de proyecto, utilizo un paquete distinto, para que no haya confusiones con las clases con el mismo nombre de la versión en modo texto. Ahora usaremos el paquete tresenraya.

Enum Ficha

En la clase Color (del paquete java.awt) están predefinidos los colores más habituales. La aprovechamos para que cada posible valor de ficha tenga su color: rojo para la X y verde para la O.

Al construir los elementos, les pasamos el color como parámetro, lo guardamos en un atributo y añadimos un método getColor() que lo devuelva para quien necesite consultarlo. ¿Imaginas quién lo necesitará? ¿Quizá las casillas cuando vayan a ser ocupadas?

Ficha.java	Java

```java
01  package tresenraya;
02
03  import java.awt.Color;
04
05  public enum Ficha {
06      X(Color.RED), O(Color.GREEN);
07
08      private Color color;
09
10      Ficha (Color color) {
11          this.color = color;
12      }
13
14      public Color getColor() {
15          return color;
16      }
17
18      public Ficha siguiente() {
19          switch (this) {
20          case X:
21              return O;
22          case O:
23              return X;
24          default:
25              return null; // caso imposible
26          }
27      }
28  }
```

Clase Partida

La clase Partida sufre varios pequeños cambios:

• Al construir una partida, lanzamos una instancia de TableroGrafico, para lanzar la interfaz de usuario.

• El método jugar() debe transmitir si se pudo o no jugar, devolviendo un booleano, para luego controlar el mensaje que se mostrará al usuario. Solo si se ha podido jugar(), cambiaremos al siguiente() turno. Si no, lo conservamos para darle otra oportunidad al jugador despistado.

• Añadimos los métodos getTurno() y getTamanyo(), de nuevo para poder utilizar esa información en la interfaz gráfica.

• Descartamos el método toString(), ya que ya no será necesario pintar la Partida en modo texto (aunque podríamos conservarlo para facilitar la depuración del programa).

```java
01  package tresenraya;
02
03  public class Partida {
04      private Tablero tablero;
05      private Ficha turno;
06
07      public Partida(int tamanyo) {
08          tablero = new Tablero(tamanyo); // inicializar tablero lógico
09          turno = Ficha.values()[
10                  (int) (Math.random() * Ficha.values().length)
11              ]; // primer turno aleatorio
12          new TableroGrafico(this); // lanzar interfaz gráfica
13      }
14
15      public boolean jugar(int fila, int columna) {
16          if (tablero.jugar(turno, fila, columna)) {
17              turno = turno.siguiente();
18              return true;
19          }
20          return false;
21      }
22
23      public boolean terminada() {
24          return tablero.estaLleno() || ganador() != null;
25      }
26
27      public Ficha ganador() {
28          for (Ficha f : Ficha.values()) {
29              if (tablero.gana(f)) {
30                  return f;
31              }
32          }
33          return null;
34      }
35
36      public Ficha getTurno() {
37          return turno;
38      }
39
40      public int getTamanyo() {
41          return tablero.getTamanyo();
42      }
43  }
```

Clase Tablero

Esta clase pierde más código del que gana. Añadimos un método getTamanyo() para que la Partida pueda preguntarlo y decírselo al Casillero. No necesitamos guardarlo como atributo, porque lo recuperaremos a partir de la longitud de la matriz de Fichas.

Ya no será necesario todo el código para pintar el tablero en modo texto, ni las constantes ni los métodos.

Tablero.java	Java

```java
01  package tresenraya;
02
03  public class Tablero {
04
05      private Ficha[][] tablero;
06
07      public Tablero(int tamanyo) {
08          tablero = new Ficha[tamanyo][tamanyo];
09      }
10
11      public boolean jugar(Ficha ficha, int fila, int columna) {
12          if (tablero[fila][columna] == null) {
13              tablero[fila][columna] = ficha;
14              return true;
15          }
16          return false;
17      }
18
19      public boolean estaLleno() {
20          for (Ficha[] fichas : tablero) {
21              for (Ficha ficha : fichas) {
22                  if (ficha == null) {
23                      return false;
24                  }
25              }
26          }
27          return true;
28      }
29
30      public int getTamanyo() {
31          return tablero.length;
32      }
33
34      public boolean gana(Ficha jugador) {
35          return ganaHorizontal(jugador)
36                  || ganaVertical(jugador)
37                  || ganaDiagonalDirecta(jugador)
38                  || ganaDiagonalInversa(jugador);
39      }
40
41      protected boolean ganaHorizontal(Ficha jugador) {
42          boolean gana = false;
43          for (int i = 0; i < tablero.length && !gana; i ++) {
44              gana = true;
45              for (int j = 0; j < tablero[i].length && gana; j ++) {
46                  gana &= tablero[i][j] == jugador;
47              }
48          }
```

```java
49          return gana;
50      }
51
52      protected boolean ganaVertical(Ficha jugador) {
53          boolean gana = false;
54          for (int i = 0; i < tablero.length && !gana; i ++) {
55              gana = true;
56              for (int j = 0; j < tablero[i].length && gana; j ++) {
57                  gana &= tablero[j][i] == jugador;
58              }
59          }
60          return gana;
61      }
62
63      protected boolean ganaDiagonalDirecta(Ficha jugador) {
64          boolean gana = true;
65          for (int i = 0; i < tablero.length; i ++) {
66              gana &= tablero[i][i] == jugador;
67          }
68          return gana;
69      }
70
71      protected boolean ganaDiagonalInversa(Ficha jugador) {
72          boolean gana = true;
73          for (int i = 0; i < tablero.length; i ++) {
74              gana &= tablero[tablero.length-1-i][i] == jugador;
75          }
76          return gana;
77      }
78  }
```

Clase TableroGrafico

La clase TableroGrafico no es muy larga, pero sí es importante. Extendemos JFrame, es decir, es un JFrame, que inicializaremos en el constructor llamando al constructor del padre indicándole el título que tendrá la ventana (línea 20).

Contamos con tres atributos: el listener, que pasaremos al casillero para que escuche los eventos que ahí sucedan; el casillero, que contendrá las casillas, y la barraEstado para mostrar los mensajes al usuario.

Tras crear cada elemento, lo añadimos a la posición deseada. BorderLayout distribuye el espacio en cinco zonas: norte, arriba, sur, abajo, este y oeste a los lados, y centro… ¡en el centro!

Al utilizar los componentes de Swing necesitaremos importar clases de dos paquetes: de javax.swing, como era de esperar, y de java.awt, para componentes que ya existían en esa librería primigenia, AWT, y que no han sido reescritos para Swing.

Cuando el usuario cierre la ventana, queremos que la aplicación termine; por eso, establecemos EXIT_ON_CLOSE como operación por defecto para el cierre.

Es importante no olvidarse de indicar un tamaño y posición adecuado para la ventana y ¡hacerla visible! Si olvidamos la línea 31, no veremos nada, no podremos jugar y todo el esfuerzo habrá sido en vano.

El atributo serialVersionUID es requerido o, mejor dicho, recomendado, para todas aquellas clases que implementan alguna clase que sea Serializable. El número mostrado ha sido autogenerado por Eclipse. Para nuestro proyecto no lo necesitamos, pues no serializaremos objetos, pero nos permite resolver el warning que suele indicar el IDE si no lo ponemos.

TableroGrafico.java — Java

```java
01  package tresenraya;
02
03  import java.awt.BorderLayout;
04  import javax.swing.JFrame;
05  import javax.swing.JLabel;
06
07  public class TableroGrafico extends JFrame {
08
09      private static final long serialVersionUID = -6611725743780259686L;
10
11      private static final String TITULO = "3 en raya";
12      private static final String EMPIEZA = "Empieza jugando ";
13
14      private final JugadaListener listener;
15
16      private Casillero casillero;
17      private JLabel barraEstado;
18
19      public TableroGrafico(Partida partida) {
20          super(TITULO);
21          listener = new JugadaListener(partida, this);
22
23          casillero = new Casillero(partida, listener);
24          add(casillero, BorderLayout.CENTER);
25
```

```
26        barraEstado = new JLabel(EMPIEZA + partida.getTurno());
27        add(barraEstado, BorderLayout.SOUTH);
28
29        setDefaultCloseOperation(JFrame.EXIT_ON_CLOSE);
30        setBounds(400, 400, 200, 240);
31        setVisible(true);
32    }
33
34    protected void actualizarEstado(String mensaje) {
35        barraEstado.setText(mensaje);
36    }
37 }
```

Clase Casillero

En el TableroGrafico tenemos un Casillero, que es un JPanel en el que pondremos las Casillas.

En la línea 17, especificamos que la distribución de los elementos se hará mediante GridLayout, es decir, en modo rejilla, del tamaño de la partida, para el 3 en raya, de 3 x 3.

Guardamos las casillas en una matriz bidimensional que rellenaremos con nuevas casillas utilizando dos bucles anidados.

El constructor de Casillero recibe un listener que transmite a las Casillas, para que escuche los eventos que sucedan en ellas.

```
01 package tresenraya;
02
03 import java.awt.GridLayout;
04 import javax.swing.JPanel;
05
06 public class Casillero extends JPanel {
07
08     private static final long serialVersionUID = -6658073821475084359L;
09
10     private final int tamanyo;
11
12     private Casilla[][] botones;
13
14     public Casillero(Partida partida, JugadaListener listener) {
15         this.tamanyo = partida.getTamanyo();
16
17         setLayout(new GridLayout(tamanyo, tamanyo));
18
```

```
19          botones = new Casilla[tamanyo][tamanyo];
20          for (int i = 0; i < tamanyo; i++) {
21              for (int j = 0; j < tamanyo; j++) {
22                  botones[i][j] = new Casilla(i, j, listener);
23                  add(botones[i][j]);
24              }
25          }
26      }
27  }
```

Clase Casilla

Y vamos a por las casillas, que extienden JButton, ya que queremos que sean representadas por botones que el usuario pueda clicar para jugar.

Hay que identificar cada casilla con su posición, para indicarle a la partida qué casilla hay que ocupar con qué ficha. Por eso, en las líneas 12 y 13, creamos los atributos para guardar las coordenadas y, en 17-18, establecemos su valor según lo recibido en el constructor. En la línea 19 indicamos quién se encargará de reaccionar a las acciones del usuario: el listener.

Una Casilla es un tipo de botón, especial, con un método adicional: ocupar(), protegido (*protected*) para poder ser llamado desde otras clases, como ya hemos comentado para las constantes. Cuando reciba la orden de ocupar una casilla, se establecerá la X o la O (jugador.name()) como texto y el color de ese jugador para las letras (*foreground*, en contraposición al *background*, que sería el color de fondo).

```
01  package tresenraya;
02
03  import java.awt.Font;
04  import javax.swing.JButton;
05
06  public class Casilla extends JButton {
07
08      private static final long serialVersionUID = 5729276532058609798L;
09
10      private static final Font FONT = new Font("Arial", Font.BOLD, 30);
11
12      private int fila;
13      private int columna;
14
```

```java
15      public Casilla(int fila, int col, JugadaListener listener) {
16          setFont(FONT);
17          this.fila = fila;
18          this.columna = col;
19          addActionListener(listener);
20      }
21
22      protected void ocupar(Ficha jugador) {
23          setText(jugador.name());
24          setForeground(jugador.getColor());
25      }
26
27      public int getFila() {
28          return fila;
29      }
30
31      public int getColumna() {
32          return columna;
33      }
34  }
```

Clase JugadaListener

JugadaListener es la clase responsable de reaccionar a los eventos que sucedan en el juego. El único evento posible en nuestra implementación es el clic sobre alguna de las casillas (o su simulación mediante teclado, seleccionando la casilla deseada con el tabulador y activándola con el espacio).

Implementa la interfaz ActionListener, y eso la obliga a implementar el método actionPerformed(), que recibe como atributo el evento que ha causado la acción. De este recuperaremos la casilla afectada, mediante el método getSource(), en la línea 31.

La implementación de este método se corresponde con el diagrama de secuencia propuesto en la figura 6.7.

Desde aquí nos comunicamos con la partida y con el TableroGrafico (gui). En función del estado de la partida, modificamos la interfaz, ocupando una casilla o modificando los mensajes de estado, definidos en constantes, con comodines (%s) que gracias al método format() de la clase String serán reemplazados por los valores convenientes en cada caso.

La diferencia entre printf() y format() es que printf() se utiliza para pintar por consola un texto y format() devolverá un String que luego podremos manipular como nos convenga.

JugadaListener.java — Java

```java
01  package tresenraya;
02
03  import java.awt.event.ActionEvent;
04  import java.awt.event.ActionListener;
05
06  public class JugadaListener implements ActionListener {
07
08      private static final String TURNO = "Turno: %s";
09      private static final String OCUPADA = "Casilla ocupada - Turno: %s";
10      private static final String GANADOR = "¡%s gana!";
11      private static final String TERMINADA = "Partida terminada: ganó %s";
12      private static final String EMPATE = "Partida terminada: empate";
13
14      private Partida partida;
15      private TableroGrafico gui;
16
17      public JugadaListener(Partida partida, TableroGrafico gui) {
18          this.partida = partida;
19          this.gui = gui;
20      }
21
22      @Override
23      public void actionPerformed(ActionEvent e) {
24          if (partida.terminada()) {
25              gui.actualizarEstado(
26                      String.format(TERMINADA, partida.ganador()));
27              return;
28          }
29          Ficha jugador = partida.getTurno();
30
31          Casilla casilla = (Casilla) e.getSource();
32          Integer fila = casilla.getFila();
33          Integer col = casilla.getColumna();
34
35          if (partida.jugar(fila, col)) {
36              casilla.ocupar(jugador); // actualizar interfaz
37
38              Ficha ganador = partida.ganador();
39              if (ganador == null) {
40                  if (partida.terminada()) {
41                      gui.actualizarEstado(EMPATE);
```

```
42              } else {
43                  gui.actualizarEstado(
44                      String.format(TURNO, partida.getTurno()));
45              }
46          } else {
47              gui.actualizarEstado(String.format(GANADOR, jugador));
48          }
49      } else {
50          gui.actualizarEstado(String.format(OCUPADA, jugador));
51      }
52  }
53 }
```

Clase ejecutable

Para lanzar el juego creamos una nueva clase, con un método main, que crea una nueva Partida de tamaño 3. ¡Mucho más fácil que en la versión de texto! Hemos delegado responsabilidades en otras clases.

TresEnRayaGrafico.java	Java

```
01 package tresenraya;
02
03 public class TresEnRayaGrafico {
04
05     public static void main(String[] args) {
06         new Partida(3);
07     }
08 }
```

Rétate

Con lo que has aprendido en este capítulo, probablemente tu mente se ha abierto con un montón de ideas que aplicar a este juego. Se me ocurren unos cuantos retos para seguir avanzando, ¡quizá a ti se te ocurran más!

- Haz el juego iterativo, para poder jugar una partida tras otra.
- Y ya que es posible jugar muchas veces, lleva un marcador de victorias y derrotas y añádelo a la interfaz (ya sea en modo texto o gráfico).
- Modifica el juego para que solo trabaje con tres fichas por jugador, pero que se puedan mover, sin llegar a llenar nunca el tablero.

Estas propuestas valen tanto para las versiones de texto como las gráficas, las siguientes, solo para las segundas:

- Mejora la interfaz de usuario en las versiones gráficas: añade botones para empezar una nueva partida, utiliza imágenes en vez de la X o la O…
- Deshabilita los botones al ser ocupados, para que ya no se puedan clicar más, y analiza qué cambios implica en el algoritmo.

7

Memory

- Las interfaces gráficas.
- La orientación a objetos.
- La gestión de eventos.
- La gestión de excepciones.
- La mezcla de los elementos de una lista.

Introducción

Inspirándonos en el juego anterior, en el código del tres en raya, reforzando los conocimientos adquiridos, lo modificaremos hasta llegar al juego del **Memory** (también conocido como **Memorama**), ese que consiste en emparejar tarjetas iguales, girándolas dos a dos.

Trabajaremos con orientación a objetos e interfaz gráfica (con **Tkinter** en Python o **Swing** en Java), utilizaremos constantes y enumerados, y aprenderemos a ¡barajar!

Definición y análisis del problema

Asumo que todos hemos jugado, al menos una vez, de pequeños o de mayores, al juego del Memory o Memorama. Se trata de un juego de mesa, concretamente, un juego de cartas, que consiste en emparejar las tarjetas que tienen la misma imagen. Se distribuyen sobre la mesa todas las tarjetas, barajadas, y boca abajo, mostrando un reverso idéntico en todas ellas. En cada turno, el jugador gira dos tarjetas: si son iguales, gana esas cartas y sigue jugando; si son distintas, debe volverlas a girar, ocultando la imagen. Todos los jugadores deben intentar memorizar la posición de las tarjetas no emparejadas. Se puede jugar con varios jugadores o en modalidad solitaria.

Visto cómo se jugaría en el mundo real, pensemos cómo será nuestro juego de ordenador:

- Será un juego solitario, de un solo jugador.
- Las tarjetas se dispondrán formando una cuadrícula rectangular.
- El número de tarjetas debe ser par.
- Las tarjetas contendrán letras de colores.
- Las tarjetas se representarán utilizando botones.
- El usuario pulsará sobre dos botones, se mostrará su contenido y, si coincide, las dos tarjetas permanecerán visibles. Si no coinciden, se volverá a ocultar el contenido.
- Al lanzar la partida se pedirá al usuario, por consola, que indique las dimensiones del tablero, pero se deben cumplir dos condiciones: el número de posiciones en el rectángulo debe ser par (para poder albergar dos copias de cada tarjeta) y el número de parejas debe ser menor o igual que el número de tarjetas distintas disponibles.

Diagrama de clases

Cuando estamos utilizando orientación a objetos, se emplea menos pseudocódigo y más diagramas UML, así que presentaré directamente el **diagrama de clases** que utilizaremos para implementar el juego del Memory. Para centrarnos en las clases involucradas, he retirado la información relativa a métodos y atributos, en la que profundizaremos luego. Esta simplificación se suele hacer para facilitar la lectura del diagrama.

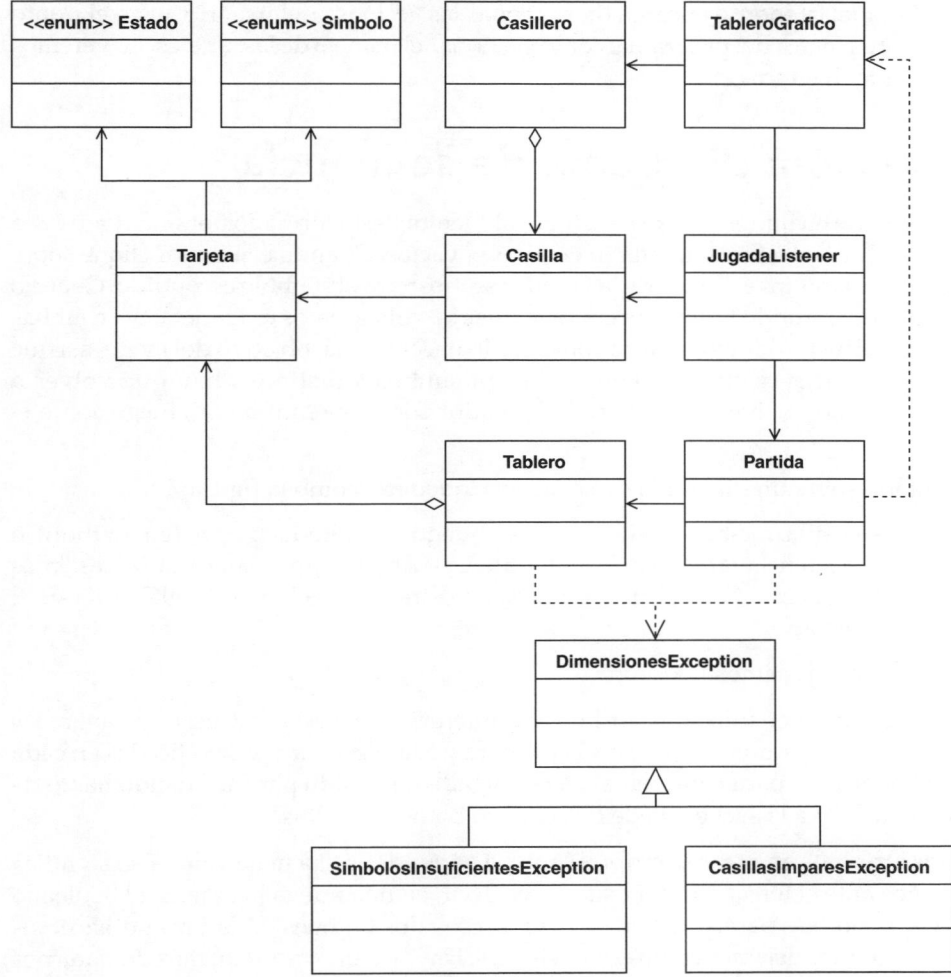

Figura 7.1. Diagrama de clases (simplificado) para el Memory.

Partimos de la clase Partida, que está formada por un Tablero y un TableroGrafico. El Tablero está compuesto por una matriz de Tarjeta, formada por Simbolo y Estado, ambos enums. En el TableroGrafico, tenemos un Casillero, un agregado de Casillas, los botones, en los que se representará cada una de las Tarjetas.

Pero antes de empezar la Partida, hay que comprobar que las dimensiones del tablero que propone el usuario son viables. En caso de que no lo sean, se lanzará la excepción correspondiente (SimbolosInsuficientesException o CasillasImparesException, ambas hijas de DimensionesException).

La clase JugadaListener se encarga de gestionar las acciones del usuario, justo el punto de mayor carga lógica del programa: cómo gestionar el manejo de las tarjetas. Lo veremos en el siguiente diagrama.

Interacción: diagrama de secuencia

Hemos quedado en que el tablero para jugar al Memory está formado por una cuadrícula de botones. Estos, al empezar, estarán en blanco, vacíos. Cuando el jugador clique sobre un botón, simularemos el volteo de la tarjeta y se mostrará el símbolo escondido. Cuando clique sobre un segundo botón, sucederá lo mismo: voltearemos esa tarjeta. Si en ambas tarjetas hay el mismo símbolo, se ha conseguido hacer pareja, objetivo del juego, así que dejaremos las tarjetas visibles. Pero si tienen símbolos distintos, hay que volver a ocultarlas. Y todo vuelve a empezar… El jugador clica sobre un botón, luego sobre el otro…

Representado sobre un diagrama de secuencia, quedaría como la figura 7.2.

Cuando una casilla recibe un clic, entra en juego el método pulsar (en Python) o actionPerformed (en Java) de la clase JugadaListener. Comprobamos si la casilla es jugable (es decir, si está OCULTA). Si no es así, mostraríamos el mensaje NO_JUGABLE para avisar al usuario.

Si se puede jugar, jugamos.

En JugadaListener tenemos tres atributos: primeraCasilla, segundaCasilla y pareja, las casillas para albergar una referencia a la primera y a la segunda casillas clicadas en cada jugada, el booleano, para controlar si en esa jugada ha habido pareja. Cuando hablo de jugada, me refiero a la secuencia de dos clics en botones ocultos.

Con estos atributos en mente, comprobamos si segundaCasilla tiene valor. Eso significa que estamos ante el tercer clic del usuario, es decir, en una nueva jugada. Si el booleano nos dice que no hay pareja, debemos ocultar esos dos botones. Si la hay, no hacemos nada específico, los dejamos como están, visibles. Haya pareja o no, debemos prepararnos para la nueva jugada, así que reinicializamos la jugada, limpiando los atributos.

Ahora ya podemos mostrar el símbolo del botón clicado. Y seguimos con las comprobaciones: si primeraCasilla está vacía, guardamos en esta variable la referencia a la casilla clicada. Pero si está llena, significa que estamos ante el segundo clic de la jugada… Registramos el intento (incrementando el contador) y guardamos en segundaCasilla la referencia de la clicada.

Como ya hemos seleccionado dos casillas, toca ver si ha ido bien la cosa. Si ambas tienen el mismo símbolo, bloqueamos ambos botones, para no ocultar el símbolo ni admitir clics… Ponemos el booleano pareja a cierto, y lo celebramos con el usuario con el mensaje PAREJA.

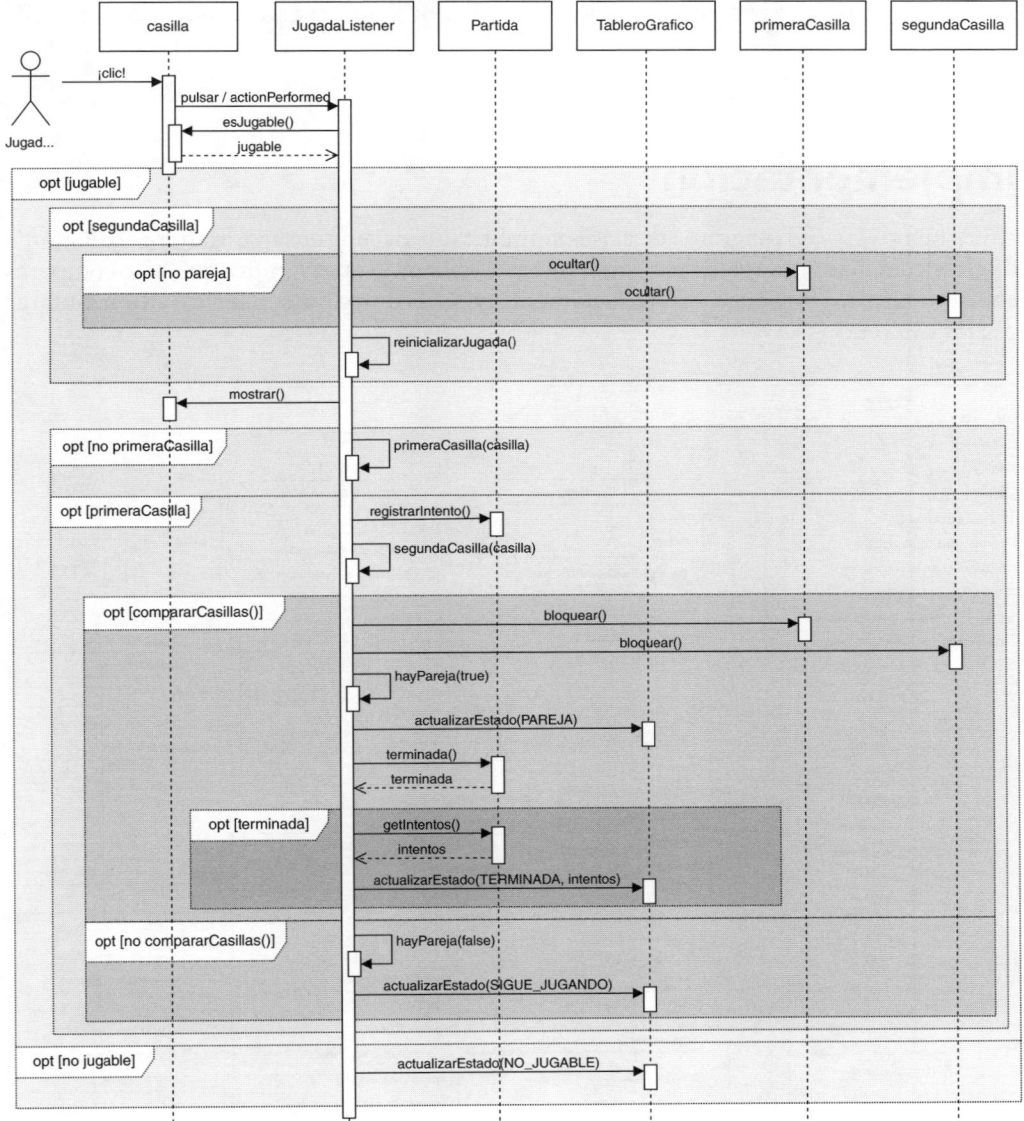

Figura 7.2. Diagrama de secuencia de la interacción con el usuario.

Es posible que ya hayamos terminado, lo comprobamos; y, en caso de que así sea, informamos al jugador, no sin antes preguntarle a la partida cuántos intentos ha necesitado para lograrlo. Formateamos el mensaje TERMINADA con la cifra obtenida.

Si no hubo pareja, ponemos el booleano a falso, y animamos al usuario con SIGUE_ JUGANDO.

¡Y ya está! Si lo tienes claro… ¡a picar código!

Implementación

Antes hemos visto el diagrama de clases simplificado, déjame enseñarte ahora el diagrama de clases detallado, adaptado a la implementación Java, lo que significa que, si lo comparas con el código en Java, encajará perfectamente; y, si lo comparas con la de Python, notarás ciertas diferencias.

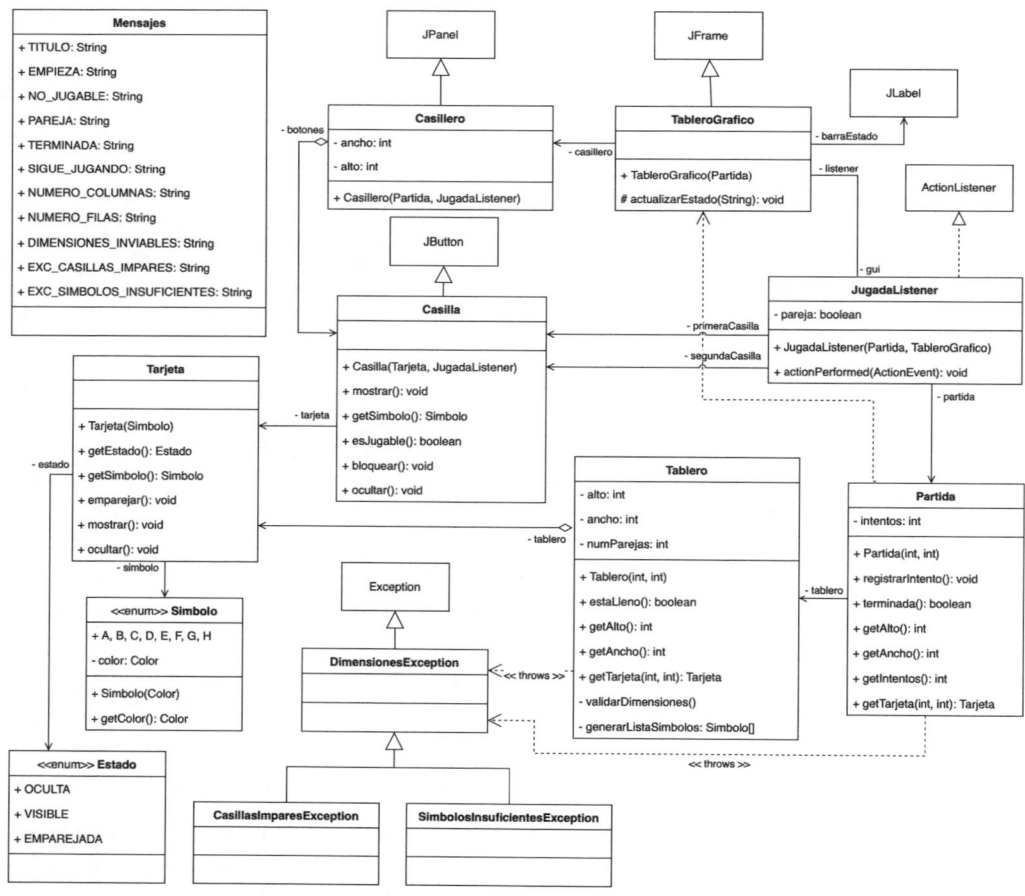

Figura 7.3. Diagrama de clases (detallado) para el Memory.

No voy a explicar el diagrama en sí, pero puedes usarlo de apoyo al ir viendo la implementación en ambos lenguajes.

Implementación en Python

Veamos primero la implementación en Python.

Encabezado

Como siempre, empezamos importando lo necesario, seguido de las constantes. Esta vez tenemos muchas, porque declaramos los colores y los mensajes de la interfaz de usuario.

Quizá podemos destacar NUM_REPETICIONES, que utilizamos para que haya dos tarjetas de cada en el juego.

```python
01  from enum import Enum
02  import random
03  import tkinter as tk
04  import tkinter.font as font
05  from functools import partial
06
07  TAM_BOTON = 6
08  TAM_FUENTE = 25
09
10  ROJO = "#ff0000"
11  VERDE = "#00ff00"
12  AZUL = "#0000ff"
13  CIAN = "#00ffff"
14  NARANJA = "#ffc800"
15  MAGENTA = "#ff00ff"
16  GRIS  = "#808080"
17  ROSA = "#ffafaf"
18
19  NUM_REPETICIONES = 2
20
21  # Mensajes IU
22  TITULO = "Memory"
23  EMPIEZA = "Selecciona dos tarjetas"
24  NO_JUGABLE = "Clica en otra casilla"
25  PAREJA = "¡Pareja!"
26  SIGUE_JUGANDO = "Sigue jugando..."
27  TERMINADA = "Partida terminada en {} intentos"
28
29  # Consola
30  NUMERO_COLUMNAS = "Número de columnas: ";
31  NUMERO_FILAS = "Número de filas: ";
32
```

```
33  # Excepciones
34  DIMENSIONES_INVIABLES = "Las dimensiones solicitadas no son viables: {}.";
35  EXC_CASILLAS_IMPARES = "hay un número impar de casillas";
36  EXC_SIMBOLOS_INSUFICIENTES = "no hay símbolos suficientes para rellenar el
        tablero";
```

Enumerados Simbolo

Conocimos los enumerados en el juego del tres en raya, pues lo mismo que hicimos allí con las Ficha lo hacemos aquí con los Simbolos, aunque ahora no tenemos siguiente(), así que no hace falta ningún método: solamente asignamos un color a cada letra, y ¡listo!

Cuando rellenemos una Casilla, mostraremos una letra, cada una de un color distinto.

```
38  ### Enum Simbolo
39  class Simbolo(Enum):
40      A = ROJO
41      B = VERDE
42      C = AZUL
43      D = CIAN
44      E = NARANJA
45      F = MAGENTA
46      G = GRIS
47      H = ROSA
48  ### Fin enum Simbolo
```

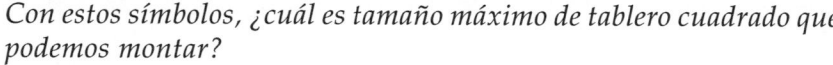 

PREGUNTA: **RESPUESTA:**

Con estos símbolos, ¿cuál es tamaño máximo de tablero cuadrado que podemos montar?

Enumerado Estado

El enumerado Estado nos ayuda a gestionar el algoritmo del juego: en cada momento, cada Tarjeta estará en un Estado: OCULTA si está girada boca abajo, quiero decir, si su botón se muestra vacío. VISIBLE cuando le hayamos dado (temporalmente) la vuelta y EMPAREJADA cuando el jugador ya haya encontrado la pareja y se muestre de forma permanente (lo equivalente, en el juego físico, a recoger las cartas y retirarlas).

Como no necesitamos darle información adicional a cada opción, un valor numérico consecutivo es suficiente.

```python
50  ### Enum Estado
51  class Estado(Enum):
52      OCULTA = 0
53      VISIBLE = 1
54      EMPAREJADA = 2
55  ### Fin enum Estado
```

Clase Partida

El constructor de Partida recibe el ancho y el alto, e inicializa el contador de intentos a cero. Pero también crea un Tablero y lanza el TableroGrafico.

La clase Partida también cuenta con los tres métodos:

- registrarIntento: incrementa el contador de intentos, del que informaremos al usuario al terminar la Partida, pero que también podríamos mostrar de forma continua.

- terminada: devuelve un booleano indicando si la partida ya ha terminado. Para saberlo, le pregunta al tablero si ya estaLleno().

- getTarjeta(fila, columna): permite que otras clases accedan a la Tarjeta ubicada en cierta posición. De nuevo, se la pedimos al tablero.

memory.py	Python

```python
57  ### Clase Partida
58  class Partida:
59
60      def __init__(self, alto, ancho):
61          self.tablero = Tablero(alto, ancho)
62          self.intentos = 0
63          self.alto = alto
64          self.ancho = ancho
65          TableroGrafico(self)
66
67      def registrarIntento(self):
68          self.intentos += 1
69
70      def terminada(self):
71          return self.tablero.estaLleno()
72
73      def getTarjeta(self, fila, columna):
74          return self.tablero.getTarjeta(fila, columna)
75  ### Fin clase Partida
```

Clase Tarjeta

Las tarjetas están formadas por un Simbolo (una letra de color en nuestra implementación) y un Estado. El simbolo lo reciben en el constructor y es fijo, mientras que el estado va variando: se inicializa OCULTA, pasa a VISIBLE al mostrar(), a OCULTA —cómo no— al ocultar() y a EMPAREJADA cuando... ¿lo adivinas? Cuando se llama a emparejar(). ¡Ya podría ser todo tan fácil!

memory.py	Python

```python
77  ### Clase Tarjeta
78  class Tarjeta:
79      def __init__(self, simbolo):
80          self.simbolo = simbolo
81          self.estado = Estado.OCULTA
82
83      def emparejar(self):
84          self.estado = Estado.EMPAREJADA
85
86      def mostrar(self):
87          self.estado = Estado.VISIBLE
88
89      def ocultar(self):
90          self.estado = Estado.OCULTA
91  ### Fin clase Tarjeta
```

Excepciones

La implementación de las excepciones podría complicarse, pero no lo hace en este ejemplo. Solo queremos darles nombres para darles significado. Por eso, simplemente extendemos de Exception y no hacemos nada (pass).

Tendremos dos tipos de excepciones en este juego:

- CasillasImparesException: que el número de casillas propuesto por el usuario no sea par y, por tanto, no podamos preparar un tablero de parejas.

- SimbolosInsuficientesException: que el número de símbolos que hemos preparado (las ocho letras que hemos definido en el enum) no sean suficientes.

memory.py	Python

```python
93   ### Excepcion CasillasImpares
94   class CasillasImparesException(Exception):
95       pass
96   ### Fin excepcion CasillasImpares
97
98   ### Excepcion SimbolosInsuficientes
99   class SimbolosInsuficientesException(Exception):
100      pass
101  ### Fin excepcion SimbolosInsuficientes
```

Clase Tablero

Utilizamos la clase Tablero para representar la lógica del juego, sin preocuparnos de la interfaz.

Cuando creamos un Tablero, como lo vamos a hacer rectangular, necesitamos conocer el alto y el ancho. Pero no nos vale cualquier tamaño, así que tenemos que validarDimensiones(). Comprobaremos que el número de tarjetas resultante sea par, y que el enum Simbolo tenga suficientes valores distintos para cubrir el número de parejas. Si alguna de estas condiciones falla, lanzamos una excepción, utilizando la palabra clave raise. Según el error que se produzca, lanzamos una excepción u otra.

Si todo va bien, seguimos por la línea 112, donde llamamos a generarListaSimbolos(), una función auxiliar que crea un *array* vacío, lo rellena con dos copias de cada símbolo, con tantos símbolos como necesitemos. Por ejemplo, si necesitamos tres parejas, el *array* contendrá [A, A, B, B, C, C]. Así que hay que mezclarlas. Para ello, usaremos el método shuffle del módulo random, que modificará el *array* dejándolo en [C, A, B, B, A, C] o [A, C, C, A, B, B] o la combinación aleatoria que toque.

Ahora que ya tenemos la lista de símbolos desordenados, por cada fila y cada columna, es decir, por cada casilla, creamos una tarjeta con el símbolo correspondiente extraído del *array*. En la línea 116 utilizamos la fórmula i * ancho + j para calcular la posición del *array* que debemos utilizar.

Con el tablero ya montado, solo nos quedan dos métodos más, los que responden a la partida cuando pregunta si el tablero estaLleno() o pide una tarjeta según su posición (getTarjeta(fila, columna)). Para saber si estaLleno(), simplemente comprobamos que todas las casillas estén EMPAREJADAs.

```python
memory.py                                                          Python
103 ### Clase Tablero
104 class Tablero:
105
106     def __init__(self, alto, ancho):
107         self.tablero = []
108         self.alto = alto
109         self.ancho = ancho
110         self.numParejas = int((alto * ancho) / NUM_REPETICIONES)
111         self.validarDimensiones()
112         simbolos = self.generarListaSimbolos()
113         for i in range(alto):
114             fila = []
115             for j in range(ancho):
116                 fila.append(Tarjeta(simbolos[i * ancho + j]))
117             self.tablero.append(fila)
118
```

```
119    def validarDimensiones(self):
120        if ((self.alto * self.ancho) % 2 != 0):
121            raise CasillasImparesException()
122        if (self.numParejas > len(Simbolo)):
123            raise SimbolosInsuficientesException()
124
125    def generarListaSimbolos(self):
126        simbolos = []
127        cont = 0
128        for simbolo in Simbolo:
129            simbolos.append(simbolo)
130            simbolos.append(simbolo)
131            cont += 1
132            if cont == self.numParejas:
133                break
134        random.shuffle(simbolos)
135        return simbolos
136
137    def estaLleno(self):
138        for linea in self.tablero:
139            for tarjeta in linea:
140                if tarjeta.estado != Estado.EMPAREJADA:
141                    return False
142        return True
143
144    def getTarjeta(self, fila, columna):
145        return self.tablero[fila][columna]
146 ### Fin clase Tablero
```

Clase TableroGrafico

La clase TableroGrafico se encarga de representar la interfaz de usuario de una partida, para lo que usamos Tkinter. Inicializamos Tk en la variable root, le damos un TITULO y llamamos al constructor del padre. En la línea 155 llamamos al método pack(), que es el encargado de organizar la distribución de los elementos en la pantalla.

Construimos una instancia de JugadaListener para manejar los eventos y otra de Casillero para manejar el marco en el que pondremos los botones. Luego veremos que el propio casillero se encargará de hacer su pack(). También añadimos una etiqueta de texto en la que iremos poniendo los mensajes al usuario, que requiere su propia llamada a pack().

Terminamos con la instrucción root.mainLoop() para lanzar la ejecución de los elementos gráficos.

Además del constructor, esta clase cuenta con el método actualizarEstado(mensaje) para cambiar el mensaje para el usuario.

```
148 ### Clase TableroGrafico
149 class TableroGrafico(tk.Frame):
150
151     def __init__(self, partida):
152         root = tk.Tk()
153         root.title(TITULO)
154         super().__init__(root)
155         self.pack()
156         self.listener = JugadaListener(partida, self)
157         self.casillero = Casillero(self, partida, self.listener)
158         self.barraEstado = tk.Label(self, text = EMPIEZA)
159         self.barraEstado.pack()
160         root.mainloop()
161
162     def actualizarEstado(self, mensaje):
163         self.barraEstado.config(text = mensaje)
164 ### Fin clase TableroGrafico
```

Clase Casillero

Adelantábamos en el apartado anterior que la clase Casillero es un marco que albergará los botones.

Su constructor recibe como parámetro una instancia del tablero gráfico (gui), otra de la partida y otra del listener. Con esos tres elementos ya podemos preparar la matriz de Casillas, así que nos centramos en las líneas 175 a 178. Construimos una nueva casilla pasándole la tarjeta de la partida y las coordenadas que ocupará. Preparamos un partial para poderle pasar esa casilla al método pulsar del listener. En la 176 establecemos ese elemento como listener de la casilla, de forma que, cuando el jugador pulse en una casilla, se ejecutará el método pulsar sobre la misma. Una vez preparada, la añadimos a la fila, que luego será añadida a las casillas del Casillero, y terminamos —cómo no— con el pack().

El casillero no necesita más métodos.

```
166 ### Clase Casillero
167 class Casillero(tk.Frame):
168
169     def __init__(self, gui, partida, listener):
170         super().__init__(gui)
171         self.casillas = []
172         for i in range(partida.alto):
173             fila = []
174             for j in range(partida.ancho):
175                 casilla = Casilla(self, partida.getTarjeta(i, j), i, j)
176                 pulsarIJ = partial(listener.pulsar, casilla)
```

```
177                    casilla.setListener(pulsarIJ)
178                    fila.append(casilla)
179               self.casillas.append(fila)
180          self.pack()
181 ### Fin clase Casillero
```

Clase Casilla

La clase Casilla extiende de Button. En el constructor debemos llamar al constructor del padre pasándole el tamaño que queremos darle al botón. Esta vez, en lugar de pack(), usaremos grid() para colocar el botón en pantalla, pasándole fila y columna.

Nuestra clase Casilla cuenta con un atributo tarjeta, en el que guardamos la tarjeta que recibamos en el constructor; y para dejarlo ya hecho, le ponemos la fuente al botón, pero dejamos el texto en blanco.

Esta vez tenemos cinco métodos:

- setListener() nos permite configurar el comando del botón.

- mostrar() informará a la tarjeta que está siendo mostrada, pero, además, establecerá el texto y el color del botón para que se vea la A roja o la C verde o lo que corresponda.

- ocultar(), por su lado, hará lo contrario: avisará a la tarjeta para que cambie su estado y dejará el texto en blanco. El color no lo toca, porque como tampoco se va a ver…

- bloquear() es el método responsable de marcar la tarjeta como emparejada. Será llamado cuando se haga una pareja y ese botón deba quedarse visible.

- esJugable() indica si una casilla puede ser clicada. Solo sucederán cosas si la tarjeta de la casilla clicada está OCULTA.

```
183 ### Clase Casilla
184 class Casilla(tk.Button):
185
186     def __init__(self, casillero, tarjeta, fila, col):
187         super().__init__(casillero,
188                           height=TAM_BOTON, width=TAM_BOTON)
189         self.grid(row=fila, column=col)
190         self.tarjeta = tarjeta
191         self["font"] = font.Font(size=TAM_FUENTE, weight="bold")
192         self["text"] = ""
193
194     def setListener(self, listener):
195         self.configure(command = listener)
196
```

```
197     def mostrar(self):
198         self.tarjeta.mostrar()
199         simbolo = self.tarjeta.simbolo
200         self["text"] = simbolo.name
201         self["fg"] = simbolo.value # color
202
203     def ocultar(self):
204         self.tarjeta.ocultar()
205         self["text"] = ""
206
207     def bloquear(self):
208         self.tarjeta.emparejar()
209
210     def esJugable(self):
211         return self.tarjeta.estado == Estado.OCULTA
212 ### Fin clase Casilla
```

Clase JugadaListener

Esta clase es la responsable de gestionar los clics del jugador.

En su constructor, recibimos la partida y el TableroGrafico (gui), nos los guardamos e inicializamos tres atributos más. Un par para llevar la referencia de las casillas que han sido clicadas —que de momento son None— y un booleano pareja para controlar si ambas casillas llevan el mismo símbolo —de momento, no; False—.

En cuanto al método pulsar(casilla), implementamos el algoritmo que ya explicamos en el diagrama de secuencia, hace unas páginas, en la figura 7.2.

```
214 ### Clase JugadaListener
215 class JugadaListener:
216     def __init__(self, partida, gui):
217         self.partida = partida
218         self.gui = gui # TableroGrafico
219         self.primeraCasilla = None
220         self.segundaCasilla = None
221         self.pareja = False
222
223     def pulsar(self, casilla):
224         if casilla.esJugable():
225             if self.segundaCasilla != None:
226                 if not self.pareja:
227                     self.primeraCasilla.ocultar()
228                     self.segundaCasilla.ocultar()
```

```
229                    self.primeraCasilla = None
230                    self.segundaCasilla = None
231                    self.pareja = False
232                casilla.mostrar()
233                if self.primeraCasilla == None:
234                    self.primeraCasilla = casilla
235                else:
236                    self.partida.registrarIntento()
237                    self.segundaCasilla = casilla
238                    if self.segundaCasilla.tarjeta.simbolo ==
                           self.primeraCasilla.tarjeta.simbolo:
239                        self.primeraCasilla.bloquear()
240                        self.segundaCasilla.bloquear()
241                        self.pareja = True
242                        self.gui.actualizarEstado(PAREJA)
243                        if (self.partida.terminada()):
244                            self.gui.actualizarEstado(
245                                TERMINADA.format(self.partida.intentos))
246                            return
247                    else: # no son iguales
248                        self.pareja = False
249                        self.gui.actualizarEstado(SIGUE_JUGANDO)
250            else: # no es jugable
251                self.gui.actualizarEstado(NO_JUGABLE)
252 ### Fin clase JugadaListener
```

Ejecutable

Y con todas las clases preparadas, ¡vamos a jugar!

Empezamos preguntando al usuario, por la consola, cuántas filas y cuántas columnas quiere tener. Y con esa información, intentamos (try) crear una partida. Hablo de intentarlo porque pueden fallar cosas, acuérdate de que creamos unas excepciones y las lanzábamos si teníamos problemas con la validación de las dimensiones… Pues eso, lo intentamos; y si hay algún problema, capturamos la excepción correspondiente con except. Según cuál haya sido el problema, indicamos un mensaje u otro al usuario, mediante la consola.

```
254 # main
255 alto = int(input(NUMERO_FILAS))
256 ancho = int(input(NUMERO_COLUMNAS))
257 try:
258     partida = Partida(alto, ancho)
259 except CasillasImparesException:
260     print(DIMENSIONES_INVIABLES.format(EXC_CASILLAS_IMPARES))
261 except SimbolosInsuficientesException:
262     print(DIMENSIONES_INVIABLES.format(EXC_SIMBOLOS_INSUFICIENTES))
```

Ejecución y salida

Al lanzar la ejecución del juego, nos pregunta por consola las dimensiones deseadas:

```
[1]
Número de filas: 3
Número de columnas: 4
```

Para lanzar la interfaz gráfica del tamaño adecuado:

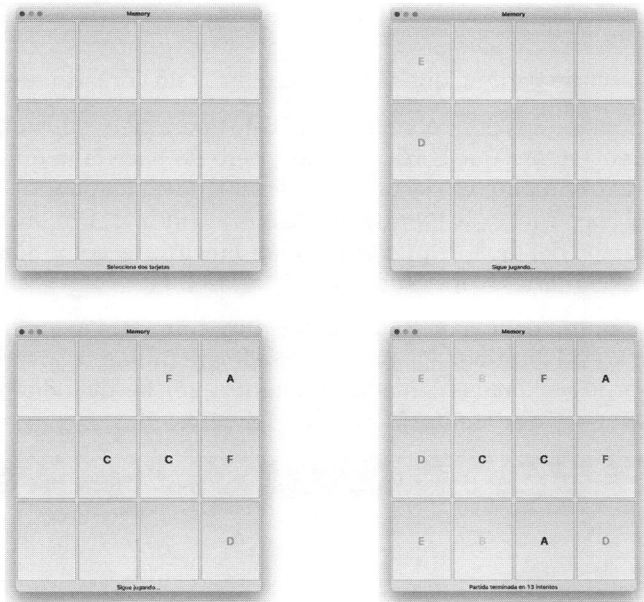

Figura 7.4. Algunas capturas de una partida de ejemplo en Python.

Pero si no damos unas dimensiones válidas, no lograremos jugar.

```
[2]
Número de filas: 3
Número de columnas: 3
Las dimensiones solicitadas no son viables: hay un número impar de
casillas.
[3]
Número de filas: 6
Número de columnas: 4
Las dimensiones solicitadas no son viables: no hay símbolos suficientes
para rellenar el tablero.
```

Implementación en Java

Y ahora vamos a por la implementación en Java. Parecida a la de Python, pero no idéntica, cada una tiene sus cosillas.

Todas las clases necesarias para la implementación de este juego están en el paquete memory. Son unas cuantas, pero chiquitinas, las veremos de una en una, en un orden más o menos lógico.

Clase Partida

Empezamos con la clase Partida, que tiene un tablero y un contador de intentos.

En el constructor, recibimos el alto y el ancho. Estos parámetros los utilizaremos para pasárselos al nuevo Tablero que construiremos, pero no hace falta que los guardemos en la partida. El segundo paso es ejecutar la interfaz gráfica llamando al constructor de TableroGrafico. El constructor de Partida puede lanzar (throws) DimensionesException, porque el constructor de Tablero puede también lanzarla y, como Partida «no sabe» tratarla…, «le pasa el marrón» al siguiente.

Además, tenemos unos cuantos métodos, todos muy simples. Para recuperar el alto, el ancho, la tarjeta o si está terminada la partida… se lo preguntamos al tablero. La partida solo es responsable de gestionar el contador de intentos, con los métodos registrarIntento() —que lo incrementa— y getIntentos() —que lo devuelve—.

Partida.java	Java

```java
01  package memory;
02
03  public class Partida {
04      private Tablero tablero;
05      private int intentos;
06
07      public Partida(int alto, int ancho) throws DimensionesException {
08          tablero = new Tablero(alto, ancho); // inicializar tablero lógico
09          new TableroGrafico(this); // lanzar interfaz gráfica
10      }
11
12      public void registrarIntento() {
13          intentos++;
14      }
15
16      public boolean terminada() {
17          return tablero.estaLleno();
18      }
19
20      public int getAlto() {
21          return tablero.getAlto();
22      }
23
```

```java
24    public int getAncho() {
25        return tablero.getAncho();
26    }
27
28    public int getIntentos() {
29        return intentos;
30    }
31
32    public Tarjeta getTarjeta(int fila, int columna) {
33        return tablero.getTarjeta(fila, columna);
34    }
35 }
```

Clase Mensajes

La clase Mensajes no encierra mucho misterio. Solo la utilizaremos para juntar todas las constantes en las que tenemos los mensajes que mostraremos al usuario. Cuando sepas programar mejor, ya no lo harás así, sino que lo guardarás en ficheros externos, de los que podrás tener varias versiones en varios idiomas y así internacionalizar tus programas.

```java
01 package memory;
02
03 public class Mensajes {
04     // Mensajes IU
05     protected static final String TITULO = "Memory";
06     protected static final String EMPIEZA = "Selecciona dos tarjetas";
07     protected static final String NO_JUGABLE = "Clica en otra casilla";
08     protected static final String PAREJA = "¡Pareja!";
09     protected static final String SIGUE_JUGANDO = "Sigue jugando...";
10     protected static final String TERMINADA =
11         "Partida terminada en %s intentos";
12
13     // Consola
14     protected static final String NUMERO_COLUMNAS = "Número de columnas:";
15     protected static final String NUMERO_FILAS = "Número de filas:";
16
17     // Excepciones
18     protected static final String DIMENSIONES_INVIABLES =
19         "Las dimensiones solicitadas no son viables: ";
20     protected static final String EXC_CASILLAS_IMPARES =
21         "hay un número impar de casillas";
22     protected static final String EXC_SIMBOLOS_INSUFICIENTES =
23         "no hay símbolos suficientes para rellenar el tablero";
24 }
```

Excepciones

Para gestionar los problemas con las dimensiones que puedan surgir, he creado una pequeña jerarquía de excepciones. DimensionesException es hija de Exception y, a su vez, posee dos hijas: CasillasImparesException y SimbolosInsuficientesException. Con este montaje, es posible lanzar la excepción adecuada para cada problema, pero, a la hora de capturarlas o relanzarlas, podemos hacer un 2x1 y tratarlas como DimensionesException, como hacemos en el constructor de Partida o haremos en el de Tablero.

DimensionesException.java	Java

```java
01  package memory;
02
03  public class DimensionesException extends Exception {
04      private static final long serialVersionUID = 5308295566483561107L;
05  }
```

CasillasImparesException.java	Java

```java
01  package memory;
02
03  import static memory.Mensajes.EXC_CASILLAS_IMPARES;
04
05  public class CasillasImparesException extends DimensionesException {
06
07      private static final long serialVersionUID = 481071844090885888L;
08
09      @Override
10      public String getMessage() {
11          return EXC_CASILLAS_IMPARES;
12      }
13  }
```

SimbolosInsuficientesException.java	Java

```java
01  package memory;
02
03  import static memory.Mensajes.EXC_SIMBOLOS_INSUFICIENTES;
04
05  public class SimbolosInsuficientesException extends DimensionesException {
06
07      private static final long serialVersionUID = -5697386614085603580L;
08
09      @Override
10      public String getMessage() {
11          return EXC_SIMBOLOS_INSUFICIENTES;
12      }
13  }
```

Clase Tablero

Empezamos la clase Tablero con un par de constantes, un *array* de Simbolos, con todos los SIMBOLOS_DISPONIBLES y un entero con el número de veces que hay que repetir cada tarjeta, NUM_REPETICIONES.

Como atributos, tendremos una matriz bidimensional de Tarjetas, y tres enteros para manejar las dimensiones del tablero: alto, ancho y el numParejas.

Hablemos de su constructor: recibimos alto y ancho, y nos los guardamos. Si superamos la validación de dimensiones, creamos la matriz vacía de ese tamaño y generamos la lista de símbolos que utilizaremos para rellenar la matriz.

Tenemos un método para validar las dimensiones, que puede lanzar (throw) una DimensionesException. ¿Cuál? Pues si el resultado de multiplicar alto por ancho no es par, una CasillasImparesException; si el número de parejas que necesitamos para rellenar el tablero es mayor que la cantidad de SIMBOLOS_DISPONIBLES, una SimbolosInsuficientesException. Si todo va bien, la ejecución sigue, pero si este método protesta (lanza una excepción), el constructor de Tablero la relanza, el de Partida hace lo propio y, como veremos más adelante, en el main de MemoryGrafico ya la tratamos.

También hemos delegado en un método la generación de la lista de símbolos a utilizar. Creamos una lista vacía (las listas son dinámicas y nos hacen la vida algo más fácil que los *arrays*, que son estáticos, no pueden crecer ni manipularse demasiado). Tantas veces como nos indique el número de parejas calculado, metemos dos copias del símbolo correspondiente en la nueva lista. Cuando ya los tenemos todos, los mezclamos llamando al método shuffle() de la clase Collections. Una vez la lista está a nuestro gusto, la convertimos a *array*, que es lo que nos conviene para esta implementación.

¿Recuerdas que Partida delegaba en Tablero lo de saber si estaba ya lleno? Pues aquí lo tenemos, en el método estaLleno() recorremos todas las casillas buscando si hay alguna que aún no esté EMPAREJADA.

Tablero.java	Java

```
01  package memory;
02
03  import java.util.ArrayList;
04  import java.util.Collections;
05  import java.util.List;
06
```

```java
07  public class Tablero {
08
09      private static final Simbolo[] SIMBOLOS_DISPONIBLES = Simbolo.values();
10
11      private static final int NUM_REPETICIONES = 2;
12
13      private Tarjeta[][] tablero;
14      private int alto;
15      private int ancho;
16      private int numParejas;
17
18      public Tablero(int alto, int ancho) throws DimensionesException {
19          this.alto = alto;
20          this.ancho = ancho;
21          validarDimensiones();
22          tablero = new Tarjeta[alto][ancho];
23          Simbolo[] simbolos = generarListaSimbolos();
24          for (int i = 0; i < alto; i++) {
25              for (int j = 0; j < ancho; j++) {
26                  tablero[i][j] = new Tarjeta(simbolos[i * ancho + j]);
27              }
28          }
29      }
30
31      private void validarDimensiones() throws DimensionesException {
32          if ((alto * ancho) % 2 != 0) {
33              throw new CasillasImparesException();
34          }
35          int numParejas = (alto * ancho) / NUM_REPETICIONES;
36          if (numParejas > SIMBOLOS_DISPONIBLES.length) {
37              throw new SimbolosInsuficientesException();
38          }
39      }
40
41      /**
42       * Genera una lista desordenada de tantos pares de símbolos como
43       * se necesiten.
44       * @return lista de símbolos desordenados
45       */
46      private Simbolo[] generarListaSimbolos() {
47          List<Simbolo> simbolos = new ArrayList<>();
48          for (int i = 0; i < numParejas; i ++) {
49              simbolos.add(SIMBOLOS_DISPONIBLES[i]);
50              simbolos.add(SIMBOLOS_DISPONIBLES[i]);
51          }
52          Collections.shuffle(simbolos);
53          return simbolos.toArray(new Simbolo[numParejas * NUM_REPETICIONES]);
54      }
55
```

```java
56    public boolean estaLleno() {
57        for (Tarjeta[] tarjetas : tablero) {
58            for (Tarjeta tarjeta : tarjetas) {
59                if (tarjeta.getEstado() != Estado.EMPAREJADA) {
60                    return false;
61                }
62            }
63        }
64        return true;
65    }
66
67    public int getAlto() {
68        return alto;
69    }
70
71    public int getAncho() {
72        return ancho;
73    }
74
75    public Tarjeta getTarjeta(int fila, int columna) {
76        return tablero[fila][columna];
77    }
78 }
```

Clase Tarjeta

El Tablero era una matriz de tarjetas, veamos qué es una Tarjeta. Los objetos de esta clase tendrán dos atributos: simbolo y estado. El simbolo lo recibe en el constructor, mientras el estado va evolucionando a lo largo del juego. Se inicializa en OCULTA y esperemos que acabe en EMPAREJADA, pasando el mínimo número de veces por VISIBLE.

```java
01 package memory;
02
03 public class Tarjeta {
04
05    private Simbolo simbolo;
06    private Estado estado;
07
08    public Tarjeta(Simbolo simbolo) {
09        this.simbolo = simbolo;
10        estado = Estado.OCULTA;
11    }
12
```

```
13      public Estado getEstado() {
14          return estado;
15      }
16
17      public Simbolo getSimbolo() {
18          return simbolo;
19      }
20
21      public void emparejar() {
22          estado = Estado.EMPAREJADA;
23      }
24
25      public void mostrar() {
26          estado = Estado.VISIBLE;
27      }
28
29      public void ocultar() {
30          estado = Estado.OCULTA;
31      }
32
33      @Override
34      public String toString() {
35          return simbolo + " " + estado;
36      }
37  }
```

Enumerado Simbolo

En el enumerado Simbolo definimos los símbolos que utilizaremos en este juego. Se parece mucho a las Fichas del tres en raya, simplemente, hay más, y de más colores.

Cuenta con un atributo con el color, su valor será la letra, y no dispone ni necesita de métodos adicionales.

```
01  package memory;
02
03  import java.awt.Color;
04
05  public enum Simbolo {
06      A(Color.RED), B(Color.GREEN), C(Color.BLUE), D(Color.CYAN),
07      E(Color.ORANGE), F(Color.MAGENTA), G(Color.GRAY), H(Color.PINK);
08
09      private Color color;
10
11      Simbolo(Color color) {
12          this.color = color;
13      }
14
```

```
15    public Color getColor() {
16        return color;
17    }
18  }
```

Enumerado Estado

Hemos comentado que las Tarjetas van cambiando de estado. En el enumerado Estado contemplamos los tres casos posibles.

```
01  package memory;
02
03  public enum Estado {
04      OCULTA, VISIBLE, EMPAREJADA;
05  }
```

Clase TableroGrafico

Entramos ya en la parte gráfica. La clase TableroGrafico extiende JFrame (marco), de swing, y tiene como atributos un JugadaListener, un Casillero y la barraEstado, que es un JLabel (etiqueta). En otras palabras, es un marco en el que habrá un casillero (cuadrícula de botones) y una zona para mensajes. Se podrían añadir más elementos, pero no es el momento de complicarlo.

Lo primero que hacemos en el constructor es llamar al constructor del padre (super) pasándole el título que queremos darle a la ventana.

NOTA:

Llamar al constructor del padre siempre es lo primero que se hace en un constructor, aunque a veces no lo declaremos explícitamente. Si no ponemos nada, se llamará al constructor por defecto (sin parámetros). Vamos, que sería como tener la instrucción super(); como primera instrucción del constructor. Si no hubiera constructor por defecto, llamaremos explícitamente al que tengamos.

Seguimos con la configuración propia: creamos la instancia del listener, pasándole la partida, y la del casillero, pasándole la partida y el listener.

Con el casillero recién creado, ya podemos añadirlo al objeto que estamos creando, la instancia de TableroGrafico, que recordemos, es un JFrame, un marco. Así que lo añadimos, e indicamos que se debe ubicar en la zona central.

El siguiente paso es crear la etiqueta para los mensajes de texto, y también añadirla al marco, esta vez en la zona sur.

Ya no hay más elementos que añadir, pero definimos que queremos salir cuando se cierre la ventana, establecer el tamaño que tendrá la ventana y hacer que sea visible.

Como no sabemos de cuántos botones dispondremos, en vez de indicar un tamaño fijo para la ventana, echamos unas cuentas dependiendo del ancho y alto de la partida.

NOTA:

Los dos primeros parámetros que le pasamos a setBounds() son las coordenadas en las que se ubicará la esquina superior izquierda de la ventana.

También contamos con un método para cambiar el mensaje mostrado, actualizarEstado().

TableroGrafico.java — Java

```java
01  package memory;
02
03  import static memory.Mensajes.EMPIEZA;
04  import static memory.Mensajes.TITULO;
05
06  import java.awt.BorderLayout;
07
08  import javax.swing.JFrame;
09  import javax.swing.JLabel;
10
11  public class TableroGrafico extends JFrame {
12
13      private static final long serialVersionUID = -6611725743780259686L;
14
15      private static final int ANCHO_BOTON = 120;
16      private static final int ALTO_BOTON = 140;
17
18      private JugadaListener listener;
19
20      private Casillero casillero;
21      private JLabel barraEstado;
22
23      public TableroGrafico(Partida partida) {
24          super(TITULO);
25          listener = new JugadaListener(partida, this);
26
27          casillero = new Casillero(partida, listener);
28          add(casillero, BorderLayout.CENTER);
29
30
```

```
31        barraEstado = new JLabel(EMPIEZA);
32        add(barraEstado, BorderLayout.SOUTH);
33
34        setDefaultCloseOperation(JFrame.EXIT_ON_CLOSE);
35        setBounds(200, 200, ANCHO_BOTON * partida.getAncho(),
36            ALTO_BOTON * partida.getAlto());
37        setVisible(true);
38    }
39
40    protected void actualizarEstado(String mensaje) {
41        barraEstado.setText(mensaje);
42    }
43 }
```

Clase Casillero

El Casillero es un JPanel, que contendrá un *array* bidimensional de Casillas, de botones.

En el constructor, recuperamos las dimensiones de la partida y las utilizamos para dos labores: para establecer el tamaño del GridLayout (cuadrícula para ubicar los elementos gráficos) y para añadir tantas casillas como sean necesarias a dicha cuadrícula, casillas a las que les pasamos, además de la tarjeta obtenida de la partida, el listener.

```
01 package memory;
02
03 import java.awt.GridLayout;
04 import javax.swing.JPanel;
05
06 public class Casillero extends JPanel {
07
08    private static final long serialVersionUID = -6658073821475084359L;
09
10    public Casillero(Partida partida, JugadaListener listener) {
11        int alto = partida.getAlto();
12        int ancho = partida.getAncho();
13
14        setLayout(new GridLayout(alto, ancho));
15
16        for (int i = 0; i < alto; i++) {
17            for (int j = 0; j < ancho; j++) {
18                add(new Casilla(partida.getTarjeta(i, j), listener));
19            }
20        }
21    }
22 }
```

Clase Casilla

La clase Casilla es un JButton, al que le añadimos un atributo tarjeta. Este atributo lo inicializamos en el constructor, donde también establecemos la fuente del texto y añadimos el listener para que gestione los clics que reciba ese botón.

Esta clase recibirá varias llamadas desde el método actionPerformed de JugadaListener, como se comprueba en la figura 7.2:

- esJugable(): que comprueba si el estado de la tarjeta es OCULTA.

- mostrar(): muestra la tarjeta, de la que recupera el símbolo para recuperar, a su vez, su texto y su color para dárselos al botón.

- bloquear(): avisa a la tarjeta de que ha sido emparejada.

- ocultar(): informa a la tarjeta de que se debe ocultar e, importante, cambiamos el texto a un String vacío, ¡para que ya no se vea la letra!

- getSimbolo(): un *getter* básico, devuelve el símbolo, eso sí, preguntándoselo a la tarjeta.

Casilla.java	Java

```java
01  package memory;
02
03  import java.awt.Font;
04
05  import javax.swing.JButton;
06
07  public class Casilla extends JButton {
08
09      private static final long serialVersionUID = 5729276532058609798L;
10
11      private static final Font FONT = new Font("Arial", Font.BOLD, 100);
12
13      private Tarjeta tarjeta;
14
15      public Casilla(Tarjeta tarjeta, JugadaListener listener) {
16          setFont(FONT);
17          this.tarjeta = tarjeta;
18          addActionListener(listener);
19      }
20
21      public boolean esJugable() {
22          return tarjeta.getEstado().equals(Estado.OCULTA);
23      }
24
25      public void mostrar() {
26          tarjeta.mostrar();
27          Simbolo simbolo = tarjeta.getSimbolo();
28          setText(simbolo.name());
29          setForeground(simbolo.getColor());
30      }
31
```

```java
32      public void bloquear() {
33          tarjeta.emparejar();
34      }
35
36      public void ocultar() {
37          tarjeta.ocultar();
38          setText("");
39      }
40
41      public Simbolo getSimbolo() {
42          return tarjeta.getSimbolo();
43      }
44  }
```

Clase JugadaListener

Y llegamos por fin a la clase JugadaListener y su gran método actionPerformed(), del que vimos su diagrama de secuencia en la figura 7.2.

En el constructor recibimos la partida y el TableroGrafico, aquella para gestionar los intentos y este último para modificar los mensajes que se muestran al jugador.

Como ya comenté el algoritmo en el diagrama de secuencia, no me repetiré ahora. Solo quiero destacar que al principio del método recuperamos el elemento en el que se ha producido el evento y forzamos la conversión (hacemos un *casting*) a Casilla. A partir de ese momento, ya podemos tratarlo como Casilla y pedirle todo lo que necesitemos.

```java
01  package memory;
02
03  import static memory.Mensajes.NO_JUGABLE;
04  import static memory.Mensajes.PAREJA;
05  import static memory.Mensajes.SIGUE_JUGANDO;
06  import static memory.Mensajes.TERMINADA;
07
08  import java.awt.event.ActionEvent;
09  import java.awt.event.ActionListener;
10
11  public class JugadaListener implements ActionListener {
12
13      private Partida partida;
14      private TableroGrafico gui;
15      private Casilla primeraCasilla;
16      private Casilla segundaCasilla;
17      private boolean pareja;
18
```

```java
19      public JugadaListener(Partida partida, TableroGrafico gui) {
20          this.partida = partida;
21          this.gui = gui;
22      }
23
24      @Override
25      public void actionPerformed(ActionEvent e) {
26          Casilla casilla = (Casilla) e.getSource();
27
28          if (casilla.esJugable()) {
29              if (segundaCasilla != null) {
30                  if (!pareja) {
31                      primeraCasilla.ocultar();
32                      segundaCasilla.ocultar();
33                  }
34                  primeraCasilla = null;
35                  segundaCasilla = null;
36                  pareja = false;
37              }
38              casilla.mostrar();
39              if (primeraCasilla == null) {
40                  primeraCasilla = casilla;
41              } else {
42                  partida.registrarIntento();
43                  segundaCasilla = casilla;
44                  if (segundaCasilla.getSimbolo().equals(
45                          primeraCasilla.getSimbolo())) {
46                      primeraCasilla.bloquear();
47                      segundaCasilla.bloquear();
48                      pareja = true;
49                      gui.actualizarEstado(PAREJA);
50                      if (partida.terminada()) {
51                          gui.actualizarEstado(String.format(
52                              TERMINADA, partida.getIntentos()));
53                          return;
54                      }
55                  } else {
56                      pareja = false;
57                      gui.actualizarEstado(SIGUE_JUGANDO);
58                  }
59              }
60          } else {
61              gui.actualizarEstado(NO_JUGABLE);
62          }
63      }
64  }
```

Clase MemoryGrafico

Y con todo implementado, podemos crear un main que recoja por argumentos (y si no los tiene, le pregunte a usuario) el número de filas y el de columnas con el que queremos jugar. Una vez sepamos los datos, creamos una nueva Partida para lanzar todo el proceso y jugar. Pero recuerda... no podemos jugar con cualquier alto o ancho, así que lo envolvemos con un bloque try / catch para capturar posibles problemas con las dimensiones. En caso de excepción, pintamos por la salida de error (saldrá en rojo si lo ejecutas en Eclipse) un texto fijo, seguido del mensaje propio de la excepción capturada.

MemoryGrafico.java	Java

```java
01  package memory;
02
03  import static memory.Mensajes.DIMENSIONES_INVIABLES;
04  import static memory.Mensajes.NUMERO_COLUMNAS;
05  import static memory.Mensajes.NUMERO_FILAS;
06
07  import java.util.Scanner;
08
09  public class MemoryGrafico {
10
11      public static void main(String[] args) {
12          int alto;
13          int ancho;
14          if (args.length == 2) {
15              alto = Integer.parseInt(args[0]);
16              ancho = Integer.parseInt(args[1]);
17          } else {
18              try (Scanner sc = new Scanner(System.in)) {
19                  System.out.println(NUMERO_FILAS);
20                  alto = sc.nextInt();
21                  System.out.println(NUMERO_COLUMNAS);
22                  ancho = sc.nextInt();
23              }
24          }
25          try {
26              new Partida(alto, ancho);
27          } catch (DimensionesException de) {
28              System.err.println(DIMENSIONES_INVIABLES + de.getMessage());
29          }
30      }
31  }
```

Ejecución y salida

Llegó el momento de jugar:

```
[1]
Número de filas:
4
Número de columnas:
4
```

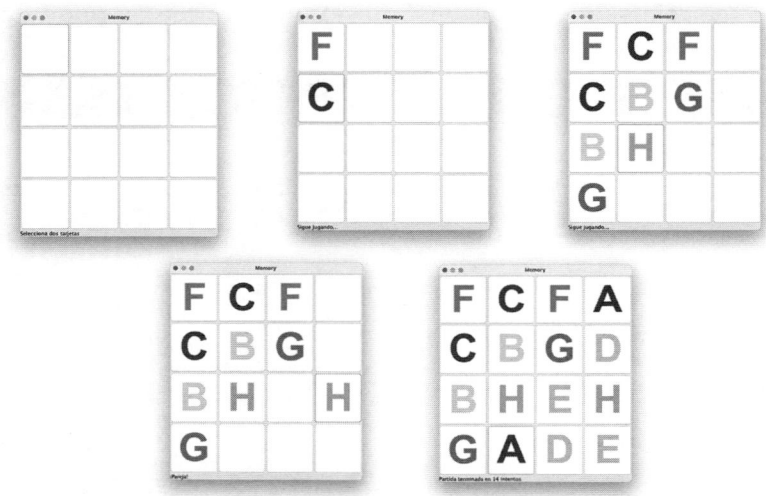

Figura 7.5. Algunas capturas de una partida de ejemplo en Java.

Pero comprobemos también que todo va bien cuando algo va mal:

```
[2]
Número de filas:
1
Número de columnas:
1
Las dimensiones solicitadas no son viables: hay un número impar de casillas

[3]
Número de filas:
10
Número de columnas:
10
Las dimensiones solicitadas no son viables: no hay símbolos suficientes
para rellenar el tablero
```

Si pasamos los datos por parámetro, no veremos por consola las preguntas al usuario, pero el comportamiento será el mismo: en caso de excepción, se mostrará; si todo va bien, se lanzará la interfaz gráfica.

Rétate

Y con esto hemos acabado el Memory, pero, atención, que los programas nunca se acaban… siempre se pueden mejorar, así que ¡rétate!

- Añade más símbolos al enumerado, para poder jugar con tableros más grandes.
- Modifica el juego para que sea de encontrar tríos y no parejas… En cada turno hay que escoger tres tarjetas, y todas deben ser iguales para ganar ese trío.

¿Demasiado fácil? ¿Seguro? ¡Pues toma más retos!

- Modifica el juego para que muestre imágenes, en lugar de letras de colores.
- Añade interfaz de usuario gráfica para pedir las dimensiones del tablero al jugador.
- Incluye botones que permitan empezar una nueva partida y/o rendirse en la actual (mostrar todas las tarjetas a la vez, con la solución).

8

Buscaminas

- La recursividad.
- Las interfaces gráficas.
- La orientación a objetos.
- La gestión de eventos, tratando clic principal y secundario.
- La gestión de excepciones.
- Los algoritmos.

Introducción

Este capítulo lo dedicaremos al **buscaminas**, uno de los juegos incluidos en las primeras versiones de Windows, junto al solitario. ¿Te suena?

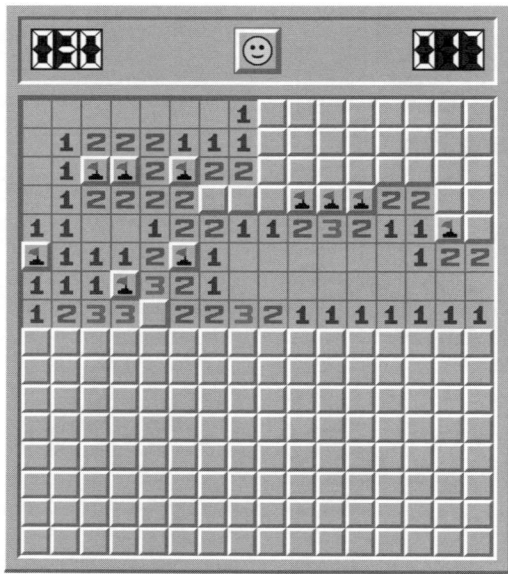

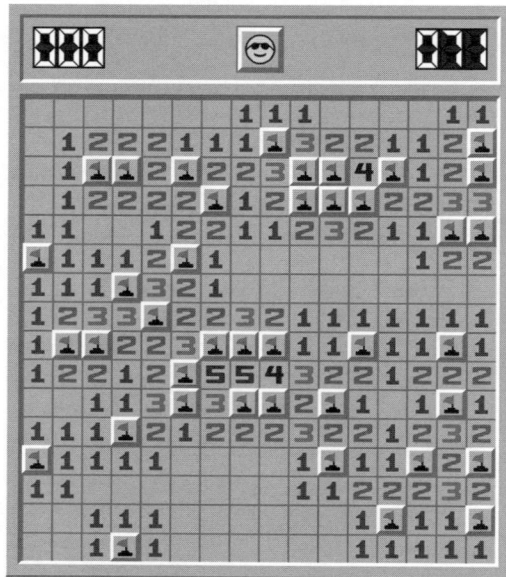

Figura 8.1. Capturas de una partida ganada en el buscaminas de Windows.

Consiste en localizar las minas escondidas en la cuadrícula gracias a las pistas sobre el número de bombas colindantes.

Si nunca has jugado a este juego (cosa que me sorprendería), puedes probarlo buscándolo en Internet… Encontrarás un montón de versiones. Pero no te enganches todavía, resérvate para cuando tengas hecho el tuyo propio. Quizá no nos quedará tan bonito, pero será mucho más satisfactorio, ya verás.

Definición y análisis del problema

En el juego del buscaminas, hay una cuadrícula de botoncitos que esconden, algunos de ellos, minas o bombas. Al clicar un botón con mina, perdemos. Si no la hay, nos indica cuántas bombas hay alrededor de esa casilla; y, si no hubiera ninguna, se destapa no solo esa casilla, sino todas las del contorno. Al descubrir estas, se aplica la misma regla: si no tienen ninguna mina en su propio contorno, se destapan todas las de alrededor. Podemos utilizar el botón derecho del ratón (el secundario) para marcar casillas en las que creemos se esconde una mina.

Seguiremos trabajando la orientación a objetos y las interfaces gráficas, pero, esta vez, debemos ser capaz de reaccionar a dos tipos de eventos: el clic en el botón principal del ratón y el clic en el botón secundario.

Listemos los requisitos de nuestra versión:

- El jugador indicará, por consola, el tamaño del tablero (ancho y alto), así como el número de minas.
- Se comprobará que las dimensiones sean positivas.
- Se comprobará que el número de minas no sea excesivo para el tamaño del tablero (limitándolas al 30 % de las casillas).
- El reparto de minas en el tablero será aleatorio.
- Las celdas se representarán con botones.
- El botón principal del ratón desvelará una casilla.
- El botón secundario del ratón marcará/desmarcará la casilla como posible mina, sin comprobarlo.
- Desvelar una casilla con mina implica perder la partida.
- Al desvelar una casilla sin mina, se mostrará un indicador con el número de minas contenidas en las casillas colindantes (entre cero y ocho).
- Si la casilla desvelada no tiene minas alrededor, se desvelarán las casillas colindantes.

Diagrama de clases

Empecemos con una versión simplificada, sin métodos ni atributos, del diagrama de clases de nuestra implementación del buscaminas.

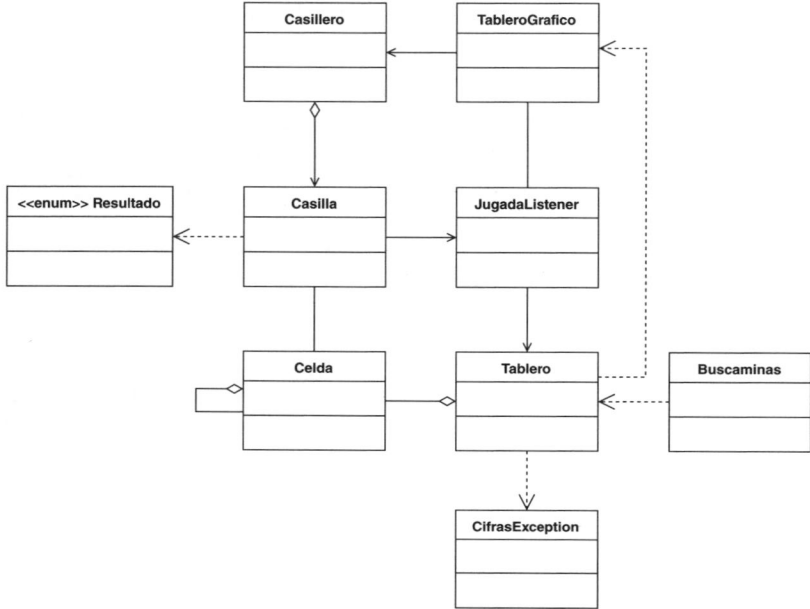

Figura 8.2. Diagrama de clases (simplificado) para el buscaminas.

La clase Buscaminas, con su método main, creará un Tablero formado por Celdas, que a su vez creará el TableroGrafico, responsable de la interfaz gráfica de usuario (GUI). Podría lanzar una CifrasException. El TableroGrafico contiene un Casillero compuesto por Casillas, mapeadas, una a una, con las Celdas. Al clicar sobre una Casilla se producirá un evento gestionado por JugadaListener, que interactuará con el Tablero y el TableroGrafico. Nos apoyaremos en el enumerado Resultado para la gestión de las consecuencias de cada jugada.

Interacción: diagrama de secuencia

En este juego destacaremos dos procesos especialmente interesantes y, por tanto, merecedores de un diagrama de secuencia: la distribución de minas en el tablero y el tratamiento de los eventos.

Método ponerMinas()

A la hora de distribuir las bombas, como se muestra en la figura 8.3, mediante el método ponerMinas(), hay que iterar tantas veces como minas tengamos que colocar. Generamos dos números aleatorios para determinar las coordenadas de la posible nueva mina, y comprobamos (celda.esMina()) que no haya ya una bomba en esa casilla. Es posible que tengamos que hacer varios intentos por mina. Una vez encontremos un buen sitio para ubicarla, procedemos a llamar al método ponerMina() de la celda, método que también se encargará de incrementar el contador de minas de sus vecinas.

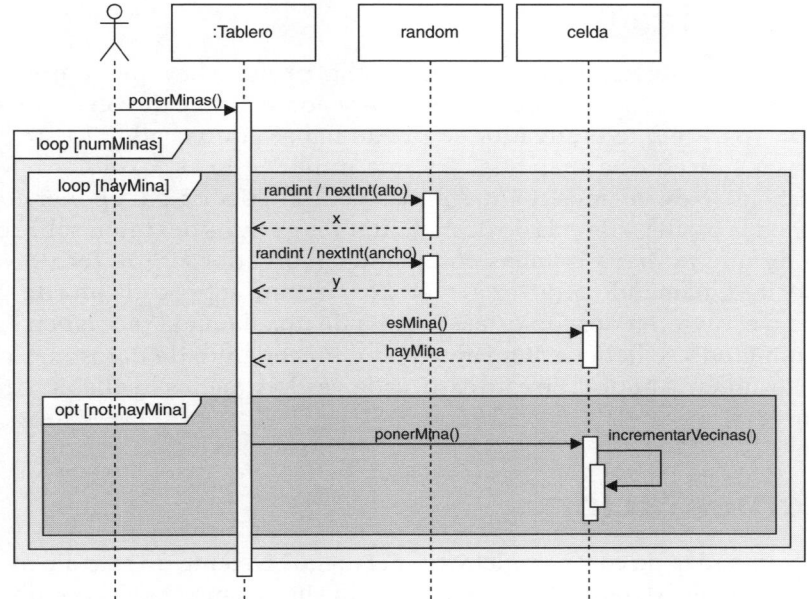

Figura 8.3. Diagrama de secuencia de Tablero.ponerMinas().

En la figura 8.4 se muestra con más detalle el proceso incrementarVecinas(): por cada Celda, llamada vecina, del contorno de la celda actual, si no es mina, incrementamos su contador. De esta forma, conseguimos llevar la cuenta y saber qué numerito mostrar en cada casilla.

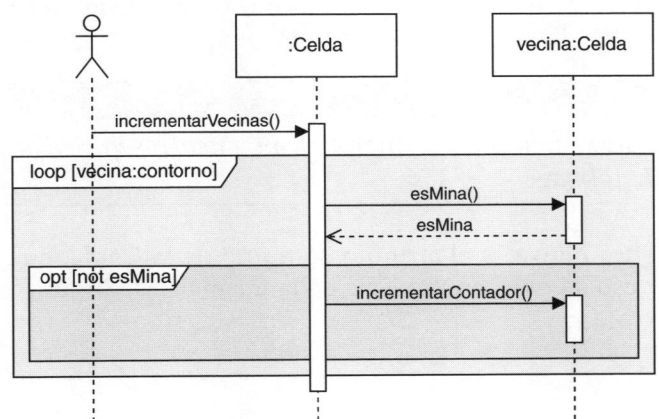

Figura 8.4. Diagrama de secuencia de Celda.incrementarVecinas().

Método mostrar()

Cuando hay que mostrar, descubrir, una casilla, primero hay que comprobar si está marcada; en cuyo caso, no deberíamos hacer nada más que devolver un Resultado de ERROR (parece que el jugador se puede haber equivocado al marcar casillas sospechosas). Si no está marcada, ¿es una mina? Si lo es, explotar(), Resultado: BOMBA. Si no lo es, veamos cuántas minas tiene alrededor, para poner el numerito y el color en la casilla, además de deshabilitar los eventos del ratón sobre ese botón. En caso de que no haya bombas colindantes (contador == 0), toca destapar las celdas vecinas, llamando otra vez al método mostrar() sobre cada una de las casillas que aún no estuvieran descubiertas. Se trata de una llamada **recursiva**: en algunos casos, un método se llama a sí mismo (sobre un conjunto de datos más pequeños; si no, no terminaría nunca. En este caso, cada vez hay menos casillas sin descubrir). Ver figura 8.5.

Implementación

¿Ya tienes una idea de cómo implementar el juego? Detente un rato a pensarlo, si lo crees conveniente. Metámonos de lleno en ello ahora, empezando por un diagrama de clases más detallado.

Debería resultarte fácil de entender, si entendiste el de los juegos anteriores. Aun así, hay algunas novedades... Ahora JugadaListener implementa MouseAdapter (en el caso de Java, claro). Hasta ahora habíamos reaccionado al clic del ratón, pero, en el buscaminas, también debemos tratar eventos procedentes del botón secundario (el derecho para las personas diestras).

Una nueva invitada a nuestro diagrama es la interfaz Icon, que aparece como una dependencia de la Casilla (el botón): porque utilizaremos pequeñas imágenes (iconos) para mostrar las casillas marcadas o las bombas.

NOTA:

En la versión Java empleamos la interfaz Icon, mientras que en la versión Python utilizamos PhotoImage.

Otra característica nueva es el atributo contorno de la Celda, que es un agregado de Celdas; por eso, la línea entra y sale de la misma clase (figura 8.6).

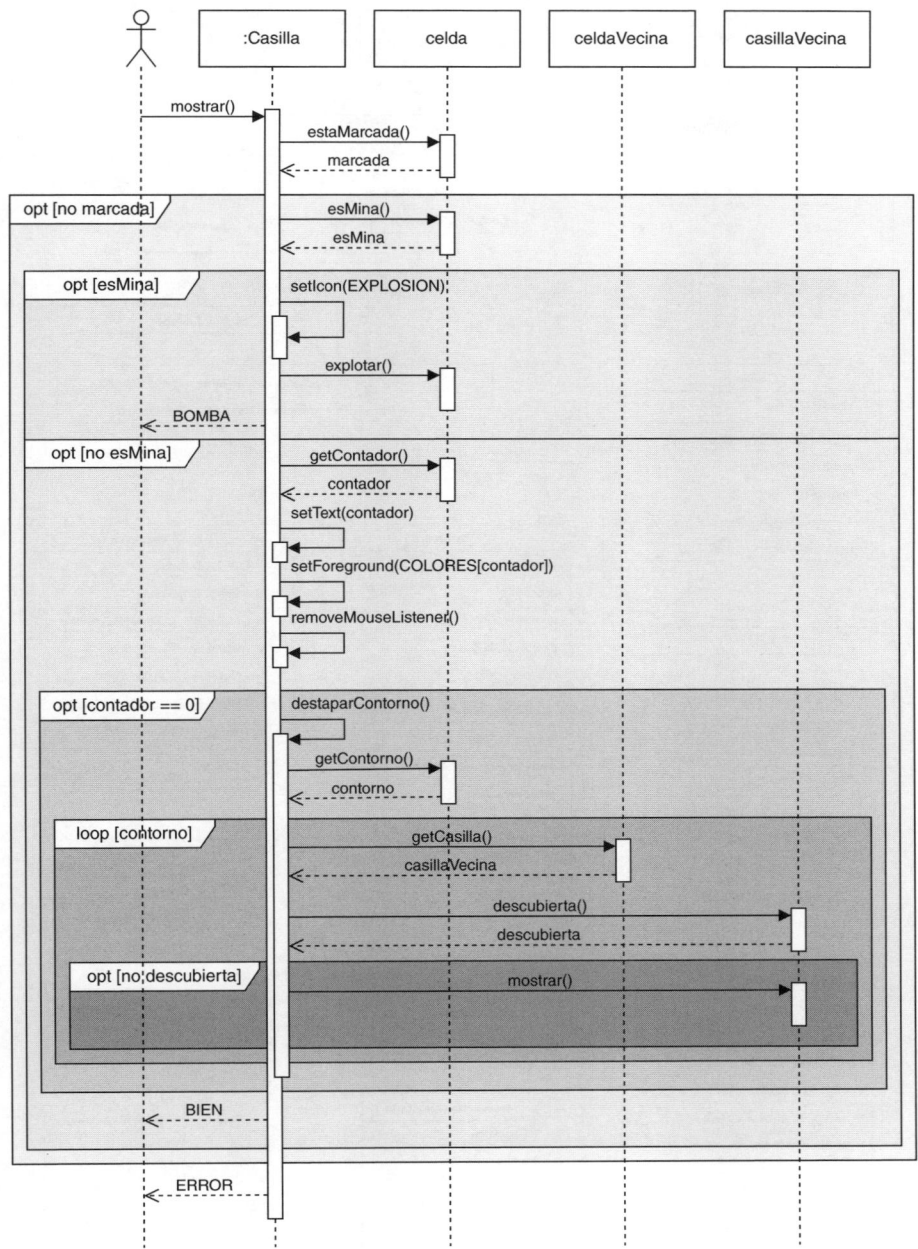

Figura 8.5. Diagrama de secuencia de Casilla.mostrar().

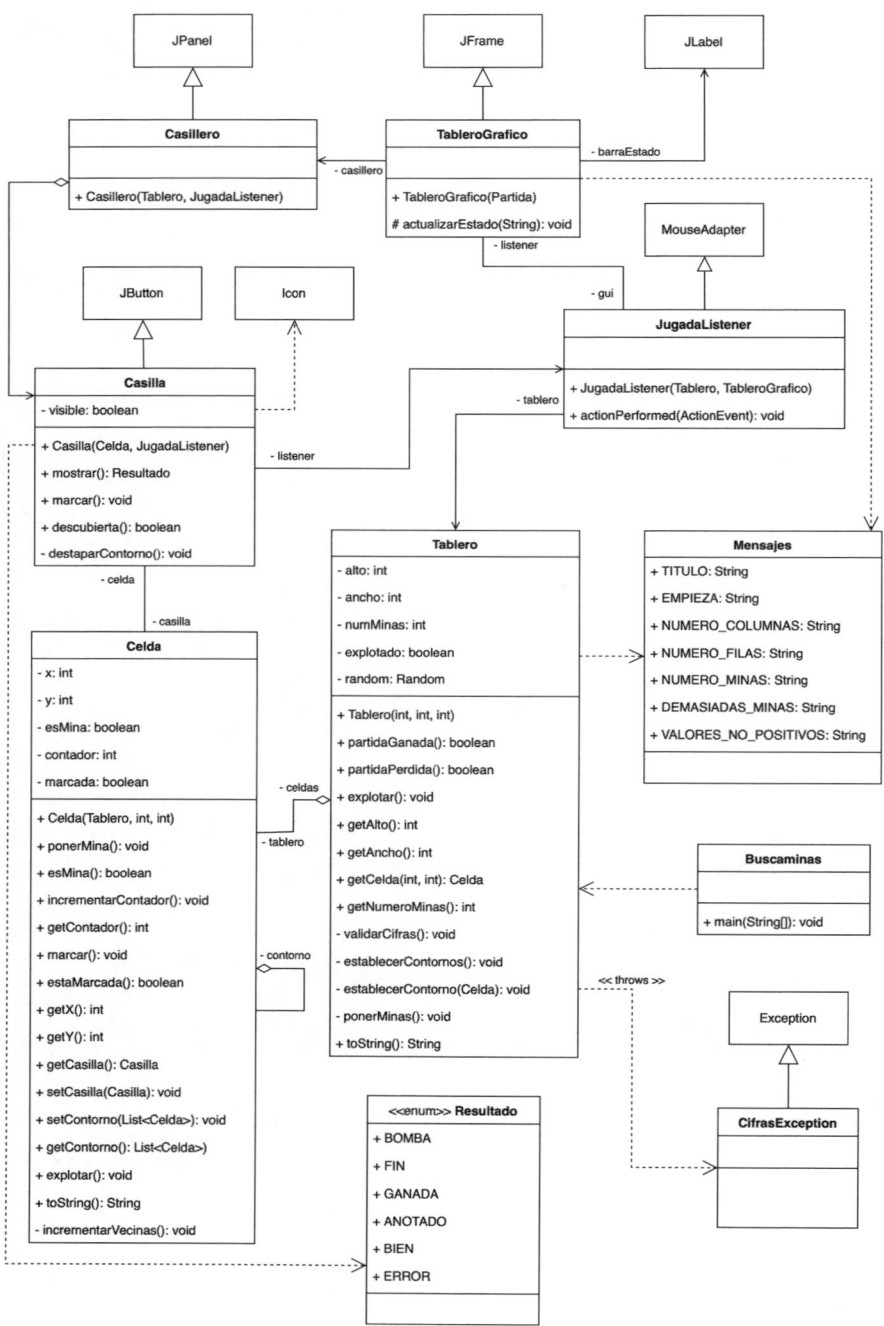

Figura 8.6. Diagrama de clases (detallado) para el buscaminas.

Los detalles que muestra el diagrama los iremos viendo sobre el código.

Implementación en Python

Encabezado

Las primeras líneas del programa en Python son las habituales. Quizá interesa comentar la línea 22, la constante DENSIDAD, que nos ayuda a limitar el número de minas en el tablero (para que pueda resultar razonablemente jugable). Está establecido en el 30 %, pero puedes probar con otros valores.

En las líneas 23 y 24 listamos los COLORES en los que mostraremos los números. La primera posición del *array*, la 0, indica el color para las casillas con cero minas en su contorno: un azul cielo muy clarito, para el 1; un azul más intenso, verde oscuro para el 2...

```
buscaminas_oo.py                                              Python

01   from enum import Enum
02   import random
03   import tkinter as tk
04   import tkinter.font as font
05   from functools import partial
06
07   # Mensajes IU
08   TITULO = "Buscaminas"
09   EMPIEZA = "Localiza {} minas"
10
11   # Consola
12   NUMERO_COLUMNAS = "Número de columnas: "
13   NUMERO_FILAS = "Número de filas: "
14   NUMERO_MINAS = "Número de minas: "
15   DEMASIADAS_MINAS = \
16       "Has pedido demasiadas minas para el tamaño del tablero"
17   VALORES_NO_POSITIVOS = "Los valores deben ser positivos"
18
19   # Tamaños
20   TAM_FUENTE = 14
21
22   DENSIDAD = 0.3 # % max de celdas con minas en el tablero
23   COLORES = ["#CBE5ED", "#021AFD", "#1D7E00", "#F80701", "#02077F",
24             "#830203", "#1E8080", "#464646", "#808080", "#000000"]
```

Enumerado Resultado

En esta ocasión, el método mostrar() de la clase Casilla devuelve un código de Resultado entre los disponibles en este enum, cuyo valor aprovechamos para actualizar el mensaje de estado en la interfaz de usuario.

```
26   ### Enum Resultado
27   class Resultado(Enum):
28       BOMBA = ";Bomba! ;Has perdido!"
29       FIN = "Ya hemos terminado"
30       GANADA = ";Bien! ;Has ganado!"
31       ANOTADO = ";Anotado!"
32       BIEN = ";Bien!"
33       ERROR = "Quizá deberías revisar las marcas"
34   ### Fin Resultado
```

Excepción CifrasException

En cuanto a las excepciones, en esta implementación he optado por crear un solo tipo de excepción, con distintos mensajes.

buscaminas_oo.py   Python

```
36   ### Excepcion CifrasException
37   class CifrasException(Exception):
38       pass
39   ### Fin excepcion CifrasException
```

Clase Tablero

La clase Tablero es un poco más extensa que las anteriores… En el constructor, guardamos los datos recibidos, inicializamos los atributos convenientes, validamos las cifras recibidas (lanzando la CifrasException con el mensaje correspondiente), y creamos todas las celdas necesarias para rellenar el Tablero.

Con las celdas ya creadas, debemos relacionar unas con otras, de forma que cada una conozca sus celdas colindantes para poder contar minas, que dispersaremos por el tablero mediante el método privado __ponerMinas().

Con todo el trabajo hecho, y antes de mostrar el TableroGrafico, hacemos «trampas» y pintamos la solución. Esta línea, la 58, marcada con el comentario # *Para debug* deberías eliminarla si pretendes jugar de verdad, ¡no hay que ser tramposos!

buscaminas_oo.py   Python

```
41   ### Class Tablero
42   class Tablero:
43
44       def __init__(self, alto, ancho, numMinas):
45           self.alto = alto
```

```
46      self.ancho = ancho
47      self.numMinas = snumMinas
48      self.explotado = False
49      self.__validarCifras()
50      self.celdas = []
51      for i in range(alto):
52          fila = []
53          for j in range(ancho):
54              fila.append(Celda(self, i, j))
55          self.celdas.append(fila)
56      self.__establecerContornos()
57      self.__ponerMinas()
58      print(self) # Para debug
59      TableroGrafico(self)
```

La validación de cifras (__validarCifras()) es sencilla: los tres datos que le pedimos al usuario deben ser mayores que cero. Por tanto, si alguna de las tres es igual o inferior a cero, ¡protestamos! (línea 63). También nos quejaremos si la cantidad de minas propuesta por el usuario supera la densidad máxima definida hace unas líneas en una constante.

Es importante saber si la partida se ha ganado o se ha perdido... ¡Veamos cómo! Una forma de comprobar que el jugador ha ganado es contabilizando el número de celdas que ya han sido descubiertas. Si coincide con el número de celdas del tablero menos el número de minas, ¡ha ganado!

Saber si ha perdido es aún más fácil: ¿ha explotado alguna casilla?

```
61      def __validarCifras(self):
62          if self.numMinas <= 0 or self.alto <= 0 or self.ancho <= 0:
63              raise CifrasException(VALORES_NO_POSITIVOS)
64          if self.numMinas > self.alto * self.ancho * DENSIDAD:
65              raise CifrasException(DEMASIADAS_MINAS)
66
67      def getCelda(self, fila, columna):
68          return self.celdas[fila][columna]
69
70      def partidaGanada(self):
71          cont = 0
72          for fila in self.celdas:
73              for celda in fila:
74                  casilla = celda.casilla
75                  if casilla.descubierta():
76                      cont += 1
77          return cont == self.ancho * self.alto - self.numMinas
78
```

```
79    def partidaPerdida(self):
80        return self.explotado
81
82    def explotar(self):
83        self.explotado = True
```

Lo que no es tan simple es el tema del contorno (__establecerContornos())... Para las casillas centrales está fácil, arriba a la izquierda, encima, arriba a la derecha, a la derecha, abajo a la derecha... Pero en los lados y las esquinas, se complica, porque algunas de esas vecinas no existirán. La solución que propongo consiste en calcular las posiciones anterior y posterior en ambas coordenadas, y recorrerlas todas. Mejor lo ilustro con un par de ejemplos.

El contorno de la celda (3, 6), en un tablero de 4 x 7 o mayor, estaría formado por las casillas con x entre 2 y 4, y coordenada y entre 5 y 7, es decir, (2, 5), (3, 5), (4, 5), (2, 6), (3, 6), (4, 6), (2, 7), (3, 7) y (4, 7).

El contorno de la celda (0, 0), en cualquier tablero, lo formarán las casillas (0, 0), (0, 1), (1, 0) y (1, 1). Son solo cuatro casillas, pero, claro, se trata de una esquina.

ADVERTENCIA:

Con este algoritmo para calcular las celdas del contorno incluimos la propia celda, pero no supone un problema en el uso que hacemos.

PREGUNTA   **RESPUESTA:**

¿De qué tamaño es un tablero si una de sus celdas tiene el siguiente contorno (4, 5), (5, 5), (4, 6) y (5, 6)?

```
85    def __establecerContornos(self):
86        for fila in self.celdas:
87            for celda in fila:
88                self.__establecerContorno(celda)
89
90    def __establecerContorno(self, celda):
91        contorno = []
92        xIni = celda.x - 1 if celda.x != 0 else 0
93        xFin = celda.x + 1 if celda.x != self.alto - 1 \
94            else self.alto - 1
```

```
95      yIni = celda.y - 1 if celda.y != 0 else 0
96      yFin = celda.y + 1 if celda.y != self.ancho - 1 \
97          else self.ancho - 1
98      for i in range(xIni, xFin + 1):
99          for j in range(yIni, yFin + 1):
100             contorno.append(self.celdas[i][j])
101     celda.setContorno(contorno)
```

Para distribuir las minas (__ponerMinas(), línea 103), debemos iterar tantas veces como minas nos haya pedido el jugador y, por cada mina, reintentar hasta que encontremos una casilla sin mina, pues no querríamos poner dos minas en el mismo sitio y que, al final, hubiera minas de menos. Para colocar una mina, generamos dos números aleatorios para decidir las coordenadas y, si no está ya minada, delegamos a la celda la responsabilidad de ponerse una mina.

```
103    def __ponerMinas(self):
104        for i in range(self.numMinas):
105            hayMina = True
106            while hayMina:
107                x = random.randint(0, self.alto - 1)
108                y = random.randint(0, self.ancho - 1)
109                celda = self.celdas[x][y]
110                hayMina = celda.hayMina()
111                if not hayMina:
112                    celda.ponerMina()
113
114    def __str__(self):
115        s = ""
116        for fila in self.celdas:
117            for celda in fila:
118                s += str(celda)
119            s += "\n"
120        return s
121 ### Fin class Tablero
```

Clase Celda

Una Celda debe saber en qué tablero está, qué coordenadas ocupa, si es una mina, cuántas minas tiene alrededor y si ha sido marcada por el jugador como sospechosa.

En el método ponerMina(), llamado por el Tablero a la hora de distribuir las bombas, hemos de poner a cierto el booleano esMina, pero también incrementaremos el contador de minas cercanas de las celdas vecinas. Eso lo hace el método __incrementarVecinas(), que recorre todas las celdas del contorno, y a cada una de ellas le pide incrementar su contador.

En el momento de representar como texto una celda (método __str__ que será llamado al pintar el tablero para «hacer trampas»), pintaremos una X si hay una mina y, si no, el propio contador.

ADVERTENCIA:

Observa que, al estar la propia celda incluida en su contorno, se incrementa su contador, pero, como se trata de una mina, ese valor no es utilizado. Por eso, incluirla no tiene consecuencias en nuestra solución.

---

buscaminas_oo.py	Python

```
123 ### Class Celda
124 class Celda:
125     def __init__(self, tablero, x, y):
126         self.tablero = tablero
127         self.x = x
128         self.y = y
129         self.esMina = False
130         self.contador = 0
131         self.marcada = False
132
133     def ponerMina(self):
134         self.esMina = True
135         self.__incrementarVecinas()
136
137     def hayMina(self):
138         return self.esMina
139
140     def incrementarContador(self):
141         self.contador += 1
142
143     def invertirMarca(self):
144         self.marcada = not self.marcada
145
146     def explotar(self):
147         self.tablero.explotar()
148
149     def setContorno(self, contorno):
150         self.contorno = contorno
151
152     def __incrementarVecinas(self):
153         for vecina in self.contorno:
154             if not vecina.hayMina():
155                 vecina.incrementarContador()
156
157     def __str__(self):
158         return "X" if self.esMina else str(self.contador)
159 ### Fin class Celda
```

Clase TableroGrafico

Creo que la única novedad que presenta el TableroGrafico de este juego son los iconos, que declaramos en las líneas 167 y 168. Lo hacemos aquí y no antes (como constantes), porque la librería Tkinter requiere una ventana raíz (*root window*) antes de poder crearlas.

buscaminas_oo.py	Python

```python
161 ### Class TableroGrafico
162 class TableroGrafico(tk.Frame):
163
164     def __init__(self, tablero):
165         root = tk.Tk()
166         root.title(TITULO)
167         self.MINA = tk.PhotoImage(file = "mina.png")
168         self.EXPLOSION = tk.PhotoImage(file = "explosion.png")
169         super().__init__(root)
170         self.pack()
171         self.listener = JugadaListener(tablero, self)
172         self.casillero = Casillero(self, tablero, self.listener)
173         self.barraEstado = tk.Label(self,
174             text = EMPIEZA.format(tablero.numMinas))
175         self.barraEstado.pack()
176         root.mainloop()
177
178     def actualizarEstado(self, mensaje):
179         self.barraEstado.config(text = mensaje)
180 ### Fin class TableroGrafico
```

Clase Casillero

Sobre la clase Casillero tampoco tengo mucho que añadir que no hayamos trabajado en juegos anteriores.

buscaminas_oo.py	Python

```python
182 ### Clase Casillero
183 class Casillero(tk.Frame):
184
185     def __init__(self, gui, tablero, listener):
186         super().__init__(gui)
187         self.gui = gui
188         self.casillas = []
189         for i in range(tablero.alto):
190             fila = []
191             for j in range(tablero.ancho):
192                 casilla = Casilla(self, tablero.getCelda(i, j), i, j)
193                 pulsarIJ = partial(listener.pulsar, casilla)
194                 casilla.setListener(pulsarIJ)
195                 fila.append(casilla)
196             self.casillas.append(fila)
197         self.pack()
198 ### Fin clase Casillero
```

Clase Casilla

En el constructor de la Casilla encontramos una pequeña novedad: indicamos valores para ipadx e ipady y así se modifica ligeramente la apariencia de los botones. Lo mejor es que pruebes poniendo y quitando esos atributos, y cambies sus valores para apreciar las diferencias. También inicializamos el texto en un espacio, para que el tamaño del botón se mantenga cuando mostremos los números.

Una novedad importante es el método setListener(), en el que vinculamos no solo el botón principal (<Button>), sino también el secundario (<Button-2>) al listener que nos indiquen. Utilizamos el mismo para ambos, porque luego ya distinguiremos de dónde venimos, pero también podríamos tener un listener distinto para cada botón.

En el método mostrar(), comprobamos si la celda está marcada: damos un mensaje de posible error al usuario, ya que podría estar equivocado al sospechar que hay mina en esa casilla. Si no está marcada, vemos si tiene mina, para hacerla explotar o no, para mostrar el contador del color establecido, desvincular el listener de los botones, para que no los pueda clicar más y, si su contador está a cero, destapamos todas las celdas de su contorno, que llamará al método mostrar() de cada una de ellas, de forma recursiva. Todo esto se refleja en el diagrama de secuencia de la figura 8.5.

El método invertirMarca() tiene en realidad doble función: si la casilla está marcada, la desmarca; si no lo está, la marca. En ambos casos, marca también la celda. Marcar la casilla hace que se muestre el icono con la mina y desmarcarla lo oculta, mientras que la llamada a celda.invertirMarca() hace que llevemos el control del estado lógico de esa casilla.

buscaminas_oo.py	Python

```
200 ### Clase Casilla
201 class Casilla(tk.Button):
202
203     def __init__(self, casillero, celda, fila, col):
204         super().__init__(casillero)
205         self.grid(row = fila, column = col, ipadx = 1, ipady = 1)
206         self.casillero = casillero
207         self.visible = False
208         self.celda = celda
209         self.celda.casilla = self
210         self["font"] = font.Font(size = TAM_FUENTE, weight = "bold")
211         self["text"] = " "
212
213     def setListener(self, listener):
214         self.bind("<Button>", listener)
215         self.bind("<Button-2>", listener)
216
```

```
217     def mostrar(self):
218         self.visible = True
219         if not self.celda.marcada:
220             if self.celda.esMina:
221                 self["image"] = self.casillero.gui.EXPLOSION
222                 self.celda.explotar()
223                 return Resultado.BOMBA
224             else:
225                 self["text"] = self.celda.contador
226                 self["font"] = font.Font(weight = "bold")
227                 self["fg"] = COLORES[self.celda.contador]
228                 # desactivar clics
229                 self.unbind("<Button>")
230                 self.unbind("<Button-2>")
231                 if self.celda.contador == 0:
232                     self.__destaparContorno()
233                 return Resultado.BIEN
234         return Resultado.ERROR
235
236     def invertirMarca(self):
237         self.celda.invertirMarca()
238         if self.celda.marcada:
239             self["image"] = self.casillero.gui.MINA
240         else:
241             self.configure(image = "")
242
243     def descubierta(self):
244         return self.visible
245
246     def __destaparContorno(self):
247         for celdaVecina in self.celda.contorno:
248             casillaVecina = celdaVecina.casilla
249             if not casillaVecina.descubierta():
250                 casillaVecina.mostrar()
251 ### Fin clase Casilla
```

Clase JugadaListener

Al pulsar en una casilla, comprobamos si la partida está ya ganada o perdida, para indicar al usuario que el juego ya terminó. Y, si no, reaccionamos en función del atributo num del evento: nos indica si se ha pulsado el botón principal del ratón o bien fue en el secundario. El clic en el principal implica mostrar la casilla; en el secundario, marcarla como sospechosa de tener una mina. Al mostrar una casilla, podría darse el caso de haber ganado la partida: lo comprobamos para avisar al jugador.

```
253 ### Clase JugadaListener
254 class JugadaListener:
255     def __init__(self, tablero, gui):
256         self.tablero = tablero
257         self.gui = gui # TableroGrafico
258
259     def pulsar(self, casilla, evento):
260         if self.tablero.partidaPerdida() or self.tablero.partidaGanada():
261             self.gui.actualizarEstado(Resultado.FIN.value)
262         else:
263             if evento.num == 1: # botón principal
264                 resultado = casilla.mostrar()
265                 self.gui.actualizarEstado(resultado.value)
266                 if not self.tablero.partidaPerdida() \
267                         and self.tablero.partidaGanada():
268                     self.gui.actualizarEstado(Resultado.GANADA.value)
269             elif evento.num == 2: # botón secundario
270                 casilla.invertirMarca()
271                 self.gui.actualizarEstado(Resultado.ANOTADO.value)
272 ### Fin clase JugadaListener
```

Ejecutable

Con todo el código preparado, ya podemos lanzar el juego: preguntamos al usuario las dimensiones y la cantidad de minas, y construimos un Tablero con los datos recogidos. Si no nos gustan los datos, saltará una CifrasException que trataremos mostrando su mensaje al usuario, imprimiendo la propia excepción.

```
274 # main
275 alto = int(input(NUMERO_FILAS))
276 ancho = int(input(NUMERO_COLUMNAS))
277 numMinas = int(input(NUMERO_MINAS))
278 try:
279     Tablero(alto, ancho, numMinas)
280 except CifrasException as ce:
281     print(ce)
```

Ejecución y salida

Al ejecutar el programa, nos pide las dimensiones del tablero y la cantidad de minas, y nos chiva la distribución de las mismas, justo antes de lanzar la interfaz gráfica.

```
[1]
Número de filas: 10
Número de columnas: 10
Número de minas: 10
00000001X1
1100000111
X101110000
2211X10011
1X1111012X
11101111X2
00001X1111
1100111000
X200000111
X2000001X1
```

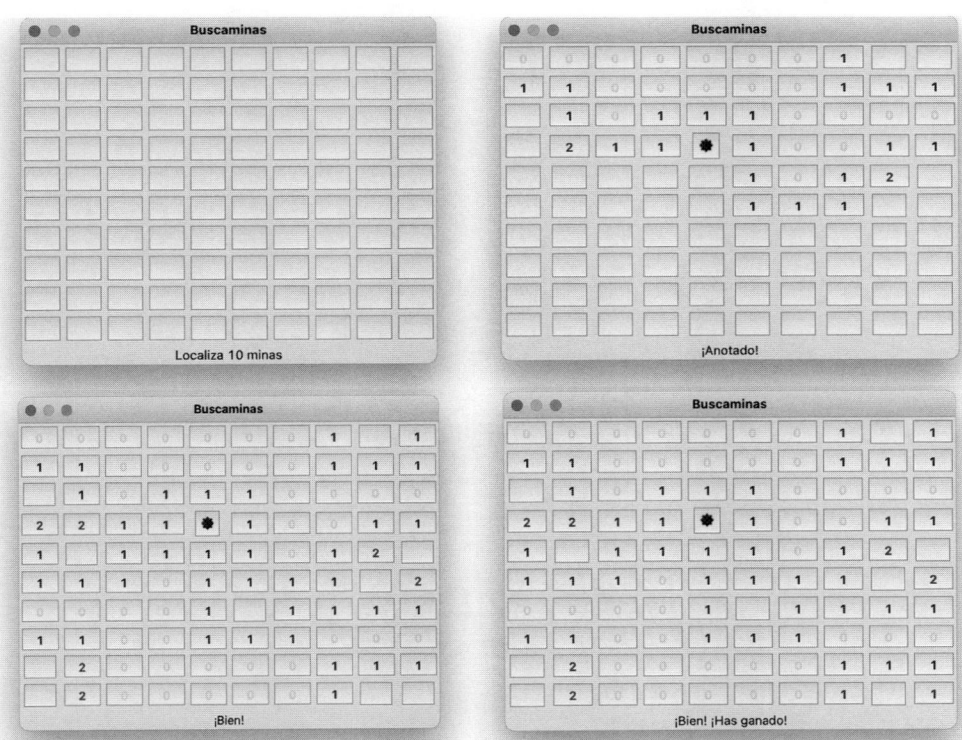

Figura 8.7. Algunas capturas de una partida de ejemplo en Python.

Pero no olvidemos que teníamos un control de errores: el número de filas y el de columnas debe ser mayor que cero:

```
[2]
Número de filas: 0
Número de columnas: 12
Número de minas: 100
Los valores deben ser positivos
```

Otro control que hacemos es asegurarnos de que la densidad de minas no es excesiva: si pedimos 31 minas en un tablero de cien casillas, no nos dejará, ya que el límite (en la línea 22) está definido en el 30 %.

```
[3]
Número de filas: 10
Número de columnas: 10
Número de minas: 31
Has pedido demasiadas minas para el tamaño del tablero
```

¿Y qué sucede si el jugador marca una mina?

```
[4]
Número de filas: 5
Número de columnas: 5
Número de minas: 5
00000
11000
X2221
24XX1
1XX31
```

Figura 8.8. Partida fallida en Python.

¡Pues que pierde! ¡Que vuelva a jugar!

Implementación en Java

Vista la implementación en Python, veamos la versión en Java, ya sabes que tendrán muchos parecidos y alguna particularidad.

Clase Mensajes

La clase Mensajes del buscaminas es equivalente a la clase Mensajes del paquete memory. Simplemente mantiene juntitos todos los mensajes al usuario. Así lo tenemos más fácil para cambiar el tono, traducirlos… Eso sí, sería interesante pasarlo a ficheros externos, cuando ya sepas más.

Mensajes.java	Java

```java
01  package buscaminas;
02
03  public class Mensajes {
04      // Mensajes IU
05      protected static final String TITULO = "Buscaminas";
06      protected static final String EMPIEZA = "Localiza %d minas";
07
08      // Consola
09      protected static final String NUMERO_COLUMNAS = "Número de columnas: ";
10      protected static final String NUMERO_FILAS = "Número de filas: ";
11      protected static final String NUMERO_MINAS = "Número de minas: ";
12      protected static final String DEMASIADAS_MINAS =
13              "Has pedido demasiadas minas para el tamaño del tablero";
14      protected static final String VALORES_NO_POSITIVOS =
15              "Los valores deben ser positivos";
16  }
```

Clase Tamanyos

Con un objetivo parecido tenemos la clase Tamanyos. En ella, recogeremos las cifras para configurar el tamaño de la letra o de los botones (relativo al de la fuente). Si queremos reajustar la apariencia, aquí tenemos todos los números.

ADVERTENCIA:

Recuerda que no conviene utilizar tildes ni caracteres especiales cuando programamos; por eso, una clase que debería llamarse Tamaños se llama Tamanyos.

```java
01  package buscaminas;
02
03  public class Tamanyos {
04      protected static final int TAM_FUENTE = 12;
05      protected static final float RATIO_ANCHO_BOTON = 2.5f;
06      protected static final float RATIO_ALTO_BOTON = 3f;
07
08      protected static final int ANCHO_BOTON =
09              (int)(TAM_FUENTE * RATIO_ANCHO_BOTON);
10      protected static final int ALTO_BOTON =
11              (int)(TAM_FUENTE * RATIO_ALTO_BOTON);
12  }
```

Enumerado Resultado

En el enumerado Resultado probamos una nueva estrategia. De hecho, debo reconocer que te acabo de mentir al decir que todos los mensajes estaban en Mensajes... aquí tenemos unos cuantos, pero también podríamos extraerlos a esa clase, por medio de constantes.

La nueva estrategia consiste en vincular el resultado de una jugada con un mensaje de texto. Luego verás, cuando lo utilicemos, cómo casilla.mostrar() devuelve un Resultado, que después utilizamos para recuperar el mensaje a transmitir al usuario.

```java
01  package buscaminas;
02
03  public enum Resultado {
04      BOMBA("¡Bomba! ¡Has perdido!"),
05      FIN("Ya hemos terminado"),
06      GANADA("¡Bien! ¡Has ganado!"),
07      ANOTADO("¡Anotado!"),
08      BIEN("¡Bien!"),
09      ERROR("Quizá deberías revisar las marcas");
10
11      private String mensaje;
12
13      Resultado(String mensaje) {
14          this.mensaje = mensaje;
15      }
16
17      public String getMensaje() {
18          return mensaje;
19      }
20  }
```

Excepción CifrasException

En este juego, una sola excepción, pero que puede recibir mensajes distintos para concretar mejor el problema sucedido.

```java
01   package buscaminas;
02
03   public class CifrasException extends Exception {
04
05       public CifrasException(String message) {
06           super(message);
07       }
08   }
```

Clase Tablero

Y llega la clase grande. Fijémonos primero en los import… Importamos las clases que necesitamos del paquete java.util, para las listas y los números aleatorios, pero también hacemos import static para importar las constantes que utilizaremos de la clase Mensajes. Así, cuando vayamos a utilizarlas, podemos omitir en qué clase se definieron. Si no hubiéramos hecho esta importación estática, en la línea 75 deberíamos haber escrito Mensajes.VALORES_NO_PERMITIDOS.

Superados los *imports*, y ya dentro de la clase, nos encontramos los atributos. Una constante para la DENSIDAD de minas máxima, una instancia de la clase Random para poderle ir pidiendo números aleatorios cuando distribuyamos las minas, y ya los datos propios del tablero, como la matriz de celdas, alto, ancho y numeroMinas. Terminamos con un atributo booleano para saber si explotó alguna mina o aún podemos ganar.

Será en el constructor donde validaremos (mediante validarCifras()) los enteros que recibimos como parámetros y que procederán de la interacción en modo texto con el usuario, lanzando nuestra CifrasException si algo no cuadra.

Creamos tantas celdas como sean necesarias, llamamos a establecerContornos() para vincular cada celda con sus vecinas y procedemos a distribuir las minas por el tablero (ponerMinas()). Cuando ya las tenemos colocadas (y justo antes de llamar a la interfaz gráfica), para facilitar las pruebas, y solo durante el tiempo de desarrollo del juego, pintamos por consola el tablero (línea 32). Se ejecutará el toString() y podremos consultar dónde clicar para probar el buen funcionamiento de las distintas reacciones que debe tener el juego.

Tablero.java	Java

```java
01  package buscaminas;
02
03  import java.util.ArrayList;
04  import java.util.List;
05  import java.util.Random;
06
07  import static buscaminas.Mensajes.DEMASIADAS_MINAS;
08  import static buscaminas.Mensajes.VALORES_NO_POSITIVOS;
09
10  public class Tablero {
11      private final static double DENSIDAD = 0.3;
12      private Random random = new Random();
13      private Celda[][] celdas;
14      private int alto;
15      private int ancho;
16      private int numeroMinas;
17      private boolean explotado;
18
19      public Tablero(int alto, int ancho, int numeroMinas) throws CifrasException {
20          this.alto = alto;
21          this.ancho = ancho;
22          this.numeroMinas = numeroMinas;
23          validarCifras();
24          celdas = new Celda[alto][ancho];
25          for (int i = 0; i < alto; i++) {
26              for (int j = 0; j < ancho; j++) {
27                  celdas[i][j] = new Celda(this, i, j);
28              }
29          }
30          establecerContornos();
31          ponerMinas();
32          System.out.println(this); // TODO Para Debug
33          new TableroGrafico(this); // lanzar interfaz gráfica
34      }
```

Seguimos con unos cuantos métodos útiles pero sencillos. Para saber si la partida ya está ganada, contaremos las casillas descubiertas y comprobaremos que cubren todo el tablero. Más fácil aún saber si la partida se ha perdido… ¡ha explotado alguna mina!

Para recuperar alto, ancho, una celda o el número de minas, implementamos los *get* clásicos.

Tablero.java	Java

```java
36      public boolean partidaGanada() {
37          int cont = 0;
38          for (Celda[] fila : celdas) {
39              for (Celda celda : fila) {
40                  Casilla casilla = celda.getCasilla();
41                  if (casilla.descubierta()) {
42                      cont++;
43                  }
44              }
45          }
46          return cont == ancho * alto - numeroMinas;
47      }
48
49      public boolean partidaPerdida() {
50          return explotado;
51      }
52
53      public void explotar() {
54          explotado = true;
55      }
56
57      public int getAlto() {
58          return alto;
59      }
60
61      public int getAncho() {
62          return ancho;
63      }
64
65      public Celda getCelda(int fila, int columna) {
66          return celdas[fila][columna];
67      }
68
69      public int getNumeroMinas() {
70          return numeroMinas;
71      }
```

Y llegamos a los métodos privados llamados desde el constructor.

Si alguna de las tres cifras recibidas no es mayor que cero, lanzamos CifrasException por VALORES_NO_POSITIVOS. Si no, si el número de minas solicitado es mayor que el porcentaje configurado sobre el número total de celdas, lanzamos otra CifrasException por DEMASIADAS_MINAS. Si no, no hacemos nada, la ejecución sigue con normalidad.

En establecerContornos() (en plural), llamamos a establecerContorno() (en singular) de cada una de las celdas, de nuevo utilizando métodos auxiliares para aligerar pesos.

Las fórmulas de establecerContorno() parecen una pesadilla, pero no son tan complejas: simplemente, si estamos en casillas centrales, cogemos las coordenadas anteriores y posteriores a la actual. Si son casillas de borde, las coordenadas empezarán en 0 o terminarán en el tamaño máximo, es decir, coincidentes con la propia celda, que no tiene vecinas por alguno de sus lados.

El método ponerMinas() lo hemos tratado en la figura 8.3. Tenemos dos bucles anidados, el exterior, un for, para poner tantas minas como nos pidan. El interior, un do-while en la versión Java, para reintentar la ubicación de una mina mientras nos salgan celdas ya ocupadas.

Cerrando este bloque de código se halla el toString(), ese que utilizamos para visualizar el tablero y poder ajustar nuestras pruebas (o, como dije en la implementación en Python, ¡para hacer trampas!).

Tablero.java	Java

```java
73    private void validarCifras() throws CifrasException {
74        if (numeroMinas <= 0 || alto <= 0 || ancho <= 0) {
75            throw new CifrasException(VALORES_NO_POSITIVOS);
76        }
77        if (numeroMinas > alto * ancho * DENSIDAD) {
78            throw new CifrasException(DEMASIADAS_MINAS);
79        }
80    }
81
82    private void establecerContornos() {
83        for (Celda[] fila : celdas) {
84            for (Celda celda : fila) {
85                establecerContorno(celda);
86            }
87        }
88    }
89
90    private void establecerContorno(Celda celda) {
91        List<Celda> contorno = new ArrayList<>();
92        int x = celda.getX();
93        int y = celda.getY();
94        int xIni = (x != 0) ? x - 1 : 0;
```

```
95          int xFin = (x != alto - 1) ? x + 1 : alto - 1;
96          int yIni = (y != 0) ? y - 1 : 0;
97          int yFin = (y != ancho - 1) ? y + 1 : ancho - 1;
98          for (int i = xIni; i <= xFin; i++) {
99              for (int j = yIni; j <= yFin; j++) {
100                 contorno.add(celdas[i][j]);
101             }
102         }
103         celda.setContorno(contorno);
104     }
105
106     private void ponerMinas() {
107         for (int i = 0; i < numeroMinas; i++) {
108             boolean hayMina;
109             do {
110                 int x = random.nextInt(alto);
111                 int y = random.nextInt(ancho);
112                 Celda celda = celdas[x][y];
113                 hayMina = celda.esMina();
114                 if (!hayMina) {
115                     celda.ponerMina();
116                 }
117             } while (hayMina);
118         }
119     }
120
121     @Override
122     public String toString() {
123         StringBuilder sb = new StringBuilder();
124         for (Celda[] fila : celdas) {
125             for (Celda celda : fila) {
126                 sb.append(celda);
127             }
128             sb.append(System.lineSeparator());
129         }
130         return sb.toString();
131     }
132 }
```

Clase Celda

Esta clase también es bastante larga, pero tiene muchos métodos muy cortitos. La clase Celda representa, a nivel lógico, cada una de las posiciones que pueden tener minas, que el usuario puede clicar… Cuando hablo de «a nivel lógico», lo hago para distinguir de la clase Casilla, que se ocupa de la representación gráfica, de la vista. Celda es el modelo, Casilla la vista.

Vale destacar ponerMina(), que además de poner la mina incrementa el contador de las vecinas, operación implementada en el método incrementarVecinas(), cuyo diagrama de secuencia puedes consultar en la figura 8.4.

Quizá también invertirMarca() puede requerir algo de atención para entenderlo: marcada = !marcada asigna a marcada el valor contrario al que tiene ahora. Ningún misterio, pero visto de reojo puede asustar.

Celda.java	Java

```java
01  package buscaminas;
02
03  import java.util.List;
04
05  public class Celda {
06      private int x;
07      private int y;
08      private boolean esMina;
09      private int contador;
10      private boolean marcada;
11      private Tablero tablero;
12      private Casilla casilla;
13      private List<Celda> contorno;
14
15      public Celda(Tablero tablero, int x, int y) {
16          this.tablero = tablero;
17          this.x = x;
18          this.y = y;
19      }
20
21      public void ponerMina() {
22          esMina = true;
23          incrementarVecinas();
24      }
25
26      public boolean esMina() {
27          return esMina;
28      }
29
30      public void incrementarContador() {
31          contador++;
32      }
33
34      public int getContador() {
35          return contador;
36      }
37
```

```java
38      public void invertirMarca() {
39          marcada = !marcada;
40      }
41
42      public boolean estaMarcada() {
43          return marcada;
44      }
45
46      public int getX() {
47          return x;
48      }
49
50      public int getY() {
51          return y;
52      }
53
54      public Casilla getCasilla() {
55          return casilla;
56      }
57
58      public void setCasilla(Casilla casilla) {
59          this.casilla = casilla;
60      }
61
62      public void setContorno(List<Celda> contorno) {
63          this.contorno = contorno;
64      }
65
66      public List<Celda> getContorno() {
67          return contorno;
68      }
69
70      public void explotar() {
71          tablero.explotar();
72      }
73
74      @Override
75      public String toString() {
76          return esMina ? "X" : contador + "";
77      }
78
79      private void incrementarVecinas() {
80          for (Celda vecina : contorno) {
81              if (!vecina.esMina()) {
82                  vecina.incrementarContador();
83              }
84          }
85      }
86 }
```

Clase TableroGrafico

Puedes jugar a buscar las siete diferencias entre esta clase y equivalente en el Memory… todo un reto. Puede parecerte aburrido repetirse tanto, pero… ¿para qué vamos a reinventar la rueda si ya hemos resuelto bien cómo montar la interfaz de usuario? No está mal hacer las cosas como ya sabemos hacerlas y ya sabemos que funcionan.

TableroGrafico.java	Java

```java
01  package buscaminas;
02
03  import static buscaminas.Mensajes.EMPIEZA;
04  import static buscaminas.Mensajes.TITULO;
05  import static buscaminas.Tamanyos.ALTO_BOTON;
06  import static buscaminas.Tamanyos.ANCHO_BOTON;
07
08  import java.awt.BorderLayout;
09
10  import javax.swing.JFrame;
11  import javax.swing.JLabel;
12
13  public class TableroGrafico extends JFrame {
14
15      private static final long serialVersionUID = -6611725743780259686L;
16
17      private JugadaListener listener;
18
19      private Casillero casillero;
20      private JLabel barraEstado;
21
22      public TableroGrafico(Tablero tablero) {
23          super(TITULO);
24          listener = new JugadaListener(tablero, this);
25
26          casillero = new Casillero(tablero, listener);
27          add(casillero, BorderLayout.CENTER);
28
29          barraEstado = new JLabel(
30                  String.format(EMPIEZA, tablero.getNumeroMinas()));
31          add(barraEstado, BorderLayout.SOUTH);
32
33          setDefaultCloseOperation(JFrame.EXIT_ON_CLOSE);
34          setBounds(200, 200, ANCHO_BOTON * tablero.getAncho(),
35                  ALTO_BOTON * tablero.getAlto());
36          setVisible(true);
37      }
38
39      protected void actualizarEstado(String mensaje) {
40          barraEstado.setText(mensaje);
41      }
42  }
```

Clase Casillero

El JPanel Casillero lo configuramos como GridLayout y lo rellenamos con todas las casillas que toque. Ninguna novedad.

```java
01  package buscaminas;
02
03  import java.awt.GridLayout;
04  import javax.swing.JPanel;
05
06  public class Casillero extends JPanel {
07
08      private static final long serialVersionUID = -6658073821475084359L;
09
10      public Casillero(Tablero tablero, JugadaListener listener) {
11          int alto = tablero.getAlto();
12          int ancho = tablero.getAncho();
13
14          setLayout(new GridLayout(alto, ancho));
15
16          for (int i = 0; i < alto; i++) {
17              for (int j = 0; j < ancho; j++) {
18                  add(new Casilla(tablero.getCelda(i, j), listener));
19              }
20          }
21      }
22  }
```

Clase Casilla

Quizá la línea que más asusta de esta clase, a primera vista, es la 16. Pero es solo una constante, con un *array* con códigos de color. En cada posición indicamos el color en el que pintaremos el numerito que señala el número de bombas alrededor.

Más interesantes son las líneas 20 a 23: en ellas definimos dos constantes de tipo Icon, en las que creamos una nueva ImageIcon utilizando el fichero png indicado, albergado en nuestro proyecto y que cargamos mediante sus propios recursos. Estas dos constantes son las que utilizaremos tanto en las casillas marcadas como sospechosas de contener una MINA como en la casilla que nos haga perder la partida por culpa de una EXPLOSION.

Los métodos mostrar() y destaparContorno() están documentados en la figura 8.5. Son los que se encargan de hacer explotar la casilla clicada, si había una mina en ella, o de descubrir el número de minas alrededor de esa casilla en otro caso. Si no hay ni una mina cerca, seguimos destapando las casillas de ese contorno, de forma recursiva.

El método invertirMarca() marca una casilla como sospechosa de mina: mostramos el icono MINA, pero, si ya estaba marcada, lo que hacemos es retirar ese icono, estableciéndolo a null.

Casilla.java	Java

```java
01  package buscaminas;
02
03  import java.awt.Color;
04  import java.awt.Font;
05
06  import javax.swing.Icon;
07  import javax.swing.ImageIcon;
08  import javax.swing.JButton;
09
10  public class Casilla extends JButton {
11
12      private static final long serialVersionUID = 5729276532058609798L;
13
14      private static final Font FONT =
15              new Font("Arial", Font.BOLD, Tamanyos.TAM_FUENTE);
16      private static final String[] COLORES = { "#CBE5ED", "#021AFD",
17              "#1D7E00", "#F80701", "#02077F", "#830203",
18              "#1E8080", "#464646", "#808080" };
19
20      private final Icon EXPLOSION =
21              new ImageIcon(Casilla.class.getResource("explosion.png"));
22      private final Icon MINA =
23              new ImageIcon(Casilla.class.getResource("mina.png"));
24
25      private Celda celda;
26      private boolean visible;
27      private JugadaListener listener;
28
29      public Casilla(Celda celda, JugadaListener listener) {
30          setFont(FONT);
31          this.celda = celda;
32          celda.setCasilla(this);
33          this.listener = listener;
34          addMouseListener(listener);
35      }
36
37      public Resultado mostrar() {
38          visible = true;
39          if (!celda.estaMarcada()) {
40              if (celda.esMina()) {
41                  setIcon(EXPLOSION);
42                  celda.explotar();
43                  return Resultado.BOMBA;
44              } else {
45                  setText(celda.getContador() + "");
46                  setForeground(
47                          Color.decode(COLORES[celda.getContador()]));
```

```
48                    removeMouseListener(listener);
49                    if (celda.getContador() == 0) {
50                        destaparContorno();
51                    }
52                    return Resultado.BIEN;
53                }
54            }
55            return Resultado.ERROR;
56        }
57
58        public void invertirMarca() {
59            celda.invertirMarca();
60            setIcon(celda.estaMarcada() ? MINA : null);
61        }
62
63        public boolean descubierta() {
64            return visible;
65        }
66
67        private void destaparContorno() {
68            for (Celda celdaVecina : celda.getContorno()) {
69                Casilla casillaVecina = celdaVecina.getCasilla();
70                if (!casillaVecina.descubierta()) {
71                    casillaVecina.mostrar();
72                }
73            }
74        }
75    }
```

Clase JugadaListener

¡Atención! ¡Aquí sí hay cambios! Aunque haya llamado a esta clase JugadaListener como en los otros juegos, antes implementaba ActionListener y ahora extiende MouseAdapter. Mantengo el nombre porque sigue siendo bueno: escuchará los eventos de nuestras jugadas. Pero como ahora queremos distinguir entre un botón y otro, MouseAdapter nos lo pone más fácil. En lugar de implementar actionPerformed(ActionEvent), ahora sobrescribimos mousePressed(MouseEvent). A este evento le preguntamos qué botón ha sido pulsado y, en función de si es el BUTTON1 o el BUTTON3, mostramos o marcamos la casilla afectada, siempre y cuando la partida no haya acabado ya. En cualquier caso, al terminar en la línea 38, llamamos a la implementación del padre, la que hemos sobrescrito, para que siga haciendo lo que tenga que hacer para gestionar correctamente los eventos.

```java
01  package buscaminas;
02
03  import java.awt.event.MouseAdapter;
04  import java.awt.event.MouseEvent;
05
06  public class JugadaListener extends MouseAdapter {
07
08      private Tablero tablero;
09      private TableroGrafico gui;
10
11      public JugadaListener(Tablero tablero, TableroGrafico gui) {
12          this.tablero = tablero;
13          this.gui = gui;
14      }
15
16      @Override
17      public void mousePressed(MouseEvent e) {
18          Casilla casilla = (Casilla) e.getSource();
19          if (tablero.partidaPerdida() || tablero.partidaGanada()) {
20              gui.actualizarEstado(Resultado.FIN.getMensaje());
21          } else {
22              switch (e.getButton()) {
23              case MouseEvent.BUTTON1: // botón principal
24                  Resultado resultado = casilla.mostrar();
25                  gui.actualizarEstado(resultado.getMensaje());
26                  if (!tablero.partidaPerdida() &&
27                          tablero.partidaGanada()) {
28                      gui.actualizarEstado(
29                          Resultado.GANADA.getMensaje());
30                  }
31                  break;
32              case MouseEvent.BUTTON3: // botón secundario
33                  casilla.invertirMarca();
34                  gui.actualizarEstado(Resultado.ANOTADO.getMensaje());
35                  break;
36              }
37          }
38      }
39  }
```

Clase Buscaminas

¿Ya está todo? ¿Ya podemos jugar? ¡Sí! ¡Ya estamos!

Con el main de la clase Buscaminas, pedimos las dimensiones al usuario, a no ser que las pasemos por argumentos, lanzamos el Tablero y... ¡a jugar!

```java
01  package buscaminas;
02
03  import static buscaminas.Mensajes.NUMERO_COLUMNAS;
04  import static buscaminas.Mensajes.NUMERO_FILAS;
05  import static buscaminas.Mensajes.NUMERO_MINAS;
06
07  import java.util.Scanner;
08
09  public class Buscaminas {
10
11      public static void main(String[] args) {
12          int alto;
13          int ancho;
14          int numMinas;
15          if (args.length == 3) {
16              alto = Integer.parseInt(args[0]);
17              ancho = Integer.parseInt(args[1]);
18              numMinas = Integer.parseInt(args[2]);
19          } else {
20              try (Scanner sc = new Scanner(System.in)) {
21                  System.out.println(NUMERO_FILAS);
22                  alto = sc.nextInt();
23                  System.out.println(NUMERO_COLUMNAS);
24                  ancho = sc.nextInt();
25                  System.out.println(NUMERO_MINAS);
26                  numMinas = sc.nextInt();
27              }
28          }
29          try {
30              new Tablero(alto, ancho, numMinas);
31          } catch (CifrasException ce) {
32              System.err.println(ce.getMessage());
33          }
34      }
35  }
```

Ejecución y salida

Aburrida de darle el alto, el ancho y el numMinas, puse 10 10 10 en los argumentos para ejecutar Buscaminas, y así me lanza directamente la interfaz gráfica.

Al clicar en una de las esquinas inferiores, se abre medio tablero… casi lo tengo. ¿Seré capaz de resolverlo sin marcar minas?

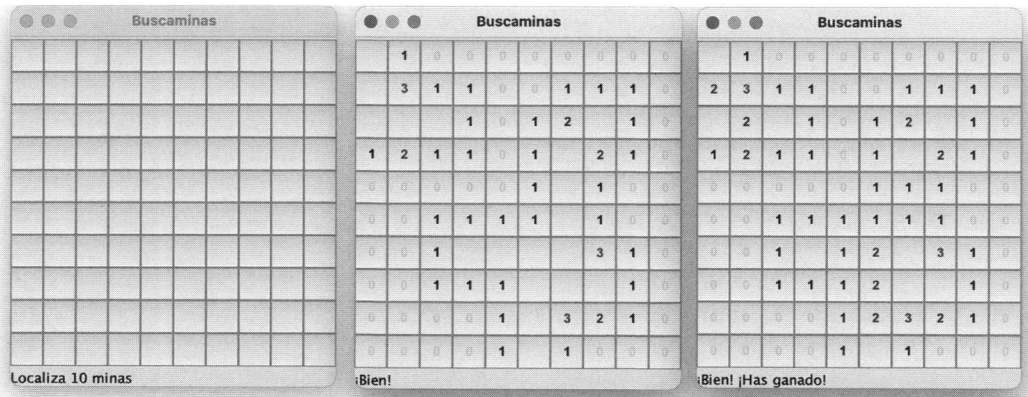

Figura 8.9. Algunas capturas de una partida de ejemplo en Java.

¡Pues parece que sí! (Y te prometo que no he mirado la chuleta de la consola, ¡lo he logrado sin hacer trampas!).

Si lanzo el programa sin argumentos, sí me pide los datos:

```
Número de filas:
5
Número de columnas:
5
Número de minas:
5
X2000
X2000
12221
01XX2
013X2
```

Y, esta vez, sí voy a hacer trampas, para fallar y mostrarte cómo se ven las marcas y las minas.

Figura 8.10. Captura de una partida fallida en Java.

Y, evidentemente, si los números que pongo son una locura… no podré jugar:

```
Número de filas:
0
Número de columnas:
10
Número de minas:
1
Los valores deben ser positivos
```

o

```
Número de filas:
5
Número de columnas:
5
Número de minas:
10
Has pedido demasiadas minas para el tamaño del tablero
```

Ya has visto, en la figura 8.9, lo bien que se me ha dado… quizá he hecho demasiadas pruebas durante el desarrollo… Pero, bueno, para eso están estos juegos, ¡para que juguemos un buen rato! ¿O quizá eran para aprender a programar mejor?

Rétate

Si comparas esta versión del juego con la que se encontraba tradicionalmente en Windows, o con las que lo imitan, o con la que encontramos en el propio buscador de Google…, detectarás que tiene muchas posibles evoluciones. ¡Rétate con ellas! ¡Inténtalo! Pero yo te sugiero algunas mejoras que puedes hacer.

- Añade un contador de minas restantes, tendrás que rediseñar el tablero para añadir más información.
- Incluye un temporizador, tendrás que controlar el tiempo que lleva el programa ejecutándose.
- Al agregar la escucha del tercer botón del ratón (o el clic simultáneo de ambos en ratones de dos botones), podrías hacer que se descubran todas las casillas alrededor de la clicada, ayudarás al jugador a hacer mejores tiempos.
- Aunque es bueno darle flexibilidad al usuario, también suele gustarle no tener que pensar mucho: añade configuraciones por defecto, de forma que rápidamente pueda lanzarse un tablero pequeño, mediano o grande.
- Otra funcionalidad que puedes encontrar en otras versiones es que, cuando termina la partida, se muestra dónde estaban todas las minas.
- Y, en efecto, puedes mejorar la apariencia del juego.

Lingo

En este capítulo practicarás:

- Las interfaces gráficas y la gestión de eventos.
- Nuevos elementos gráficos, además de los botones.
- La arquitectura modelo-vista-controlador.
- La lectura de ficheros.

Introducción

Quizá por el nombre de **Lingo** no reconozcas este juego… tiene muchos nombres, como Jotto, Wordle, La palabra del día, Mot-li…

Lingo fue un concurso de televisión que se emitió por La 2 de Televisión Española en los años 90, presentado por Ramoncín. Años después se emitió en otras cadenas. Recuerdo cómo con mis compañeros, en la facultad, matábamos el aburrimiento jugando con lápiz y papel… A raíz de eso, en verano del año 2000 implementé una versión de Lingo en Java, en forma de Applet, que ya no se puede ejecutar. En 2016 lo recuperé para implementar en Lua con Corona SDK con una versión para móvil. Por otro lado, Wordle se popularizó en redes sociales en diciembre de 2021, a raíz de la funcionalidad de compartir, a partir de un pasatiempo diario de *The New York Times*.

El código que te presento en este capítulo es un refrito de mis versiones en Java de 2000 y en Lua de 2016. Solo he mejorado mi estilo de código y he simplifica algunas funcionalidades, para que podamos trabajarlo en este libro.

El juego consiste en adivinar la palabra propuesta gracias a las pistas obtenidas en cada intento, ya que la aplicación nos indicará qué letras están bien colocadas y cuáles están, pero en otra posición.

Definición y análisis del problema

El juego se presenta en forma de cuadrícula. Cada fila representará un intento y cada columna, las letras que forman parte de la palabra. En nuestra versión, mostramos al usuario, desde el principio, una letra de la palabra objetivo, a modo de pista, así permitiremos al jugador configurar si quiere que sea la primera o que sea cualquier letra de la palabra, determinada aleatoriamente.

El usuario debe proponer, utilizando el teclado de su computadora, una palabra de determinada longitud (también esto es configurable) que esté incluida en el diccionario del juego. Si no lo estuviera, pierde el turno. Si lo está, se evalúa la palabra introducida, para marcar las letras según su ubicación:

- en color verde: si la letra aparece en la misma posición en el objetivo.
- en color amarillo: si la letra aparece en la palabra objetivo, pero en otra posición.
- en color rojo: si la letra no aparece.

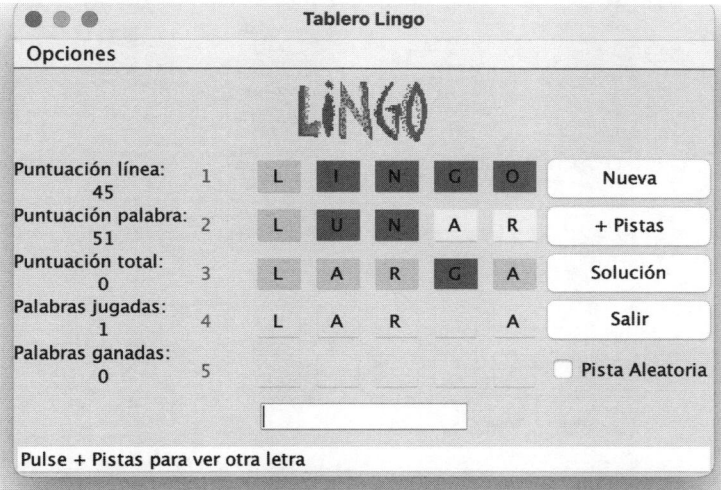

Figura 9.1. Captura de una partida de nuestro Lingo.

Tras cada jugada, se prepara la siguiente línea, rellenando las letras que ya están bien ubicadas (las verdes).

El número de líneas de juego disponible coincide con el tamaño de la palabra en juego, de entre 4 y 8 letras. Si el jugador utiliza todas las líneas sin haber resuelto la palabra, pierde. Antes de llegar a ese punto, puede pedir una pista adicional, mediante el botón «+ Pistas», aunque también puede rendirse, pulsando en «Solución». El cuarto botón disponible le permite «Salir» del juego.

También se incluye un marcador con la puntuación, siguiendo estos criterios:

- Por cada palabra introducida, se otorgan 15 puntos por letra acertada y 3 por letra encontrada, pero mal colocada.
- A los que se restan 15 puntos por cada pista concedida; aunque si la primera pista era aleatoria, no la penalizaremos.
- Los puntos conseguidos por cada línea se van acumulando.
- Al resolver la palabra se multiplica por el número de líneas que nos quedan, pero, atención, si lo adivina a la primera, será por suerte, así que mejor adivinarlo a la segunda.

Lo vemos en un ejemplo:

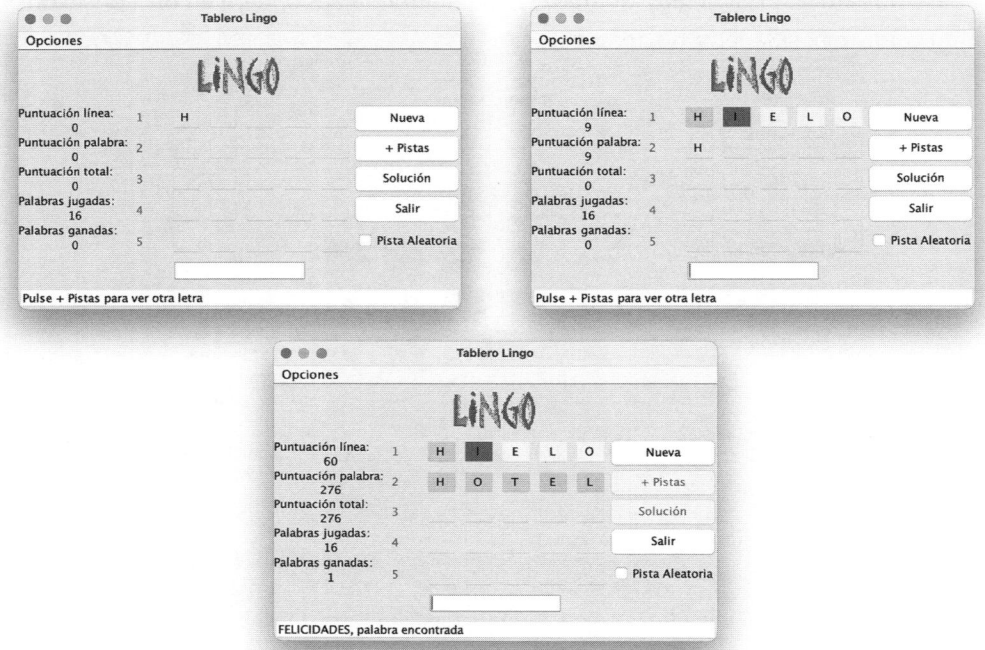

Figura 9.2. Capturas de una partida, para ver la puntuación.

En la figura 9.2, en la primera línea, colocamos una letra, la H que nos han regalado, y encontramos tres más, pero que no están en su sitio. La puntuación de esta línea serían 15 puntos por la H, más 3 por cada una de las amarillas. Como contamos la H como una pista, descontamos esos 15 puntos y el resultado son 9 puntos para esa línea.

En el segundo intento, acertamos la palabra, con 5 letras verdes, a 15 puntos cada una, menos los 15 que no contamos porque la H nos la dieron, dan los 60 puntos que vemos en "Puntuación línea".

Como hemos resuelto, la puntuación de la palabra serán los 69 puntos de las dos líneas, multiplicados por 4, que son el número de líneas restantes antes de este intento: 276.

En otro ejemplo, capturado en la figura 9.3, que nos propone una S, jugamos con SUERO, que es muy buena jugada porque podemos ubicar muchas vocales. ¡Y resulta que acertamos a la primera! ¡Bravo! Pero la verdad es que no es ninguna hazaña. Por eso, nos quedamos con los 60 puntos de haber acertado 4 letras.

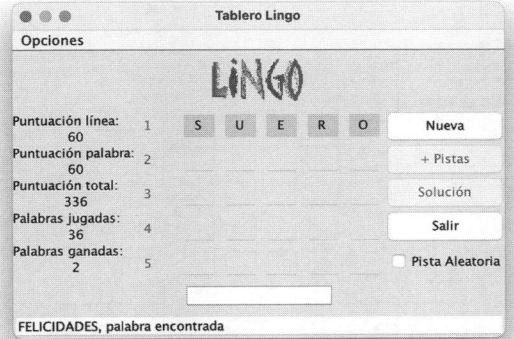

Figura 9.3. Capturas de una palabra acertada a la primera.

En el marcador también vemos la puntuación total, la obtenida en todas las palabras jugadas en esta ejecución, en la que, buscando buenos ejemplos, he necesitado 36 jugadas para ganar solo dos.

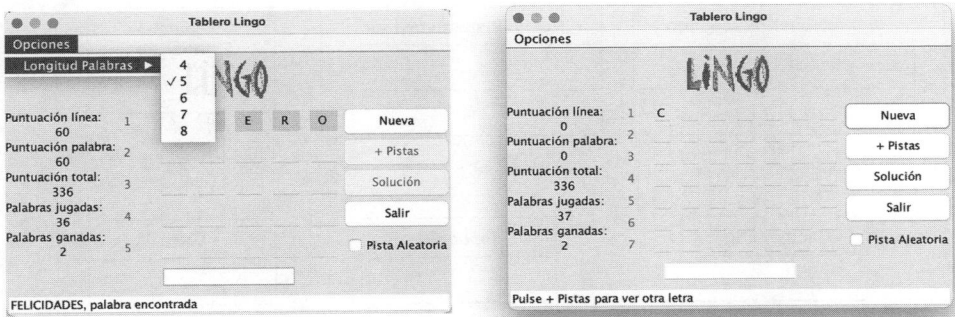

Figura 9.4. Menú para seleccionar la longitud de las palabras.

Terminamos la presentación del juego mostrando en la figura 9.4 el menú para escoger el tamaño de la siguiente palabra. El cambio de tamaño requiere reajustar el número de casillas.

Diagrama de clases

El proyecto crece, así que incluso el diagrama de clases simplificado hay que fragmentarlo (figura 9.5).

Siguiendo el patrón de arquitectura modelo-vista-controlador, he separado en tres paquetes el código (figura 9.6).

- **modelo:** clases con la información lógica del juego.
- **vista:** clases para la representación gráfica del juego.
- **controlador:** clases para gestionar la interacción con el usuario.

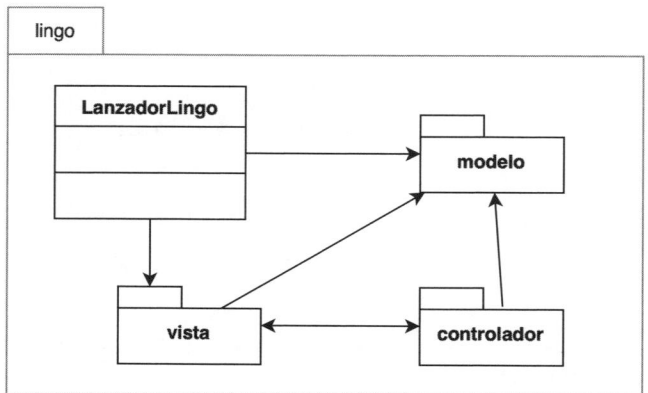

Figura 9.5. Diagrama de paquetes del Lingo.

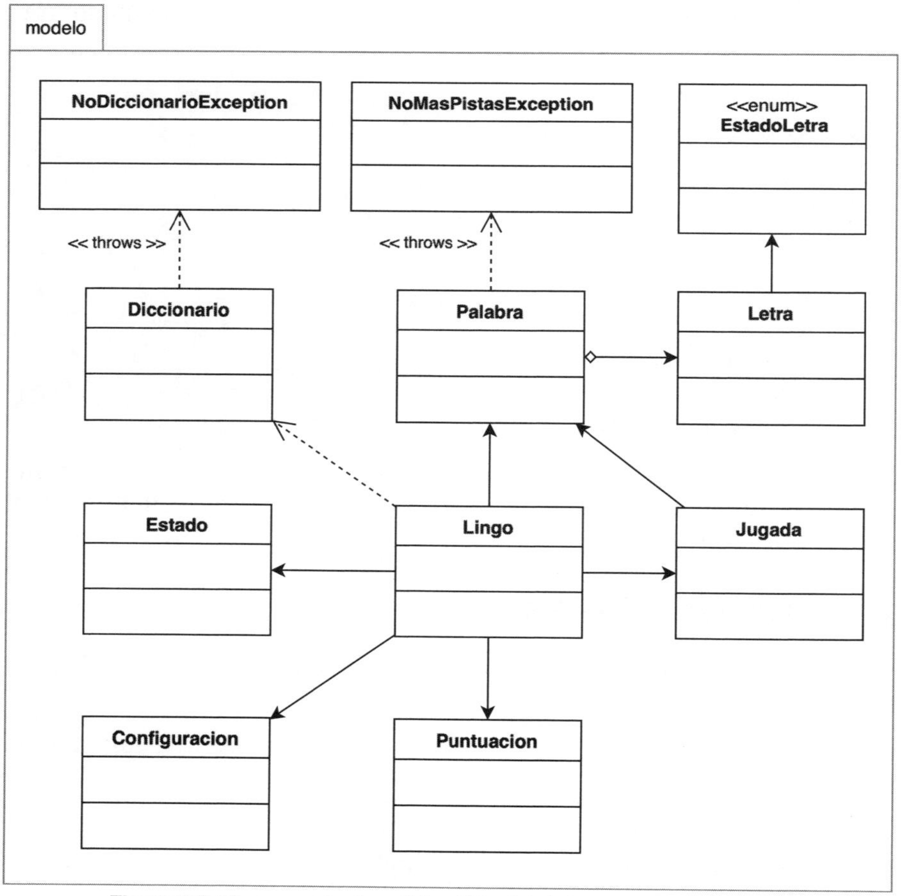

Figura 9.6. Diagrama de clases (simplificado) del paquete lingo.modelo.

Empezamos por el modelo, el juego Lingo, que tendrá:

- Configuracion: con la longitud de la palabra, el número de líneas y el indicador de pista aleatoria. También sabe si para la próxima palabra tiene una longitud distinta a la actual (y cuál).

- Palabra: contiene la palabra objetivo en dos formatos, en String y como un *array* de Letra.

- Puntuacion: nos ayuda a llevar el contador de puntos por línea, por palabra y acumulado, así como los contadores de palabras jugadas, ganadas y de pistas.

- Estado: definido por el número de línea en la que estamos jugando, y dos booleanos para indicar si está terminada (porque ya no quedan líneas) o solucionada (si el usuario adivinó la palabra).

- Jugada: estructura para albergar el resultado de una jugada: la palabra y de nuevo dos booleanos, ahora para indicar si está terminada o si es valida.

En el mismo paquete también encontramos:

- Letra: elemento del que están compuestas las Palabras. Con un char representando la letra junto con su estado.

- EstadoLetra: enumerado para gestionar los cuatro estados de una, el color con el que se representa y los puntos que vale. Son:
    - DESCONOCIDA: aún no se ha evaluado esa letra. No vale ningún punto, color negro.
    - MAL: esa letra no se encuentra en la palabra objetivo. No puntúa, color rojo.
    - ENCONTRADA: la letra está en la palabra objetivo, pero en otra posición. Vale 3 puntos y se pinta en fondo amarillo.
    - OK: la letra está en esa misma posición en la palabra buscada. Otorga 15 puntos, con fondo de color verde.

- Diccionario: clase con métodos y atributos estáticos (no podemos crear varias instancias), responsable de leer las palabras que formarán el diccionario de cada longitud de palabra, leídas de un fichero de texto, con una palabra por línea.

- NoDiccionarioException: excepción para tratar los problemas de lectura de los ficheros con el diccionario.

- NoMasPistasException: excepción para tratar el intento del usuario de pedir más pistas de las posibles (tiene que quedar al menos una letra por resolver).

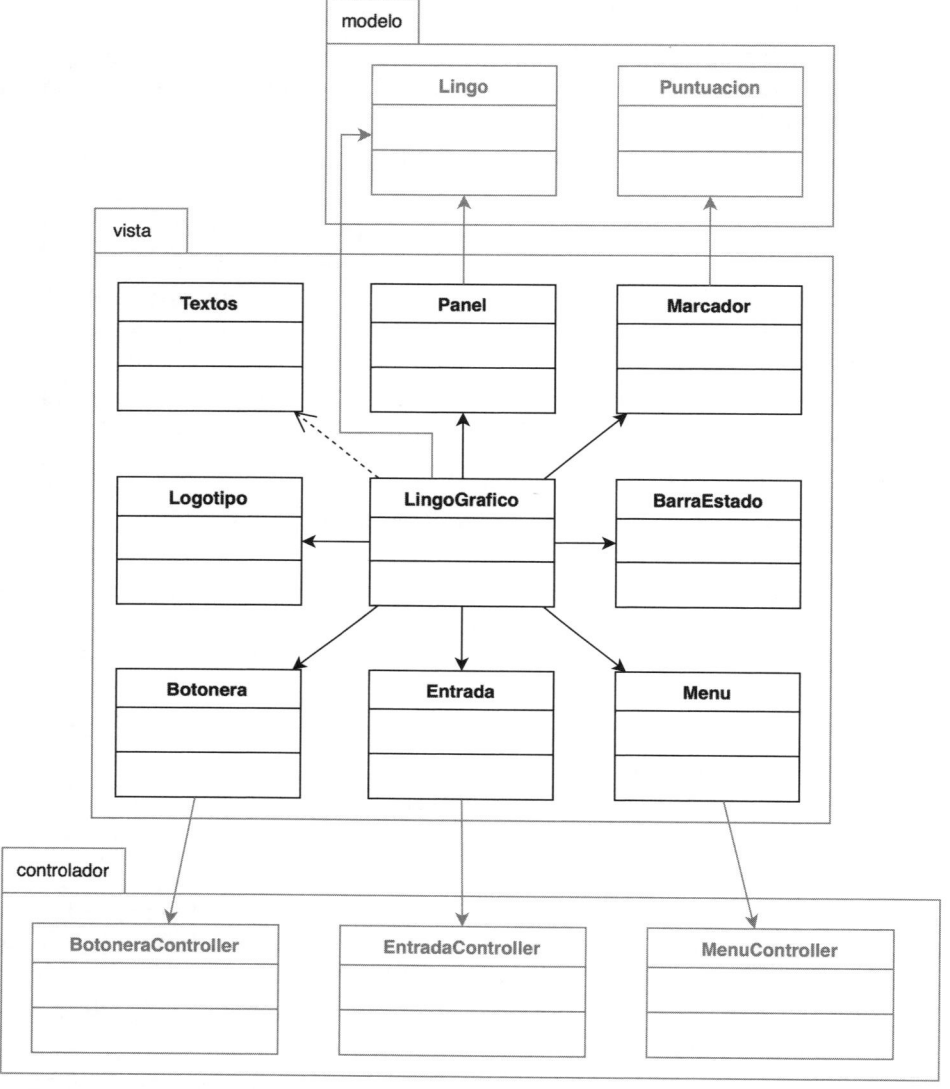

Figura 9.7. Diagrama de clases (simplificado) del paquete lingo.vista.

En el paquete vista (figura 9.7), el centro lo ocupa el LingoGrafico, el marco en el que ubicaremos los siguientes elementos:

- Logotipo: etiqueta con una imagen, para mostrar el logotipo del juego.
- Botonera: panel o marco para albergar los botones.
- Marcador: zona en la que mostrar la puntuación.

- Entrada: cuadro de texto para recoger la palabra propuesta por el jugador.
- Panel: zona central en la que mostrar las letras del juego, las palabras coloreadas…
- BarraEstado: esta ya debes conocerla… campo de texto en el que mostrar los mensajes al usuario.
- Menu: menú para gestionar la longitud de la palabra.

Además, nos apoyaremos en la clase Textos para los mensajes para el usuario.

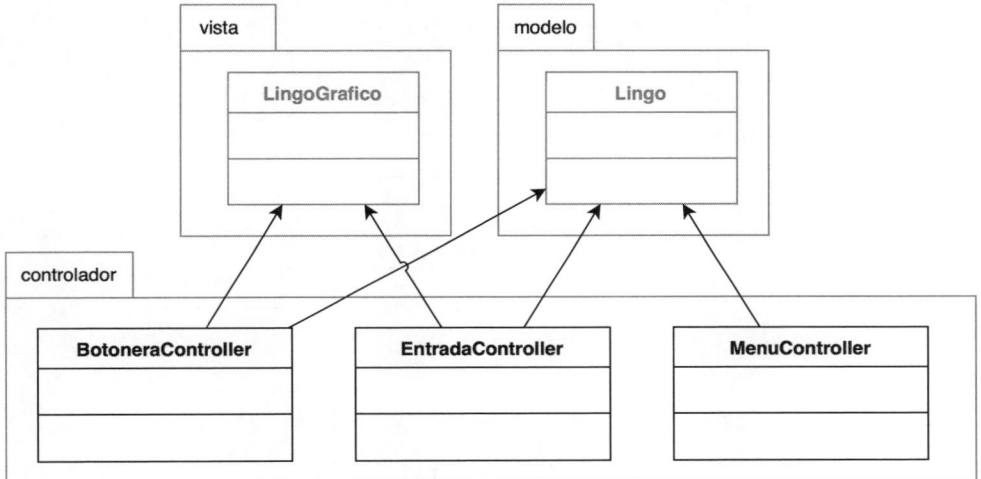

Figura 9.8. Diagrama de clases (simplificado) del paquete lingo.controlador.

El tercer paquete es el de los controladores (figura 9.8). Solo necesitamos tres, ya que el usuario solo interactúa con tres de los paneles mencionados:

- BotoneraController: debe reaccionar a cada uno de los botones.
- EntradaController: para procesar la palabra introducida por el usuario, es decir, la jugada propiamente dicha.
- MenuController: se encarga de gestionar el cambio de dimensiones.

Interacción: diagrama de secuencia

Los diagramas de secuencia, bastante laboriosos, los reservamos para los puntos más complejos del sistema, como el método comparar() una Palabra con la entrada del usuario, en la figura 9.9. Los pasos son los siguientes:

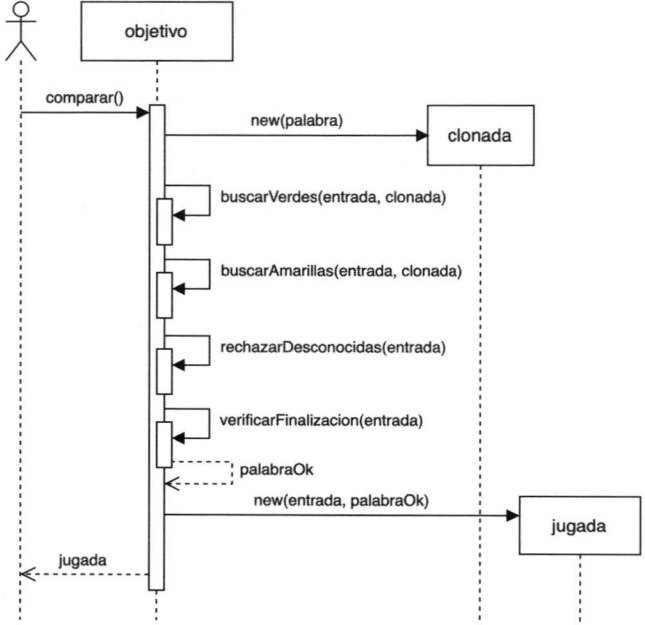

Figura 9.9. Diagrama de secuencia de Palabra.comparar().

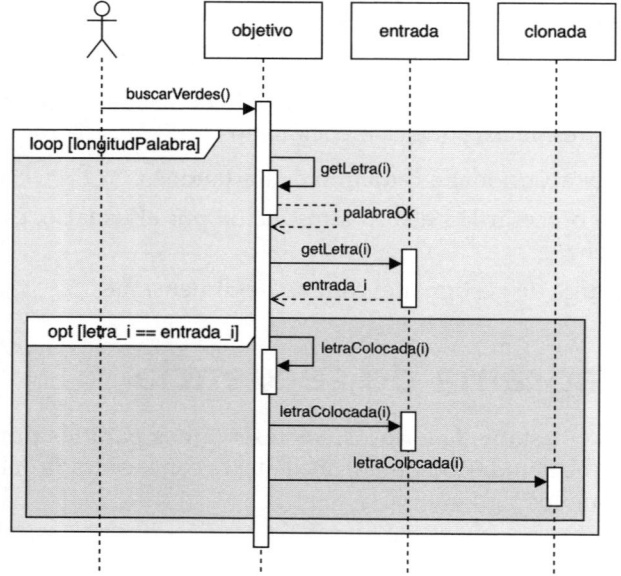

Figura 9.10. Diagrama de secuencia de Palabra.buscarVerdes().

1. Clonamos la palabra que tenemos ahora. La palabra son las letras y su estado, así que creamos una copia con las letras, pero sin el estado. Esta palabra clonada nos ayudará a llevar el control de las letras encontradas en este intento.

2. Buscamos las palabras bien colocadas (__buscarVerdes()), detallado en la figura 9.10: por cada una de las letras, comprobamos si es la misma en la entrada recibida y self/this, que sería el objetivo. Si coinciden, decimos que letraColocada(), es decir, EstadoLetra.OK.

3. Seguimos con la búsqueda de las letras que están en el objetivo, pero en otra posición (__buscarAmarillas()). Recorremos de nuevo todas las letras, pero solo las tendremos en cuenta si su estado en la entrada es aún DESCONOCIDA (es decir, si no hemos detectado, en el paso anterior, que ya está en su sitio).

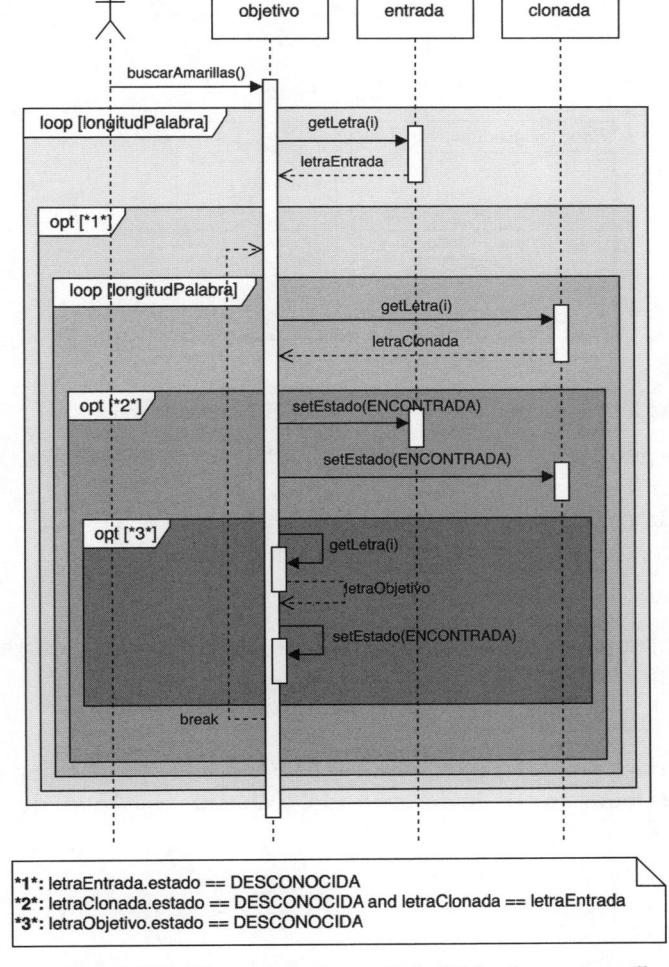

Figura 9.11. Diagrama de secuencia de Palabra.buscarAmarillas().

En ese caso, recorremos de nuevo todas las letras, esta vez sobre la palabra clonada. Si la letra en cuestión, en clonada, sigue siendo DESCONOCIDA y, además coincide con la de la entrada, entonces ¡la hemos encontrado! Actualizamos el estado de la letra en clonada y en la entrada; y solo si en el objetivo era DESCONOCIDA, también la marcamos como ENCONTRADA. El break hace que, tras haber localizado una nueva letra ENCONTRADA, no sigamos trabajando con la letra i-ésima de la entrada, pasamos a la siguiente.

4. Localizadas verdes y amarillas, toca marcar las restantes en rojo, así que sobre toda letra que siga en estado DESCONOCIDA confirmamos que está MAL (__rechazarDesconocidas()).

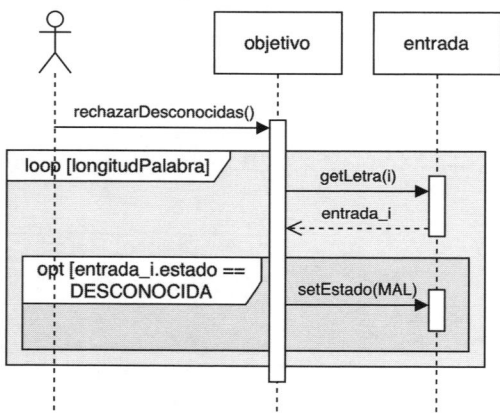

Figura 9.12. Diagrama de secuencia de Palabra.rechazarDesconocidas().

5. Llegados a este punto, toca ver si hemos terminado… ¿ya hemos acertado la palabra? Lo miramos en la entrada que todas las letras estén en verde. La verdad es que también habríamos podido comprobar desde el principio si la entrada coincide con el objetivo, pero, bueno, ya lo mejoraremos en la próxima versión.

No ha sido tan grave el algoritmo, ¿verdad?

Te voy a poner un ejemplo de cómo variaría el estado de las distintas palabras al ejecutar la partida de la figura 9.1:

Primer intento del jugador: LINGO:

Al entrar en el método comparar, el objetivo es LARVA, con la L ya localizada, la entrada es LINGO, todas las letras en estado desconocido, y clonada es LARVA, de nuevo todas las letras sin estado.

```
Objetivo: [L] A  R  V  A
Entrada:   L  I  N  G  O
Clonada:   L  A  R  V  A
```

En cuanto buscamos los verdes, marcamos la L en entrada y en clonada. Marcar entrada nos sirve para poderla colorear y marcar clonada, para conocer el avance hacia la solución.

Al buscar las amarillas, no hay nada, así que todas en rojo.

```
buscarVerdes()                          buscarAmarillas()
Objetivo: [L] A   R   V   A             Objetivo: [L] A   R   V   A
Entrada:  [L] I   N   G   O             Entrada:  [L] I   N   G   O
Clonada:  [L] A   R   V   A             Clonada:  [L] A   R   V   A
```

En el segundo intento, la entrada es LUNAR, así que al buscarVerdes() no logramos ningún progreso, pero, al buscarAmarillas(), vemos que la A de LUNAR se empareja con la primera A del objetivo. También se localiza la R.

```
buscarVerdes()                          buscarAmarillas()
Objetivo: [L] A   R   V   A             Objetivo: [L](A)(R) V   A
Entrada:  [L] U   N   A   R             Entrada:  [L] U   N  (A)(R)
Clonada:  [L] A   R   V   A             Clonada:  [L](A)(R) V   A
```

Con las pistas amarillas, probamos con LARGA. Y, efectivamente, al buscarVerdes() comprobamos que han sido bien colocadas. buscarAmarillas() no nos aporta nada nuevo en este caso.

```
buscarVerdes()                          buscarAmarillas()
Objetivo: [L][A][R] V  [A]              Objetivo: [L][A][R] V  [A]
Entrada:  [L][A][R] G  [A]              Entrada:  [L][A][R] G  [A]
Clonada:  [L][A][R] V  [A]              Clonada:  [L][A][R] V  [A]
```

Finalmente, intentamos con LARVA y… ¡todas verdes!… Quizá es verdad que podríamos aplicar esa mejora de comprobar si son iguales desde el principio y ahorrarnos tanta comprobación en la última ronda.

```
buscarVerdes()                          buscarAmarillas()
Objetivo: [L][A][R][V][A]               Objetivo: [L][A][R][V][A]
Entrada:  [L][A][R][V][A]               Entrada:  [L][A][R][V][A]
Clonada:  [L][A][R][V][A]               Clonada:  [L][A][R][V][A]
```

En el mismo ejemplo, si empezamos por LEVAR, el estado resultado tras ese intento es [L](A)(R)(V) A. Si en el siguiente intento no aprovechamos la L, vemos diferencias entre objetivo y clonada, así como la detección de la V como amarilla.

```
buscarVerdes()                          buscarAmarillas()
Objetivo: [L][A][R](V) A                Objetivo: [L][A][R](V) A
Entrada:   V [A][R] I   O               Entrada:  (V)[A][R] I   O
Clonada:   L [A][R] V   A               Clonada:   L [A][R](V) A
```

Cuando veamos el código, depura tantas veces como necesites para ir comprobando, en ejemplos reales, cómo funciona todo este proceso.

Implementación

La implementación de este juego, con muchas más opciones que los anteriores, es bastante extensa, pero ordenada y por trocitos; con calma podrás entenderla.

Implementación en Python

Por primera vez en este libro, y aprovechando la partición en paquetes modelo, vista y controlador, el código está distribuido en varios ficheros, formando cada uno de ellos un módulo.

Lanzador del Lingo

Empezamos con algo fácil. Para lanzar el juego ejecutamos este fichero, que simplemente llama al constructor del LingoGrafico pasándole el Lingo. Necesitamos importar el modelo y la vista, escritos en los ficheros lingo_modelo.py y lingo_vista.py.

lingo.py	Python

```python
01  import lingo_modelo as modelo
02  import lingo_vista as vista
03
04  # main
05  vista.LingoGrafico(modelo.Lingo())
```

Modelo

Empezamos el módulo que alberga las clases del modelo. Necesitamos importar enumerados y aleatorios, y declaramos unas pocas constantes, como la longitud inicial de las palabras, y el rango admitido. El juego tiene diccionarios con palabra de entre 4 y 8 letras.

lingo_modelo.py	Python

```python
01  from enum import Enum
02  import random
03
04  MAX_LONG = 8
05  MIN_LONG = 4
06  LONG_INICIAL = 5
07
08  LETRA_VACIA = ' '
09
10  ERROR_DICCIONARIO = "El diccionario de palabras de longitud {} no está disponible"
```

Enum EstadoLetra

Comenté en el diagrama de clases que cada estado tenía unos puntos y un color. En Python podemos resolverlo definiendo un *array* con ambos valores por cada valor del enumerado. Para acceder a ellos declaramos los métodos como @property, para utilizarlos sin ponerles paréntesis, como si fueran una propiedad.

NOTA:

Puedes ver un ejemplo de uso en el método puntuar(), línea 50 de lingo_modelo.py, en la clase Puntuacion, en el siguiente apartado.

---

lingo_modelo.py	Python

```python
13   class EstadoLetra(Enum):
14       DESCONOCIDA = [0 , "#cccccc"]
15       MAL = [0 , "#ff0000"]
16       ENCONTRADA = [3 , "#ffff00"]
17       OK = [15 , "#00ff00"]
18
19       @property
20       def puntos(self):
21           return self.value[0]
22
23       @property
24       def color(self):
25           return self.value[1]
```

Clase Puntuacion

Ya hemos comentado que la clase Puntuacion alberga los datos del marcador. En el constructor los inicializamos a cero. En cuanto a los métodos:

- otraPista(): incrementa el contador de pistas de la palabra en curso.

- nuevaPalabra(aleatoria): reinicializa los contadores propios de cada palabra, no los globales. Si la pista es aleatoria, inicializamos su contador en cero, para no penalizar al usuario por ella, como sí hacemos si la pista dada es la primera letra de la palabra.

- puntuar(resultado): tras cada jugada, contabilizamos la puntuación de cada una de las letras, en función de su estado, para luego descontar los puntos generados por las pistas. Con ello obtenemos la puntuación de la línea, que acumularemos a la puntuación de la palabra.

- solucionar(lineaActual, numeroLineas): este método será llamado al resolver una palabra, así que tendremos en cuenta en qué línea se ha resuelto. ratioLinea penaliza acertar (por casualidad) en la primera línea, pero en el resto de líneas toma el número de líneas restantes para multiplicar la puntuación de la palabra.

```python
29  class Puntuacion:
30      def __init__(self):
31          self.puntuacionLinea = 0
32          self.puntuacionPalabra = 0
33          self.puntuacionTotal = 0
34          self.palabrasGanadas = 0
35          self.palabrasTotales = 0
36          self.pistas = 0
37
38      def otraPista(self):
39          self.pistas += 1
40
41      def nuevaPalabra(self, aleatoria):
42          self.puntuacionLinea = 0
43          self.puntuacionPalabra = 0
44          self.palabrasTotales += 1
45          if aleatoria:
46              self.pistas = 0
47          else:
48              self.pistas = 1
49
50      def puntuar(self, resultado):
51          self.puntuacionLinea = 0
52          for letra in resultado.entrada.letras:
53              self.puntuacionLinea += letra.estado.puntos
54          self.puntuacionLinea -= EstadoLetra.OK.puntos * self.pistas
55          self.puntuacionPalabra += self.puntuacionLinea
56
57      def solucionar(self, lineaActual, numeroLineas):
58          if lineaActual == 0:
59              ratioLinea = 1
60          else:
61              ratioLinea = numeroLineas - lineaActual
62          self.puntuacionPalabra *= ratioLinea
63          self.puntuacionTotal += self.puntuacionPalabra
64          self.palabrasGanadas += 1
```

Clase Estado

No debemos confundir esta clase con el EstadoLetra. Ahora estamos representando el Estado de la partida en juego: por qué línea vamos, si se ha terminado la partida por no tener más líneas o si se ha solucionado ya.

```
68  class Estado:
69      def __init__(self):
70          self.reiniciarEstado()
71
72      def reiniciarEstado(self):
73          self.lineaActual = 0
74          self.terminada = False
75          self.solucionada = False
76
77      def avanzarLinea(self):
78          self.lineaActual += 1
79
80      def terminar(self):
81          self.terminada = True
82
83      def solucionar(self):
84          self.solucionada = True
```

Clase Configuracion

La Configuracion de la partida lleva la información sobre la longitud de la palabra con la que estamos jugando (y el número de líneas para adivinarla, en principio iguales, pero puedes modificar el juego para que el usuario pueda pedir líneas de más) y también información para la siguiente palabra a jugar. ¿Querremos la pista aleatoria? ¿Cambiamos de longitud de palabra?

El método comprobarLongitud() será llamado al empezar una nueva palabra, para verificar si seguimos con el mismo tamaño, o bien hay que leer otro diccionario y reconfigurar el panel central. Por eso, si distintaLongitud es cierto, actualizamos los valores, y lo ponemos a falso, para tenerlo en cuenta una sola vez.

```
88   class Configuracion:
89       def __init__(self):
90           self.longitudPalabra = LONG_INICIAL
91           self.numeroLineas = self.longitudPalabra
92           self.aleatoria = False
93           self.distintaLongitud = True
94           self.nuevaLongitud = LONG_INICIAL
95
96       def alternarAleatoria(self):
97           self.aleatoria = not self.aleatoria
98           return self.aleatoria
99
100      def cambiarLongitud(self, nuevaLongitud):
101          self.distintaLongitud = self.nuevaLongitud != nuevaLongitud
102          self.distintaLongitud = True
103
```

```
104    def comprobarLongitud(self):
105        if self.distintaLongitud:
106            self.longitudPalabra = self.nuevaLongitud
107            self.numeroLineas = self.longitudPalabra
108            self.distintaLongitud = False
109        return self.longitudPalabra
```

Clase Diccionario

Para manejar los diccionarios utilizaremos métodos de clase, es decir, que no requieren tener ninguna instancia del objeto para ser ejecutados. De esta forma nos aseguramos de tener un solo diccionario vigente, algo que nos conviene, ya que ocupa bastante espacio en memoria y solo necesitamos uno activo a la vez. Otra opción sería utilizar un Singleton, pero aún es pronto para aprenderlo. Para ello, etiquetamos con @classmethod cada uno de los métodos; y, en vez de tener self como primer parámetro, por convención lo llamaremos cls, por clase.

Lo primero que haremos es cargarDiccionario(), que según la longitudPalabra recibida, abrirá un fichero u otro, fichero que leeremos y que guardaremos en la lista resultante de trocear (split()) lo leído cortando por cada salto de línea (línea 120). Tras leer el fichero, lo cerramos. Y como es una operación que podría fallar, en caso de no encontrar el fichero, en caso de que open() lance un FileNotFoundError, lo capturaremos y lanzaremos nuestra propia excepción, NoDiccionarioException, con un mensaje formateado incluyendo la longitudPalabra.

Una vez cargado el diccionario, ya tendremos todas las palabras disponibles en un *array* en memoria, así que para obtenerPalabra() escogeremos la ubicada en una posición aleatoria de dicho *array*; y para determinar si una palabra es válida, comprobaremos si está in el diccionario.

```
113 class Diccionario:
114     @classmethod
115     def cargarDiccionario(cls, longitudPalabra):
116         try:
117             cls.longitudPalabra = longitudPalabra
118             fichero = open("dicc" + str(longitudPalabra) + ".dic")
119             datos = fichero.read()
120             cls.diccionario = datos.split("\n")
121             cls.longitudDiccionario = len(cls.diccionario)
122             fichero.close()
123         except FileNotFoundError:
124             raise NoDiccionarioException(
125                 ERROR_DICCIONARIO.format(longitudPalabra))
126
```

```
127    @classmethod
128    def obtenerPalabra(cls):
129        return cls.diccionario[
130            random.randint(0, cls.longitudDiccionario - 1)]
131
132    @classmethod
133    def palabraValida(cls, palabra):
134        return palabra in cls.diccionario
135
136    @classmethod
137    def longitudPalabra(cls):
138        return cls.longitudPalabra
```

Clase Palabra

La clase Palabra ha quedado un poquito más larga, pero, método a método, la iremos entendiendo. Sirve para representar las palabras en el juego, así que, además de tener el String con su valor, también albergará una copia en un *array* de Letra, para poder tratarlas de una en una.

Sobre las letras del *array*, es posible que nos interese recuperar la de una posición concreta (getLetra(pos)) o bien establecerla como colocada, en estado OK (letraColocada(pos)).

```
143 class Palabra:
144    def __init__(self, palabra):
145        self.palabra = palabra
146        self.longitudPalabra = len(palabra)
147        self.letras = []
148        for i in range(self.longitudPalabra):
149            self.letras.append(Letra(palabra[i]))
150
151    def getLetra(self, pos):
152        return self.letras[pos]
153
154    def letraColocada(self, pos):
155        self.letras[pos].estado = EstadoLetra.OK
```

Y ahora llega uno de los métodos más importantes de todo el proyecto: comparar(), pero no me voy a extender mucho porque este es el que vimos con el diagrama de secuencia. Ya está explicado en las figuras 9.9 a la 9.12.

```
157    def comparar(self3, entrada):
158        clonada = Palabra(self.palabra)
159        self.__buscarVerdes(entrada, clonada)
160        self.__buscarAmarillas(entrada, clonada)
161        self.__rechazarDesconocidas(entrada)
162        palabraOk = self.__verificarFinalizacion(entrada)
163        return Jugada(entrada, palabraOk)
164
165    def __buscarVerdes(self, entrada, clonada):
166        for i in range(self.longitudPalabra):
167            if self.getLetra(i).letra == entrada.getLetra(i).letra:
168                clonada.letraColocada(i)
169                self.letraColocada(i)
170                entrada.letraColocada(i)
171
172    def __buscarAmarillas(self, entrada, clonada):
173        for i in range(self.longitudPalabra):
174            letraEntrada = entrada.getLetra(i)
175            if letraEntrada.estado == EstadoLetra.DESCONOCIDA:
176                # aún no ha sido encontrada
177                for j in range(self.longitudPalabra):
178                    letraClonada = clonada.getLetra(j)
179                    if letraClonada.estado == EstadoLetra.DESCONOCIDA \
180                            and letraClonada.letra == letraEntrada.letra:
181                        letraClonada.estado = EstadoLetra.ENCONTRADA
182                        letraEntrada.estado = EstadoLetra.ENCONTRADA
183                        letraObjetivo = self.getLetra(j)
184                        if letraObjetivo.estado == EstadoLetra.DESCONOCIDA:
185                            letraObjetivo.estado = EstadoLetra.ENCONTRADA
186                        break # a por la siguiente letra
187
188    def __rechazarDesconocidas(self, entrada):
189        for i in range(self.longitudPalabra):
190            entradaI = entrada.getLetra(i)
191            if entradaI.estado == EstadoLetra.DESCONOCIDA:
192                entradaI.estado = EstadoLetra.MAL
193
194    def __verificarFinalizacion(self, entrada):
195        palabraOk = True
196        for i in range(self.longitudPalabra):
197            palabraOk = palabraOk and \
198                (entrada.getLetra(i).estado == EstadoLetra.OK)
199        return palabraOk
```

La clase Palabra tiene aún algunos métodos más: darPista() comprueba si queda más de un hueco por encontrar, utilizando el método auxiliar privado __contarNoColocadas(); en cuyo caso, busca una de esas posiciones pendientes de adivinar para ponerla a OK y así mostrársela al usuario. Si solo queda un hueco, mejor lanzamos una NoMasPistasException, ¡no le vamos a dar la solución así como así!

__str__() nos permite transformar a String una palabra, convirtiendo cada una de sus letras.

lingo_modelo.py	Python

```
201    def darPista(self):
202        restantes = self.__contarNoColocadas()
203        if restantes <= 1:
204            raise NoMasPistasException()
205        letra = Letra(LETRA_VACIA)
206        letra.estado = EstadoLetra.OK;
207        while letra.estado == EstadoLetra.OK:
208            pos = random.randint(0, self.longitudPalabra - 1)
209            letra = self.getLetra(pos)
210        letra.estado = EstadoLetra.OK
211        return pos
212
213    def __contarNoColocadas(self):
214        cont = 0
215        for letra in self.letras:
216            if letra.estado != EstadoLetra.OK:
217                cont += 1
218        return cont
219
220    def __str__(self):
221        s = ""
222        for letra in self.letras:
223            s += str(letra)
224        return s
```

Clase Letra

La clase Letra lleva, cómo no, un carácter con la letra en cuestión, pero también su estado.

__str__() nos permite convertir a String una letra, decorando con corchetes o paréntesis las letras verdes o amarillas. De cara al usuario, no sirve para nada, pero para nosotros como programadores nos ayuda a la hora de depurar y hacer pruebas, ya que fácilmente comprobaremos el estado de una Palabra al pintar todas sus letras.

lingo_modelo.py	Python

```
228 class Letra:
229    def __init__(self, letra):
230        self.letra = letra
231        self.estado = EstadoLetra.DESCONOCIDA
232
233    def __str__(self):
234        if self.estado == EstadoLetra.OK:
235            return "[" + self.letra + "]"
236        if self.estado == EstadoLetra.ENCONTRADA:
237            return "(" + self.letra + ")"
238        return " " + self.letra + " "
```

Clase Jugada

Esta clase nos ayuda a gestionar el resultado de una Jugada: si la entrada es None, es que no fue valida; en otro caso, guardamos la entrada, la marcamos como valida, y ¿solucionada? ¡Según lo que recibamos!

lingo_modelo.py	Python

```python
242 class Jugada:
243     def __init__(self, entrada, solucionada):
244         if entrada == None:
245             self.valida = False
246         else:
247             self.entrada = entrada
248             self.solucionada = solucionada
249             self.valida = True
```

Clase Lingo

Y llegamos ya a la clase Lingo, el corazón de nuestro juego. Una instancia de Lingo tendrá una configuracion, una puntuacion y un estado, además de una longitudPalabra y numeroLineas que se establecerán al crear una nuevaPalabra(): si hay cambio de longitud, modificamos de diccionario; si no, mantenemos el que ya tenemos. Anotamos en puntuacion si estamos jugando con primera pista aleatoria o fija, reiniciamos el estado y... Le pedimos al diccionario obtenerPalabra() para establecerla como objetivo, objetivo que devolveremos.

> **TRUCO:**
>
> *La línea 274 deberíamos borrarla antes de pasar el juego a producción, antes de lanzarlo al mercado. Pintar el objetivo por consola nos ayuda a probar el juego, pero para jugar de verdad no solo sería hacer trampas, sino que le quita toda la gracia. Por eso, está marcada con un TODO, para que no se nos pase quitarla.*

lingo_modelo.py	Python

```python
253 class Lingo:
254     def __init__(self):
255         self.configuracion = Configuracion()
256         self.puntuacion = Puntuacion()
257         self.estado = Estado()
258
259     @property
260     def longitudPalabra(self):
261         return self.configuracion.longitudPalabra
262
```

```
263    @property
264    def numeroLineas(self):
265        return self.configuracion.numeroLineas
266
267    def nuevaPalabra(self):
268        longitud = self.configuracion.comprobarLongitud()
269        if Diccionario.longitudPalabra != longitud:
270            Diccionario.cargarDiccionario(longitud)
271        self.puntuacion.nuevaPalabra(self.configuracion.aleatoria)
272        self.estado.reiniciarEstado()
273        self.objetivo = Palabra(Diccionario.obtenerPalabra())
274        print(self.objetivo.palabra) # TODO no mostrar
275        return self.objetivo
```

El método jugar() será llamado cuando recibamos una entrada del usuario. Lo primero que hacemos es pasar el texto a mayúsculas, pues así están las palabras en el Diccionario, sobre el que validaremos si la palabra se considera válida. Si lo es, creamos una instancia de Palabra para pasársela a la Palabra objetivo y compararlas. Hace unas líneas hemos explicado ese algoritmo. Si el resultado es válido, puntuamos. Si la palabra ha sido solucionada, actualizamos el estado; si no quedan más líneas, terminamos.

Los métodos siguientes, muy cortitos, permiten tener en cuenta los cambios en la interfaz, básicamente delegando en alguno de los atributos de Lingo la tarea concreta que hemos de ejecutar.

```
276    def jugar(self, texto):
277        texto = texto.upper()
278        if Diccionario.palabraValida(texto):
279            entrada = Palabra(texto)
280            resultado = self.objetivo.comparar(entrada)
281            if resultado.valida:
282                self.puntuacion.puntuar(resultado)
283            if resultado.solucionada:
284                self.estado.solucionar()
285            self.jugada = resultado
286        else:
287            self.jugada = None
288        if self.estado.lineaActual == self.numeroLineas - 1:
289            self.estado.terminar()
290        return self.jugada
291
292    def avanzarLinea(self):
293        self.estado.avanzarLinea()
294
```

```
295    def solucionar(self):
296        self.puntuacion.solucionar(self.estado.lineaActual,
297            self.configuracion.longitudPalabra)
298
299    def otraPista(self):
300        self.puntuacion.otraPista()
301
302    def alternarAleatoria(self):
303        self.configuracion.alternarAleatoria()
304
305    def nuevaLongitud(self, nuevoValor):
306        self.configuracion.cambiarLongitud(nuevoValor)
```

Clase NoMasPistasException

La excepción para alertar de que no podemos dar más pistas no tiene contenido alguno, con existir es suficiente. Por eso, su implementación es la palabra reservada pass, ya que en Python no podemos dejar un bloque vacío.

lingo_modelo.py	Python

```
311 class NoMasPistasException(Exception):
312     pass
```

Clase NoDiccionarioException

La excepción para cuando no encontramos el diccionario tampoco es mucho más compleja, pero sí requiere un constructor que reciba el mensaje de lo sucedido (básicamente, para llevar el detalle de qué tamaño de diccionario ha fallado).

lingo_modelo.py	Python

```
316 class NoDiccionarioException(Exception):
317     def __init__(self, mensaje):
318         self.mensaje = mensaje
```

Vista

Llegamos ya al módulo con las clases de la vista. Necesitamos importar nuestros módulos modelo y controlador, además de la librería tkinter para los elementos gráficos y el partial para las llamadas a las funciones que reaccionarán a los eventos.

También tenemos al principio de este módulo las constantes con los textos de la interfaz de usuario.

```python
01  import lingo_modelo as modelo
02  import lingo_controlador as controlador
03
04  import tkinter as tk
05  from functools import partial
06
07  ### Mensajes IU
08  TITULO = "Tablero Lingo"
09
10  # Botonera
11  NUEVA = "Nueva"
12  MAS_PISTAS = "+ Pistas"
13  SOLUCION = "Solución"
14  SALIR = "Salir"
15  PISTA_ALEATORIA = "Pista Aleatoria"
16
17  # Menú
18  LONGITUD_PALABRAS = "Longitud Palabras"
19  OPCIONES = "Opciones"
20
21  # Marcador
22  PUNTUACION_LINEA = "Puntuación línea:"
23  PUNTUACION_PALABRA = "Puntuación palabra:"
24  PUNTUACION_TOTAL = "Puntuación total:"
25  PALABRAS_JUGADAS = "Palabras jugadas:"
26  PALABRAS_GANADAS = "Palabras ganadas:"
27
28  # Mensajes
29  MENS_NUEVA = "Pulse nueva para empezar con una nueva palabra"
30  MENS_AYUDA = "Pulse + Pistas para ver otra letra"
31  MENS_FELIZ = "FELICIDADES, palabra encontrada"
32  MENS_TERMINADA = "OOOHHH, tablero terminado, la solución era {}"
33  MENS_ENTRADA_NOVALIDA = "'{}' no está en el diccionario de {} letras"
34  MENS_NOMASPISTAS = "No se le pueden dar más pistas, puede solucionar"
35  MENS_SOLUCION =  "La solución es {}"
```

Clase LingoGrafico

La clase LingoGrafico es el núcleo de este módulo e incluirá todas las demás. Un LingoGrafico está compuesto por un logotipo, un tablero en el que meter el marcador, el panel, la botonera y la entrada, así como una barraEstado y el menu.

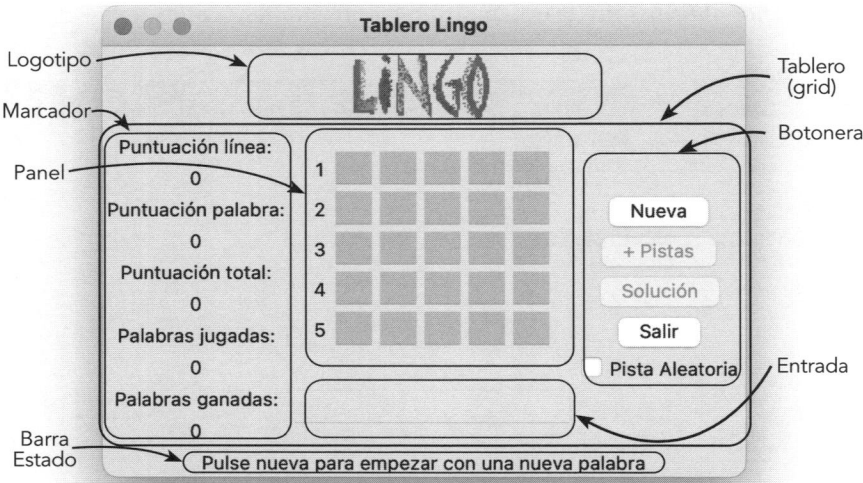

Figura 9.13. Distribución de los elementos en la vista.

Para distribuir todos los elementos en la pantalla, utilizamos dos niveles. El marco principal está formado por el logotipo, el tablero y la barraEstado. Dentro del tablero, tenemos una cuadrícula de tres columnas y dos filas. En la primera y tercera columnas ocupamos las dos filas, para el marcador y la botonera, mientras que, en la columna central, utilizamos las dos celdas de forma independiente, arriba el panel, abajo la entrada.

Tras montar toda la ventana, lanzamos el mainLoop para que se quede a la escucha de los eventos que generará el usuario.

```python
38  class LingoGrafico(tk.Frame):
39      def __init__(self, lingo):
40          self.root = tk.Tk()
41          self.root.title(TITULO)
42          super().__init__(self.root)
43          self.lingo = lingo
44          self.logotipo = Logotipo(self)
45          self.tablero = tk.Frame(self)
46          self.marcador = Marcador(self.tablero, lingo.puntuacion)
47          self.panel = Panel(self.tablero, lingo)
48          self.botonera = Botonera(self.tablero,
49              controlador.BotoneraController(lingo, self))
50          self.entrada = Entrada(self.tablero,
51              controlador.EntradaController(lingo, self))
52          self.tablero.pack()
53          self.barraEstado = BarraEstado(self)
54          self.pack()
55          self.menu = Menu(controlador.MenuController(lingo))
56          self.root.config(menu=self.menu)
57          self.root.mainloop()
```

Los siguientes métodos pueden parecer sueltos y sin mucha coherencia, pero ten en cuenta que son las reacciones del programa a los eventos del usuario y serán llamados principalmente por los controladores. Según la orden recibida, haremos una cosita u otra.

El método reiniciar() será llamado al empezar con una nueva palabra. Si hemos cambiado de tamaño, habrá que destruir el panel y crear uno nuevo de la medida adecuada; si no, será suficiente con limpiar() el panel actual. En cualquier caso, reiniciaremos la botonera para activar o desactivar los botones que convenga y abriremos la entrada, para que el jugador pueda darnos palabras.

rellenarCasilla() se llamará cada vez que haya que pintar una pista, bien sea la inicial o bien pistas adicionales que pida el usuario. Delega el trabajo en el panel, pasándole, además de la información que él mismo recibe, la lineaActual del estado.

actualizarEstado() remite hacer su tarea a la rellenarCasilla, y repintarPuntuacion() hace lo propio con el marcador. pintarJugada() también delega, en panel, pintar la pista; en la entrada, vaciarla y dejarla abierta para el siguiente intento.

lingo_vista.py	Python

```
59     def reiniciar(self):
60         if self.lingo.numeroLineas != self.panel.tamanyo:
61             self.panel.destroy()
62             self.panel = Panel(self.tablero, self.lingo)
63         else:
64             self.panel.limpiar()
65         self.botonera.reiniciar()
66         self.entrada.abrir()
67
68     def rellenarCasilla(self, posicion, letra):
69         self.panel.rellenarCasilla(
70             self.lingo.estado.lineaActual, posicion, letra)
71
72     def actualizarEstado(self, mensaje):
73         self.barraEstado.actualizarEstado(mensaje)
74
75     def repintarPuntuacion(self):
76         self.marcador.repintarPuntuacion()
77
78     def pintarJugada(self):
79         self.panel.pintarPista()
80         self.entrada.limpiar()
81         self.entrada.abrir()
```

Una vez procesada y pintada una jugada, tenemos que prepararLineaSiguiente(). Se encargará de ello el panel, pero solo si la partida no ha terminado por falta de líneas, en cuyo caso bloquearíamos la entrada y el botón noMasPistas tras informar al usuario que ya se terminó la partida, mostrándole en el mensaje cuál era la palabra buscada.

En caso de que el jugador haya resuelto la palabra, lo felicitamos por la barraEstado, y bloqueamos tanto la entrada como los botones convenientes.

El método salir() pretende cerrar la ventana y es llamado cuando el usuario clica sobre el botón Salir, pero... desde algunos IDE como Spyder no quiere funcionar. Podemos terminar con destroy() o con quit(). En el primer caso, paramos el mainLoop y destruimos los *widgets* (elementos gráficos), mientras que con quit() solo paramos el mainLoop.

TRUCO:

Si en tu entorno tampoco funciona, siempre puedes salir del juego cerrando la ventana, con la X de la esquinita.

El método error() bloqueará la botonera e informará al usuario del problema en la barraEstado. No podemos seguir jugando.

lingo_vista.py	Python

```python
83    def prepararLineaSiguiente(self):
84        if self.lingo.estado.terminada:
85            self.barraEstado.actualizarEstado(
86                MENS_TERMINADA.format(self.lingo.objetivo.palabra))
87            self.entrada.bloquear()
88            self.botonera.noMasPistas()
89        else:
90            self.panel.prepararLineaSiguiente()
91
92    def solucionar(self):
93        self.barraEstado.actualizarEstado(MENS_FELIZ)
94        self.entrada.bloquear()
95        self.botonera.resolver()
96
97    def entradaNoValida(self, palabraNoValida):
98        self.entrada.limpiar()
99        self.entrada.abrir()
100       self.barraEstado.actualizarEstado(
101           MENS_ENTRADA_NOVALIDA.format(
102               palabraNoValida, self.lingo.longitudPalabra))
103
104   def noMasPistas(self):
105       self.botonera.noMasPistas()
106       self.barraEstado.actualizarEstado(MENS_NOMASPISTAS)
107
```

```python
108    def resolver(self):
109        self.botonera.resolver()
110        self.entrada.bloquear()
111        self.barraEstado.actualizarEstado(
112            MENS_SOLUCION.format(self.lingo.objetivo.palabra))
113
114    def salir(self):
115 #      self.root.destroy()
116        self.root.quit()
117
118    def error(self, e):
119        self.barraEstado.actualizarEstado(e)
120        self.botonera.inhabilitar()
```

Clase Logotipo

Para mostrar el Logotipo en la ventana, metemos una PhotoImage cargada desde un fichero en una etiqueta. Empaquetamos la etiqueta en el marco (línea 129), y el marco en el panel padre (línea 130).

```python
124 class Logotipo(tk.Frame):
125    def __init__(self, panel):
126        super().__init__(panel)
127        self.img = tk.PhotoImage(file='minilingo.gif')
128        self.logo = tk.Label(self, image = self.img)
129        self.logo.pack()
130        self.pack()
```

Clase Botonera

El marco con la Botonera contiene cuatro botones y un *checkbox*. Por cada uno configuramos qué comando se ejecutará al ser clicado. En vez de hacer un pack(), hacemos grid() con cada elemento para organizar los botones en una cuadrícula. En la línea 159 metemos la botonera en la tercera columna (column = 2) de la primera fila (row = 0), pero ocupando dos filas (rowspan = 2) del marco tablero del LingoGrafico.

Además de con el constructor, contamos con cuatro métodos que según la situación activarán o desactivarán algunos de los botones.

```python
134 class Botonera(tk.Frame):
135     def __init__(self, panel, listener):
136         super().__init__(panel)
137         self.bNueva = tk.Button(self, text = NUEVA)
138         pulsarNueva = partial(listener.tratarBotonNueva)
139         self.bNueva.configure(command = pulsarNueva)
140         self.bNueva.grid()
141         self.bMasPistas = tk.Button(self, text = MAS_PISTAS,
142             state = tk.DISABLED)
143         pulsarMasPistas = partial(listener.darPista)
144         self.bMasPistas.configure(command = pulsarMasPistas)
145         self.bMasPistas.grid()
146         self.bSolucion = tk.Button(self, text = SOLUCION,
147             state = tk.DISABLED)
148         pulsarSolucion = partial(listener.solucionar)
149         self.bSolucion.configure(command = pulsarSolucion)
150         self.bSolucion.grid()
151         self.bSalir = tk.Button(self, text = SALIR)
152         pulsarSalir = partial(listener.salir)
153         self.bSalir.configure(command = pulsarSalir)
154         self.bSalir.grid()
155         self.cbAleatorio = tk.Checkbutton(self, text = PISTA_ALEATORIA)
156         pulsarPistaAleatoria = partial(listener.pistaAleatoria)
157         self.cbAleatorio.configure(command = pulsarPistaAleatoria)
158         self.cbAleatorio.grid()
159         self.grid(row=0, column=2, rowspan=2)
160
161     def resolver(self):
162         self.bMasPistas.config(state = tk.DISABLED)
163         self.bSolucion.config(state = tk.DISABLED)
164
165     def inhabilitar(self):
166         self.bNueva.config(state = tk.DISABLED)
167         self.bMasPistas.config(state = tk.DISABLED)
168         self.bSolucion.config(state = tk.DISABLED)
169
170     def noMasPistas(self):
171         self.bMasPistas.config(state = tk.DISABLED)
172
173     def reiniciar(self):
174         self.bMasPistas.config(state = tk.NORMAL)
175         self.bSolucion.config(state = tk.NORMAL)
```

Clase Marcador

El Marcador está formado por etiquetas: algunas con el texto, otras con el valor. Las primeras tendrán valores fijos, las segundas serán actualizadas al repintarPuntuacion().

El marcador no escucha a nada ni a nadie. El usuario no puede interactuar con él.

Este bloque ocupa la primera columna entera del tablero del LingoGrafico (línea 203).

```python
179 class Marcador(tk.Frame):
180     def __init__(self, panel, puntuacion):
181         super().__init__(panel)
182         self.puntuacion = puntuacion
183         self.puntuacionLineaTxt = tk.Label(self, text = PUNTUACION_LINEA)
184         self.puntuacionLineaTxt.grid()
185         self.puntuacionLineaVal = tk.Label(self, text = "0")
186         self.puntuacionLineaVal.grid()
187         self.puntuacionPalabraTxt = tk.Label(self, text = PUNTUACION_PALABRA)
188         self.puntuacionPalabraTxt.grid()
189         self.puntuacionPalabraVal = tk.Label(self, text = "0")
190         self.puntuacionPalabraVal.grid()
191         self.puntuacionTotalTxt = tk.Label(self, text = PUNTUACION_TOTAL)
192         self.puntuacionTotalTxt.grid()
193         self.puntuacionTotalVal = tk.Label(self, text = "0")
194         self.puntuacionTotalVal.grid()
195         self.numeroPalabrasTxt = tk.Label(self, text = PALABRAS_JUGADAS)
196         self.numeroPalabrasTxt.grid()
197         self.numeroPalabrasVal = tk.Label(self, text = "0")
198         self.numeroPalabrasVal.grid()
199         self.palabrasGanadasTxt = tk.Label(self, text = PALABRAS_GANADAS)
200         self.palabrasGanadasTxt.grid()
201         self.palabrasGanadasVal = tk.Label(self, text = "0")
202         self.palabrasGanadasVal.grid()
203         self.grid(row=0, column=0, rowspan=2)
204
205     def repintarPuntuacion(self):
206         self.puntuacionLineaVal.config(
207             text = self.puntuacion.puntuacionLinea)
208         self.puntuacionPalabraVal.config(
209             text = self.puntuacion.puntuacionPalabra)
210         self.puntuacionTotalVal.config(
211             text = self.puntuacion.puntuacionTotal)
212         self.numeroPalabrasVal.config(
213             text = self.puntuacion.palabrasTotales)
214         self.palabrasGanadasVal.config(
215             text = self.puntuacion.palabrasGanadas)
```

Clase Entrada

El marco de la Entrada solo tiene un cuadro de texto. Vinculamos el evento <Return> con una llamada a su listener, EntradaController, método recibirEntrada, pasándole el contenido. Para recuperar el contenido de un Entry, debemos asociarlo a una variable de texto.

Este marco irá en la posición 1-1 de la tabla, es decir, en la zona baja de la columna central.

En esta clase implementamos los métodos necesarios para borrar el contenido de la caja de texto, activarla o desactivarla.

lingo_vista.py	Python

```
219 class Entrada(tk.Frame):
220     def __init__(self, panel, listener):
221         super().__init__(panel)
222         contenido = tk.StringVar()
223         self.campoEntrada = tk.Entry(self, state = tk.DISABLED,
224             textvariable = contenido)
225         recibirEntrada = partial(listener.recibirEntrada, contenido)
226         self.campoEntrada.bind("<Return>", recibirEntrada)
227         self.campoEntrada.pack()
228         self.grid(row=1, column=1)
229
230     def limpiar(self):
231         self.campoEntrada.delete(0, tk.END)
232
233     def bloquear(self):
234         self.campoEntrada.config(state = tk.DISABLED)
235
236     def abrir(self):
237         self.campoEntrada.config(state = tk.NORMAL)
```

Clase BarraEstado

La BarraEstado llevamos usándola unos cuantos juegos. Nada, un Label, con un método para poder actualizarle el texto.

lingo_vista.py	Python

```
241 class BarraEstado(tk.Label):
242     def __init__(self, panel):
243         super().__init__(panel)
244         self.config(text = MENS_NUEVA)
245         self.pack()
246
247     def actualizarEstado(self, mensaje):
248         self.config(text = mensaje)
```

Clase Panel

La clase Panel, un marco, necesita referencia al modelo (lingo), ya que la representación de la partida requiere conocer el estado, las letras… de la misma.

Para no alargar el constructor, la generación de las casillas está extraída a un método privado. El Panel está formado por una matriz de casillas, en las que cada fila, con su numeracion, corresponde a una palabra. Por cada una de las líneas, se etiqueta el número de línea (empezando en 1) y, por cada letra de la palabra, se crea una casilla de tipo Entry. Todo ello se distribuye en una cuadrícula; por eso, se añaden los elementos al panel mediante grid(), indicando en qué fila y en qué columna colocar cada elemento (líneas 264 y 270).

- rellenarCasilla() se utiliza al dar pistas, ya sea la inicial o las adicionales, pero también al pintarPista(). Simplemente borramos el texto que pueda haber e insertamos la letra que nos interesa.

- pintarPista() se encarga, tras comparar la jugada del usuario con el objetivo, de escribir y colorear la palabra que ha introducido el jugador, estableciendo de color de fondo el correspondiente al estado de cada letra.

- prepararLineaSiguiente(), por su lado, se responsabiliza de escribir, en la siguiente línea, las letras ya adivinadas, solo las que están OK.

- limpiar() elimina los textos y los colores de todas las casillas, dejando el panel listo para jugar la siguiente palabra.

- tamanyo, al que podemos y debemos llamar sin usar los paréntesis debido a @property. Devuelve la longitud de la primera dimensión de las casillas, o sea, el número de líneas.

| lingo_vista.py | Python |

```
252 class Panel(tk.Frame):
253     def __init__(self, panelPadre, lingo):
254         super().__init__(panelPadre)
255         self.lingo = lingo
256         self.__generarCasillas()
257         self.grid(row = 0, column = 1)
258
259     def __generarCasillas(self):
260         self.casillas = []
261         self.numeracion = []
262         for i in range(self.lingo.numeroLineas):
263             labelNumLinea = tk.Label(self, text = str(i + 1))
264             labelNumLinea.grid(row = i, column = 0)
265             self.numeracion.append(labelNumLinea)
266             fila = []
267             for j in range(self.lingo.longitudPalabra):
268                 casilla = tk.Entry(self, width = 2, justify = "center",
269                     background = modelo.EstadoLetra.DESCONOCIDA.color)
270                 casilla.grid(row = i, column = j + 1)
271                 fila.append(casilla)
272             self.casillas.append(fila)
273
274     def rellenarCasilla(self, linea, posicion, letra):
275         self.casillas[linea][posicion].delete(0, tk.END)
276         self.casillas[linea][posicion].insert(0, letra.letra)
277
```

```
278    def pintarPista(self):
279        pista = self.lingo.jugada.entrada
280        lineaActual = self.lingo.estado.lineaActual
281        for i in range(self.lingo.longitudPalabra):
282            letra   = pista.getLetra(i)
283            self.rellenarCasilla(lineaActual, i, letra)
284            self.casillas[lineaActual][i].config(
285                background = letra.estado.color)
286
287    def prepararLineaSiguiente(self):
288        lineaActual = self.lingo.estado.lineaActual
289        for i in range(self.lingo.longitudPalabra):
290            # escribimos las ya colocadas en la siguiente línea
291            letra = self.lingo.objetivo.getLetra(i)
292            if letra.estado == modelo.EstadoLetra.OK:
293                self.rellenarCasilla(lineaActual, i, letra)
294
295    def limpiar(self):
296        for i in range(len(self.casillas)):
297            self.numeracion[i].config(text = str(i + 1))
298            for j in range(len(self.casillas[i])):
299                self.casillas[i][j].delete(0, tk.END)
300                self.casillas[i][j].config(
301                    background = modelo.EstadoLetra.DESCONOCIDA.color)
302
303    @property
304    def tamanyo(self):
305        return len(self.casillas)
```

Clase Menu

Terminamos la vista con el último detalle, el Menu, que podría tener muchas más opciones, pero una es suficiente para aprender a utilizarlo.

Nuestro Menu es un Menu de tkinter (tk.Menu). self representa la barra de menús de nuestra aplicación. En la línea 312 creamos un nuevo tk.Menu, mOpciones, que justo en la siguiente línea añadimos, mediante add_cascade() a la barra (self), dándole también el título "Opciones".

Como única entrada en ese menú, creamos (línea 314) un nuevo tk.Menu, mLongsPal. En la línea 319, tras rellenarlo, lo titulamos "Longitud Palabras" y lo añadimos a mOpciones. Entremedias, en el for, desde la longitud mínima hasta la máxima, hemos ido añadiendo las opciones permitidas, mediante add_command(). Cuando el usuario clique en alguno de los números, se ejecutará el método clicarMenu() de MenuListener.

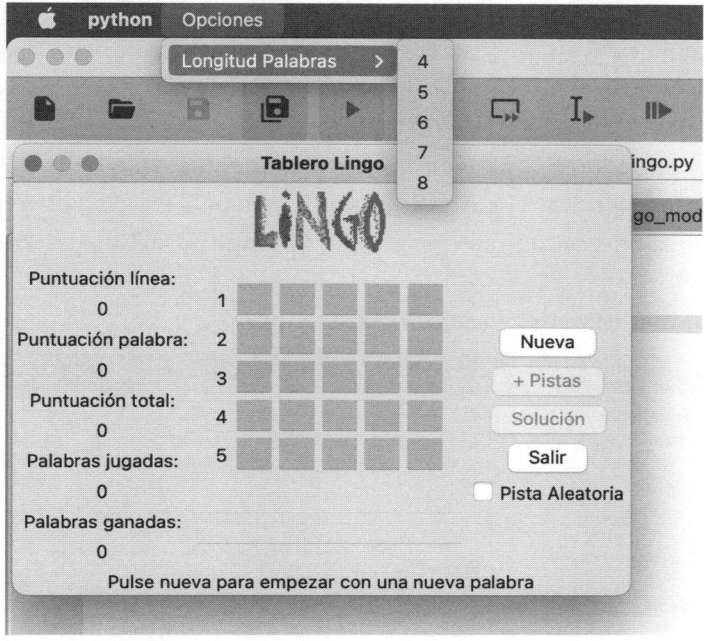

Figura 9.14. Menú de opciones desplegado (en Mac).

Según el sistema operativo donde estés ejecutando el código, el menú se mostrará en lugares distintos. En la mayoría de sistemas, lo verás integrado en la propia ventana. En Mac, los menús de las aplicaciones se ubican en la barra superior de menús, no en las ventanas; también en nuestro Lingo, como se muestra en la figura 9.14.

lingo_vista.py	Python

```python
309 class Menu(tk.Menu):
310     def __init__(self, listener):
311         super().__init__()
312         mOpciones = tk.Menu(self, tearoff = 0)
313         self.add_cascade(label = OPCIONES, menu = mOpciones)
314         mLongsPal = tk.Menu(mOpciones, tearoff = False)
315         for i in range(modelo.MIN_LONG, modelo.MAX_LONG + 1):
316             clicarMenu = partial(listener.clicarMenu, i)
317             mLongsPal.add_command(label = str(i),
318                 command = clicarMenu)
319         mOpciones.add_cascade(label = LONGITUD_PALABRAS,
320             menu = mLongsPal)
```

Controlador

Ya hemos detallado la vista y el modelo y, en ocasiones, hemos mencionado los controladores. Veámoslos ahora con detalle. Son tres, correspondiéndose con las tres zonas con las que el usuario puede interactuar:

- BotoneraController: reacciona a los cinco elementos de la botonera.
- EntradaController: trata la introducción de palabras en el cuadro de texto.
- MenuController: gestiona la elección de la longitud de las palabras, por parte del usuario.

Para empezar, importamos modelo, vista y random.

lingo_controlador.py	Python

```python
01  import lingo_modelo as modelo
02  import lingo_vista as vista
03
04  import random
```

Clase BotoneraController

Como comentábamos, BotoneraController debe reaccionar a los cinco elementos de la botonera:

- tratarBotonNueva(): Le pide al modelo una nueva palabra, reinicia la vista, decide qué pista dará, para pintarla en la vista, y marcarla como colocada en el objetivo. Terminamos actualizando el mensaje en la barra de estado, y repintando la puntuación.
- darPista(): le pide al objetivo (del modelo) qué pista quiere dar, actualizamos la vista y pedimos al modelo que contabilice que hay otraPista() dada, para tenerlo en cuenta en la puntuación.
- solucionar(): pide a la vista resolver() el juego.
- salir(): pide a la vista salir() del programa.
- pistaAleatoria(): informa al modelo del cambio de elección del usuario sobre la aleatoriedad de las pistas.

lingo_controlador.py	Python

```python
07  class BotoneraController:
08      def __init__(self, modelo, vista):
09          self.modelo = modelo
10          self.vista = vista
11
```

```
12      def tratarBotonNueva(self):
13          try:
14              objetivo = self.modelo.nuevaPalabra()
15              self.vista.reiniciar()
16              if self.modelo.configuracion.aleatoria:
17                  pista = random.randint(0, self.modelo.longitudPalabra - 1)
18              else:
19                  pista = 0
20              self.vista.rellenarCasilla(pista, objetivo.getLetra(pista))
21              objetivo.letraColocada(pista)
22              self.vista.actualizarEstado(vista.MENS_AYUDA)
23              self.vista.repintarPuntuacion()
24          except modelo.NoDiccionarioException as e:
25              self.vista.error(e)
26
27      def darPista(self):
28          try:
29              objetivo = self.modelo.objetivo
30              posicionPista = objetivo.darPista()
31              letra = objetivo.getLetra(posicionPista)
32              self.vista.rellenarCasilla(posicionPista, letra)
33              self.modelo.otraPista()
34          except modelo.NoMasPistasException:
35              self.vista.noMasPistas()
36
37      def solucionar(self):
38          self.vista.resolver()
39
40      def salir(self):
41          self.vista.salir()
42
43      def pistaAleatoria(self):
44          self.modelo.alternarAleatoria()
```

Clase EntradaController

Recordemos que EntradaController trata la introducción de palabras en el cuadro de texto, recuperando el contenido y pasándoselo al modelo. Si el resultado es válido, le pide a la vista que lo pinte; si no, lo que pide es informar al usuario de la entradaNoValida(). Si el usuario ya ha acertado la palabra y, por tanto, está solucionada, se avisa al modelo y a la vista para que procedan; si no, al modelo le toca avanzarLinea() y a la vista prepararLineaSiguiente(). En cualquier caso, hay que repintarPuntuacion().

```
48  class EntradaController:
49      def __init__(self, modelo, vista):
50          self.modelo = modelo
51          self.vista = vista
52
53      def recibirEntrada(self, contenido, evento):
54          entrada = contenido.get()
55          jugada = self.modelo.jugar(entrada)
56          if jugada != None:
57              self.vista.pintarJugada()
58          else:
59              self.vista.entradaNoValida(entrada)
60          if self.modelo.estado.solucionada:
61              self.modelo.solucionar()
62              self.vista.solucionar()
63          else:
64              self.modelo.avanzarLinea()
65              self.vista.prepararLineaSiguiente()
66          self.vista.repintarPuntuacion()
```

Clase MenuController

Finalmente, MenuController tiene como única responsabilidad tratar la única opción que hemos implementado: informar al modelo de la nuevaLongitud() escogida por el usuario.

```
70  class MenuController:
71      def __init__(self, modelo):
72          self.modelo = modelo
73
74      def clicarMenu(self, nuevoValor):
75          self.modelo.nuevaLongitud(nuevoValor)
```

Ejecución y salida

Echemos una partidita… Empezamos con el tablero en blanco, debemos pulsar el botón "Nueva", ¡pues venga!

Empieza por C, así que pruebo con CUERO, que cuenta con muchas vocales. Y luego CLASE que tiene consonantes interesantes. ¡Guau! Tengo tres colocadas y dos vocales por colocar… ¡Ya lo tengo! ¡CLUSA! No tenía ni idea de que esa palabra existía, pero ¡la he resuelto!

Así que me envalentono y voy a por más… ¡ocho!

¡Y vuelve a empezar por C! ¿Puede ser CARACOLA? No es, pero me gano 50 puntos y mucho verde, mucho amarillo y poco rojo, ¡bien! Pero no es CALABAZA, ¡vaya!

¡Ayúdame! ¿Cuál es la palabra de ocho letras que estoy buscando?

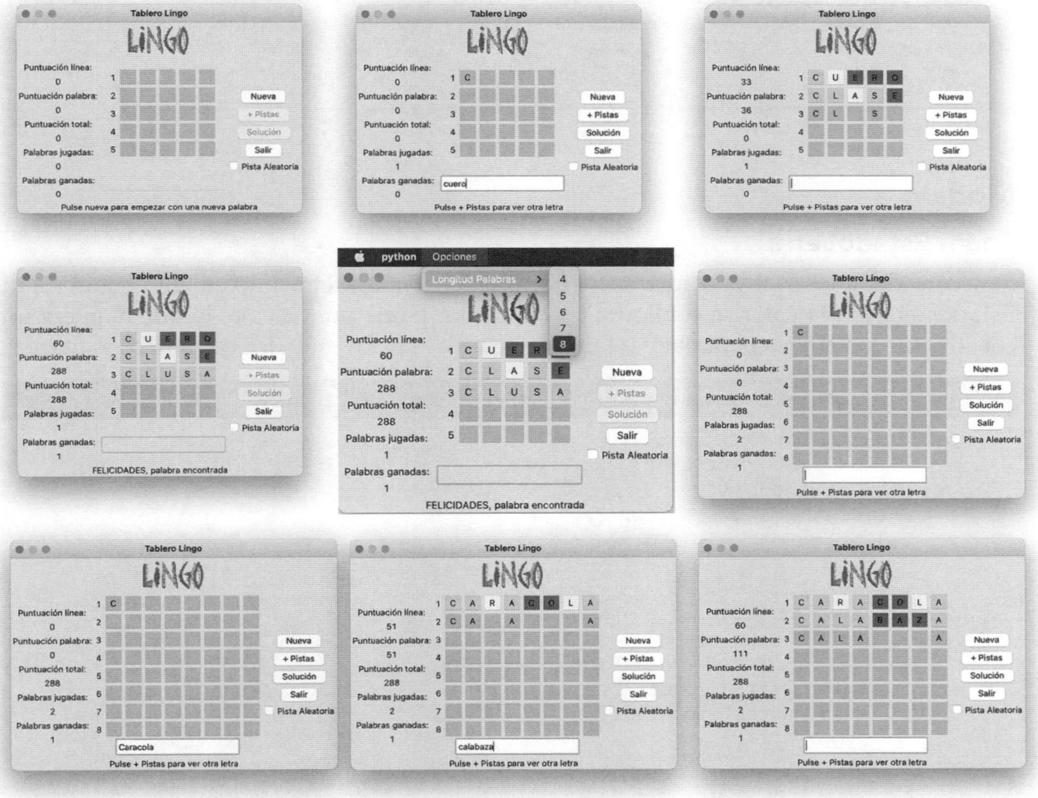

Figura 9.15. Algunas capturas de una partida de ejemplo en Python.

Implementación en Java

> **NOTA:**
>
> *Dado que este juego requiere muchas líneas de código, se omiten en todos los ficheros .java las líneas del paquete y de la importación. En el repositorio del libro encontrarás el código completo.*

Lanzador del Lingo

Para lanzar el juego, una clase muy breve, con su main: creamos un nuevo LingoGrafico, de la vista, pasándole como parámetro una nueva instancia de la clase Lingo, modelo.

```java
06  public class LanzadorLingo {
07      public static void main(String[] args) {
08          new LingoGrafico(new Lingo());
09      }
10  }
```

Modelo

Enum EstadoLetra

Para considerar los cuatro estados en los que puede estar una letra, implementamos el enum EstadoLetra. Cada valor se configura con un Color y una puntuación, lo que requiere un constructor con ambos parámetros. También se necesitan los métodos *get* para consultarlos.

```java
05  public enum EstadoLetra {
06      DESCONOCIDA(Color.LIGHT_GRAY, 0),
07      MAL(Color.RED, 0),
08      ENCONTRADA(Color.YELLOW, 3),
09      OK(Color.GREEN, 15);
10
11      private Color color;
12      private int puntos;
13
14      EstadoLetra(Color color, int puntos) {
15          this.color = color;
16          this.puntos = puntos;
17      }
18
19      public Color getColor() {
20          return color;
21      }
22
23      public int getPuntos() {
24          return puntos;
25      }
26  }
```

Clase Puntuacion

En la clase Puntuacion almacenamos los distintos datos necesarios para calcular la valoración de las partidas: los puntos por línea, los puntos por palabra, los puntos totales, el número de palabras ganadas, el número total de palabras jugadas y el número de pistas utilizadas, que en caso de que la pista inicial sea aleatoria inicializamos en 0, y si no, en 1, para poderla descontar a la hora de puntuar.

Los métodos más complejos de esta clase serían nuevaPalabra(), para reinicializar los valores; puntuar(), que llamaremos para calcular los puntos de cada jugada, y solucionar(), que será llamado al resolver la palabra.

Los *getters* devuelven los valores como String, que es como queremos utilizarlos.

Como hemos explicado al principio del capítulo, al presentar el juego, para calcular la puntuación de una jugada tenemos en cuenta el estado de cada letra, así como las pistas otorgadas. En puntuar() no debemos olvidar acumular el resultado de esta línea en la puntuación de la palabra.

Al solucionar() la partida, recibimos la línea en la que se ha resuelto, y el número de líneas total, para poder premiar al jugador que haya necesitado menos líneas. En este caso, debemos recordar incrementar el contador de palabras ganadas.

Puntuacion.java	Java

```
03  public class Puntuacion {
04      private int puntuacionLinea;
05      private int puntuacionPalabra;
06      private int puntuacionTotal;
07      private int palabrasGanadas;
08      private int palabrasTotales;
09      private int pistas;
10
11      public void nuevaPalabra(boolean aleatoria) {
12          puntuacionLinea = 0;
13          puntuacionPalabra = 0;
14          palabrasTotales++;
15          if (aleatoria) {
16              pistas = 0; // si es aleatoria no penalizamos
17          } else {
18              pistas = 1; // descontamos los puntos de la pista
19          }
20      }
21
22      public void puntuar(Jugada resultado) {
23          puntuacionLinea = 0;
24          Palabra entrada = resultado.getEntrada();
25          for (Letra letra : entrada.getLetras()) {
26              EstadoLetra estado = letra.getEstado();
27              puntuacionLinea += estado.getPuntos();
28          }
```

```
29          puntuacionLinea -= EstadoLetra.OK.getPuntos() * pistas;
30          puntuacionPalabra += puntuacionLinea;
31      }
32
33      public void solucionar(int lineaActual, int numeroLineas) {
34          int ratioLinea;
35          if (lineaActual == 0) { // esto es suerte
36              ratioLinea = 1;
37          } else { // cuanto antes, mejor
38              ratioLinea = numeroLineas - lineaActual;
39          }
40          puntuacionPalabra *= ratioLinea;
41          puntuacionTotal += puntuacionPalabra;
42          palabrasGanadas++;
43      }
44
45      public String getPuntuacionLinea() {
46          return String.valueOf(puntuacionLinea);
47      }
48
49      public String getPuntuacionPalabra() {
50          return String.valueOf(puntuacionPalabra);
51      }
52
53      public String getPuntuacionTotal() {
54          return String.valueOf(puntuacionTotal);
55      }
56
57      public String getPalabrasGanadas() {
58          return String.valueOf(palabrasGanadas);
59      }
60
61      public String getPalabrasTotales() {
62          return String.valueOf(palabrasTotales);
63      }
64
65      public int getPistas() {
66          return pistas;
67      }
68
69      public void otraPista() {
70          pistas++;
71      }
72 }
```

¿Te has fijado en que no hay constructor? ¡Porque el de por defecto ya nos vale!

Clase Estado

El Estado de una palabra viene definido por la lineaActual de juego, y los booleanos terminada y solucionada, que no conviene confundir: terminada es malo... no hemos ganado, y no podemos seguir jugando porque se nos han gastado las líneas, mientras que solucionada es bueno… ¡hemos superado el reto!

Estado.java	Java

```java
03  public class Estado {
04      private int lineaActual;
05      private boolean terminada;
06      private boolean solucionada;
07
08      public int getLineaActual() {
09          return lineaActual;
10      }
11
12      public boolean isTerminada() {
13          return terminada;
14      }
15
16      public boolean isSolucionada() {
17          return solucionada;
18      }
19
20      public void reiniciarEstado() {
21          lineaActual = 0;
22          terminada = false;
23          solucionada = false;
24      }
25
26      public void avanzarLinea() {
27          lineaActual++;
28      }
29
30      public void terminar() {
31          terminada = true;
32      }
33
34      public void solucionar() {
35          solucionada = true;
36      }
37  }
```

Clase Configuracion

En la clase de configuración agrupamos los parámetros de configuración que necesitamos para jugar, como la longitudPalabra, el numeroLineas (que coincide con la anterior) y el booleano para indicar si la pista debe ser aleatoria. Si durante la partida se cambia la longitud de la palabra, solo la tendremos en cuenta a partir de la próxima, así que nos apuntamos la nuevaLongitud, y también la indicación de que tenemos distintaLongitud.

Además de con los *getters*, que empiezan por *is* en el caso de tratarse de booleanos, contamos con los métodos:

- alternarAleatoria(): que si estaba a cierto pasará a estar a falso o viceversa.
- nuevaLongitud(): para anotar que se ha cambiado la longitud para próximas palabras.
- comprobarLongitud(): para que, en caso de tener que tomar en cuenta una nueva longitud (para reconstruir la interfaz de usuario o cambiar de diccionario), se registre que ya hemos considerado el cambio.

Configuracion.java	Java

```java
03  public class Configuracion {
04      public static final int MAX_LONG = 8;
05      public static final int MIN_LONG = 4;
06      public static final int LONG_INICIAL = 5;
07
08      private int longitudPalabra = LONG_INICIAL;
09      private int numeroLineas = longitudPalabra;
10
11      private boolean aleatoria = false;
12      private boolean distintaLongitud = true;
13      private int nuevaLongitud = LONG_INICIAL;
14
15      public void alternarAleatoria() {
16          aleatoria = !aleatoria;
17      }
18
19      public void nuevaLongitud(int nuevaLongitud) {
20          distintaLongitud = this.nuevaLongitud != nuevaLongitud;
21          this.nuevaLongitud = nuevaLongitud;
22      }
23
24      public int comprobarLongitud() {
25          if (distintaLongitud) {
26              longitudPalabra = nuevaLongitud;
27              numeroLineas = longitudPalabra;
28              distintaLongitud = false;
29          }
30          return longitudPalabra;
31      }
32
33      public int getLongitudPalabra() {
34          return longitudPalabra;
35      }
36
37      public int getNumeroLineas() {
38          return numeroLineas;
39      }
40
41      public boolean isAleatoria() {
42          return aleatoria;
43      }
44  }
```

Clase Diccionario

En este juego necesitamos validar las palabras introducidas por el jugador, así que ya no podemos hacer como en el ahorcado, en el que teníamos una lista muy cortita de palabras con las que jugar. Así que contamos con unos ficheros de texto con todas las palabras posibles, uno por cada tamaño de palabra.

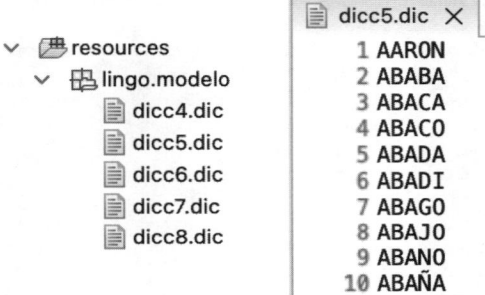

Figura 9.16. Ubicación en el proyecto de los ficheros con los diccionarios (izquierda) y visualización de las primeras palabras de cinco letras (derecha).

ADVERTENCIA:

Algunas palabras incluidas en estos diccionarios pueden ser muy complejas, otras válidas pueden no estar…

No crearemos instancias de distintos diccionarios, ya que ocupan demasiados recursos. Los atributos serán estáticos, y solo tendremos cargado en memoria el diccionario del tamaño de la palabra en juego (longitudPalabra). Al cargarDiccionario() de una determinada longitud, intentaremos abrir, mediante un *try-with-resources* el fichero llamado "dicc*. dic", siendo el * la longitud de palabra deseada. Este fichero esperemos que esté ubicado en el mismo paquete que esta clase, en lingo.modelo, pero en vez de tenerlo mezclado con el código, estará en la carpeta resources, que debe ser considerada como *source folder* por nuestro IDE.

Recordarás la clase Scanner de cuando interactuábamos en modo texto con el usuario. Entonces, lo construíamos utilizando el InputStream System.in, ahora utilizamos aquel en el que hemos vinculado al fichero. Por eso, puede parecer que estamos leyendo de la consola, pero no, ahora leemos del fichero. Tras haber creado la lista de String en la que albergaremos las palabras del diccionario en la línea 20; en la 21 comprobamos si hay más líneas que leer. Si las hubiere, leemos la siguiente, en la línea 22.

Cuando ya no queden más líneas, comprobamos cuántas palabras hay, dato que guardaremos en la variable longitudDiccionario, para limitar luego el número aleatorio que utilizaremos para escoger la siguiente palabra en juego, en el método obtenerPalabra(). palabraValida() nos ayuda a comprobar si cierta palabra se encuentra en el diccionario.

```
11  public class Diccionario {
12      private static List<String> diccionario;
13      private static int longitudDiccionario;
14      private static int longitudPalabra;
15
16      public static void cargarDiccionario(int longitudPalabra)
17              throws NoDiccionarioException {
18          try (InputStream is = Diccionario.class.getResourceAsStream(
19                  "dicc" + longitudPalabra + ".dic");
20              Scanner entrada = new Scanner(is)) {
21              diccionario = new ArrayList<>();
22              while (entrada.hasNextLine()) {
23                  diccionario.add(entrada.nextLine());
24              }
25              longitudDiccionario = diccionario.size();
26              Diccionario.longitudPalabra = longitudPalabra;
27          } catch (IOException | NullPointerException e) {
28              throw new NoDiccionarioException(
29                  String.format(ERROR_DICCIONARIO, longitudPalabra));
30          }
31      }
32
33      public static String obtenerPalabra() {
34          return diccionario.get(
35              Lingo.RANDOM.nextInt(longitudDiccionario));
36      }
37
38      public static boolean palabraValida(String palabra) {
39          return diccionario.contains(palabra);
40      }
41
42      public static int getLongitudPalabra() {
43          return longitudPalabra;
44      }
45  }
```

Hay unas cuantas formas de leer los ficheros. Una de ellas es la siguiente:

```
19      public static void cargarDiccionario(int longitudPalabra)
20              throws NoDiccionarioException {
21          try (BufferedReader reader =
22                  new BufferedReader(new InputStreamReader(
```

```
23                    Diccionario.class.getResourceAsStream(
24                       "dicc" + longitudPalabra + ".dic")))) {
25             diccionario = reader.lines().collect(Collectors.toList());
26             longitudDiccionario = diccionario.size();
27             Diccionario.longitudPalabra = longitudPalabra;
28         } catch (IOException | NullPointerException e) {
29             throw new NoDiccionarioException(
30                 String.format(ERROR_DICCIONARIO, longitudPalabra));
31         }
32     }
```

En este caso utilizamos *streams* para leerlo, pero quizá aún es pronto para ti.

Clase Palabra

Esta clase alberga la palabra en formato String y como *array* de Letra, así como la longitud de la misma.

En el constructor, guardamos la palabra recibida y su longitud, y montamos el *array* con cada una de sus letras.

Tenemos también algunos *getters* y el método letraColocada() que recibe la posición de la letra a la que queremos ponerle el estado OK.

```
08  public class Palabra {
09      private String palabra;
10      private Letra[] letras;
11      private int longitudPalabra;
12
13      public Palabra(String palabra) {
14          this.palabra = palabra;
15          longitudPalabra = this.palabra.length();
16          letras = new Letra[longitudPalabra];
17          for (int i = 0; i < longitudPalabra; i++) {
18              letras[i] = new Letra(this.palabra.charAt(i));
19          }
20      }
21
22      public String getPalabra() {
23          return palabra;
24      }
25
26      public Letra[] getLetras() {
27          return letras;
28      }
29
```

```java
30    public Letra getLetra(int pos) {
31        return letras[pos];
32    }
33
34    public void letraColocada(int pos) {
35        letras[pos].setEstado(OK);
36    }
```

De nuevo llegamos al método comparar() y a sus métodos auxiliares, esos que ya explicamos cuando nos referimos al algoritmo en las figuras 9.9 a la 9.12.

```java
38    public Jugada comparar(Palabra entrada) {
39        // clonada es copia del objetivo, pero sin estado
40        Palabra clonada = new Palabra(palabra);
41        buscarVerdes(entrada, clonada);
42        buscarAmarillas(entrada, clonada);
43        rechazarDesconocidas(entrada);
44        boolean palabraOk = verificarFinalizacion(clonada);
45        return new Jugada(entrada, pista, palabraOk);
46    }
47
48    private void buscarVerdes(Palabra entrada, Palabra clonada) {
49        for (int i = 0; i < longitudPalabra; i++) {
50            if (getLetra(i).equals(entrada.getLetra(i))) {
51                clonada.letraColocada(i);
52                /* this.*/letraColocada(i);
53                entrada.letraColocada(i);
54            }
55        }
56    }
57
58    private void buscarAmarillas(Palabra entrada, Palabra clonada) {
59        for (int i = 0; i < longitudPalabra; i++) {
60            Letra letraEntrada = entrada.getLetra(i);
61            if (letraEntrada.getEstado() == DESCONOCIDA) {
62                // aún no ha sido encontrada
63                for (int j = 0; j < longitudPalabra; j++) {
64                    Letra letraClonada = clonada.getLetra(j);
65                    if (letraClonada.getEstado() == DESCONOCIDA &&
66                            letraClonada.equals(letraEntrada)) {
67                        letraClonada.setEstado(ENCONTRADA);
68                        letraEntrada.setEstado(ENCONTRADA);
69                        Letra letraObjetivo = getLetra(j);
70                        if (letraObjetivo.getEstado() == DESCONOCIDA) {
71                            // si era desconocida, la ponemos amarilla
72                            letraObjetivo.setEstado(ENCONTRADA);
73                        }
```

```
74                          break; // a por la siguiente letra
75                      }
76                  }
77              }
78          }
79      }
80
81      private void rechazarDesconocidas(Palabra entrada) {
82          for (int i = 0; i < longitudPalabra; i++) {
83              Letra entradaI = entrada.getLetra(i);
84              if (entradaI.getEstado() == DESCONOCIDA) {
85                  entradaI.setEstado(MAL);
86              }
87          }
88      }
89
90      private boolean verificarFinalizacion(Palabra clonada) {
91          boolean palabraOk = true;
92          for (int i = 0; i < longitudPalabra && palabraOk; i++) {
93              palabraOk &= clonada.getLetra(i).getEstado() == OK;
94          }
95          return palabraOk;
96      }
```

Cuando a una Palabra le pidan darPista(), puede «protestar» con una NoMasPistasException si solo queda un hueco por adivinar; si no, determinará uno de esos huecos y lo desvelará.

También implementamos el método toString() para pintar, una a una, cada Letra de la palabra.

```
98      public int darPista() throws NoMasPistasException {
99          int restantes = contarNoColocadas();
100         if (restantes <= 1) { // no se pueden dar más pistas
101             throw new NoMasPistasException();
102         }
103         Letra letra;
104         int pos;
105         do {
106             pos = Lingo.RANDOM.nextInt(longitudPalabra);
107             letra = getLetra(pos);
108         } while (letra.getEstado() == OK);
109
110         letra.setEstado(OK); // damos esa pista
111         return pos;
112     }
113
```

```
114     private int contarNoColocadas() {
115         int cont = 0;
116         for (Letra letra : letras) {
117             if (letra.getEstado() != OK) {
118                 cont++;
119             }
120         }
121         return cont;
122     }
123
124     @Override
125     public String toString() {
126         StringBuilder builder = new StringBuilder();
127         for (Letra letra : letras) {
128             builder.append(letra);
129         }
130         return builder.toString();
131     }
132 }
```

Clase Letra

Esta clase la utilizamos para representar cada una de las letras que componen una palabra. Tiene dos atributos, una letra en sí, de tipo char, y el estado de la misma, que tomará uno de los valores del enumerado EstadoLetra.

Cuenta con un constructor que recibe una letra, que utilizamos al construir una palabra.

Si observas el método getLetra(), verás que en lugar de devolver un char devuelve un String. He hecho eso para evitar hacer la conversión de char a String en cada llamada a este método. Como siempre necesito la letra como String, así la devuelvo. getEstado() y setEstado() no tienen nada a destacar.

A la hora de comparar palabras, hay que comparar sus letras, lo que nos obliga a implementar el método equals() de Letra. He aprovechado las habilidades de Eclipse para que sea el IDE el que me genere el método. Este lo implementaremos siempre a la par que hashCode() para asegurar la coherencia entre ambos. Le he pedido que tenga en cuenta solo la letra, no el estado.

Donde sí considero el estado es a la hora de sobrescribir el toString(), para mostrar la letra (a efectos de depuración, ya que tenemos una interfaz de usuario gráfica) envuelta en corchetes si está en su sitio o entre paréntesis si la hemos encontrado, pero no colocado.

```java
07  public class Letra {
08
09      private char letra;
10      private EstadoLetra estado;
11
12      public Letra(char letra) {
13          this.letra = letra;
14          estado = DESCONOCIDA;
15      }
16
17      public String getLetra() {
18          return letra + "";
19      }
20
21      public EstadoLetra getEstado() {
22          return estado;
23      }
24
25      public void setEstado(EstadoLetra estado) {
26          this.estado = estado;
27      }
28
29      @Override
30      public int hashCode() {
31          return Objects.hash(letra);
32      }
33
34      @Override
35      public boolean equals(Object obj) {
36          if (this == obj)
37              return true;
38          if (obj == null)
39              return false;
40          if (getClass() != obj.getClass())
41              return false;
42          Letra other = (Letra) obj;
43          return letra == other.letra;
44      }
45
46      @Override
47      public String toString() {
48          switch (estado) {
49          case OK:
50              return "[" + letra + "]";
51          case ENCONTRADA:
52              return "(" + letra + ")";
53          default:
54              return " " + letra + " ";
55          }
56      }
57  }
```

Clase Jugada

Cada Jugada está representada por una Palabra y dos booleanos para indicar si la palabra es valida y si ha sido ya solucionada.

Tiene dos constructores, uno para las jugadas correctas: recibe la palabra y si ha sido solucionada o no, y otro, el de por defecto, sin parámetros, que utilizaremos solo para las palabras inválidas.

Jugada.java	Java

```java
03  public class Jugada {
04      private Palabra entrada;
05      private boolean solucionada;
06      private boolean valida;
07
08      public static final Jugada PALABRA_INVALIDA = new Jugada();
09
10      public Jugada(Palabra entrada, boolean solucionada) {
11          this.entrada = entrada;
12          this.solucionada = solucionada;
13          this.valida = true;
14      }
15
16      /**
17       * Constructor para jugadas con palabras inválidas.
18       */
19      private Jugada() {
20          this.valida = false;
21      }
22
23      public Palabra getEntrada() {
24          return entrada;
25      }
26
27      public boolean isSolucionada() {
28          return solucionada;
29      }
30
31      public boolean isValida() {
32          return valida;
33      }
34  }
```

Clase Lingo

La clase Lingo, del modelo, agrupa todos los elementos del juego: la configuracion, la Palabra objetivo, la puntuacion, el estado y la jugada. Ofrece los *getters* de estos y también de un par de datos de configuracion.

Pero eso no es todo…

Lingo.java	Java

```
05  public class Lingo {
06      public static final Random RANDOM = new Random(123); // TODO
07
08      private Configuracion configuracion;
09      private Palabra objetivo;
10      private Puntuacion puntuacion;
11      private Estado estado;
12      private Jugada jugada;
13
14      public Lingo() {
15          configuracion = new Configuracion();
16          puntuacion = new Puntuacion();
17          estado = new Estado();
18      }
19
20      public Configuracion getConfiguracion() {
21          return configuracion;
22      }
23
24      public Palabra getObjetivo() {
25          return objetivo;
26      }
27
28      public Puntuacion getPuntuacion() {
29          return puntuacion;
30      }
31
32      public Estado getEstado() {
33          return estado;
34      }
35
36      public Jugada getJugada() {
37          return jugada;
38      }
39
```

```
40      public int getLongitudPalabra() {
41          return configuracion.getLongitudPalabra();
42      }
43
44      public int getNumeroLineas() {
45          return configuracion.getNumeroLineas();
46      }
```

… cuenta también con más métodos, como nuevaPalabra() o jugar().

El primero comprueba si ha habido un cambio de longitud, para cargar un nuevo diccionario o mantener el actual. Si no podemos cargar el nuevo, porque no existe, lanza una NoDiccionarioException. Nuevo o mantenido, al diccionario le pedimos que escoja una palabra y… haciendo trampas… en la línea 56, la mostramos. Ya sabes, para poder probar bien el juego, ¡que somos programadores, no jugadores!

Pero aun así, vamos a jugar(): el texto recibido lo pasamos a mayúsculas y comprobamos si el diccionario la considera palabraValida() porque, si no lo es, informamos al usuario, pero no la tratamos. El tratamiento consiste en crear una instancia de Palabra con ese texto, para poderlo comparar() con el objetivo, puntuar() y, si se ha resuelto, avisar al estado.

Nos quedan unos cuantos métodos bien sencillitos, que serán llamados por los controladores, y lingo se encargará de delegar en el elemento implicado.

```
48      public Palabra nuevaPalabra() throws NoDiccionarioException {
49          int longitud = configuracion.comprobarLongitud();
50          if (Diccionario.getLongitudPalabra() != longitud) {
51              Diccionario.cargarDiccionario(longitud);
52          }
53          puntuacion.nuevaPalabra(configuracion.isAleatoria());
54          estado.reiniciarEstado();
55          objetivo = new Palabra(Diccionario.obtenerPalabra());
56          System.out.println(objetivo); // TODO no mostrar
57          return objetivo;
58      }
59
60      public Jugada jugar(String texto) {
61          texto = texto.toUpperCase();
62          if (Diccionario.palabraValida(texto)) {
63              Palabra entrada = new Palabra(texto);
64              Jugada resultado = objetivo.comparar(entrada);
```

```java
65              puntuacion.puntuar(resultado);
66              if (resultado.isSolucionada()) {
67                  estado.solucionar();
68              }
69              jugada = resultado;
70          } else {
71              jugada = Jugada.PALABRA_INVALIDA;
72          }
73          if (estado.getLineaActual() == getNumeroLineas() - 1) {
74              estado.terminar();
75          }
76          return jugada;
77      }
78
79      public void avanzarLinea() {
80          estado.avanzarLinea();
81      }
82
83      public void solucionar() {
84          puntuacion.solucionar(estado.getLineaActual(),
85                  configuracion.getLongitudPalabra());
86      }
87
88      public void otraPista() {
89          puntuacion.otraPista();
90      }
91
92      public void alternarAleatoria() {
93          configuracion.alternarAleatoria();
94      }
95
96      public void nuevaLongitud(int nuevaLongitud) {
97          configuracion.nuevaLongitud(nuevaLongitud);
98      }
99  }
```

Clase NoMasPistasException

Esta excepción será utilizada para avisar cuando no podamos dar más pistas. No necesita nada especial. Nos vale con su constructor por defecto, que está, pero no lo vemos.

```java
03  public class NoMasPistasException extends Exception {
04  }
```

Clase NoDiccionarioException

NoDiccionarioException tampoco necesita gran cosa, solo un constructor que reciba el mensaje y se lo pase al constructor del padre.

NoDiccionarioException.java	Java

```
03  public class NoDiccionarioException extends Exception {
04      public NoDiccionarioException(String mensaje) {
05          super(mensaje);
06      }
07  }
```

Vista

Clase Textos

Como ya hemos hecho en otros juegos, agrupamos en una sola clase los textos de la interfaz de usuario… Deberíamos mandarlos a un fichero externo… ¡rétate!

Textos.java	Java

```
03  public class Textos {
04
05      public static final String TITULO = "Tablero Lingo";
06
07      // Botonera
08      public static final String NUEVA = "Nueva";
09      public static final String MAS_PISTAS = "+ Pistas";
10      public static final String SOLUCION = "Solución";
11      public static final String SALIR = "Salir";
12      public static final String PISTA_ALEATORIA = "Pista Aleatoria";
13
14      // Menú
15      public static final String LONGITUD_PALABRAS = "Longitud Palabras";
16      public static final String OPCIONES = "Opciones";
17
18      // Marcador
19      public static final String PUNTUACION_LINEA = "Puntuación línea:";
20      public static final String PUNTUACION_PALABRA = "Puntuación palabra:";
21      public static final String PUNTUACION_TOTAL = "Puntuación total:";
22      public static final String PALABRAS_JUGADAS = "Palabras jugadas:";
23      public static final String PALABRAS_GANADAS = "Palabras ganadas:";
24
25      // Mensajes
26      public static final String MENS_NUEVA =
27              "Pulse nueva para empezar con una nueva palabra";
28      public static final String MENS_AYUDA =
29              "Pulse + Pistas para ver otra letra";
```

```
30    public static final String MENS_FELIZ =
31            "FELICIDADES, palabra encontrada";
32    public static final String MENS_TERMINADA =
33            "OOOHHH, tablero terminado, la solución era %s";
34    public static final String MENS_ENTRADA_NOVALIDA =
35            "'%s' no está en el diccionario de %s letras";
36    public static final String MENS_NOMASPISTAS =
37            "No se le pueden dar más pistas, puede solucionar";
38    public static final String MENS_SOLUCION =
39            "La solución es %s";
40
41    public static final String ERROR_DICCIONARIO =
42            "El diccionario de palabras de longitud %d "
43            + "no está disponible";
44  }
```

Clase LingoGrafico

La vista de este juego es bastante más elaborada que en los anteriores. Contiene muchos elementos, y utilizamos el BorderLayout para ubicarlas. Este *layout* divide el marco en cinco zonas, nombradas según los puntos cardinales. Las siguientes figuras nos ayudan a visualizar esta distribución.

Empezamos con una capa exterior en la que solo utilizamos dos zonas: la central, para incluir el tablero, detallado en la figura 9.17, y la zona sur para la barra de estado. El menú no puede estar en otro sitio que en la barra de menús.

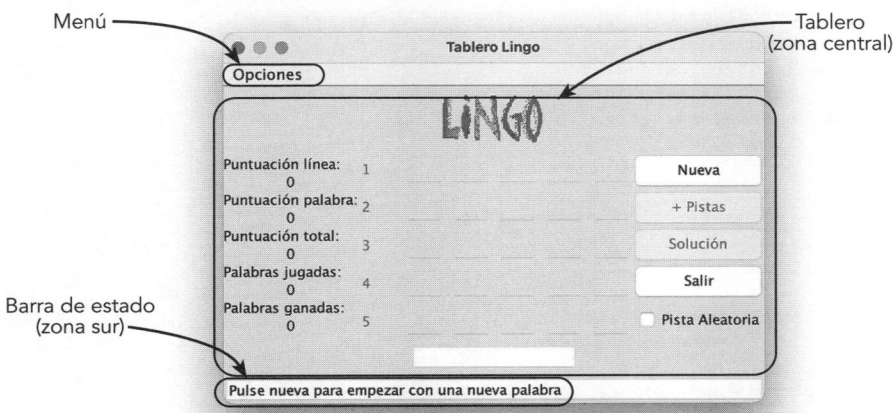

Figura 9.17. Distribución de los elementos en la vista.

Sí ocupamos todos los puntos cardinales en el tablero, detallado en la figura 9.18: al norte, el logotipo; al oeste, el marcador; al este, la botonera; al sur, el cuadro de texto para la entrada y, finalmente, al centro, el panel.

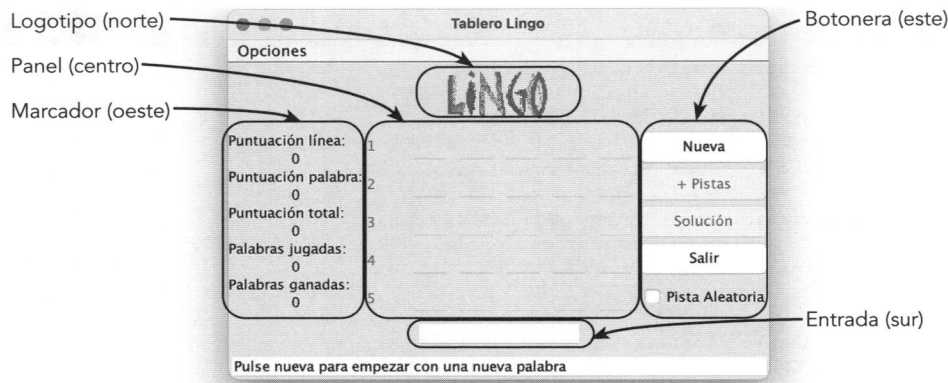

Figura 9.18. Detalle de la distribución del tablero (zona central).

En el constructor de la clase LingoGrafico creamos las instancias de los distintos elementos, y las ubicamos en la posición deseada, terminando con la operación de cierre, las coordenadas y el tamaño de la ventana y, muy importante, la visibilización de todo el montaje.

En aquellos elementos con los que el usuario puede interactuar, al construirlos, construimos también la instancia del controlador que manejará los eventos que se puedan producir.

LingoGrafico.java	Java

```java
21  public class LingoGrafico extends JFrame {
22
23      private Lingo modelo;
24
25      private JPanel pTablero;
26      private Logotipo logotipo;
27      private Botonera botonera;
28      private Marcador marcador;
29      private Entrada entrada;
30      private Panel panel;
31      private BarraEstado barraEstado;
32
33      public LingoGrafico(Lingo modelo) {
34          super(TITULO);
35          this.modelo = modelo;
36
37          setLayout(new BorderLayout());
38          pTablero = new JPanel(new BorderLayout());
39
40          logotipo = new Logotipo();
41          pTablero.add(logotipo, BorderLayout.NORTH);
42
43          botonera = new Botonera(new BotoneraController(modelo, this));
44          pTablero.add(botonera, BorderLayout.EAST);
45
```

```
46        marcador = new Marcador(modelo.getPuntuacion());
47        pTablero.add(marcador, BorderLayout.WEST);
48
49        entrada = new Entrada(new EntradaController(modelo, this));
50        pTablero.add(entrada, BorderLayout.SOUTH);
51
52        panel = new Panel(modelo);
53        pTablero.add(panel, BorderLayout.CENTER);
54
55        setJMenuBar(new Menu(modelo, new MenuController(modelo)));
56        add(pTablero, BorderLayout.CENTER);
57
58        barraEstado = new BarraEstado();
59        add(barraEstado, BorderLayout.SOUTH);
60
61        setDefaultCloseOperation(JFrame.EXIT_ON_CLOSE);
62        setBounds(200, 200, 500, 350);
63        setVisible(true);
64    }
```

Tras el constructor, llegan los métodos que serán llamados desde los controladores y que, básicamente, transmitirán a cada componente de la vista las actualizaciones que deben llevarse a cabo.

Empezamos por reiniciar(), que será llamado al empezar una palabra nueva. Si se mantiene el tamaño de la palabra, sin problema, será suficiente con limpiar() el panel; pero, si han cambiado las dimensiones, habrá que eliminar el panel existente y regenerarlo del tamaño adecuado. En cualquiera de los dos casos, habrá que revisar la activación de botones y abrir() la entrada para empezar a recibir propuestas.

actualizarEstado() o repintarPuntuacion() delegan en barraEstado y marcador, respectivamente. Nada a destacar.

En el caso de pintarJugada(), panel tiene que pintar una pista, y la entrada debe limpiarse y abrirse (o habilitarse).

prepararLineaSiguiente() puede que requiera una breve explicación: llamado tras procesar una entrada, si no ha sido solucionada, hay que mostrar la línea siguiente… si aún quedan líneas de juego disponibles. Si no, habrá que bloquear() el campo de entrada, los botones…

solucionar(), entradaNoValida(), noMasPistas() o resolver() también encargan a algunos de los componentes sus tareas, para adaptar los botones activos, los mensajes al usuario… Por ejemplo, resolver(), cuando un usuario se rinde, botonera tendrá que desactivar convenientemente los botones, la entrada no admitirá nuevas propuestas y, en la barraEstado, se indicará al usuario la palabra buscada.

Terminamos con error(), que informa al usuario e inhabilita todos los botones. Drástico.

```java
66    public void reiniciar() {
67        if (modelo.getConfiguracion().getNumeroLineas()
68                != panel.getTamanyo()) {
69            pTablero.remove(panel);
70            panel = new Panel(modelo);
71            pTablero.add(panel, BorderLayout.CENTER);
72        } else {
73            panel.limpiar();
74        }
75        botonera.reiniciar();
76        entrada.abrir();
77    }
78
79    public void rellenarCasilla(int posicion, Letra letra) {
80        panel.rellenarCasilla(
81            modelo.getEstado().getLineaActual(), posicion, letra);
82    }
83
84    public void actualizarEstado(String mensaje) {
85        barraEstado.actualizarEstado(mensaje);
86    }
87
88    public void repintarPuntuacion() {
89        marcador.repintarPuntuacion();
90    }
91
92    public void pintarJugada() {
93        panel.pintarPista();
94        entrada.limpiar();
95        entrada.abrir();
96    }
97
98    public void prepararLineaSiguiente() {
99        if (modelo.getEstado().isTerminada()) {
100            barraEstado.actualizarEstado(String.format(
101                MENS_TERMINADA, modelo.getObjetivo().getPalabra())));
102            entrada.bloquear();
103            botonera.noMasPistas();
104        } else {
105            panel.prepararLineaSiguiente();
106        }
107    }
108
109    public void solucionar() {
110        barraEstado.actualizarEstado(MENS_FELIZ);
111        entrada.abrir();
112        botonera.resolver();
113    }
114
115    public void entradaNoValida(String palabraNoValida) {
116        entrada.limpiar();
```

```
117        entrada.abrir();
118        barraEstado.actualizarEstado(
119            String.format(MENS_ENTRADA_NOVALIDA,
120                palabraNoValida, modelo.getLongitudPalabra()));
121    }
122
123    public void noMasPistas() {
124        botonera.noMasPistas();
125        barraEstado.actualizarEstado(MENS_NOMASPISTAS);
126    }
127
128    public void resolver() {
129        botonera.resolver();
130        entrada.bloquear();
131        barraEstado.actualizarEstado(String.format(MENS_SOLUCION,
132            modelo.getObjetivo().getPalabra()));
133    }
134
135    public void error(Exception e) {
136        barraEstado.actualizarEstado(e.getMessage());
137        botonera.inhabilitar();
138    }
139 }
```

Clase Logotipo

Esta vista es bien simple: un JPanel con una JLabel con una ImageIcon. Solo queremos mostrar el logotipo del juego, que debe estar ubicado como un recurso del proyecto, paquetizado en lingo.vista, como se muestra en la figura 9.19.

> ∨ 📁 resources
>> 〉 🔠 lingo.modelo
>> ∨ 🔠 lingo.vista
>>> 🔵 minilingo.gif

Figura 9.19. Ubicación en el proyecto del fichero con el logotipo.

Logotipo.java	Java

```
07 public class Logotipo extends JPanel {
08     private static final String FICHERO_LOGO = "minilingo.gif";
09
10     public Logotipo() {
11         JLabel logo = new JLabel(new ImageIcon(
12             LingoGrafico.class.getResource(FICHERO_LOGO)));
13         add(logo);
14     }
15 }
```

Clase Botonera

En la zona este de la pantalla, colocamos los botones del juego. Serán cuatro botones clásicos y un *checkbox*. Los distribuimos mediante un GridLayout (cuadrícula) de cinco filas y una columna. Al construir la Botonera, algunos botones estarán activados, otros no. Los métodos de esta clase se ocuparán precisamente de activar y desactivar los botones disponibles en función del estado de la partida.

El constructor recibe una referencia al controlador, para que gestione cada uno de los botones.

```java
17  public class Botonera extends JPanel {
18
19      private static final int NUM_ELEMS = 5;
20
21      private JButton bNueva;
22      private JButton bMasPistas;
23      private JButton bSolucion;
24      private JButton bSalir;
25      private JCheckBox cbAleatorio;
26
27      public Botonera(Lingo modelo, BotoneraController listener) {
28          super(new GridLayout(NUM_ELEMS, 1));
29
30          bNueva = new JButton(NUEVA);
31          bNueva.addActionListener(listener);
32          add(bNueva);
33
34          bMasPistas = new JButton(MAS_PISTAS);
35          bMasPistas.setEnabled(false);
36          bMasPistas.addActionListener(listener);
37          add(bMasPistas);
38
39          bSolucion = new JButton(SOLUCION);
40          bSolucion.setEnabled(false);
41          bSolucion.addActionListener(listener);
42          add(bSolucion);
43
44          bSalir = new JButton(SALIR);
45          bSalir.addActionListener(listener);
46          add(bSalir);
47
48          cbAleatorio = new JCheckBox(PISTA_ALEATORIA);
49          cbAleatorio.addActionListener(listener);
50          add(cbAleatorio);
51      }
52
53      public void resolver() {
54          bMasPistas.setEnabled(false);
55          bSolucion.setEnabled(false);
56      }
57
```

```java
58   public void inhabilitar() {
59       bNueva.setEnabled(false);
60       bMasPistas.setEnabled(false);
61       bSolucion.setEnabled(false);
62   }
63
64   public void noMasPistas() {
65       bMasPistas.setEnabled(false);
66   }
67
68   public void reiniciar() {
69       bMasPistas.setEnabled(true);
70       bSolucion.setEnabled(true);
71   }
72 }
```

Clase Marcador

La clase Marcador puede parecer larga, pero es muy repetitiva. Solo muestra los cinco valores de la puntuación, utilizando dos etiquetas para cada uno: la etiqueta que indica el qué, y la del cuánto, centrada. Son, por tanto, diez elementos metidos de nuevo en un GridLayout.

Como el usuario no puede interactuar con este JPanel, no necesitamos ningún controlador. Solo un método para repintarPuntuacion() cada vez que se actualice, cogiendo los valores de la instancia modelo recibida.

| Marcador.java | Java |

```java
16 public class Marcador extends JPanel {
17     private static final String PUNTUACION_INICIAL = "0";
18     private static final int NUM_ELEMS = 10;
19
20     private JLabel puntuacionLineaTxt;
21     private JLabel puntuacionLineaVal;
22     private JLabel puntuacionPalabraTxt;
23     private JLabel puntuacionPalabraVal;
24     private JLabel puntuacionTotalTxt;
25     private JLabel puntuacionTotalVal;
26     private JLabel numeroPalabrasTxt;
27     private JLabel numeroPalabrasVal;
28     private JLabel palabrasGanadasTxt;
29     private JLabel palabrasGanadasVal;
30
31     private Puntuacion puntuacion;
32
```

```java
33    public Marcador(Puntuacion puntuacion) {
34        this.puntuacion = puntuacion;
35
36        puntuacionLineaTxt = new JLabel(PUNTUACION_LINEA);
37        puntuacionLineaVal =
38                new JLabel(PUNTUACION_INICIAL, JLabel.CENTER);
39        puntuacionPalabraTxt = new JLabel(PUNTUACION_PALABRA);
40        puntuacionPalabraVal =
41                new JLabel(PUNTUACION_INICIAL, JLabel.CENTER);
42        puntuacionTotalTxt = new JLabel(PUNTUACION_TOTAL);
43        puntuacionTotalVal =
44                new JLabel(PUNTUACION_INICIAL, JLabel.CENTER);
45        numeroPalabrasTxt = new JLabel(PALABRAS_JUGADAS);
46        numeroPalabrasVal =
47                new JLabel(PUNTUACION_INICIAL, JLabel.CENTER);
48        palabrasGanadasTxt = new JLabel(PALABRAS_GANADAS);
49        palabrasGanadasVal =
50                new JLabel(PUNTUACION_INICIAL, JLabel.CENTER);
51
52        setLayout(new GridLayout(NUM_ELEMS, 1));
53        add(puntuacionLineaTxt);
54        add(puntuacionLineaVal);
55        add(puntuacionPalabraTxt);
56        add(puntuacionPalabraVal);
57        add(puntuacionTotalTxt);
58        add(puntuacionTotalVal);
59        add(numeroPalabrasTxt);
60        add(numeroPalabrasVal);
61        add(palabrasGanadasTxt);
62        add(palabrasGanadasVal);
63    }
64
65    public void repintarPuntuacion() {
66        puntuacionLineaVal.setText(puntuacion.getPuntuacionLinea());
67        puntuacionPalabraVal.setText(puntuacion.getPuntuacionPalabra());
68        puntuacionTotalVal.setText(puntuacion.getPuntuacionTotal());
69        numeroPalabrasVal.setText(puntuacion.getPalabrasTotales());
70        palabrasGanadasVal.setText(puntuacion.getPalabrasGanadas());
71    }
72 }
```

Clase Entrada

En el JPanel de Entrada, ubicado al sur del panel central, solamente tenemos un elemento, un JTextField, el cuadro de texto en el que el usuario propone sus palabras.

El constructor recibe EntradaController, que asignará como *listener* del cuadro de texto. Los métodos que ofrece son triviales: limpiar() para vaciar el campoEntrada estableciendo su texto a "", y bloquear() y abrir() para impedir o permitir la escritura en él.

Entrada.java	Java

```java
08  public class Entrada extends JPanel {
09      private static final int LONG_ENTRADA = 12;
10
11      private JTextField campoEntrada;
12
13      public Entrada(EntradaController listener) {
14          campoEntrada = new JTextField(LONG_ENTRADA);
15          campoEntrada.setEditable(false);
16          campoEntrada.addActionListener(listener);
17          add(campoEntrada);
18      }
19
20      public void limpiar() {
21          campoEntrada.setText("");
22      }
23
24      public void bloquear() {
25          campoEntrada.setEditable(false);
26      }
27
28      public void abrir() {
29          campoEntrada.setEditable(true);
30      }
31  }
```

Clase BarraEstado

La BarraEstado es un campo de texto, no editable, en el que iremos mostrando los mensajes al usuario. Ya debería sonarte de los juegos anteriores.

BarraEstado.java	Java

```java
07  public class BarraEstado extends JTextField {
08
09      public BarraEstado() {
10          setEditable(false);
11          setText(MENS_NUEVA);
12      }
13
14      public void actualizarEstado(String mensaje) {
15          setText(mensaje);
16      }
17  }
```

Clase Panel

El Panel central necesita distribuir sus elementos en una cuadrícula; por eso, en el constructor establecemos como *layout* un nuevo GridLayout, con tantas filas como líneas ofrezcamos, y con una columna más como letras tengamos, ya que también necesitamos espacio para numerar las líneas. Para generarCasillas(), empleamos un método privado, para aligerar el código del constructor. En él, creamos la matriz de casillas y el *array* para la numeracion. Por cada línea, añadimos numerito y una casilla por cada letra. Casillas de tamaño uno, no editables, con el fondo nulo, centradas. rellenarCasilla() —como su nombre indica— rellena una casilla, es decir, le pone la letra que corresponde.

El método pintarPista() sirve para mostrar y colorear la apuesta del jugador, mientras que prepararLineaSiguiente() pinta, sin colores, las letras que ya sabemos dónde van.

Cuando empecemos una nueva palabra habrá que limpiar() el panel, quitando colores y letras.

Panel.java	Java

```java
15  public class Panel extends JPanel {
16      private static final int SEP_ELEM = 5;
17
18      private JTextField[][] casillas;
19      private JLabel[] numeracion;
20
21      private Lingo modelo;
22
23      public Panel(Lingo modelo) {
24          this.modelo = modelo;
25
26          GridLayout grid = new GridLayout(modelo.getNumeroLineas(),
27                  modelo.getLongitudPalabra() + 1);
28          grid.setHgap(SEP_ELEM);
29          grid.setVgap(SEP_ELEM);
30          setLayout(grid);
31
32          generarCasillas();
33      }
34
35      private void generarCasillas() {
36          casillas = new JTextField
37              [modelo.getNumeroLineas()][modelo.getLongitudPalabra()];
38          numeracion = new JLabel[modelo.getNumeroLineas()];
39          for (int i = 0; i < casillas.length; i++) {
40              numeracion[i] = new JLabel(" " + (i + 1) + " ");
41              numeracion[i].setForeground(Color.GRAY);
42              add(numeracion[i]);
43              for (int j = 0; j < casillas[i].length; j++) {
44                  casillas[i][j] = new JTextField(1);
45                  casillas[i][j].setEditable(false);
46                  casillas[i][j].setBackground(null);
```

```java
47              casillas[i][j].setHorizontalAlignment(JTextField.CENTER);
48              add(casillas[i][j]);
49          }
50      }
51  }
52
53  public void rellenarCasilla(int linea, int posicion, Letra letra) {
54      casillas[linea][posicion].setText(letra.getLetra());
55  }
56
57  public void pintarPista() {
58      Palabra pista = modelo.getJugada().getEntrada();
59      int lineaActual = modelo.getEstado().getLineaActual();
60      for (int i = 0; i < modelo.getLongitudPalabra(); i++) {
61          Letra letra = pista.getLetra(i);
62          EstadoLetra estado = letra.getEstado();
63          casillas[lineaActual][i].setBackground(estado.getColor());
64          casillas[lineaActual][i].setText(letra.getLetra());
65      }
66  }
67
68  public void prepararLineaSiguiente() {
69      int lineaActual = modelo.getEstado().getLineaActual();
70      for (int i = 0; i < modelo.getLongitudPalabra(); i++) {
71          // escribimos las ya colocadas en la siguiente linea
72          Letra letra = modelo.getObjetivo().getLetra(i);
73          if (letra.getEstado() == EstadoLetra.OK) {
74              casillas[lineaActual][i].setText(letra.getLetra());
75          }
76      }
77  }
78
79  public void limpiar() {
80      for (int i = 0; i < casillas.length; i++) {
81          numeracion[i].setText(" " + (i + 1) + " ");
82          for (int j = 0; j < casillas[i].length; j++) {
83              casillas[i][j].setBackground(null);
84              casillas[i][j].setText("");
85          }
86      }
87  }
88
89  public int getTamanyo() {
90      return casillas.length;
91  }
92  }
```

Clase Menu

En la barra de menús, establecimos como contenido una instancia de nuestra clase Menu (línea 55 de LingoGrafico.java). Al extender JMenuBar, tendremos el menú «Opciones», con un submenú «Longitud Palabras» del que se despliegan todas las longitudes disponibles, como se ve en la figura 9.20.

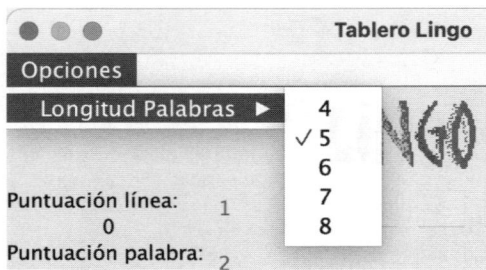

Figura 9.20. Detalle del menú de configuración de la longitud.

En cada uno de los elementos, mediante setMnemonic(), indicamos con qué letra se puede acceder al menú, combinándola con la tecla Alt.

TRUCO:

Para conseguir establecer como mnemónico el número de cada longitud, le sumamos 0x30 (48 en hexadecimal, el código ASCII de 'o') al número deseado.

Las distintas longitudes disponibles las agrupamos en un ButtonGroup, para que al seleccionar una se deseleccione la otra. Las creamos con JRadioButtonMenuItem, así que necesitaremos un *array* con tantos elementos como opciones permitamos, y por eso las creamos mediante un bucle.

Utilizaremos el modelo recibido en el constructor para inicializar como marcado el valor vigente de la longitud de la palabra, y el *listener* para que trate los eventos sucedidos en el menú.

Menu.java	Java

```
18  public class Menu extends JMenuBar {
19      public Menu(Lingo modelo, MenuController listener) {
20          // Menu Opciones
21          JMenu mOpciones = new JMenu(OPCIONES);
22          mOpciones.setMnemonic(KeyEvent.VK_O);
23          add(mOpciones);
24
```

```java
25        // SubMenu Longitud palabras
26        JMenu mLongsPal = new JMenu(LONGITUD_PALABRAS);
27        mLongsPal.setMnemonic(KeyEvent.VK_L);
28        ButtonGroup bgLongsPal = new ButtonGroup();
29        JRadioButtonMenuItem[] rbmiLongsPal =
30            new JRadioButtonMenuItem[MAX_LONG - MIN_LONG + 1];
31        for (int i = 0; i < rbmiLongsPal.length; i++) {
32            rbmiLongsPal[i] =
33                new JRadioButtonMenuItem((MIN_LONG + i) + "");
34            rbmiLongsPal[i].setMnemonic(0x30 + i + MIN_LONG);
35            if (MIN_LONG + i == modelo.getLongitudPalabra()) {
36                rbmiLongsPal[i].setSelected(true);
37            }
38            rbmiLongsPal[i].addActionListener(listener);
39            bgLongsPal.add(rbmiLongsPal[i]);
40            mLongsPal.add(rbmiLongsPal[i]);
41        }
42        mOpciones.add(mLongsPal);
43    }
44 }
```

Controlador

El paquete controlador alberga tres clases para reaccionar a las acciones del usuario, reacciones distribuidas según sobre qué elemento se ha interactuado. Así pues, BotoneraController escuchará los eventos sobre la botonera, EntradaController tratará las palabras que inserte el usuario y, finalmente, MenuController procesará los cambios de tamaño.

Clase BotoneraController

BotoneraController tiene trabajo: tratar cuatro botones y un *checkbox*. En actionPerformed() distribuirá el trabajo en función del comando que ha originado el evento.

- NUEVA: llama a tratarBotonNueva() que pide una nueva palabra al modelo, reinicia la vista, asigna una pista (aleatoria o no, según desee el usuario), y repinta la puntuación, sin olvidar informar al jugador de que puede pedir ayuda si la necesita.

- MAS_PISTAS: invoca a darPista(), le pide al modelo esa pista, para transmitírsela a la vista, y asegurarse de que se tiene en cuenta para la puntuación. Si no se hubieran podido dar más pistas, captura la excepción, y avisa a la vista, que seguramente informará al jugador.

- SOLUCION: transmite a la vista la necesidad de resolver().

- SALIR: System.exit(0), salimos de la aplicación sin errores.

- PISTA_ALEATORIA: el modelo debe alternarAleatoria().

```java
21  public class BotoneraController implements ActionListener {
22
23      private Lingo modelo;
24      private LingoGrafico vista;
25
26      public BotoneraController(Lingo modelo, LingoGrafico vista) {
27          this.modelo = modelo;
28          this.vista = vista;
29      }
30
31      @Override
32      public void actionPerformed(ActionEvent e) {
33          switch (e.getActionCommand()) {
34          case NUEVA:
35              try {
36                  tratarBotonNueva();
37              } catch (NoDiccionarioException nde) {
38                  vista.error(nde);
39              }
40              break;
41          case MAS_PISTAS:
42              darPista();
43              break;
44          case SOLUCION:
45              vista.resolver();
46              break;
47          case SALIR:
48              System.exit(0);
49          case PISTA_ALEATORIA:
50              modelo.alternarAleatoria();
51              break;
52          }
53      }
54
55      private void tratarBotonNueva() throws NoDiccionarioException {
56          Palabra objetivo = modelo.nuevaPalabra();
57          vista.reiniciar();
58          int pista;
59          if (modelo.getConfiguracion().isAleatoria()) {
60              pista = RANDOM.nextInt(modelo.getLongitudPalabra());
61          } else {
62              pista = 0;
63          }
64          vista.rellenarCasilla(pista, objetivo.getLetra(pista));
65          objetivo.letraColocada(pista);
66          vista.actualizarEstado(MENS_AYUDA);
67          vista.repintarPuntuacion();
68      }
69
```

```java
70      private void darPista() {
71          try {
72              Palabra objetivo = modelo.getObjetivo();
73              int posicionPista = objetivo.darPista();
74              Letra letra = objetivo.getLetra(posicionPista);
75              vista.rellenarCasilla(posicionPista, letra);
76              modelo.otraPista();
77          } catch (NoMasPistasException e) {
78              vista.noMasPistas();
79          }
80      }
81  }
```

Clase EntradaController

Este *listener* se encarga de gestionar los eventos sobre el campo de entrada. Solo consideramos uno, que el usuario envía (mediante la pulsación de Enter [o Intro]) la palabra con la que quiere jugar.

Como atributos, que recibimos por el constructor, tenemos el modelo y la vista: el primero para comprobar los valores con los que trabajamos y la segunda para reflejar en la interfaz de usuario las consecuencias de su acción.

Cuando recibamos un evento, recogeremos el comando de la acción (que coincide con el texto escrito en el campo) y se lo pasaremos al modelo, para jugar(). Si la jugada es válida, le pedimos a la vista que la pinte; si no, le informamos de la invalidez. Además, si la palabra ha sido solucionada, lo reflejamos en el modelo y en la vista; y si no, avanzamos línea. En cualquier caso, repintamos la puntuación.

EntradaController.java　　　　　　　　Java

```java
10  public class EntradaController implements ActionListener {
11
12      private Lingo modelo;
13      private LingoGrafico vista;
14
15      public EntradaController(Lingo modelo, LingoGrafico vista) {
16          this.modelo = modelo;
17          this.vista = vista;
18      }
19
```

```
20      @Override
21      public void actionPerformed(ActionEvent e) {
22          String entrada = e.getActionCommand();
23          Jugada jugada = modelo.jugar(entrada);
24          if (jugada.isValida()) {
25              vista.pintarJugada();
26          } else {
27              vista.entradaNoValida(entrada);
28          }
29          if (modelo.getEstado().isSolucionada()) {
30              modelo.solucionar();
31              vista.solucionar();
32          } else {
33              modelo.avanzarLinea();
34              vista.prepararLineaSiguiente();
35          }
36          vista.repintarPuntuacion();
37      }
38  }
```

Clase MenuController

El controlador del menú es aún más sencillito: al detectar un evento, recogemos el valor del ítem clicado, lo convertimos a entero, y se lo trasmitimos al modelo, que hemos recibido en el constructor.

No necesitamos la vista para nada, ya que estos eventos no producirán un cambio inmediato: no se tendrá en cuenta hasta la siguiente palabra.

```
10  public class MenuController implements ActionListener {
11
12      private Lingo modelo;
13
14      public MenuController(Lingo modelo) {
15          this.modelo = modelo;
16      }
17
18      public void actionPerformed(ActionEvent e) {
19          JRadioButtonMenuItem item = (JRadioButtonMenuItem) e.getSource();
20          int valor = Integer.parseInt(item.getText());
21          modelo.nuevaLongitud(valor);
22      }
23  }
```

Ejecución y salida

Lo hicimos al terminar de explicar el código en Python, y tras terminar el código en Java, también nos lo merecemos… ¿jugamos?

Al lanzar el juego, no podemos jugar aún… ¡hay que darle a «Nueva»! Y nos toca una palabra que empiece por G… ¿Será GAFAS? No, no lo es, pero tiene dos A, así que vamos a ver si es GRAPA… ¡hemos colocado las A! ¿Será GUAPA? ¡Pues claro que no!, ya sabíamos que no había P, pero ya sabemos que hay una U. ¿GUA_A? ¡Ni idea! ¿Quizá GUADA? (Mucha gente llama Guada a Guadalajara…) Pero no, no ha colado, GUADA no está en el diccionario (¡ahí ha habido una NoDiccionarioException!). Me rindo, pero antes…

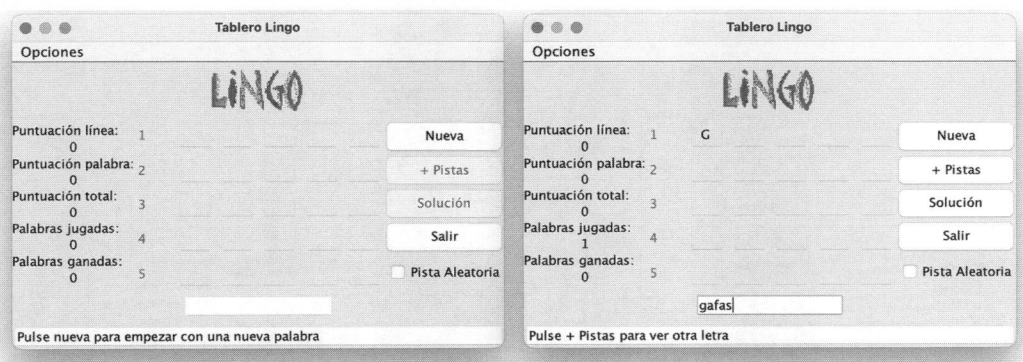

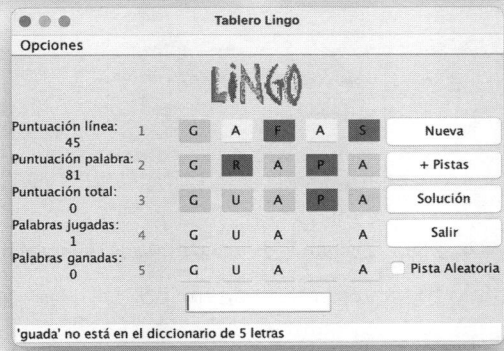

Figura 9.21. Algunas capturas de una partida de ejemplo en Java.

PREGUNTA   **RESPUESTA**

¡Ayúdame! ¿Cuál es la palabra de cinco letras que estoy buscando?

Cinco letras con pista en la primera letra es poco reto... mejor pido pista aleatoria y... ¡siete letras!

¡Ay, madre! Una E en la sexta posición, ¡ni idea! + Pistas, H, +Pistas, A, +Pistas, H, ¡qué difícil! +Pistas, U, +Pistas, H, ¿tú tienes idea de cuál es la solución? Si pido +Pistas ya no se deja... me parece que ahí ha saltado una NoMasPistasException, ¿no crees?

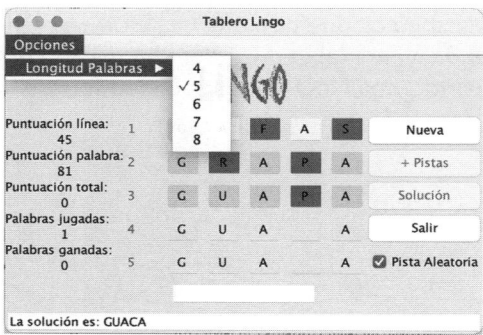

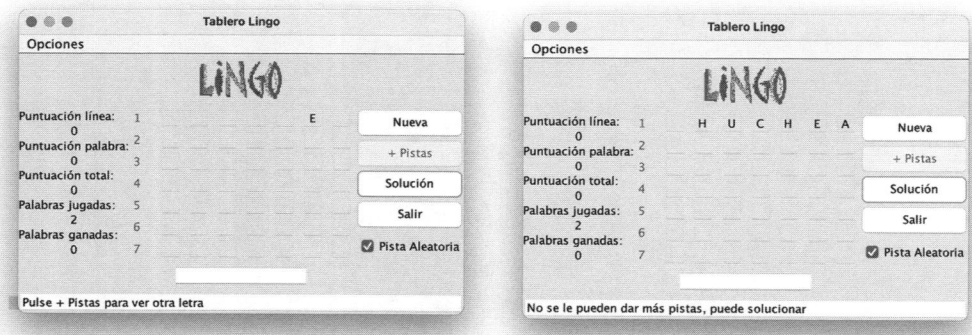

Figura 9.22. Algunas capturas de una partida de ejemplo en Java.

Hoy no es mi día, inténtalo tú, ¡a ver si se te da mejor!

Rétate

- Añade la funcionalidad para comprobar, antes de enviarla, si una palabra está admitida, consultando el diccionario. Puedes ponerla en el menú, que está muy vacío.

- Permite que el número de líneas sea configurable o añade un botón para incluir más líneas a la partida y seguir jugando. Penalízalo adecuadamente en la puntuación.

- Prueba, depura y, si es necesario, corrige el código, para tratar correctamente posibles *bugs* (errores de programación) que tenga.

- Asegura la accesibilidad para personas con daltonismo (o ceguera del color), aportando información sobre el estado de cada letra con mecanismos adicionales al color.

- Optimiza la implementación del diccionario para que la búsqueda de palabras sea más eficiente. Quizá necesites duplicar el almacenamiento, respetando el ArrayList para el acceso aleatorio y añadiendo una estructura más adecuada para la búsqueda, como un HashSet.

- Regresa al juego del ahorcado e incorpórale un diccionario.

- Aplica lo que has aprendido en este capítulo para mejorar los juegos anteriores.

Parte

2

La teoría

10

Entornos de desarrollo

En este capítulo aprenderás a:

- Preparar tu equipo para desarrollar en Python y en Java.
- Instalar un IDE para desarrollar en Python (Spyder) o en Java (Eclipse).
- Utilizar el IDE.
- Ejecutar tus programas.

Introducción

Los ficheros en los que escribimos los programas son ficheros de texto. Eso quiere decir que podríamos escribir en cualquier editor de texto, tan sencillo como el bloc de notas, por ejemplo. Donde no podemos escribirlos en un editor de documentos con formato, como Word, Pages o Google Docs.

Tras escribir el código, para poderlo probar, en el caso de Java necesitamos compilarlo y ejecutarlo; en Python, solo interpretarlo (ejecutándolo). Para ambos existen programas que se ejecutan desde la línea de comandos del sistema, con instrucciones en modo texto.

Pero escribir el código en un editor de texto y ejecutar los comandos desde el símbolo del sistema supone un esfuerzo innecesario hoy en día. Porque existen los **entornos de desarrollo integrados** (IDE, por sus siglas en inglés), que son unos programas que integran todas las acciones que necesitamos hacer sobre el código:

- **escribir,** con un editor que además cuenta con coloreado sintáctico para ayudarnos a leer mejor el código (coloreando ciertas palabras en función de su significado). Como ayuda a la escritura, también suelen tener funciones de autocompletado (la combinación de teclas Control + Espacio suele ser muy útil).
- **compilar y ejecutar,** con un botón que nos permite lanzar la ejecución y una ventanita en la que ver los resultados (la consola).
- **depurar,** con otro botón, para ejecutar el código paso a paso y así poder detectar errores, como veremos en el próximo capítulo.

Existen muchos IDE, algunos mejores, otros no tan buenos, algunos específicos para un lenguaje, otros multilenguaje. No es fácil elegir uno. Pero te doy mis pautas: si trabajo en equipo, el que use el equipo; si trabajo sola, el que ya conozco. Siguiendo este libro, yo soy tu equipo, así que te recomiendo utilizar el mismo que yo, pero si prefieres algún otro, adelante.

¿Y cuál utilizo yo? Para preparar este libro, recurrí a **Spyder** para Python y a **Eclipse** para Java.

Spyder para Python

Spyder es el IDE, el programa en el que escribiremos y ejecutaremos el código, pero es necesario tener también instalado Python en tu ordenador. También hace falta un gestor de paquetes, como **pip** o **conda**, para poder instalar las librerías adicionales que vayamos a utilizar, como Tkinter para hacer interfaces gráficas de usuario.

Instalación de Python

No me voy a entretener explicándote cómo instalar Python, porque en su web oficial (https://www.python.org) encontrarás instrucciones precisas y actualizadas. Empieza descargando el instalador que mejor se ajuste a tus necesidades (versión y sistema operativo) en la pestaña Downloads. Es recomendable escoger la versión estable más reciente. Yo he utilizado la versión 3.10.9, pero es posible que tú halles una versión superior.

En cuanto a los gestores de paquetes, pip suele estar incluido al instalar Python; sin embargo, para instalar conda hay que instalar Miniconda o Anaconda en la web oficial de conda (https://conda.io te llevará a la versión más reciente).

Instalación de Spyder

Para instalar el Spyder IDE, lo más razonable es ir a la página oficial: https://www.spyder-ide.org/, buscar la página de descargas (Download) y seguir las instrucciones para instalarlo como cualquier otro programa. Fíjate en las opciones que te ofrece y selecciona las más adecuadas, aunque, para empezar, las opciones por defecto seguramente te valgan.

Yo tengo instalada la versión 5.5.0, pero seguro que encuentras nuevas actualizaciones porque a estas alturas del libro ya me está pidiendo que me actualice.

Uso básico de Spyder

Cuando abras Spyder por primera vez, salvo que lo cambien mucho en futuras actualizaciones, te encontrarás una pantalla parecida a la de la figura 10.1.

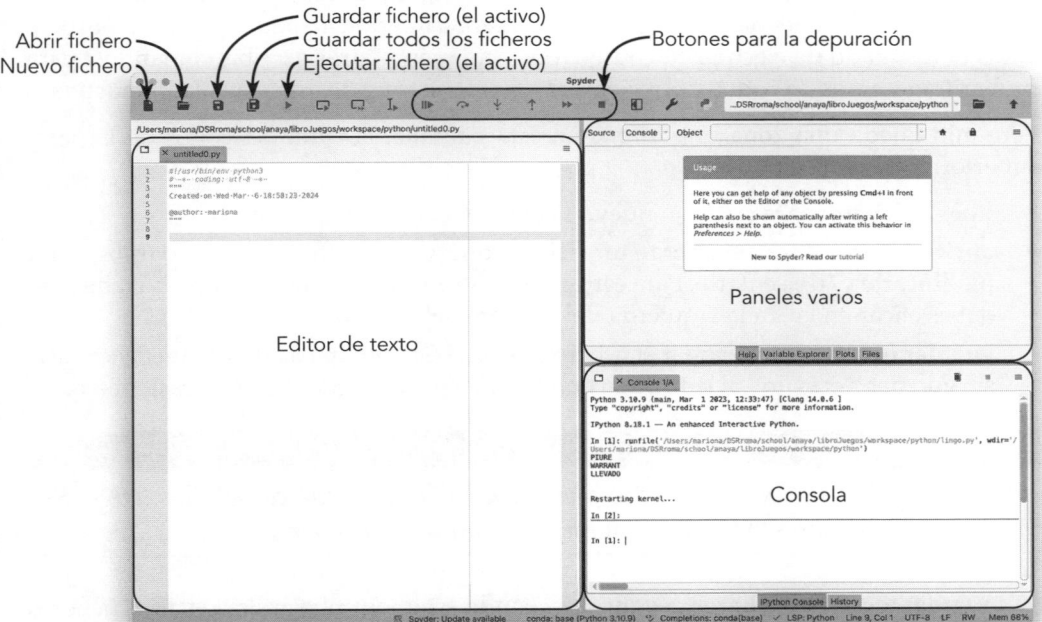

Figura 10.1. Pantalla inicial de Spider.

La zona de la izquierda está dedicada al editor de texto, con una pestaña por cada fichero: en esta captura, untitled0.py (el fichero que nos abre para que empecemos a programar ¡ya!). Los números del margen izquierdo son los números de línea, y son muy útiles cuando programamos. En los listados de código de este libro están numeradas las líneas y, a menudo, hago referencia a la línea en la que está el código al que me estoy refiriendo. Por ejemplo, aquí, podría decirte que las líneas 1 y 2 son un comentario (porque empieza por #) en el que se indica la versión de Python y la codificación que se está utilizando. O que las líneas 3 a 7 son un comentario de documentación (empieza y termina con triples comillas dobles) en el que se indica quién y cuándo creó el fichero. No lo aprecias en el libro, por estar en escala de grises, pero en tu ordenador verás que unas líneas están en gris, otras en verde… depende del tipo de comentario. Cuando escribas código, también verás distintos colores y formatos: son configurables y pretenden ser una ayuda. Acostúmbrate a ello, porque son muy útiles.

En la zona derecha, la pantalla se divide en dos partes. En la superior, se agrupan cuatro pestañas, la que más utilizarás ahora es Variable Explorer, donde podrás cotillear el valor que toman las variables de tus programas. En la zona inferior, llamada Console (consola), verás el resultado de ejecutar tu código, pero también podrás escribir comandos: para probar fragmentos de código, por ejemplo, ya que se trata de una consola interactiva.

Pero aún queda una zona importante en esta pantalla, la cinta de iconos de la parte superior:

- **nuevo fichero:** para crear un nuevo fichero en el que programar.
- **abrir fichero:** para recuperar un fichero que ya escribimos y guardamos, para modificarlo y/o ejecutarlo. Para cerrar un fichero, si te molesta tener muchos abiertos, debes clicar en la X a la izquierda del nombre del fichero.
- **guardar fichero:** para guardar el fichero en el que estamos trabajando. Si un fichero está sin guardar, verás un * al lado de su nombre. En cuanto lo guardes, el * desaparecerá.

- **guardar todos los ficheros:** resulta útil cuando estamos trabajando en varios ficheros a la vez. Con este botón guardaremos todos los que tengan cambios. Es imprescindible guardar los cambios antes de ejecutar para que sean tenidos en cuenta.

- **ejecutar:** este botón sirve para ejecutar el código que has escrito. Cuidado: como en Python no hay proceso de compilación, si hay erratas en el código, podrás ejecutarlo, pero no funcionará bien: verás los errores en la consola. Si te pasa eso, arregla el problema que te indique, guarda los cambios y vuelve a intentar ejecutando de nuevo.

Hay unos cuantos iconos más, que de momento no utilizarás; ya irás descubriéndolos según avances en la programación. En el próximo capítulo sí te contaré los iconos de depuración.

Ejemplo de Spyder en uso

He abierto el código del primer juego del libro, eco.py. Son solo tres líneas de código. En tu pantalla verás las palabras print e input en color morado, y los textos (entre comillas simples o dobles) en verde. El resto en negro. En gris clarito verás puntitos donde irían los espacios en blanco.

NOTA:

Para activar o desactivar la visualización de los puntitos en los espacios en blanco, selecciona la opción Show blank spaces en el menú Source. Al programar en Python, los espacios y los tabuladores son muy importantes: su visualización te ayudará a no enloquecer.

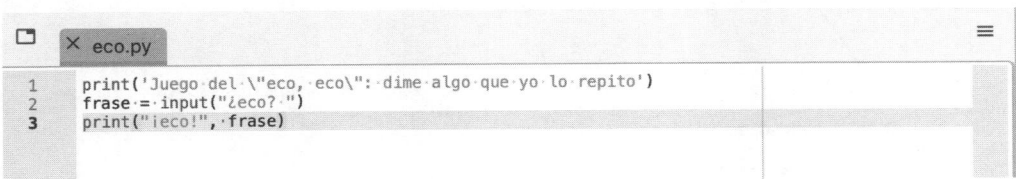

Figura 10.2. Fichero eco.py abierto.

He ejecutado este código y, en la consola, podemos ver, tras In [2], el resultado de dicha ejecución. El programa ha escrito lo que debía, el usuario ha respondido hola, y el programa ha seguido según lo previsto: repitiendo lo dicho.

Figura 10.3. Consola tras ejecutar eco.py.

Pero en la vida del programador, rara vez se escribe todo bien a la primera. Solemos cometer errores, no pasa nada: si los detectamos a tiempo, no morirá nadie. Se corrigen y continuamos.

Figura 10.4. Fichero eco.py modificado y con un error.

Aunque el editor ya me ha avisado que en la línea 3 había algún problema (con ese círculo rojo con una x dentro, al lado del número de línea) y, además, el color del texto no es el esperado, he decidido ejecutar el código igualmente. Se ha ejecutado bien la línea 1 y ha escrito ese mensaje. Se ha ejecutado bien la línea 2, y he podido escribir lo que me ha parecido. Pero ya no ha sido posible ejecutar la línea 3: sobra una t en printt.

Figura 10.5. Consola tras intentar ejecutar eco.py con errores.

Si quitamos la t que sobra y volvemos a ejecutar, todo nuevamente irá bien. Ya te dije que no moriría nadie si cometíamos errores (y los corregíamos a tiempo).

¿Quieres aprender a usar mejor Spyder? Retrocede en el libro, empieza a programar los distintos juegos, y mientras lo usas descubrirás nuevas funcionalidades.

Eclipse para Java

Eclipse es el IDE que he escogido para desarrollar los juegos en Java para este libro. Bueno, para este libro, y para todo lo demás: llevo muchos años utilizando Eclipse para programar en Java, tanto en la empresa, cuando era desarrolladora, como en las escuelas en las que he sido profesora de programación, o para la mayoría de mis cursos en LinkedIn Learning. ¿Es el mejor IDE para Java? Depende. Como ya he comentado antes, la mejor elección es el IDE que use el equipo. Lo que sí puedo afirmar con rotundidad es que es adecuado para seguir los ejemplos y juegos de este manual.

Instalación de Java

La instalación de Eclipse ya incluye todo lo que necesita, así no es imprescindible que instales un JDK (Java Development Kit, kit de desarrollo de Java) aparte. Es posible que para algunas herramientas sí lo necesites, así que tampoco es mala idea que lo instales: ve a la página oficial de descargas de Oracle (https://www.oracle.com/java/technologies/downloads/). Escoge tu sistema operativo, descarga el archivo y procede a su instalación siguiendo las instrucciones.

Yo tengo instalada la versión 17.0.1, de octubre de 2021… quizá debería ir planteándome una actualización.

Instalación de Eclipse

Para instalar el IDE de Eclipse, como con el resto de herramientas, vamos a su página oficial (https://www.eclipse.org/downloads/), descargamos la versión estable más reciente del desktop IDE e instalamos según las instrucciones.

En Eclipse lanzan actualizaciones trimestrales, conviene estar al día, pero tampoco presentan grandes cambios. Yo he hecho este libro con la versión 2021-12.

> **NOTA:**
>
> *No, no, el libro no está escrito en 2021. Su primera edición es de 2024, así que está escrito entre 2023 y 2024, lo que sucede es que llevo tiempo sin actualizar mi entorno de desarrollo. Afortunadamente, la programación básica en Java no evoluciona tanto y sigue siendo perfectamente válido.*

Uso básico de Eclipse

Lo primero que nos preguntará Eclipse cuando lo abramos será en qué *workspace* queremos trabajar. El **espacio de trabajo** que nos está pidiendo es la carpeta en la que guardará su configuración y un buen lugar donde guardar nuestros proyectos.

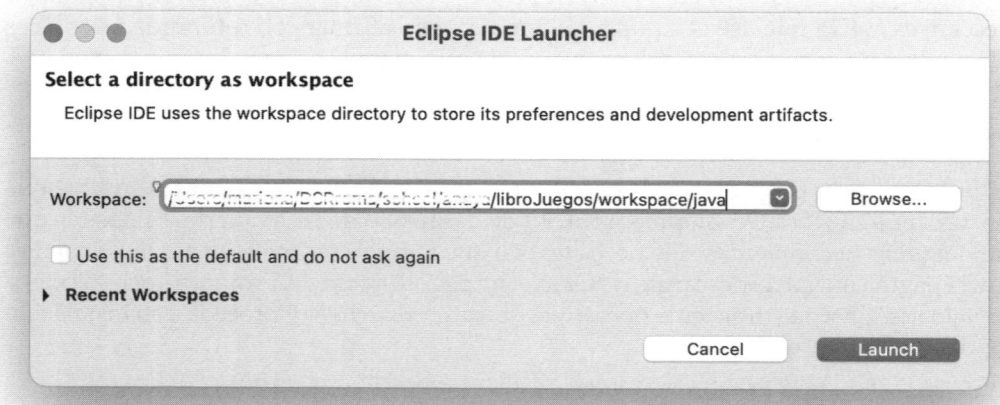

Figura 10.6. Selección de workspace en Eclipse.

ADVERTENCIA:

Es importante que prestes atención a qué workspace vas a utilizar, ya que, si la próxima vez abres uno nuevo, lo encontrarás vacío y te llevarás un buen susto. Elige una buena ubicación. Yo he utilizado la ruta ~/libroJuegos/workspace/java, para los juegos en Java y ~/libroJuegos/workspace/python, para el código en Python. Así lo tengo todo bien recogido y no pierdo nada.

La primera vez que abras un *workspace*, aparecerá la pantalla de bienvenida que ves en la figura 10.7. Quizá algún día te conviene leerla. Para seguir adelante, dale a la flechita de la esquina superior derecha que dice Hide, pero si no quieres verla la próxima vez que arranques el programa, desmarca antes la casilla de verificación de la esquina inferior derecha "Always show Welcome at start up". Yo no suelo activarla, pero es que ya me leí en su día lo que se cuenta allí (figura 10.7).

En la figura 10.8 ya estamos dentro del espacio de trabajo, listos para ponernos a programar. Pero debemos organizar nuestro código en proyectos. Así que, para empezar, tendremos que Create a Java project o Import projects…

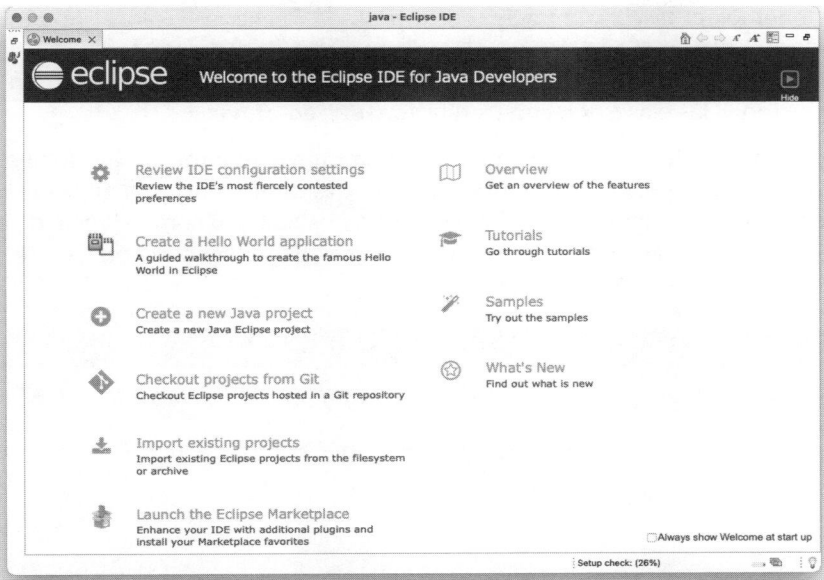

Figura 10.7. Pantalla de bienvenida en Eclipse.

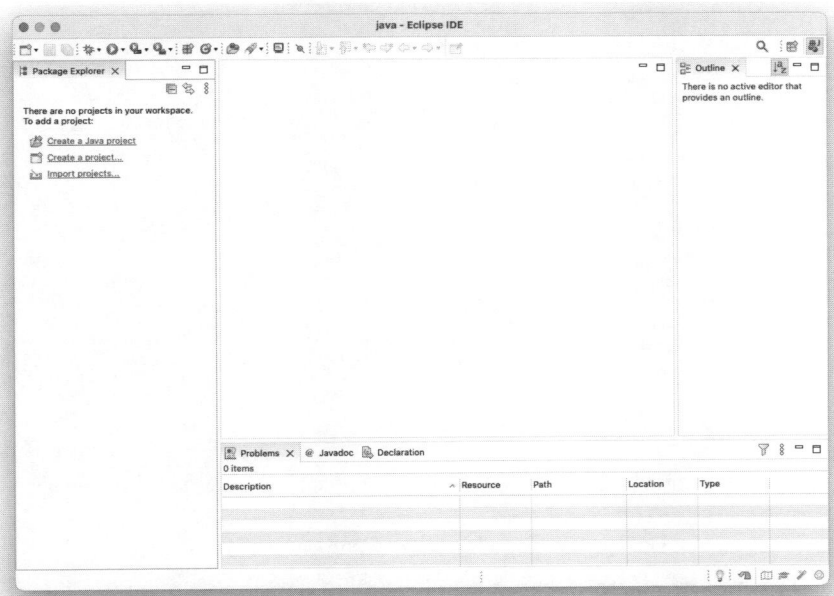

Figura 10.8. Workspace vacío en Eclipse.

Cuando tenemos el *workspace* vacío, en la pestaña Package Explorer (explorador de paquetes) nos salen unas opciones que desaparecerán en cuanto tengamos el primer proyecto. ¿Proyecto? Sí, proyecto es la unidad organizativa del código en Eclipse, agrupamos todas las clases y recursos relacionados en proyectos.

Si clicamos en Create a Java Project se abre una nueva ventana en la que nos pide los datos del proyecto. Indicamos el nombre que queramos darle, la ruta en la que lo guardaremos. De momento, Use default location nos vale, así como el resto de opciones por defecto. Eso sí, te recomiendo desmarcar la casilla de verificación Create module-info.java file. Al pulsar Finish se crea el proyecto.

TRUCO:

Si se te olvida desmarcar la casilla Create module-info.java file, siempre puedes suprimir ese fichero luego.

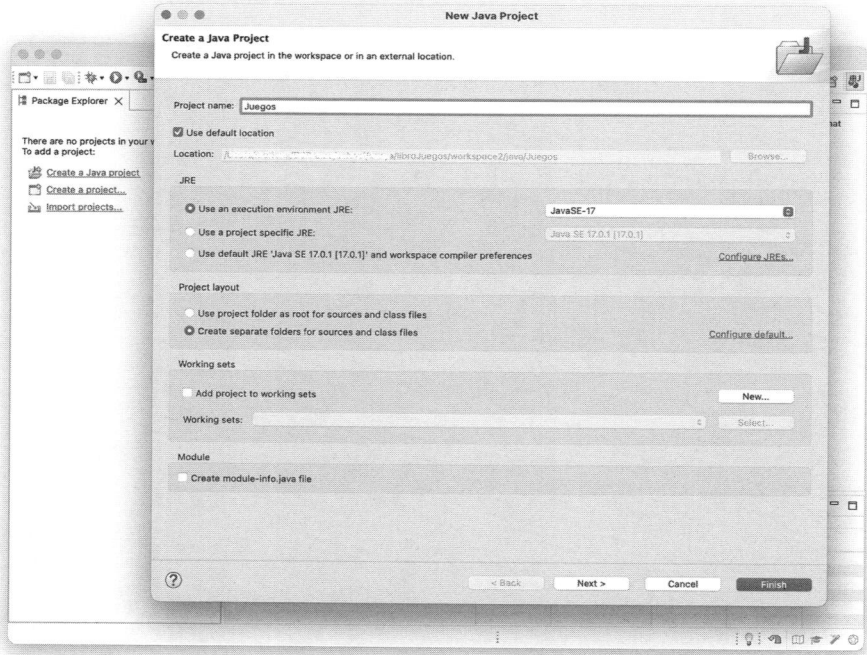

Figura 10.9. Creando un nuevo proyecto en Eclipse.

Tras crear el primer proyecto, desaparecen los enlaces que había en el Package Explorer y aparece el nuevo proyecto. A partir de ahora, para crear más proyectos es posible utilizar el menú File>New>Java Project.

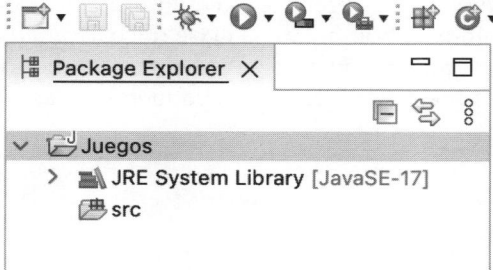

Figura 10.10. Nuevo proyecto creado en Eclipse.

TRUCO:

Los iconos en Eclipse aportan muchísima información, acostúmbrate a observarlos, pero no profundizaré ahora en ello.

Dentro de los proyectos es donde tendremos las clases y otros ficheros de nuestros programas. Para crear nuevos elementos, haremos clic derecho en el proyecto o en la carpeta src, New>Class.

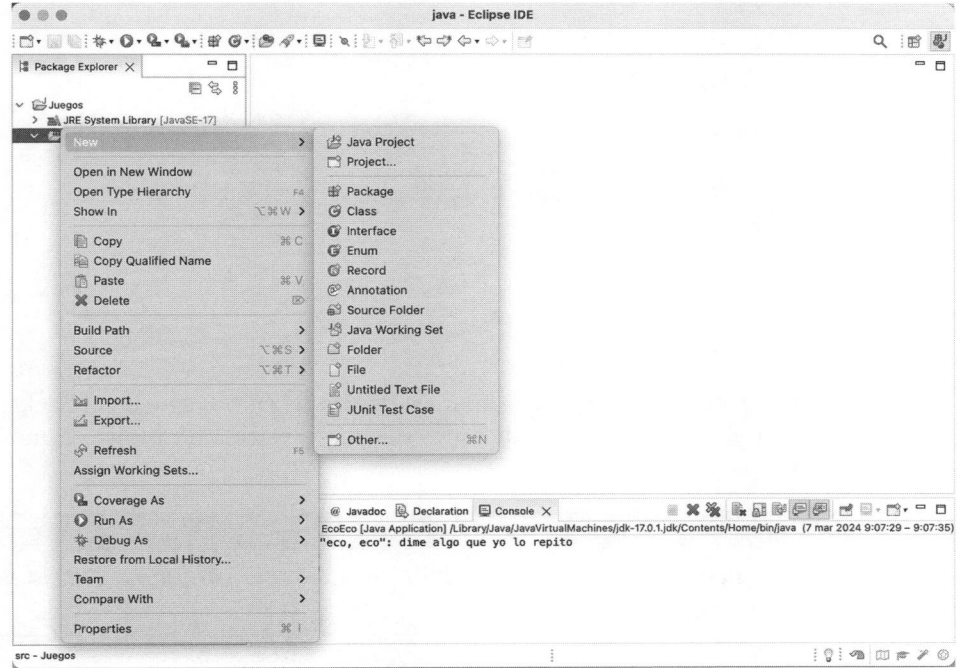

Figura 10.11. Crear nueva clase en Eclipse.

Otra vez aparece una ventana emergente en la que completaremos los datos necesarios para crear la clase, mínimo, el nombre de la clase (FichaDomino en la figura 10.12). Es buena práctica indicar el paquete (domino en el ejemplo), aunque en los primeros juegos estemos utilizando el paquete por defecto (sin paquete) para simplificarlos.

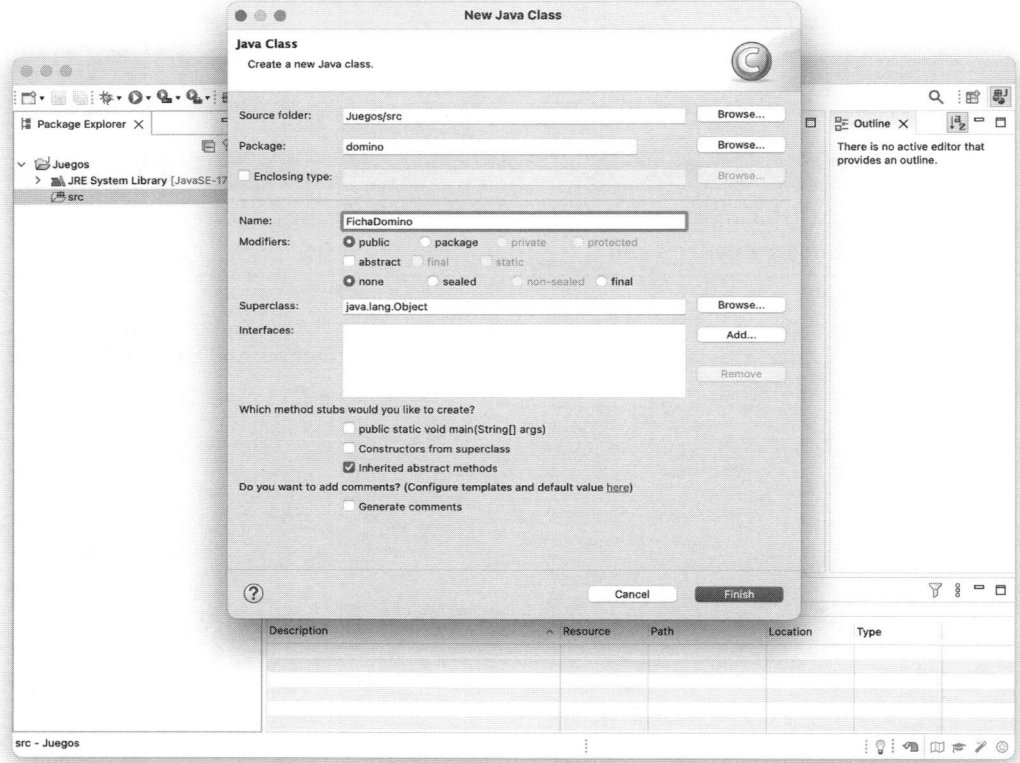

Figura 10.12. Creando una nueva clase en Eclipse.

Tras pulsar el botón Finish, la nueva clase aparece dentro de su paquete en el Package Explorer, y también abierta en la zona de edición, con su estructura básica, como se observa en la figura 10.13.

NOTA:

No, no busques el juego del dominó en el libro, precisamente porque no está lo he escogido para este ejemplo.

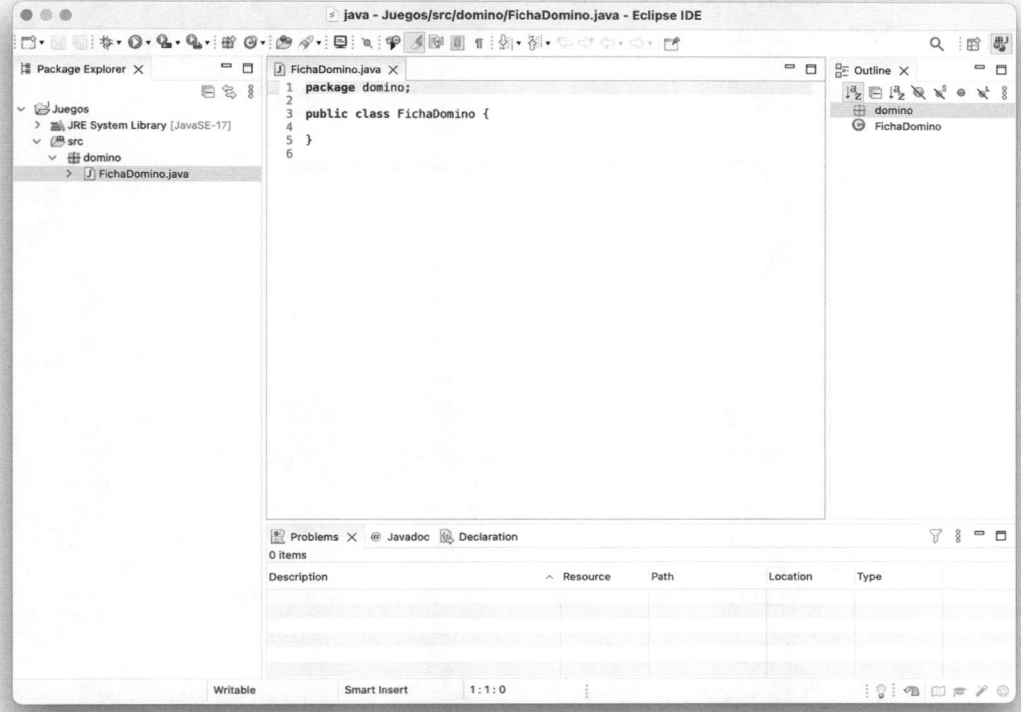

Figura 10.13. Nueva clase creada en Eclipse.

En los enlaces que salían al principio, además de crear nuevos proyectos teníamos la opción de importarlos. Opción muy interesante para trabajar sobre código existente como, por ejemplo, el código proporcionado con este libro.

Importemos el proyecto con el código de los capítulos de esta segunda parte del libro. Mediante el menú File>Import… o botón derecho sobre el Package Explorer>Import… abrimos un diálogo para escoger qué queremos importar: en este caso, Existing Projects into Workspace, centro de General.

Otra opción muy útil, si no tenemos el proyecto ya construido, es Projects from Folder or Archive, también en General (figura 10.14).

El botón Next nos llevará a la siguiente pantalla, en la que escogeremos el directorio en el que tenemos el proyecto que queremos importar (mediante el botón Browse… a la altura de Select root directory) y, en cuanto carguemos esa carpeta, listará todos los proyectos que encuentre allí: en la figura 10.15 ves que Juegos no se puede importar (porque ya está), pero Teoria sí.

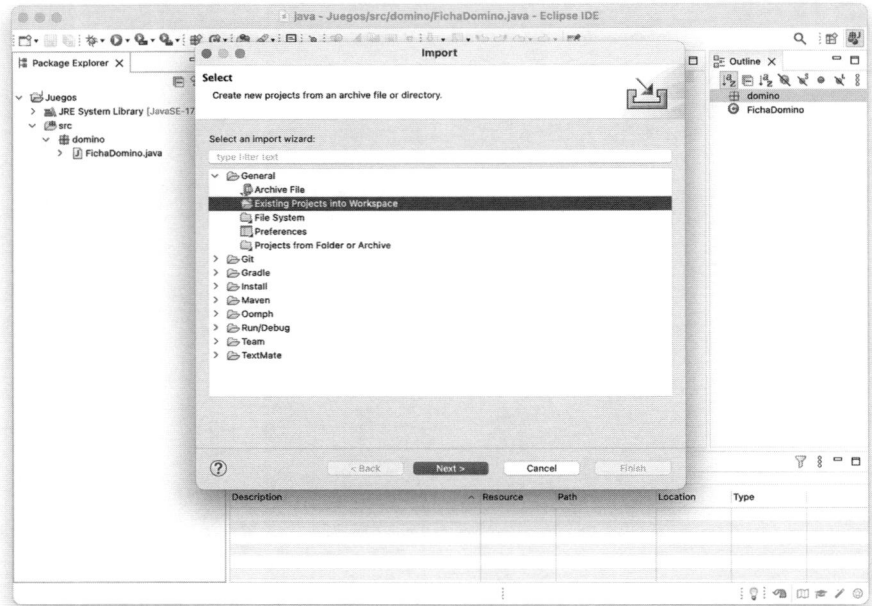

Figura 10.14. Importación de proyectos existentes en Eclipse.

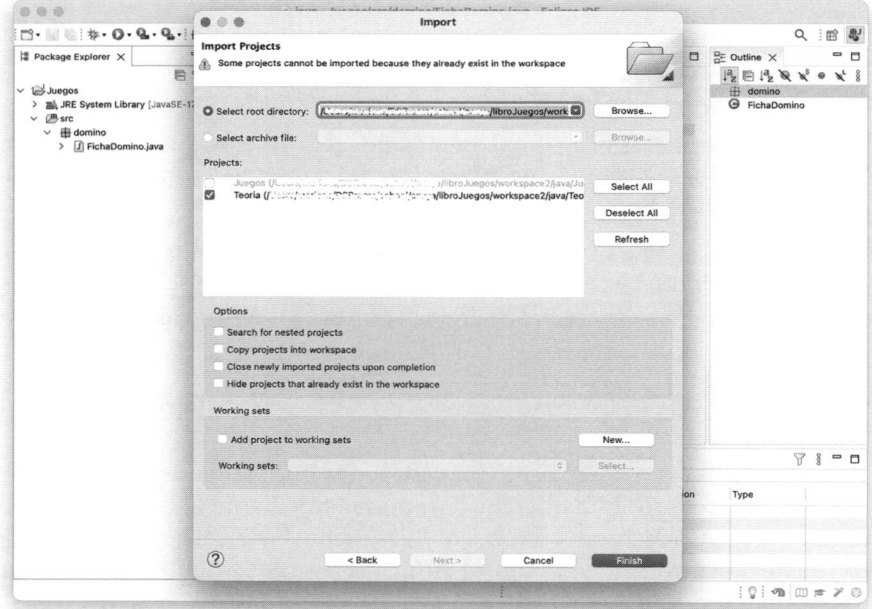

Figura 10.15. Selección de los proyectos a importar en Eclipse.

Tras pulsar el botón Finish, el proyecto importado aparece dentro de su paquete en el Package Explorer, como se aprecia en la figura 10.16.

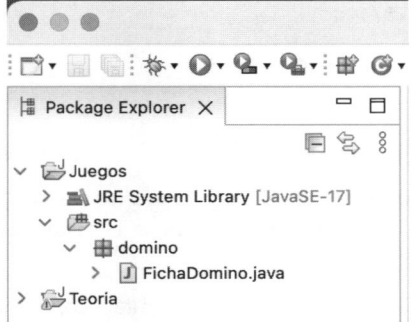

Figura 10.16. Proyecto existente importado en Eclipse.

Ejemplo de Eclipse en uso

Con el proyecto ya montado, es hora de ponernos a programar: por ejemplo, empecemos a escribir en la línea 4 de FichaDomino.java. En la figura 10.17 ves el código a medio editar. Como no está terminado, el editor no lo entiende y ya nos avisa que en la línea 4 hay un problema de compilación... no sabe qué es pub. ¡Es un impaciente! No hay ningún error, solo es que no he terminado de escribir. Pero si hubiera error, la forma de marcarlo sería la misma, así que, si tienes código subrayado en rojo y con una cruz roja en el lateral, toca mirar con atención qué problema hay (consulta la pestaña Problems, en la zona baja) o el *tooltip* que aparece si posas el puntero del ratón sobre el texto subrayado, leer con atención los mensajes y resolverlo con paciencia. ¡Al menos nos avisa antes de ejecutar!

NOTA:

El código subrayado en amarillo son avisos de que quizá algo no está del todo bien, pero no es tan grave como el rojo. Léelo, por si acaso, pero podrás ejecutar el programa, aunque tengas warnings. Según lo tengas configurado, también te pueden aparecer textos subrayados en azul. Estos son meramente informativos. Pero si te salen, léelos, que quizá te den buenas ideas.

Como en el editor de Spyder, Eclipse también marca con un * si un fichero ha sido modificado y no se ha guardado aún, pero esta vez a la izquierda del nombre.

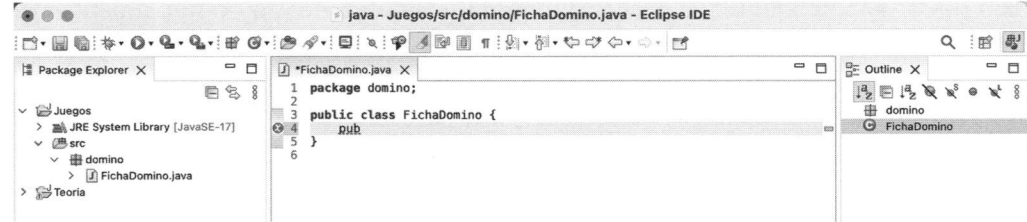

Figura 10.17. Escribiendo código en Eclipse.

Casi todo el libro trata de cómo escribir código, así que no me voy a poner ahora a escribir más. Cojamos un ejemplo ya hecho para ver cómo ejecutar el código. He abierto la clase EcoEco, en el fichero EcoEco.java.

Si la abres en tu ordenador, disfrutarás del coloreado sintáctico, ese que nos ayuda a leer el código.

Si pulso en el botón del círculo verde con un triángulo blanco dentro, Run, ejecutar, en la pestaña de la consola, en la zona inferior, se escribirá el código de la línea 6 y el de la línea 8; y se quedará esperando a que yo escriba algo, para luego repetirlo, escribiendo lo indicado en la línea 10 del código.

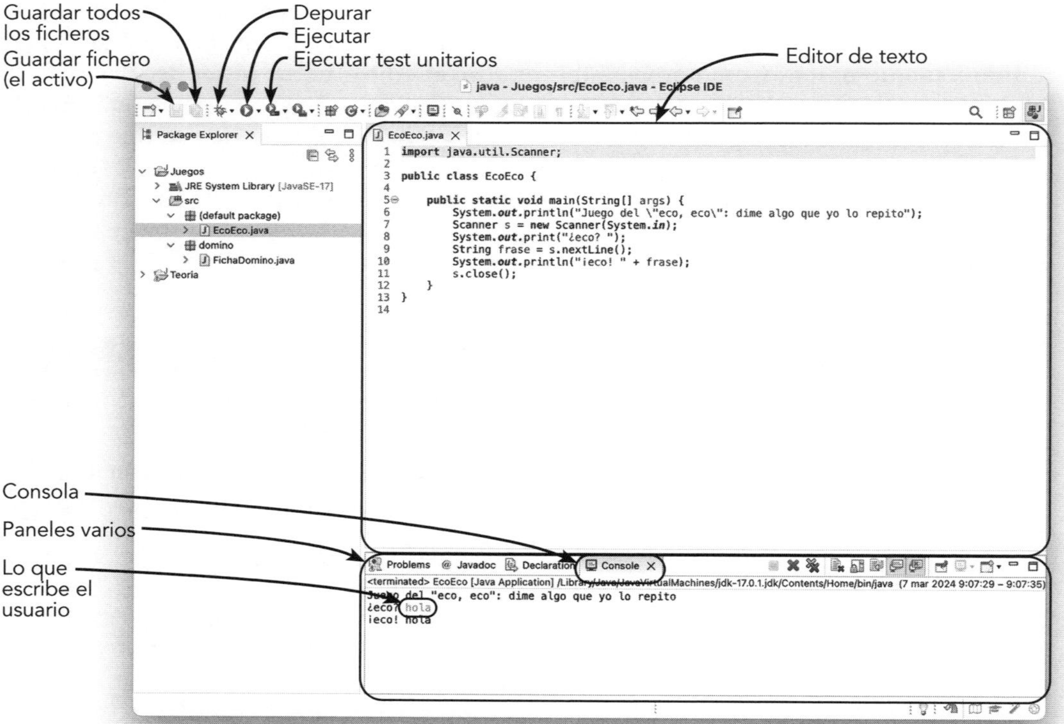

Guardar todos los ficheros

Guardar fichero (el activo)

Depurar

Ejecutar

Ejecutar test unitarios

Editor de texto

Consola

Paneles varios

Lo que escribe el usuario

Figura 10.18. Ejecutando EcoEco en Eclipse.

Otros botones que usarás con frecuencia serán:

- **un disquette:** para guardar el fichero activo.
- **pila de disquettes:** para guardar todos los ficheros modificados.
- **bichito:** para lanzar la depuración (veremos cómo y para qué en el próximo capítulo).
- **play, círculo verde con triángulo blanco:** para ejecutar el código.
- **círculo verde con triángulo blanco y barra verde/roja debajo:** para ejecutar los test unitarios; no lo uses todavía y no lo confundas con el anterior, tampoco el siguiente, el que lleva la maletita.

Tanto en la depuración como en los distintos modos de ejecución, si el fichero activo tiene un método main, se ejecutará esa clase. En otro caso, se ejecutará la última clase que hubiéramos ejecutado. Eclipse, como la mayoría de IDE, se encargará de compilar el código antes de ejecutarlo, así que de ese paso no te tienes que preocupar. Además, si hay errores de compilación, los irás viendo sobre la marcha. Como hemos comentado, te los marcará claramente en rojo.

Espero que con estas pistas ya puedas empezar a programar y probar los juegos. Los IDE son programas bastante intuitivos. Según lo vayas necesitando, irás descubriendo y aprendiendo nuevas funcionalidades, y ya no te parecerán tan abrumadores.

Depuración

- Verificar cómo funciona el código ejecutándolo paso a paso.
- Encontrar errores en el código mediante la depuración.
- Depurar en Python con Spyder.
- Depurar tu código Java con Eclipse.

Introducción

Le he preguntado a ChatGPT «¿para qué sirve debuguear el código?» y me responde:

Es bien cierto lo que dice, pero me parece incompleto. El primer uso que hago de esta herramienta en clase es para ver con mi alumnado **cómo funciona** un fragmento de código, qué sucede tras la ejecución de cada línea.

Porque el proceso de depuración consiste en eso, en ejecutar el código (normalmente solo un fragmento) línea a línea, paso a paso, y analizar los valores que van tomando las distintas variables implicadas y los caminos que va siguiendo: qué líneas ejecuta, en qué orden…

¿Y de dónde viene ese nombre de debuguear o depurar?

Depurar parece claro, es lo que hacemos con las aguas residuales: están sucias, se depuran, y se dejan limpias. Algo parecido hacemos al depurar el código.

Debuguear es un verbo un poco más raro. Seguro que la RAE no lo acepta. Sería la castellanización del término en inglés *debug*, que se refiere a quitar los *bugs*, es decir, los bichos. ¿Los bichos? Sí, los insectos. En 1947 la almirante Grace Hooper encontró una polilla en un relé de una computadora, entorpeciendo su funcionamiento normal y, al retirarla, ya funcionó bien. Se dice que, desde entonces, nos referimos a los errores en el código como *bugs*, y a localizarlos y corregirlos como debuguear, aunque es posible que el término ya existiera desde unos años antes, procedente el mundo de la ingeniería aeronáutica.

Conceptos básicos de la depuración

Hemos comentado que depurar es ejecutar el código paso a paso, pero como un programa puede tener miles de líneas, no es viable ir una a una. Utilizamos los **puntos de ruptura** (*breakpoints*) o **puntos de parada**, para marcar esas líneas especialmente interesantes en las que queremos parar, de forma que podemos ejecutar del tirón todo el código necesario para llegar a ese punto.

En la mayoría de IDE, y en concreto en los dos que estamos trabajando, para establecer un punto de ruptura, es suficiente con hacer doble clic en el número de línea (o cerca de él).

Además de los puntos de ruptura simples que hemos visto, los IDE suelen permitir configurarlos para parar solo si se cumple alguna condición o incluso poner una parada en caso de excepción.

Si no tenemos ningún punto de ruptura activo, el código se ejecutará sin parar, así que no notaremos la diferencia entre ejecutar y depurar.

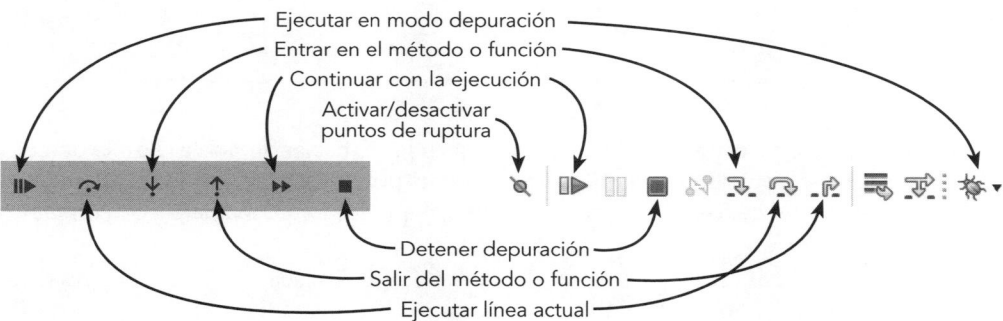

Figura 11.1. Iconos de depuración en Spyder (izquierda) y Eclipse (derecha).

Una vez detenidos en una línea, existen varias opciones:

- **Ejecutar la línea actual:** ejecutamos la línea completa. Si desde esta se llama a un método o función, la ejecutaremos entera (salvo que dentro de la misma haya un punto de ruptura, claro).

- **Entrar en el método:** si la línea actual contiene una llamada a otra función o método, esta acción nos llevará a la primera línea de esa función o método, esté en el mismo fichero o en otro.

- **Salir del método:** si estamos dentro de un método o función, este icono nos llevará a la línea desde la que fue llamado.

- **Continuar con la ejecución:** la ejecución seguirá hasta el siguiente punto de ruptura, o hasta el final, si no hubiera ninguno más.

- **Detener la ejecución:** para parar el programa, sin terminar.

Mientras el código está parado, podemos verificar el valor de las variables, lo que nos permite comprobar si todo va como preveíamos (si estamos buscando errores) o descubrir qué está pasando (si estamos mirando cómo funciona). La forma de visualizar dichos valores depende del IDE. Lo veremos ahora en cada caso.

Depuración con Spyder (Python)

Depuremos sobre este breve programa.

depuracion.py	Python

```python
01  def suma(num1, num2):
02      print("num1 vale " + str(num1))
03      print("num2 vale " + str(num2))
04      res = num1 + num2
05      return res
06
07  a = 3
08  b = 4
09  c = suma(a, b)
10  d = suma(b, c)
11  print("d vale " + str(d))
```

He puesto un punto de ruptura en la línea 3 y otro en la 11 (haciendo doble clic a la derecha del número de línea, justo donde ves que ha aparecido un punto rojo). He lanzado la depuración mediante el botón indicado en 11.1, concretamente, el que combina una pausa con un play.

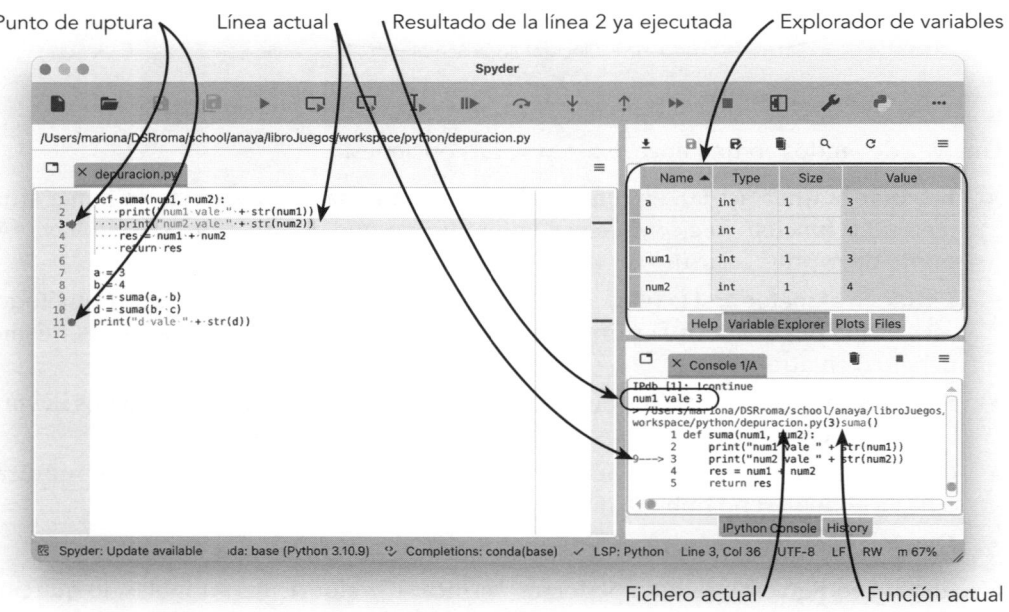

Figura 11.2. Depurando en Spyder, primera parada.

Tanto en la consola como sobre el código, vemos que la ejecución se ha detenido en la línea 3. Por tanto, la línea 2 ya se ha ejecutado por primera vez, con el valor 3 para la variable num1, como se comprueba en el explorador de variables.

Pulso el botón para continuar con la ejecución y el código se vuelve a detener en la línea 3, ya que la función suma ha sido llamada dos veces, desde la línea 9 y desde la 10.

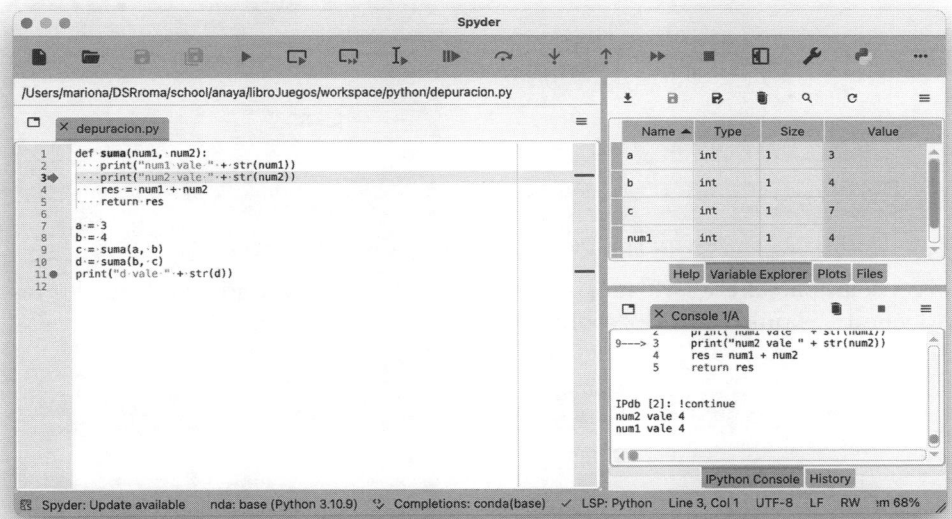

Figura 11.3. Depurando en Spyder, segunda parada.

Observa que ha aparecido una variable c en el explorador de variables, y que los valores para num1 y num2 se han actualizado a la segunda llamada. En la consola, también vemos el resultado de haber ejecutado la línea 3 antes ("num2 vale 4") y la línea 2 ahora ("num1 vale 4").

TRUCO:

En Spyder, en el explorador de variables, si haces doble clic sobre el valor de una variable, puedes modificarle (temporalmente) el valor. Solo será tenido en cuenta durante la ejecución en curso, pero puede resultar muy útil para comprobar su funcionamiento antes de corregir el código.

De nuevo, pulso continuar con la ejecución, y ahora se detiene en el punto de ruptura de la línea 11.

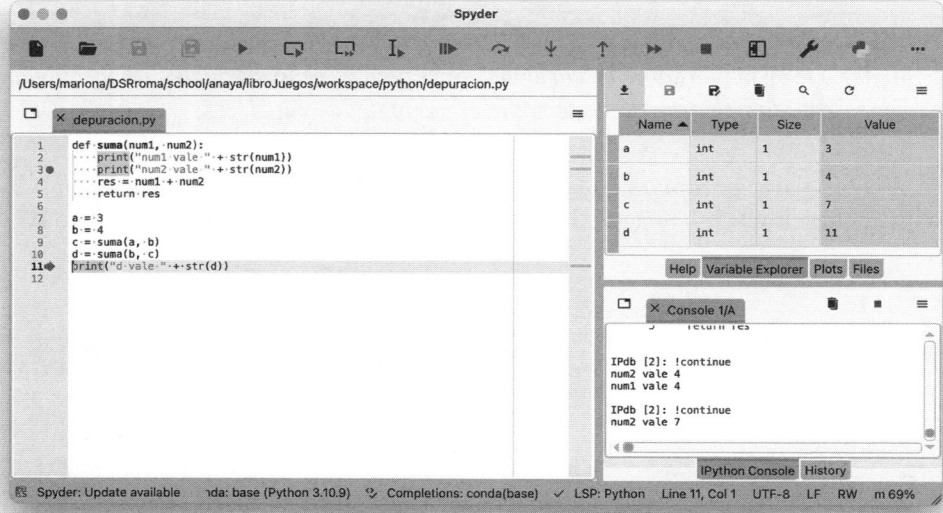

Figura 11.4. Depurando en Spyder, tercera parada.

En la consola aparece el cuarto texto ("num2 vale 7"), en el explorador de variables vemos que d vale 11. Si pulso otra vez sobre el icono para continuar…

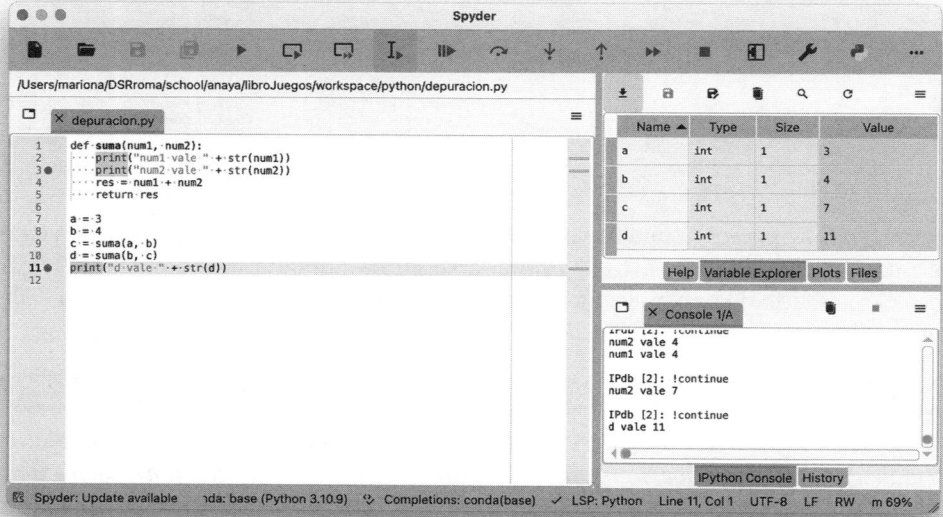

Figura 11.5. Depurando en Spyder, fin de la ejecución.

En consola aparece el resultado de ejecutar esa última línea, y termina la ejecución del código.

Te dejo practicar con este ejemplo, o con el código de los juegos, para familiarizarte con las distintas acciones.

Depuración con Eclipse (Java)

El ejemplo de depuración en Eclipse lo haremos con un programa en Java equivalente al que acabamos de ver para Python.

Depuracion.java	Java

```java
01  public class Depuracion {
02      public static void main(String[] args) {
03          int a = 3;
04          int b = 4;
05          int c = suma(a, b);
06          int d = suma(b, c);
07          System.out.println("d vale " + d);
08      }
09
10      private static int suma(int num1, int num2) {
11          System.out.println("num1 vale " + num1);
12          System.out.println("num2 vale " + num2);
13          int res = num1 + num2;
14          return res;
15      }
16  }
```

He puesto los mismos puntos de ruptura, en las líneas 12 y 7, haciendo doble clic encima del número de línea. En Eclipse los puntos de ruptura se marcan con un circulito de color azul.

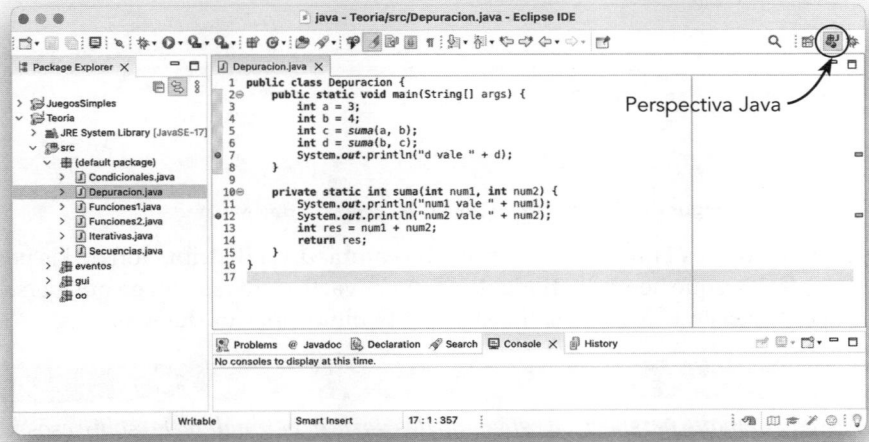

Figura 11.6. Perspectiva Java, en Eclipse.

He clicado sobre el icono del bichito, para lanzar la depuración. Si es la primera vez que lanzas la depuración, o no marcaste la casilla de verificación para que no te lo muestre de nuevo, te aparecerá el diálogo de la figura 11.7. Nos informa del cambio de perspectiva, que nos llevará a la figura 11.8.

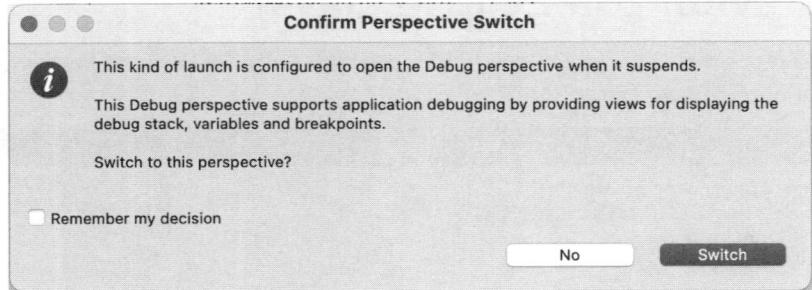

Figura 11.7. Cambio de perspectiva.

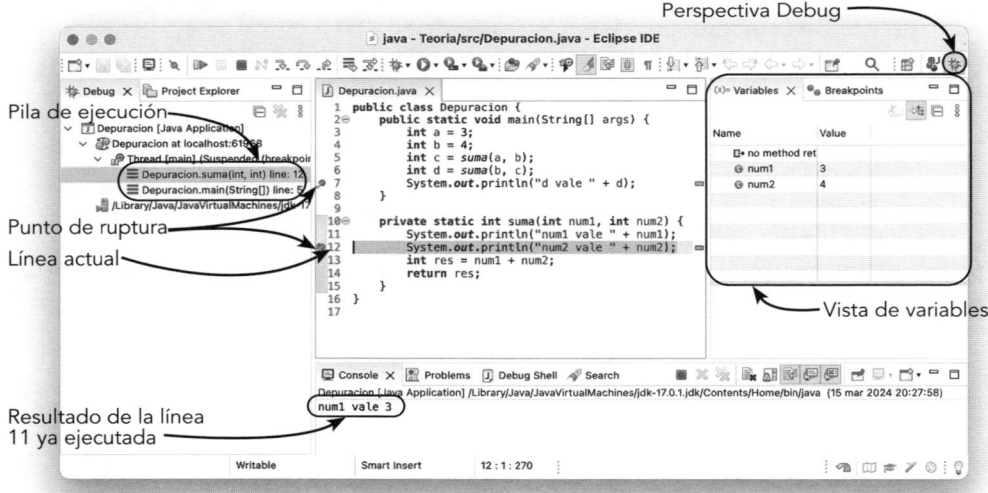

Figura 11.8. Perspectiva Debug, en Eclipse, primera parada.

Si comparas las figuras 11.6 y 11.8, verás que ha cambiado la distribución de las pestañas (llamadas vistas), ya que hemos variado de perspectiva. Podemos saber en qué perspectiva estamos fijándonos en el icono resaltado en la esquina superior derecha.

TRUCO:

Si te cuesta ver en qué perspectiva estás, puedes darle al botón derecho sobre esos iconos y seleccionar Show Text, para que muestre el nombre al lado del icono.

La línea que se va a ejecutar, aquella en la que hemos parado, se resalta en verde; y, además, aparece una flechita del mismo azul que el punto de ruptura, justo al ladito de este, haciéndola muy difícil de ver. Pero si prestas atención al detalle seguro que la intuyes.

Podemos saber no solo dónde estamos, sino también de dónde venimos, si leemos la información de la pila de ejecución. Te traduzco: estamos en la clase Depuracion, método suma(int, int), concretamente en la línea 12, y venimos de la misma clase, método main(String[]), desde la línea 5. En código «de verdad», ¡esa pila puede ser mucho más alta!

En la vista de variables, vemos los valores de las variables activas. Como estamos en la primera llamada a suma(), la que viene de la línea 5, num1 vale 3 (como la a), y num2 vale 4 (como la b).

> **TRUCO:**
>
> *También en Eclipse, si haces doble clic sobre el valor de una variable, es posible modificar (temporalmente) su valor para la ejecución en curso.*

Mientras, en la consola vamos viendo el texto que se ha ido imprimiendo, de momento, solo "num1 vale 3".

Creo que ya te he explicado todo lo que quería en la figura 11.8, así que le doy al icono de continuar (fusión de una pausa amarilla con un *play* verde), y ¡seguimos!

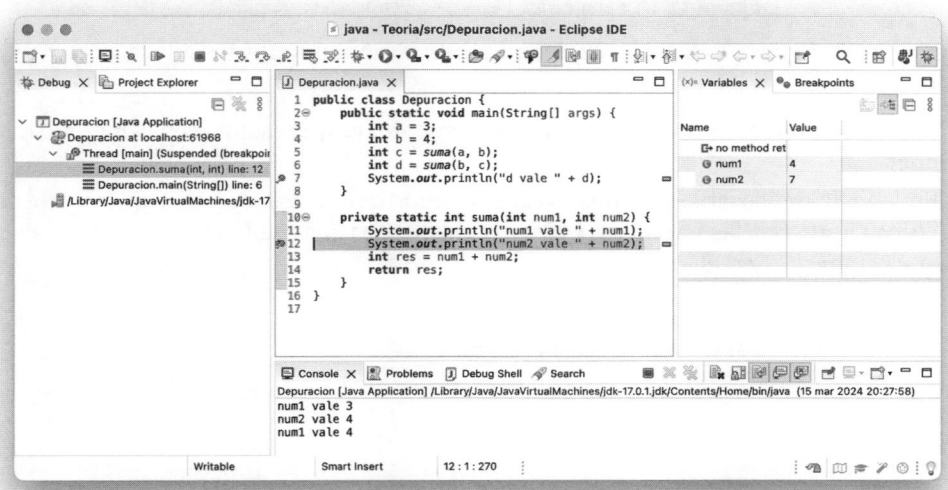

Figura 11.9. Depurando en Eclipse, segunda parada.

Llegamos a la figura 11.9 que se parece mucho a la 11.8. Pero tiene algunas diferencias:

- En la pila de ejecución, ahora venimos de la línea 6.
- En la vista de variables, han cambiado los valores y, por si no nos damos cuenta, Eclipse lo resalta con fondo amarillo chillón.
- En la consola, aparecen más líneas.

¿Continuamos?

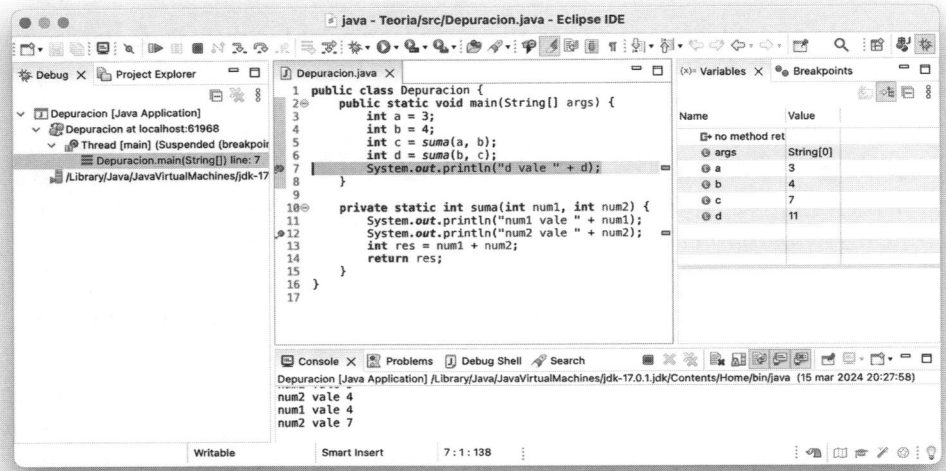

Figura 11.10. Perspectiva Debug, en Eclipse, tercera parada.

Llegamos a la figura 11.10, esta vez detenidos en el punto de ruptura de la línea 7. ¿Qué cambios vemos?

- En la pila de ejecución, solo tenemos un elemento, ya que estamos en el método main, línea 7.
- En la vista de variables, vemos los argumentos que recibe el main (un *array* de cero String) junto con las variables a, b, c y d que hemos declarado en el método main, ya que estamos… ¡en el main!
- En la consola, aparecen aún más líneas.

¿Terminamos? (Le damos de nuevo a continuar).

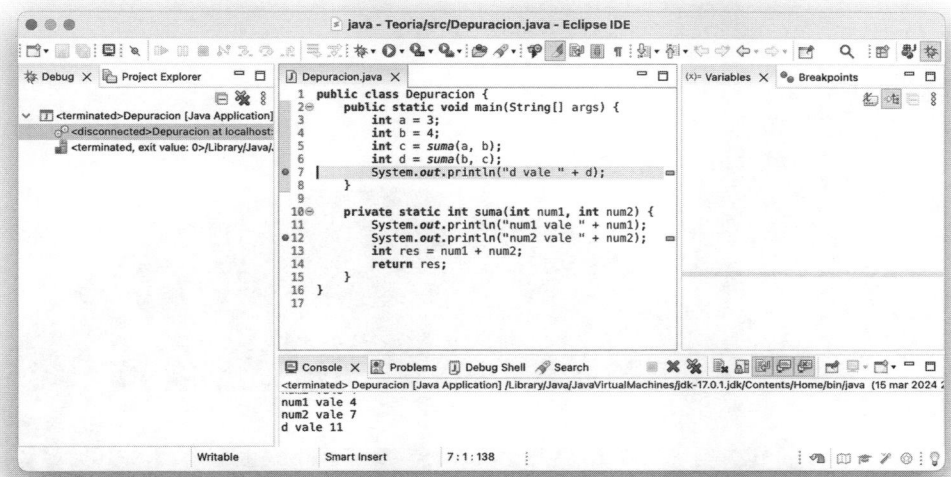

Figura 11.11. Perspectiva Debug, en Eclipse, fin de la ejecución.

En la figura 11.11 ya no vemos variables, ni línea actual resaltada, ni pila de ejecución, donde ya aparece como terminada y desconectada. Lo único que tenemos es la consola completa: ya aparece la línea "d vale 11".

TRUCO:

¿Te acuerdas del botón para activar/desactivar puntos de ruptura de la figura 11.1? Si lo hubiera utilizado tras la primera o la segunda parada, al continuar la ejecución habrías llegado directamente al final. Eso sí, no te lo dejes activado por accidente, o la próxima vez que quieras depurar no conseguirás que se pare.

ADVERTENCIA:

Al depurar, no es raro detectar el problema o entender lo que buscábamos entender, y olvidarse de que estamos a media depuración. Acuérdate de detener la ejecución, podrías tener muchas depuraciones en curso a la vez, y eso suele llevar a comportamientos extraños que no entendemos, además de consumir muchos recursos.

Si a programar se aprende programando, a depurar se aprende depurando, así que ¡te toca! Ponte a depurar código y prueba todos los botones que te he mencionado y yo no he utilizado. Observa atentamente todo lo que sucede en la pantalla, y en breve tendrás controlados todos los secretos del arma secreta de los programadores: la depuración.

Fundamentos de programación

En este capítulo conocerás:

- Algo de historia de la programación.
- Las características básicas de los lenguajes de programación.
- Nociones sobre algoritmos y paradigmas.

Introducción

La **programación** (o codificación) es el proceso de escribir, probar, depurar y mantener el código fuente de los programas. Es una fase del proceso de desarrollo del software. No está muy claro si se trata de artesanía o ingeniería, probablemente de un equilibrio entre ambas.

Por ello, es muy importante que las personas que quieran programar tengan o adquieran habilidades para la resolución de problemas, mediante el pensamiento lógico y analítico, junto a una pizca de creatividad. Para programar bien hay que ser meticuloso y fijarse en los pequeños detalles ya que vna pequeña emata que un lector humano ni detecta convierte en incorrecto, ilegible, incomprensible… el código del programa. ¿Has visto que he escrito «una» con uve en vez de u y «errata» con una eme en vez de con dos erres? Yo tengo esa habilidad, lo veo. La revisora del libro también, y está sufriendo por dejarlo así. Si tú no la tienes aún, no te preocupes, que en los programadores se va desarrollando… ¡a la fuerza!

En el mundo de la programación hay que tener paciencia y tolerancia a la frustración, ya que raramente nos saldrá algo bien a la primera, así que hay que perseverar hasta conseguirlo, contando, a menudo, con un equipo con el que trabajar, en el que cada uno aporte, según su perfil y conocimientos.

Si tienes entre manos este libro, ya estás demostrando tu curiosidad y tu ansia por aprender cosas nuevas. Vas por el buen camino.

¿Pero qué es un **programa**? Es una serie de instrucciones que indican a un ordenador cómo resolver un problema o realizar una tarea.

El código fuente se escribe utilizando lenguajes de programación, como los dos que se trabajan en este libro. Pero ese lenguaje, el ordenador no lo entiende. Hay que traducirlo (mediante el proceso de compilación o el de interpretación) para que la computadora lo entienda, es decir, a código máquina, que no es más que una cadena muy larga de ceros y unos que indican a los circuitos del sistema el nivel del voltaje en los distintos elementos.

Historia de la programación

En los inicios de la programación se trabajaba con eso, con ceros y con unos, o incluso, con interruptores físicos que permitían o no el paso de la corriente. Afortunadamente, la programación ha evolucionado mucho, siendo a cada instante más cercana al lenguaje natural.

A principios del siglo XIX, monsieur Jacquard inventó un telar programable, en el que el diseño de la cenefa a tejer se hacía sobre tarjetas perforadas, que eran leídas por la máquina para tejer según se indicaba. En el segundo tercio de ese mismo siglo, Charles Babbage se basa en ese telar para crear una máquina analítica, sobre la que escribió programas Ada Lovelace. Ella es la primera programadora de la historia. La máquina de Babbage era mecánica, no electrónica, pero, en cualquier caso, no se llegó a construir.

En el siglo XX, concretamente en 1936, Alan Turing crea una máquina (teórica) capaz de resolver cualquier problema matemático, leyendo las instrucciones, codificadas mediante ceros y unos en una cinta infinita que se desplazaba a izquierda y derecha.

Programar en lenguaje máquina (ceros y unos) era tedioso y propenso a errores, así que los lenguajes ensambladores fueron un gran paso. Fue en los años 1950 cuando se desarrollaron estos primeros lenguajes de segunda generación.

Un par de décadas más tarde llegó Fortran, el primero de la tercera generación. ¡Eso ya se parecía más a un lenguaje de programación! Pero la forma de introducir las instrucciones en la máquina, a falta de teclados y monitores, seguía siendo con las tarjetas perforadas. Fortran viene de «sistema traductor de fórmulas matemáticas» y se considera el primer lenguaje de alto nivel. Los de bajo nivel son aquellos que están muy cerca del código máquina. Los de alto nivel se acercan, poco a poco, al lenguaje natural. Fortran solo funcionaba en el ordenador para el que fue diseñado.

Figura 12.1. Patrón de jacquard para tejer, por ejemplo, un jersey.

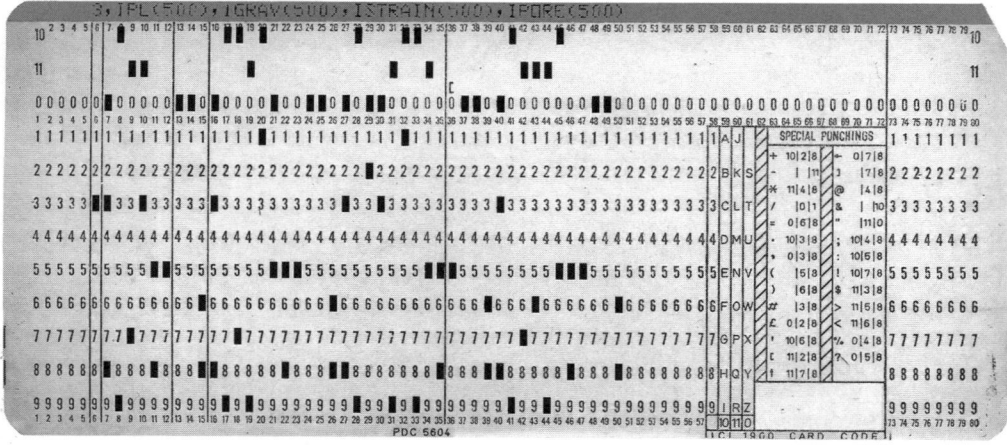

Figura 12.2. Tarjeta perforada con una instrucción.

En 1959 aparece COBOL (*COmmon Business-Oriented Language*), que ya funcionaba en varias máquinas. Hoy en día se sigue programando en COBOL, lo siguen usando grandes bancos en determinadas partes de sus sistemas, por ejemplo. A mediados de los 60, llegó BASIC (*Beginner's All-purpose Symbolic Instruction Code*). Se diseñó para enseñar a programar, pero triunfó en otros ámbitos. Hoy sigue vivo en forma de Visual Basic. En los años 70 se creó Pascal, también para el aprendizaje, pero exitoso fuera del ámbito académico para el desarrollo de aplicaciones reales. No tardaron mucho en llegar C (para la programación de sistemas), Smalltalk (orientado a objetos) o Prolog (un lenguaje lógico), así como SQL (para las consultas a las bases de datos).

En esa época, años 70-80 del siglo XX, se van consolidando los distintos paradigmas de programación: la imperativa, la orientada a objetos... Surgió C++ (un incremento de C), Ada (nombrado en honor de la señora Lovelace), Perl, Mathlab...

En los años 90 los ordenadores son cada vez más potentes y los PC (*personal computer*) empiezan a llegar a las oficinas y a los hogares. Crece la lista de lenguajes de programación: Haskell, **¡Python!**, Visual Basic, Ruby, Lua, Delphi, PHP, **¡Java!**, JavaScript (nada que ver con Java)...

Lista que con el siglo XXI siguió creciendo, con C# (leído *C-sharp*), Visual Basic .net, Scratch o Go, en la primera década; o Swift, Kotlin y TypeScript, en la segunda. Scratch es un lenguaje visual que utiliza piezas de puzle en vez de palabras reservadas, muy indicado para iniciarse en la programación. Para niños y para no tan niños. No sé por qué te lo cuento, porque si estás aquí quizá es porque Scratch se te ha quedado ya pequeño.

Los paradigmas y los lenguajes de programación

Al igual que un paradigma es una forma de representar y manipular el conocimiento, los **paradigmas de programación** representan los distintos estilos a la hora de programar, y no me refiero al estilo personal de cada uno. Conozcamos algunos de ellos:

- **imperativo:** las instrucciones se ejecutan de forma secuencial, una tras otra, salvo al encontrar estructuras condicionales o bucles, realizando cambios en los valores en memoria. C, BASIC, COBOL… lo son.
- **funcional:** evitando cambios de estado, se tratan los cómputos como la aplicación de funciones matemáticas, fundamentándose en el cálculo lambda. LISP o Haskell son buenos ejemplos, aunque hoy en día Java, Python y otros lenguajes, sin ser puramente funcionales, admiten fragmentos, conceptos de programación funcional.
- **lógico:** se crea una base de conocimiento y se ejecutan predicados lógicos para obtener los resultados. El más conocido: Prolog.
- **orientado a objetos:** se basa en la representación mediante objetos de los datos y sus procedimientos asociados, los métodos. Con Smalltalk empezó todo, pero Java le siguió de cerca. Python y otros lenguajes también admiten objetos.

Quizá no logres ver claro a qué paradigma pertenece un lenguaje o una solución. Es normal. La práctica habitual es mezclar los paradigmas.

> **NOTA:**
>
> *Java es orientado a objetos, pero podemos simular la programación imperativa y hacer algunas cosas en funcional. Python parece imperativo, pero admite funcional y orientación a objetos…*

Llevamos rato hablando de lenguajes de programación, pero ¿qué es un **lenguaje de programación**?

Se trata de un lenguaje formal (no natural), con reglas gramaticales bien definidas que permite escribir una secuencia de órdenes o instrucciones para construir algoritmos para controlar el comportamiento de un sistema informático.

Un lenguaje está formado por los siguientes elementos:

- **sintaxis:** define la forma, las combinaciones de símbolos admitidas para formar un programa sintácticamente correcto. Determina, por ejemplo, las palabras clave, si hay que poner llaves u otros separadores…
- **semántica:** le da significado a lo escrito.

- **sistema de tipos:** define cómo clasificar las expresiones y sus valores en tipos (número, letra, booleano…). En los lenguajes tipados, está definido en cada elemento qué tipos intervienen, para ser tenidos en cuenta a la hora de realizar las operaciones. Algunos lenguajes lo hacen de forma estática (determinado antes de la compilación), otros de forma dinámica (determinando el tipo en el momento de la ejecución). Por otro lado, en los lenguajes no tipados se permite cualquier operación entre cualquier tipo de datos. Se da principalmente en lenguajes ensambladores.
- **biblioteca (o librería) estándar:** código base proporcionado para cubrir los algoritmos, estructuras de datos y otros sistemas de uso más común.

NOTA:

Java es un lenguaje tipado estáticamente: al declarar una variable decimos de qué tipo será o al declarar un método indicamos de qué tipo son los parámetros que esperamos y el resultado. En Python, aunque no lo indiquemos nosotros de forma explícita, se harán las comprobaciones al ejecutar: se trata de un lenguaje de tipado dinámico.

Los algoritmos en la programación

Un **algoritmo**, según la Real Academia Española, es un «conjunto ordenado y finito de operaciones que permite hallar la solución de un problema». Como puedes intuir, está muy relacionado con lo que hacemos al programar.

Fijémonos en las características de un algoritmo. Debe:

- ser **secuencial y preciso**: sus pasos están ordenados, cada uno con sus datos de entrada que producirán unos datos de salida.
- estar **definido**: sus pasos no pueden ser ambiguos, la definición debe ser precisa.
- ser **finito**: el número de pasos para terminar la ejecución debe ser finito, el algoritmo debe terminar en algún momento.
- ser **independiente** del lenguaje de programación en el que vaya a implementarse, ¡puedes ejecutarlo con lápiz y papel! (Y te vendrá muy bien para probarlo).

Aclaradas sus características, conozcamos sus partes:

- **entrada:** son los datos que necesita para funcionar, y que debemos proporcionarle. Para multiplicar dos números, tendremos que decirle qué dos números multiplicar: el 10 y el 3, por ejemplo.
- **proceso:** son los pasos que a partir de la entrada recibida nos llevarán a la salida deseada. En nuestro caso, multiplicar tres por cero, y luego sumarle el resultado de multiplicar tres por uno y desplazarlo una posición a la izquierda… ¡o algo así!
- **salida:** es el resultado obtenido, 30 en este ejemplo.

Terminamos con los cuatro pasos de la metodología para crear un algoritmo:

- **definición del problema:** una definición acurada del problema a resolver nos ayudará a entenderlo bien.
- **análisis del problema:** cuando ya sabemos qué tenemos que hacer, hay que analizar cómo hacerlo.
- **diseño del algoritmo:** definimos los pasos a seguir, bien usando pseudocódigo, bien mediante diagramas de flujo.
- **implementación del algoritmo:** terminamos convirtiéndolo en un programa informático real implementado en un lenguaje concreto.

Para profundizar más en los algoritmos, puedes consultar mi libro *Estructuras de datos y algoritmos. Guía ilustrada para programadores.*

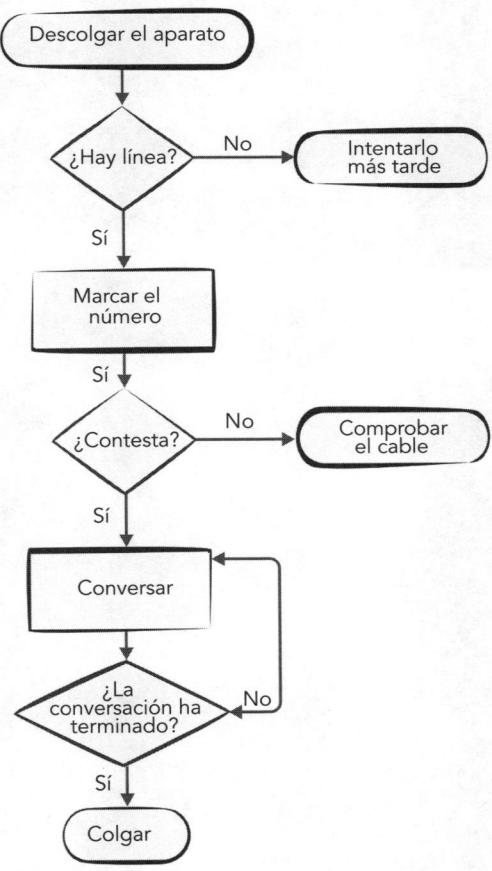

Figura 12.3. Ejemplo de diagrama de flujo.

13

Programación estructurada

- Programar de forma estructurada.
- Reconocer y distinguir los elementos de la programación estructurada.
- Escribir las principales estructuras en Python y en Java.

Introducción

La **programación estructurada** es un paradigma de programación, surgido en los años 60-70 del siglo XX, según el cual un programa consta solamente de **subrutinas** y tres estructuras de control: **secuencias**, **selecciones** e **iteraciones**.

No he mencionado hasta ahora la palabra «subrutina» o «rutina» porque es propia del siglo pasado; hoy en día, hablamos de procedimientos, funciones o métodos, según qué lenguaje utilicemos.

La programación estructurada reinó durante muchos años, pero, aunque los nuevos paradigmas la fueron arrinconando en su uso puro, es fundamental en la formación de nuevos programadores porque subrutinas, secuencias, selecciones e iteraciones siguen siendo estructuras elementales, también en paradigmas más modernos.

Métodos o funciones

En Java los llamamos **métodos**, en Python **funciones**; algunos lenguajes distinguen entre funciones y procedimientos, según si devuelven un resultado o no... antiguamente se llamaban subrutinas, y son uno de los cuatro elementos básicos en la programación estructurada.

Se trata de unidades de código a las que se llama para ejecutar una secuencia determinada de instrucciones.

La especificación de una subrutina suele incluir:

- El **identificador**, el nombre, único en su ámbito.
- El **tipo del dato de retorno**, que puede ser vacío (si no devuelve nada).
- La **lista de parámetros**, es decir, los argumentos que necesita para poder funcionar (podría no ser ninguno).
- El **código**, con la secuencia de instrucciones que se ejecutarán cuando sea llamada.

NOTA:

Hay lenguajes en los que esta identificación única incluye solo el nombre, como en Python, mientras que en Java tiene en cuenta también la lista de parámetros.

Cada función se ejecuta en su propio contexto, tiene su propio **ámbito**. Esto significa que, en general, lo que pasa dentro de una función se queda en esa función: me explico, si declaro unas variables para ciertas cuentas, dichas variables desaparecerán, morirán, al terminar la ejecución de la función.

Cuando decidimos escribir una función, debemos pensar bien qué pasos incluiremos en ella, y buscar que guarden cierta coherencia y unidad. Por ejemplo, podemos tener una función que verifique la letra del DNI y otra que calcule la edad, pero no tendría sentido que una misma función hiciera las dos cosas.

Debemos evitar los efectos colaterales en nuestras funciones… mal iríamos si una función destinada a encontrar el máximo de una lista eliminara valores de dicha lista.

Es importante no confundir la definición de las funciones con su llamada. Podemos definir muchas funciones, pero si nadie las llama, nunca se ejecutarán.

En el siguiente ejemplo en pseudocódigo, definimos la función Cuadrado, que recibe un parámetro, y la función Hipotenusa, que recibe dos parámetros, y hace dos llamadas a Cuadrado. Finalmente, el código principal llama a Hipotenusa con dos valores concretos: un tres y un cuatro.

```
Cuadrado (n):
DEVOLVER n * n.
FIN.
```

```
Hipotenusa (a, b):
DEVOLVER Raiz(Cuadrado(a) + Cuadrado(b)).
FIN.
```

```
Principal:
ESCRIBIR "La hipotenusa de un triángulo de base 3 y altura 4 es "
    + Hipotenusa(3, 4).
```

> **NOTA:**
> *Para no complicar el ejemplo, supongamos que la función Raiz ya está definida.*

Cuando ejecutemos ese código principal, se hará una llamada a Hipotenusa(3, 4), en la que a tomará el valor 3, y b tomará el valor 4, por tanto, calculará la raíz del resultado de la suma de Cuadrado(3) más Cuadrado(4). Al llamar Cuadrado por primera vez, n tomará el valor 3, así que devolverá un 9, mientras que, en la segunda, n tomará el valor 4, resultando en un 16. Al sumar 9 y 16 obtendremos 25, y al calcular la Raiz de 25, obtendremos un 5, así que el resultado final será "La hipotenusa de un triángulo de base 3 y altura 4 es 5".

Sintaxis y ejemplos en Python

La sintaxis de la definición de funciones en Python es la siguiente:

```
def <nombre>(<parámetros>):
    <instrucciones>
    [return <valor>]
```

¡No olvides los dos puntos tras cerrar los paréntesis!

Para definir una función en Python utilizamos la palabra reservada def, seguida de:

- `<nombre>`: identificador del método. Debe ser único en el fichero. En Python se suelen nombrar en minúsculas, bien en **snake_case** (separando las palabras con guiones bajos) o en en **camelCase** (todas las palabras juntas, iniciando cada palabra con la letra en mayúscula), normalmente en minúsculas, como podría ser calcular_total o calcularTotal.

- `<parámetros>`: lista separada por comas, indicando por cada uno de ellos su identificador, por ejemplo, a, b, nombre. Podría tratarse de una lista vacía si el método no necesita parámetros.

- `<instrucciones>`: cuerpo del método, con la secuencia de instrucciones necesarias para realizar las acciones deseadas.

- `[return <valor>]`: esta línea es opcional. Sirve para devolver el resultado de la función, si tiene que devolver algo.

Fíjate en que en Python no declaramos el tipo de dato de retorno ni el tipo de dato de los parámetros.

Los signos < y > que rodean los elementos cuando mostramos la sintaxis de las distintas estructuras no debes incluirlos al utilizarlas, como verás en los ejemplos. Tampoco los signos [y], que indican que esa instrucción es opcional.

funciones1.py	Python

```python
01  from math import sqrt
02
03  def cuadrado(n):
04      return n * n
05
06  def hipotenusa(a, b):
07      return sqrt(cuadrado(a) + cuadrado(b))
08
09  hipotenusa = hipotenusa(3, 4)
10  print("La hipotenusa de un triángulo de base 3 y altura 4 es", hipotenusa)
```

Salida:

```
La hipotenusa de un triángulo de base 3 y altura 4 es 5.0
```

En el método hipotenusa estamos llamando cuadrado directamente, sin guardar el resultado en ninguna variable. También podemos recoger el resultado en una variable. Esta se puede llamar como la función, o no; poco importa. ¿Pero cómo los distinguimos si se llaman igual? ¡Muy fácil! Las variables no llevan paréntesis y los métodos sí.

funciones2.py	Python

```
01  def saludar(nombre):
02      print("Hola", nombre, "!")
03
04  def saludarAnonimo():
05      print("Hola tú!")
06
07  saludar("Pepe")
08  saludar("Pepa")
09  saludarAnonimo()
```

Salida:

```
Hola Pepe !
Hola Pepa !
Hola tú!
```

Dado que no podemos dar el mismo nombre a dos funciones, necesitamos pensar un nombre para la función de saludo que no recibe parámetros.

Sintaxis y ejemplos en Java

En Java, cada método debe definirse dentro de una clase. Una vez dentro de esa clase, la sintaxis sería la siguiente:

```
<modificadores> <retorno> <nombre>(<parámetros>) {
    <instrucciones>;
    [return <valor>;]
}
```

Siendo:

- `<modificadores>`:
  - public, protected, private o nada: indica la visibilidad que tendrá el método.
  - static o nada: pondremos static cuando queramos que un método no requiera una instancia de ningún objeto para ejecutarse.
- `<retorno>`: tipo de dato que se devolverá, por ejemplo, int, String, boolean, Boolean, Persona, o void, si no devuelve nada.

- `<nombre>`: identificador del método: debe ser único en la clase, aunque podemos tener varios métodos con el mismo nombre si la lista de parámetros es distinta (sobrecarga). Las convenciones de Java recomiendan que los nombres de los métodos sean verbos y se escriban en **camelCase** (todas las palabras juntas, iniciando cada palabra con la letra en mayúscula) y con la letra inicial en minúscula: sumar, totalizarFacturas…

- `<parámetros>`: lista separada por comas, que indica por cada uno de ellos su tipo y su identificador, por ejemplo, int a, int b, String nombre. Podría tratarse de una lista vacía si el método no necesita parámetros.

- `<instrucciones>`: cuerpo del método, con la secuencia de instrucciones necesarias para realizar las acciones deseadas.

- `[return <valor>;]`: esta línea es opcional, obligatoria en todos los métodos cuyo tipo de retorno no sea void. Sirve para devolver el resultado de la función.

Existe un método especial en Java, llamado main (principal), que es el que se ejecuta cuando ejecutamos una clase. El método main siempre tiene que ser declarado como public, static y void; no devuelve nada, y siempre recibe un número indeterminado de String.

Veamos los mismos ejemplos, siguiendo la sintaxis de Java:

Funciones1.java	Java

```
01  public class Funciones1 {
02      private static int cuadrado(int n) {
03          return n * n;
04      }
05
06      protected static double hipotenusa(int a, int b) {
07          return Math.sqrt(cuadrado(a) + cuadrado(b));
08      }
09
10      public static void main(String[] args) {
11          double hipotenusa = hipotenusa(3, 4);
12          System.out.println("La hipotenusa de un triángulo de base 3 y altura 4 es "
13                  + hipotenusa);
14      }
15  }
```

Salida:

```
La hipotenusa de un triángulo de base 3 y altura 4 es 5.0
```

En la clase Funciones1 hemos implementado el ejemplo del cálculo de la hipotenusa. He utilizado los modificadores private y protected a modo de ejemplo. Tal cual está el código, el método cuadrado solo se podría llamar desde dentro de esta clase, mientras que el método hipotenusa se podría llamar desde otras clases del paquete o la jerarquía. No quiero entrar en más detalle aquí.

Como en el ejemplo en Python, en el método hipotenusa estamos llamando cuadrado directamente, sin guardar el resultado en ninguna variable; es una opción. La otra opción la vemos en la implementación de main, donde tenemos la variable hipotenusa que recoge el resultado de llamar a hipotenusa(). ¿Y cómo los distinguimos si se llaman igual? ¡Muy fácil! Las variables no llevan paréntesis y los métodos sí.

Funciones2.java	Java

```java
01  public class Funciones2 {
02      private static void saludar(String nombre) {
03          System.out.println("Hola " + nombre + "!");
04      }
05
06      private static void saludar() {
07          System.out.println("Hola tú!");
08      }
09
10      public static void main(String[] args) {
11          saludar("Pepe");
12          saludar("Pepa");
13          saludar();
14      }
15  }
```

Salida:

```
Hola Pepe!
Hola Pepa!
Hola tú!
```

En la clase Funciones2, vemos varios ejemplos:

- de métodos que no devuelven nada (porque su fin es solamente pintar algo por la salida estándar).
- de dos métodos con el mismo nombre, pero con distinta lista de parámetros.
- de un método que no recibe parámetros.
- de la llamada a un método que no recibe parámetros (línea 13).

Secuencias

La primera estructura de control de la que hablaremos son las **secuencias**. En este contexto, nos referimos a una serie de instrucciones ejecutadas de forma secuencial, una detrás de otra. No debemos confundirnos con la estructura de datos que representa una secuencia, una lista, de elementos.

Pensemos en una receta de cocina: añadir un ingrediente, añadir otro ingrediente, mezclarlos, añadir un tercer ingrediente, cocerlo todo durante 10 min, batir… Un paso tras otro, en la programación, lo mismo.

Ya desde nuestro primer juego utilizamos las secuencias de instrucciones:

1. Escribir la introducción.
2. Escribir el *prompt*.
3. Leer del teclado.
4. Escribir la frase.

Ni Java ni Python cuentan con una sintaxis específica para las secuencias de instrucciones. Simplemente, escribimos una instrucción bajo la otra.

NOTA:

En Java, en ocasiones, las instrucciones pueden ir en la misma línea, hay que separarlas con un punto y coma (;), aunque en algunos casos hay que usar una coma (,).

Sintaxis y ejemplos en Python

Las instrucciones en Python terminan con el salto de línea: no necesitamos indicarlo con ningún símbolo adicional.

En este ejemplo vemos una secuencia de seis instrucciones:

secuencias.py	Python

```
01  a = 1
02  b = 3
03  c = a + b
04  print(c)
05  c = c - 1
06  print(c)
```

Si la secuencia de instrucciones está dentro de un bloque de selección o iteración o dentro de un método, deberá llevar el nivel de sangrado que corresponda (mediante tabuladores o espacios).

Sintaxis y ejemplos en Java

En el caso de Java, marcamos el fin de cada instrucción con un punto y coma (;). De hecho, si ponemos un punto y coma solo en una línea o pegado a otro (duplicándolo), realmente estamos añadiendo una «instrucción vacía», que no es que vaya a hacer nada, pero que tampoco necesitamos. La tienes en la línea 5 del ejemplo.

Existe la opción de juntar unas cuantas instrucciones en un bloque, envolviéndolas con las llaves, como en este ejemplo entre las líneas 8 y 11. Es tan «inútil» como la instrucción vacía, aunque luego veremos cómo cobra sentido en las selecciones y las iteraciones.

> **NOTA:**
>
> *Los bloques pueden servir para declarar una variable que solo tenga alcance en ese fragmento de código.*

Secuencias1.java   **Java**

```java
01  public class Secuencias {
02    public static void main(String[] args) {
03        int a = 1;
04        int b = 3;
05        ; // instrucción vacía
06        int c = a + b;
07        System.out.println(c);
08        { // bloque
09            c--;
10            System.out.println(c);
11        } // fin de bloque
12    }
13  }
```

Selecciones

Seguimos con otra estructura de control, muy importante, las **selecciones**. Según el lenguaje de programación en el que trabajemos, tendremos disponibles distintas estructuras condicionales (otra forma de llamar a las selecciones). Eso sí, en todos encontraremos la estructura condicional simple.

```
SI condición ENTONCES
    instrucciones si sí.
SI NO
    instrucciones si no.
FIN SI.
```

Si (*if* en inglés) se cumple la condición, entonces (*then* en inglés) se ejecutan las instrucciones del primer bloque. Si no (*else* en inglés), se ejecutan las instrucciones del segundo bloque. Este tipo de estructuras nos permiten bifurcar la ejecución del código en función de las circunstancias, contando con distintos caminos. Ya no se ejecutarán siempre las mismas líneas de código, si no que, en función de las condiciones, se ejecutarán unas u otras.

La rama *else* es opcional.

Si necesitamos más ramas, hay varias opciones: bien utilizar varios bloques *if-else* anidados bien, si el lenguaje lo permite, utilizar bloques *elif*, que es una contracción de *else if*.

Con bloques *if-else* anidados:

```
SI num == 0 ENTONCES
    instrucciones igual.
SI NO
    SI num > 0 ENTONCES
        instrucciones mayor.
    SI NO
        instrucciones menor.
    FIN SI.
FIN SI.
```

Con *elif*:

```
SI num == 0 ENTONCES
    instrucciones igual.
SI NO SI num > 0 ENTONCES
    instrucciones mayor.
SI NO
    instrucciones menor.
FIN SI.
```

En el caso de que todas las condiciones sean sobre la misma variable, algunos lenguajes cuentan con la estructura *switch*, que tendrá una rama *case* por cada caso. En este ejemplo en pseudocódigo, vemos que según el número de lados podremos un nombre u otro a una figura geométrica. Suelen contar con una última rama, llamada *por defecto*, para cubrir los casos restantes.

```
SEGUN numLados
    CASO 4
        figura = "Cuadrilátero".
    CASO 5
        figura = "Pentágono".
    CASO 6
        figura = "Hexágono".
    OTRO
        figura = "No lo sé".
FIN SEGUN.
```

Sintaxis y ejemplos en Python

De las estructuras recién comentadas, Python cuenta con la simple, la del if, pero con la opción de tener varias ramas, usando elif, que podemos utilizar tantas veces como sea necesario.

Sintaxis de las estructuras condicionales	Python

```
01  # una rama
02  if <condicion>:
03      <instrucciones>
04
05  # dos ramas
06  if <condicion>:
07      <instrucciones1>
08  else:
09      <instrucciones2>
10
11  # tres o más ramas
12  if <condicion1>:
13      <instrucciones1>
14  elif <condicion2>:
15      <instrucciones2>
16  else:
17      <instrucciones3>
```

Como comentamos en el segundo juego, la sintaxis en Python incluye la palabra clave, la condición y los dos puntos, para las ramas if o elif, y la palabra clave y los dos puntos para la rama else.

¿Lo vemos mejor en un ejemplo?

condicionales.py	Python

```
01  num = int(input("Dame un número entero: "))
02
03  # una rama
04  if num == 0:
05      print("Es cero")
06
07  # dos ramas
08  if num % 2 == 0:
09      print("Es par")
10  else:
11      print("Es impar")
12
13  # varias ramas
14  if num < -100:
15      print("Es muy negativo")
16  elif num < 0:
17      print("Es negativo")
```

```
18  elif num == 0:
19      print("Ya te dije que es cero")
20  elif num > 100:
21      print("Es muy positivo")
22  else: # entre 1 y 99
23      print("Es positivo")
```

Si lo ejecutamos varias veces, obtenemos estos resultados:

```
[1]
Dame un número entero: 0
Es cero
Es par
Ya te dije que es cero

[2]
Dame un número entero: 333
Es impar
Es muy positivo

[3]
Dame un número entero: -24
Es par
Es negativo
```

Fíjate en que, de cada bloque, solo se pinta el texto de una de las ramas (si corresponde) porque, si entra por una rama (si se cumple su condición), ya no intentará entrar por las otras.

Sintaxis y ejemplos en Java

En el caso de Java, contamos con las estructuras if y switch. No existe la rama elif, pero se puede simular muy fácilmente, solo tenemos que poner otra estructura if tras el else.

```
01  // una rama
02  if (<condicion>) {
03      <instrucciones>;
04  }
05
06  // dos ramas
07  if (<condicion>) {
08      <instrucciones1>;
09  } else {
10      <instrucciones2>;
11  }
12
```

```
13  // tres o más ramas
14  if (<condicion1>) {
15      <instrucciones1>;
16  } else if (<condicion2>) {
17      <instrucciones2>;
18  } else {
19      <instrucciones3>;
20  }
21
22  // operador ternario
23  <tipo> <variable> = <condicion> ? <expresion1> : <expresion2>;
```

La sintaxis de Java nos obliga a poner las condiciones entre paréntesis tras la palabra reservada if. Para la rama alternativa, utilizaremos la palabra reservada else, que ya no requiere condición.

Pero además de la sintaxis «normal», en Java tenemos una alternativa para expresiones simples. Se trata del operador ternario, que nos devolverá un valor u otro en función de una condición. La forma de escribirlo es poniendo la condición, un interrogante (?), la expresión en caso de que se cumpla la condición, dos puntos (:) y la expresión en caso de que no se cumpla. Quizá la entiendas mejor en el ejemplo siguiente, en concreto en la línea 36.

Pero antes aprendamos la sintaxis de la estructura switch. En este caso, contamos con dos versiones, la sentencia switch, disponible desde tiempos inmemoriales, y la expresión switch, aparecida en Java 17.

```
01  // sentencia switch
02  switch (<variable>) {
03  case <valor1>:
04      <instrucciones1>;
05      break;
06  case <valor2>:
07      <instrucciones2>;
08      break;
09  // las ramas que sean necesarias
10  default:
11      <instrucciones>;
12  }
13
14  // expresión switch
15  <tipo> <resultado> = switch (<variable>) {
16      case <valor1> -> <resultado1>;
17      case <valor2> -> <resultado2>;
18      // …
19      default -> <resultadoDefault>;
20  }
```

La sentencia switch tradicional empieza con la palabra reservada switch, seguida de la variable sobre la que vamos a hacer las validaciones entre paréntesis, junto con un par de llaves, dentro de las cuales tendremos todas las ramas necesarias. Cada rama contará con la palabra reservada case seguida del valor asociado a dicha rama y dos puntos (:). No hacen falta llaves para listar todas las instrucciones de una rama, pero es importante que la última instrucción, en la mayoría de los casos, sea break; esta hará que se dejen de ejecutar el resto de ramas. Si olvidamos (o no ponemos) el break, se seguirán ejecutando las instrucciones de las siguientes ramas. Podemos incluir una última rama para cubrir el resto de casos no cubiertos, utilizando la palabra default, seguida de los dos puntos (:). Si varios casos se tratan igual, podemos separarlos con comas: case 3, 4:, por ejemplo.

Desde la versión 17 de Java, está disponible la expresión switch, que nos permitirá asignar valor a una variable con una sintaxis menos farragosa. La diferencia con la sentencia tradicional es que esta expresión nos permite asignar un valor directamente a una variable, mantenemos las palabras reservadas switch, case y default, pero ya no necesitamos los break, ya que en cada caso solo tendremos un valor o una expresión para calcularlo, y no una secuencia de instrucciones como antes. Y, muy importante, reemplazaremos los dos puntos por una flecha construida con un guion y un mayor que (->). Esta pista será importante para distinguirlas. Al final del ejemplo encontrarás ambas construcciones.

Condicionales.java	Java

```
01  import java.util.Scanner;
02
03  public class Condicionales {
04      public static void main(String[] args) {
05          Scanner s = new Scanner(System.in);
06          System.out.print("Dame un número entero: ");
07          int num = s.nextInt();
08
09          // una rama
10          if (num == 0) {
11              System.out.println("Es cero");
12          }
13
14          // dos ramas
15          if (num % 2 == 0) {
16              System.out.println("Es par");
17          } else {
18              System.out.println("Es impar");
19          }
20
21          // varias ramas
22          if (num < -100) {
23              System.out.println("Es muy negativo");
24          } else if (num < 0) {
25              System.out.println("Es negativo");
```

```
26        } else if (num == 0) {
27            System.out.println("Ya te dije que es cero");
28        } else if (num > 100) {
29            System.out.println("Es muy positivo");
30        } else { // entre 1 y 99
31            System.out.println("Es positivo");
32        }
33
34        // ternario
35        System.out.println("En ternario, es "
36                + ((num % 2 == 0) ? "par" : "impar"));
37
38        // sentencia switch
39        String figura;
40        switch (num) {
41        case 4:
42            figura = "cuadrilátero";
43            break;
44        case 5:
45            figura = "pentágono";
46            break;
47        case 6:
48            figura = "hexágono";
49            break;
50        default:
51            figura = "no lo sé";
52        }
53        System.out.println("figura = " + figura);
54
55        // la nueva expresión switch
56        String nuevaFigura = switch (num) {
57            case 4 -> "cuadrilátero";
58            case 5 -> "pentágono";
59            case 6 -> "hexágono";
60            default -> "no lo sé";
61        };
62        System.out.println("nuevaFigura = " + nuevaFigura);
63
64        // cierre del scanner
65        s.close();
66    }
67 }
```

Veamos el resultado de ejecutar este código de ejemplo con valores distintos:

```
[1]
Dame un número entero: 0
Es cero
Es par
```

```
Ya te dije que es cero
En ternario, es par
figura = no lo sé
nuevaFigura = no lo sé

[2]
Dame un número entero: 5
Es impar
Es positivo
En ternario, es impar
figura = pentágono
nuevaFigura = pentágono

[3]
Dame un número entero: -123
Es impar
Es muy negativo
En ternario, es impar
figura = no lo sé
nuevaFigura = no lo sé
```

Afortunadamente, ¡las implementaciones alternativas (if/else vs. ternario o sentencia vs. expresión switch) dan los mismos resultados!

Iteraciones

El tercer tipo de estructura del que vamos a hablar en este capítulo son las **iteraciones**, a las que también podemos llamar ciclos o, más frecuentemente, **bucles**. Se trata de una estructura lógica que repetirá una secuencia de instrucciones tantas veces como sea necesario, hasta que se cumpla la condición establecida.

No debes confundir condicionales e iteraciones. En el caso de las estructuras condicionales, iremos por un camino u otro. En el caso de las iteraciones, repetiremos la ejecución del mismo bloque una y otra vez.

De una u otra forma, la mayoría de los lenguajes cubren dos tipos de bucle. Los bucles de tipo *for* recorrerán todos los elementos que les indiquemos, mientras que los bucles de tipo *while* repetirán la ejecución mientras se cumpla la condición. Es muy importante que te asegures de que se actualice la condición correctamente para evitar que siempre sea cierta y acabemos metidos en un bucle infinito.

En ocasiones, necesitamos alterar el flujo habitual de un bucle. Si queremos saltar a la próxima iteración del bucle, utilizaremos la instrucción break. En caso de que necesitemos salir del bucle, emplearemos la instrucción continue.

Sintaxis y ejemplos en Python

En Python contamos con dos estructuras iterativas, el bucle while, que repetirá las instrucciones mientras se cumpla la condición, y el bucle for, que repetirá las instrucciones sobre todos los elementos de la lista, que (como veremos en el ejemplo) podemos preparar nosotros o pedírsela a range() para que nos genere la lista de números que necesitemos. La variable que declaramos en el for albergará, en cada iteración, un valor (distinto) de la lista.

Sintaxis de las estructuras iterativas	Python

```
01  # while
02  while <condicion>:
03      <instrucciones>
04
05  # for
06  for <variable> in <lista>:
07      <instrucciones>
```

En el siguiente ejemplo se presentan cuatro casos.

iterativas.py	Python

```
01  print("# while")
02  a = 0
03  while a <= 5:
04      print(a*a, end = " ")
05      a += 1
06  print()
07
08  print("# for lista")
09  for color in ['rojo', 'verde', 'amarillo', 'azul']:
10      print(color, end = " ")
11  print()
12
13  print("# for range")
14  for i in range(5):
15      print(i, end = " ")
16  print()
17
18  print("# rectángulo 3 x 8")
19  for x in range(3):
20      for y in range(8):
21          print("X", end="")
22      print()
```

En el while, empezamos con la a con valor 0 y, mientras sea menor o igual que 5, pintamos su cuadrado. En cada iteración incrementamos la a para hacer avanzar el bucle (y que llegue en algún momento a valer 5 y, por tanto, salgamos del bucle).

En el segundo ejemplo, recorremos todos los elementos de una lista, con nombres de colores, y por cada uno de ellos lo pintamos. En el tercero, también un for, la lista, en lugar de ser explícita, la genera la función range(), que pasándole un 5 (como comprobamos en la ejecución del código) genera los números del 0 al 4.

En el último ejemplo se aprecia cómo anidar dos bucles, uno dentro de otro, en este caso para pintar un rectángulo. Este anidamiento se suele utilizar para recorrer matrices de dos dimensiones.

El resultado de la ejecución del código es este:

```
# while
0 1 4 9 16 25
# for lista
rojo verde amarillo azul
# for range
0 1 2 3 4
# rectángulo 3 x 8
XXXXXXXX
XXXXXXXX
XXXXXXXX
```

Sintaxis y ejemplos en Java

En el caso de Java tenemos cuatro tipos de bucle. El conocido como for each (pero solo con for, sin each en su sintaxis) nos sirve para recorrer todos los elementos de una lista. Entre los paréntesis indicaremos el tipo de los elementos de la lista y el nombre que le queremos dar a la variable que nos ayudará a recorrerla, seguido de dos puntos (:) y la lista que queremos recorrer. Este tipo es el más joven, solo existe desde la versión 5 de Java.

No debemos confundirlo con el for clásico, en el que encontraremos otros elementos entre sus paréntesis: la inicialización de una variable, la condición para seguir repitiendo y las instrucciones para hacer avanzar esa variable sobre la que comprobamos la condición, separadas unas de las otras por puntos y comas (;).

El tercer tipo que vemos es el bucle while (mientras) que seguirá repitiendo las instrucciones mientras se cumpla la condición que pondremos entre paréntesis. La inicialización y el avance no van incluidas en la sintaxis de este bucle, pero no conviene que nos olvidemos de ellas.

Terminamos con do while, donde primero ejecutamos y luego comprobamos la condición. De su sintaxis debemos fijarnos especialmente en que termina con un punto y coma tras los paréntesis de la condición.

No debemos confundir el bucle while con el do while. La lógica nos ayudará a distinguirlos. En el while escribimos la condición antes que las instrucciones; por tanto, primero se comprobará la condición y, si se cumple, se ejecutarán las instrucciones. Si no se cumple, puede que no se ejecute ninguna vez. Sin embargo, en el do while, encontramos antes las instrucciones y luego la condición, así que primero hacemos y luego preguntamos. Las instrucciones del bucle se ejecutarán al menos una vez.

Sintaxis de las estructuras iterativas	Java

```
01  // for each
02  for (<tipo> <variable> : <lista>) {
03      <instrucciones>;
04  }
05
06  // for
07  for (<inicializacion>; <condicion>; <avance>) {
08      <instrucciones>;
09  }
10
11  // while
12  <inicializacion>;
13  while (<condicion>) {
14      <instrucciones>;
15      <avance>;
16  }
17
18  // do while
19  <inicializacion>;
20  do {
21      <instrucciones>;
22      <avance>;
23  } while (<condicion>);
```

Pero mejor nos dejamos de tanta sintaxis y lo vemos reflejado en ejemplos.

```java
01  import java.util.Scanner;
02
03  public class Iterativas {
04
05      public static void main(String[] args) {
06          System.out.println("// for each");
07          for (String s : args) {
08              System.out.print(s + " ");
09          }
10          System.out.println();
11
12          System.out.println("// for");
13          for (int i = 0; i < 5; i ++) {
14              System.out.print(i + ".");
15          }
16          System.out.println();
17
18          System.out.println("// while");
19          int i = 0;
20          while (i < args.length && !"x".equals(args[i])) {
21              System.out.print(args[i] + " ");
22              i++;
23          }
24          System.out.println();
25
26          System.out.println("// do while");
27          Scanner s = new Scanner(System.in);
28          String entrada;
29          String salida = "";
30          do {
31              System.out.println("Dime algo, x para terminar");
32              entrada = s.next();
33              salida += entrada;
34          } while (!"x".equals(entrada));
35          System.out.println("FIN: " + salida);
36          s.close();
37
38          System.out.println("// rectángulo 3 x 8");
39          for (int x = 0; x < 3; x++) {
40              for (int y = 0; y < 8; y++) {
41                  System.out.print("X");
42              }
43              System.out.println();
44          }
45      }
46  }
```

Para ejecutar este programa le he pasado como parámetros, como ves en la salida del ejemplo del for each, las palabras «azul», «rojo», «verde», «x», «negro» y «blanco».

El for each los recorre todos, mientras que el while se para al encontrarse con la "x". El for comienza en 0, va incrementando de uno en uno con i++, mientras sea menor que 5; y en el do while, comprobamos uno de sus usos habituales: insistirle al usuario hasta que nos diga algo que nos gusta o mientras no nos marque la salida, no nos queda otra que preguntárselo al menos una vez.

Vistos los cuatro tipos, como en el ejemplo en Python, pintamos un rectángulo anidando dos bucles.

```
// for each
azul rojo verde x negro blanco
// for
0.1.2.3.4.
// while
azul rojo verde
// do while
Dime algo, x para terminar
a
Dime algo, x para terminar
3
Dime algo, x para terminar
x
FIN: a3x
// rectángulo 3 x 8
XXXXXXXX
XXXXXXXX
XXXXXXXX
```

Programación orientada a objetos

Introducción

El paradigma de **programación orientada a objetos** (POO) es un paso más allá de la programación estructurada, desde la perspectiva de la abstracción. Sin embargo, el concepto nació a finales de los años 50, principios de los 60 del siglo pasado, incluso antes que la estructurada.

Hay lenguajes orientados a objetos (OO) «puros», como Java o C#, mientras que hay otros que permiten la programación tanto estructurada como OO, como Python o Ruby.

> **NOTA:**
>
> *Como hemos visto ya, en Java sí podemos hacer programación estructurada, pero tenemos que meter todo el código dentro de clases, y eso es OO.*

Pero ya va siendo hora de que te cuente de qué se trata esto de la OO. Partimos del concepto de **objeto**, que contiene **atributos** y **métodos**. Los atributos representan el estado de un objeto (como tu nombre, tus apellidos y el saldo de tu cuenta bancaria), mientras que los métodos definen su comportamiento y habilidades (como tu capacidad de identificarte o ganar y gastar dinero). Para crear un objeto (instanciarlo), necesitamos partir de un molde o plantilla: la **clase**.

Clases

En las clases definimos las características abstractas de un objeto, creando un modelo de la naturaleza de la cosa que representamos. Este modelo debe contener los datos que la definen (sus atributos, también llamados campos o propiedades) y su comportamiento (sus métodos).

Aunque no está bien tratar a las personas como objetos, permítemelo en esta ocasión, para un ejemplo bien clásico: la clase Persona. Pensemos en qué propiedades tiene una persona:

* nombre y apellidos
* fecha de nacimiento
* datos de contacto (dirección, teléfono, correo electrónico…)
* rasgos físicos (peso, altura, color de ojos…)
* currículum
* familiares (padres, parejas, descendientes…)
* propiedades (coche, casa, móvil)

La lista de atributos podría ser infinita. No tendría sentido. Debemos pensar en el negocio que vamos a resolver. La clase Persona de una aplicación para una clínica no tendrá los mismos atributos que la clase Persona de los programas del banco.

Los métodos también dependerán del negocio, podríamos tener estos, por ejemplo (u otros):

*   firmarConNombreCompleto
*   firmarConIniciales
*   edad
*   esAdulto

Bueno, como ejemplo nos vale. Evidentemente, habría que analizar el problema en detalle.

Para representar las clases se utilizan los diagramas UML, en específico, los diagramas de clases. En la figura 14.1 vemos la representación de una posible clase Persona bastante escueta.

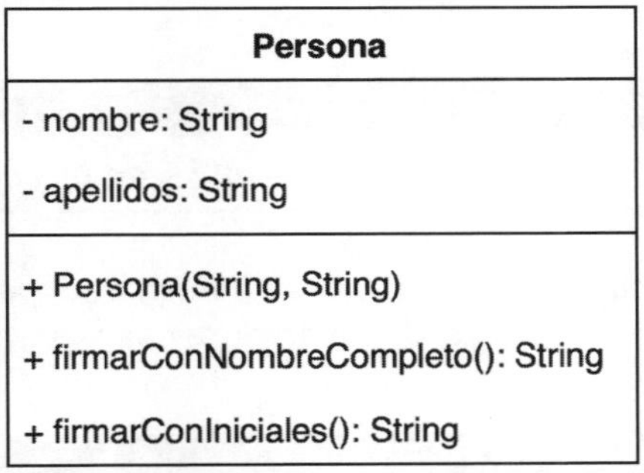

Persona
- nombre: String
- apellidos: String
+ Persona(String, String)
+ firmarConNombreCompleto(): String
+ firmarConIniciales(): String

Figura 14.1. Diagrama UML de la clase Persona.

Se trata de un rectángulo con tres secciones. En la superior se indica el nombre de la clase, en la sección central sus atributos, y en la inferior los métodos.

NOTA:

Los signos +, -, # o ~ indican si el atributo o método correspondiente es público, privado, protegido o con visibilidad de paquete, respectivamente.

Sintaxis y ejemplos en Python

Para declarar una clase en Python utilizamos la palabra reservada class, el nombre de la clase y dos puntos; y, dentro de ella (tabulando con un nivel), definiremos sus elementos.

Los objetos se crean mediante **constructores**, y el constructor en Python se implementa mediante el método __init__(), que recibe un primer argumento, habitualmente llamado self, que referencia la instancia que estamos creando, seguido de los argumentos que sean necesarios. En nuestro ejemplo, son el nombre y los apellidos.

El nombre del método __init__ empieza y termina con dos guiones bajos (_), cuatro en total.

En Python, cada clase solo puede tener un único constructor.

En Python no es necesario declarar explícitamente los atributos de la clase. Se crean, como el resto de variables en este lenguaje, cuando se les da valor por primera vez. En nuestro ejemplo, en las líneas 4 y 5, en las que decimos, el atributo nombre del objeto que se está creando (self.__nombre) toma el valor del parámetro nombre (lo mismo para los apellidos).

Prefijamos con __ los atributos que queramos que sean privados.

El resto de métodos de la clase también reciben como primer parámetro self, la referencia al objeto en juego. Es importante acordarse de poner self. para acceder a los atributos y métodos de la clase.

persona.py	Python

```python
01  class Persona:
02
03      def __init__(self, nombre, apellidos):
04          self.__nombre = nombre
05          self.__apellidos = apellidos
06
07      def firmarConNombreCompleto(self):
08          return self.__nombre + " " + self.__apellidos
09
10      def firmarConIniciales(self):
11          return self.__nombre[0] + self.__apellidos[0]
```

Podemos declarar varias clases en un mismo fichero.

Sintaxis y ejemplos en Java

En el caso de Java, cada clase debe declararse en un fichero con extensión .java que se llame igual que la clase: Persona.java, para nuestro ejemplo.

Las clases no públicas y las internas deben ir declaradas en el fichero de otra clase o en un fichero .java propio que no se llame como la clase, pero estas técnicas caen fuera del ámbito de este libro.

Para facilitar la organización de las clases, se utilizan los **paquetes**. Por eso, en la primera línea del fichero se indica en qué paquete la ubicamos. La estructura lógica de los paquetes debe corresponderse con la estructura física en carpetas o directorios.

Para declarar una clase en Java también utilizamos la palabra class, pero esta vez precedida de su modificador de visibilidad, por lo general public, y seguida de un juego de llaves que englobará todo su contenido.

A continuación, declaramos habitualmente como privados, los atributos, como en las líneas 4 y 5 del ejemplo.

Luego, incluimos los **constructores** (pueden ser uno o varios, incluso ninguno). Como el resto de elementos en Java, empezamos con el modificador seguido del nombre de la clase y los argumentos necesarios entre paréntesis.

Si no implementamos ningún constructor, Java nos regala el constructor por defecto, que no recibe argumentos. Si implementamos alguno, y seguimos queriendo el de por defecto, tendremos que implementarlo. Para tener varios constructores, la lista de argumentos de cada uno deberá ser distinta (al igual que sucede con los métodos sobrecargados).

La declaración del constructor la podemos visualizar como un método que se llama como la clase y no dice qué devuelve... o como un método que devuelve una instancia de la propia clase y no tiene nombre.

Los constructores suelen parecerse mucho al del ejemplo, pero no es obligatorio que sea así. Si lo que haremos es guardar en los atributos de la clase los valores de los argumentos, solemos nombrar unos igual que los otros y, para distinguirlos, prefijamos con this. al atributo. Así pues, en la línea 8, this.nombre hace referencia al atributo nombre de este objeto que estoy construyendo, mientras que nombre es el primer parámetro que recibe el constructor.

Al contrario que en Python, donde siempre prefijamos los atributos con self., en Java solo es necesario poner this. cuando hay ambigüedad. Si no la hay, es opcional. Por eso, al implementar los métodos, no lo estamos utilizando.

Persona.java	Java

```java
01  package oo;
02
03  public class Persona {
04      private String nombre;
05      private String apellidos;
06
07      public Persona(String nombre, String apellidos) {
08          this.nombre = nombre;
09          this.apellidos = apellidos;
10      }
11
12      public String firmarConNombreCompleto() {
13          return nombre + " " + apellidos;
14      }
15
16      public String firmarConIniciales() {
17          return nombre.charAt(0) + "" + apellidos.charAt(0);
18      }
19  }
```

Objetos

Ya sabemos cómo crear los moldes. Ahora toca crear las **instancias**. Dada una clase, podemos crear tantas instancias de ella como necesitemos, al igual que dado un molde, podemos crear tantos bizcochos como queramos.

Para crear instancias de una clase, para crear objetos, llamaremos al constructor de la clase deseada. En memoria se reservará un espacio para albergar los datos necesarios para cada uno de ellos, en el que se almacenarán sus valores propios. Después, podremos llamar a los distintos métodos de la clase sobre un objeto concreto. Cuando se ejecute ese método, se tendrán en cuenta los valores de los atributos de esa instancia del objeto.

Sintaxis y ejemplos en Python

Para crear un objeto de una clase, llamamos al constructor de la misma, pero no utilizaremos __init__(self...), que es como lo declaramos, sino el nombre de la clase y, entre paréntesis, le pasamos el resto de argumentos que espera el constructor, excluyendo el primero, el self. Puedes verlo en las líneas 57 o 61.

El resultado lo guardamos en una variable, que será una referencia a ese objeto, y luego ya podemos hacer llamadas a los distintos métodos de esa clase sobre ese objeto.

persona.py	Python

```python
56  ## Prueba persona
57  jefe = Persona("Juan", "Blanco");
58  print(jefe.firmarConNombreCompleto())
59  print(jefe.firmarConIniciales())
60
61  presi = Persona("Ana", "Zapata");
62  print(presi.firmarConNombreCompleto())
63  print(presi.firmarConIniciales())
```

Salida (*de este fragmento*):

```
Juan Blanco
JB
Ana Zapata
AZ
```

Como ves, no obtenemos el mismo resultado al pedir las firmas del jefe o de la presi.

Sintaxis y ejemplos en Java

Para crear una instancia en Java, también llamamos al constructor, pero con la palabra reservada new. En este caso, es más fácil imaginar cómo llamar al constructor, porque cuadra perfectamente con la declaración: nombre de la clase y lista de parámetros (líneas 6 y 10).

Como en el caso de Python, tras guardar el resultado de llamar al constructor en una variable, tendremos una referencia al objeto y llamamos a los métodos que necesitemos.

```java
01  package oo;
02
03  public class PruebaPersona {
04
05      public static void main(String[] args) {
06          Persona jefa = new Persona("Paz", "Cruces");
07          System.out.println(jefa.firmarConNombreCompleto());
08          System.out.println(jefa.firmarConIniciales());
09
10          Persona presi = new Persona("Luis", "Planas");
11          System.out.println(presi.firmarConNombreCompleto());
12          System.out.println(presi.firmarConIniciales());
13      }
14  }
```

Salida:

```
Paz Cruces
PC
Luis Planas
LP
```

NOTA:

He creado un método main para probar el código en una clase aparte. Podría haberlo puesto en la misma, pero, como realmente no forma parte de la clase, he preferido separarlo.

Herencia

La **herencia** es un mecanismo muy potente de la programación orientada a objetos que nos facilita la reutilización del código.

Piensa en una escuela. En la aplicación para gestionar una escuela, mejor. Tendremos alumnos, profesores y personal de administración y servicios (por lo general conocido como PAS). Bien, no es lo mismo un alumno que un profe, pero tampoco son tan distintos… aunque uno ponga notas y el otro las consulte, ambos tienen nombre y apellidos y ambos siguen siendo capaces de firmar.

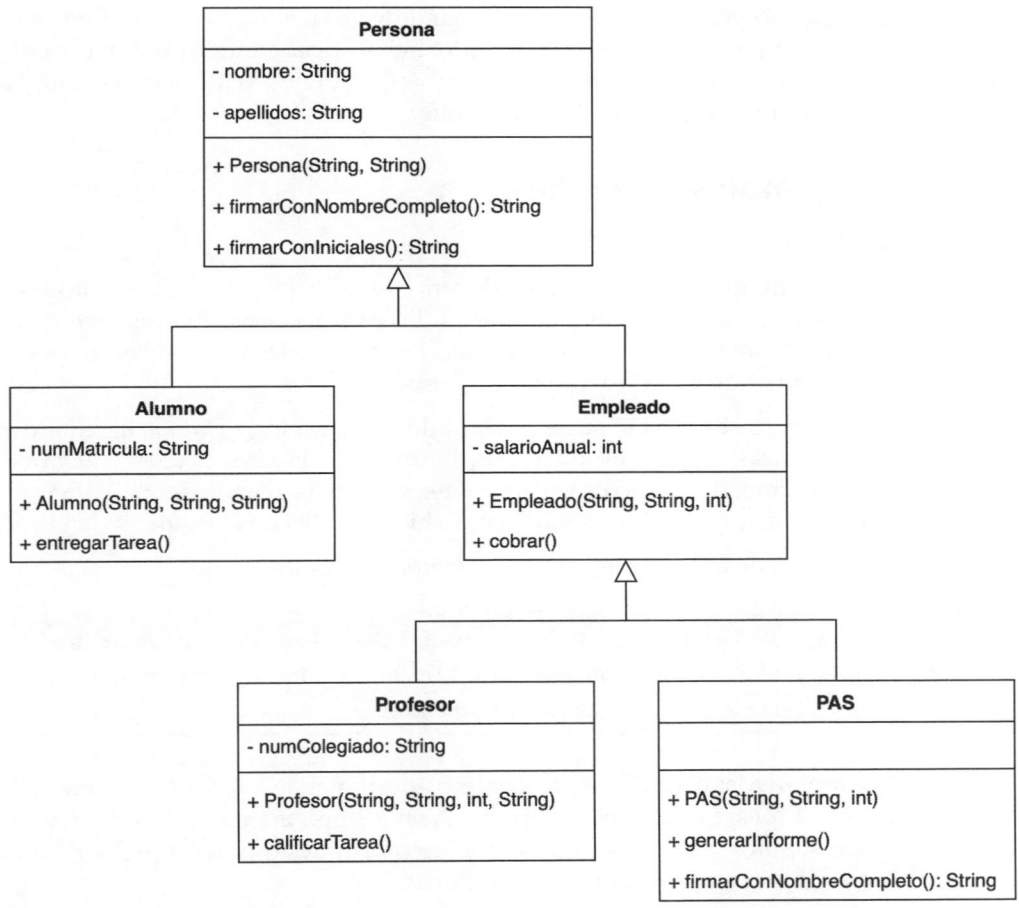

Figura 14.2. Diagrama UML de la jerarquía de Persona en una escuela.

En el diagrama propuesto, vemos que hay dos tipos de Persona en la escuela: los Alumnos y los Empleados y, a su vez, dos tipos de empleados, los Profesores y los PAS.

La clase Persona es la **superclase** o la **clase madre** de Alumno y Empleado. Profesor y PAS son **clases hijas** o **subclases** de Empleado. Las superclases no conocen si tienen o no hijas, pero las hijas heredan todo de los padres: atributos y métodos.

Como un Profesor es Empleado y es Persona, podrá calificarTarea(), cobrar() o firmarConIniciales(), y tendrá como atributos el numColegiado, el salarioAnual, nombre y apellidos. Sin embargo, un Alumno podrá entregarTarea() o firmarConIniciales(). Asimismo, tendrá nombre y apellidos como atributos, pero también numMatricula en lugar de numColegiado o salarioAnual.

En el supuesto de que el personal PAS debiera firmar de forma distinta al resto de Personas de la escuela (por ejemplo, utilizando un certificado digital oficial emitido por Educación), podría sobrescribir el método de firmarConNombreCompleto() para tener su propia implementación, aprovechando o no la de la madre.

Sintaxis y ejemplos en Python

Veamos cómo heredar en Python.

La sintaxis para definir que una clase hereda de otra es añadir, tras el nombre de la clase hija, el nombre de la clase madre entre paréntesis. En efecto, la clase madre debe estar ya definida (en líneas anteriores). En el código del ejemplo puedes verlo en las líneas 14, 24, 34 y 44 (¡vaya, ha caído una clase cada diez líneas!).

El constructor de las clases hijas se suele pasar al de la madre los atributos heredados, como vemos en las líneas que acaban en 7: super() hace referencia a la superclase, mientras que __init__() es la llamada a su constructor. Si tenemos más atributos, tras llamar al constructor de la madre, nos los guardamos como hicimos allí con el resto.

Luego, cada clase puede ir implementando sus métodos propios.

NOTA:

No te fijes mucho en las implementaciones de este ejemplo, porque no hacen nada útil. No quería complicarlo y distraerte innecesariamente.

Pero quiero que te fijes en las líneas 52 y 53, la sobreescritura de firmarConNombreCompleto() de las clase PAS. En este caso, decide aprovechar la implementación de la madre (llamándola con super()) y hacer algo más. No habría supuesto ningún problema no llamar al super() y hacer su propia implementación completa.

persona.py	Python

```
14  class Alumno(Persona):
15
16      def __init__(self, nombre, apellidos, numMatricula):
17          super().__init__(nombre, apellidos)
18          self.__numMatricula = numMatricula
19
20      def entregarTarea(self):
21          print("Tarea entregada por", self.__numMatricula)
22  ### Fin class Alumno
23
24  class Empleado(Persona):
25
```

```python
26      def __init__(self, nombre, apellidos, salarioAnual):
27          super().__init__(nombre, apellidos)
28          self.__salarioAnual = salarioAnual
29
30      def cobrar(self):
31          print("Nómina:", self.__salarioAnual / 12)
32  ### Fin class Empleado
33
34  class Profesor(Empleado):
35
36      def __init__(self, nombre, apellidos, salarioAnual, numColegiado):
37          super().__init__(nombre, apellidos, salarioAnual)
38          self.__numColegiado = numColegiado
39
40      def calificarTarea(self):
41          print("Tarea calificada por", self.__numColegiado)
42  ### Fin class Profesor
43
44  class PAS(Empleado):
45
46      def __init__(self, nombre, apellidos, salarioAnual):
47          super().__init__(nombre, apellidos, salarioAnual)
48
49      def generarInforme(self):
50          print("Informe generado")
51
52      def firmarConNombreCompleto(self):
53          return super().firmarConNombreCompleto() + " VALIDADO"
54  ### Fin class PAS
```

Para probar este código, crearemos una persona de cada tipo y le pediremos ejecutar algunos de los métodos disponibles.

```python
64  alumna1 = Alumno("Lola", "Montero", "AB1234")
65  print(alumna1.firmarConNombreCompleto())
66  alumna1.entregarTarea()
67
68  profe1 = Profesor("Marta", "Nogal", 43210, "ZX6543")
69  print(profe1.firmarConNombreCompleto())
70  profe1.cobrar()
71  profe1.calificarTarea()
72
73  pas1 = PAS("Yolanda", "Burgos", 32100)
74  print(pas1.firmarConNombreCompleto())
75  pas1.cobrar()
76  pas1.generarInforme()
```

Salida (*de este fragmento*):

```
Lola Montero
Tarea entregada por AB1234
Marta Nogal
Nómina: 3600.8333333333335
Tarea calificada por ZX6543
Yolanda Burgos VALIDADO
Nómina: 2675.0
Informe generado
```

Observa en esta salida de ejemplo que la firma de la alumna o de la profesora son «normales» (implementación en la línea 8), mientras que la de Yolanda ejecuta la línea 53, añadiendo un «VALIDADO» al final. Fíjate también en que el cobro de las empleadas es común para ambas, aunque cada una tenga su propio salario.

Sintaxis y ejemplos en Java

Como ya hemos comentado, en Java cada clase pública debe ir en su propio fichero.

Para indicar que una clase es hija de otra, la hija debe añadir la palabra reservada extends tras su nombre, seguida del nombre de la clase madre. Lo puedes comprobar en la tercera línea de los ejemplos.

ADVERTENCIA:

Si la madre no tiene constructor por defecto, sin parámetros, porque hemos implementado algún otro constructor, para que el código de las clases hijas compile hemos de implementar constructores que llamen explícitamente a alguno de los constructores de la madre.

Para llamar al constructor de la madre, por ejemplo, para pasarle los atributos que ya maneja, utilizamos la palabra reservada super() y dentro de los paréntesis, los atributos deseados.

En la clase Alumno, en el constructor llamamos al de la madre, pasándole nombre y apellidos, y luego nos guardamos el numMatricula, e implementamos el método propio del alumnado: entregarTarea().

Alumno.java	Java

```
01  package oo;
02
03  public class Alumno extends Persona {
04
05      private String numMatricula;
06
```

```
07    public Alumno(String nombre, String apellidos, String numMatricula) {
08        super(nombre, apellidos);
09        this.numMatricula = numMatricula;
10    }
11
12    public void entregarTarea() {
13        System.out.println("Tarea entregada por " + numMatricula);
14    }
15 }
```

Algo muy similar vemos en las clases Empleado y en sus dos hijas: Profesor y PAS.

Empleado.java | Java

```
01 package oo;
02
03 public class Empleado extends Persona {
04
05    private int salarioAnual;
06
07    public Empleado(String nombre, String apellidos, int salarioAnual) {
08        super(nombre, apellidos);
09        this.salarioAnual = salarioAnual;
10    }
11
12    public void cobrar() {
13        System.out.println("Nómina: " + salarioAnual / 12);
14    }
15 }
```

Profesor.java | Java

```
01 package oo;
02
03 public class Profesor extends Empleado {
04
05    private String numColegiado;
06
07    public Profesor(String nombre, String apellidos, int salarioAnual,
08            String numColegiado) {
09        super(nombre, apellidos, salarioAnual);
10        this.numColegiado = numColegiado;
11    }
12
13    public void calificarTarea() {
14        System.out.println("Tarea calificada por " + numColegiado);
15    }
16 }
```

```java
01  package oo;
02
03  public class PAS extends Empleado {
04
05      public PAS(String nombre, String apellidos, int salarioAnual) {
06          super(nombre, apellidos, salarioAnual);
07      }
08
09      public void generarInforme() {
10          System.out.println("Informe generado");
11      }
12
13      @Override
14      public String firmarConNombreCompleto() {
15          return super.firmarConNombreCompleto() + " VALIDADO";
16      }
17  }
```

Para probar todas estas clases, he creado otra con un main(), muy sencillita:

```java
01  package oo;
02
03  public class PruebaEscuela {
04
05      public static void main(String[] args) {
06          Alumno alumno1 = new Alumno("Alex", "Montes", "BC3254");
07          System.out.println(alumno1.firmarConNombreCompleto());
08          alumno1.entregarTarea();
09
10          Profesor profe1 = new Profesor("Juan", "Grau", 44330, "YW8769");
11          System.out.println(profe1.firmarConNombreCompleto());
12          profe1.cobrar();
13          profe1.calificarTarea();
14
15          PAS pas1 = new PAS("Dani", "Santos", 33440);
16          System.out.println(pas1.firmarConNombreCompleto());
17          pas1.cobrar();
18          pas1.generarInforme();
19      }
20  }
```

Salida:

```
Alex Montes
Tarea entregada por BC3254
Juan Grau
```

ADVERTENCIA:

Aunque los datos de prueba son distintos en los ejemplos en Python y Java, observa que en la ejecución del primero vemos decimales en la nómina y en la de Java no. Al ser un lenguaje fuertemente tipado, estamos indicando que trabajamos con enteros; y la división entre enteros, da entero.

Encapsulación y principio de ocultación

Entramos ahora en dos conceptos algo más difusos… El **principio de ocultación de información** busca esconder las decisiones de diseño que se tomen en un programa, de forma que podamos modificarlas cuando nos parezca, sin afectar a quien utilice nuestro código. Mientras sigamos cumpliendo con la interfaz definida, mientras no modifiquemos lo que es público, no debería afectar a nadie que cambiemos el tipo o el número de nuestros atributos, métodos auxiliares…

La conseguimos mediante el uso de atributos privados, que nadie podrá ver, y a los que daremos acceso, si nos interesa, mediante métodos públicos. Por ejemplo, de una persona podemos tener su fecha de nacimiento como atributo privado, y ofrecer métodos públicos que den acceso solo a información relevante, del tipo esAdulto() u hoyCumple().

Bien es cierto que, muchas veces, se declaran los atributos privados, pero luego se da libre acceso a ellos mediante los *getters* y *setters*, métodos que devuelven el valor del dato (por ejemplo, getNombre()) o que nos permiten modificarlo (como setNombre(nuevoNombre)).

En cuanto a la **encapsulación** o **encapsulamiento**, mediante esta técnica buscamos agrupar en una clase toda la información relacionada con un concepto y los métodos relacionados. Es decir, sirve para tener junta toda la información de una Persona y todos los métodos para manejarla.

Sintaxis y ejemplos en Python

En Python, los métodos y atributos de una clase, por defecto, son públicos. Para privatizarlos, los prefijaremos con dos guiones bajos (__). Puedes verlo en las líneas 7 a 10 para los atributos o en el método auxiliar que nos permite calcular la edad, en la línea 36.

NOTA:

Por convención, los métodos privados se ubican al final de la clase, tras los métodos públicos.

Para dar acceso a los valores de dichos atributos, para leerlos, crearemos métodos públicos. En este ejemplo utilizo varios mecanismos:

Para acceder al nombre (líneas 21-22), creo un método público llamado nombre() que devuelve el __nombre. Para llamar a este método, debemos ponerle los paréntesis, como a cualquier otro. Lo puedes comprobar en las líneas 45 o 47, entre otras.

Sin embargo, en el método apellidos() he añadido el decorador @property. Este detalle hará que pueda utilizar el método como si fuera un atributo, una propiedad. Fíjate en las líneas 47 y 52, para contrastar la llamada a nombre() o a apellidos.

En el caso del color favorito, que puede que cambie a lo largo de la vida de una persona, además de un método para recuperarlo, como el de apellidos(), tendrá también un método *setter*. Con el decorador @<nombre_atributo>.setter, línea 32, modificaremos su valor, como se muestra en la línea 57.

TRUCO:

En las líneas 40-42, calculamos fechas relativas al día de hoy para que el código dé el mismo resultado respecto al cumpleaños o la mayoría de edad se ejecute cuando se ejecute. Para espiar la fecha de nacimiento calculada para las personas, pintamos sus datos (que no deberíamos) en la línea 11.

---

personaOculta.py	Python

```python
01  from datetime import datetime
02  from dateutil.relativedelta import relativedelta
03
04  class PersonaOculta:
05
06      def __init__(self, nombre, apellidos, fechaNac, colorFavorito):
07          self.__nombre = nombre
08          self.__apellidos = apellidos
09          self.__fechaNac = fechaNac
10          self.__colorFavorito = colorFavorito
11          print("---", nombre, "nació el", fechaNac)  # debug
12
13      def esAdulto(self):
14          edad = self.__edad()
15          return edad.years >= 18
16
17      def cumpleHoy(self):
18          edad = self.__edad()
19          return edad.months == 0 and edad.days == 0
20
21      def nombre(self):
22          return self.__nombre
23
```

```
24      @property
25      def apellidos(self):
26          return self.__apellidos
27
28      @property
29      def colorFavorito(self):
30          return self.__colorFavorito
31
32      @colorFavorito.setter
33      def colorFavorito(self, nuevoColor):
34          self.__colorFavorito = nuevoColor
35
36      def __edad(self):
37          return relativedelta(datetime.now(), self.__fechaNac)
38  ### Fin class PersonaOculta
39
40  edadHoy17 = datetime.now() - relativedelta(years = 17)
41  edadHoy20YMedio = datetime.now() \
42      - relativedelta(months = 6) - relativedelta(years = 20)
43
44  p1 = PersonaOculta("Paula", "Gala", edadHoy17, "rojo")
45  print(p1.nombre(), "es mayor de edad:", p1.esAdulto())
46  if p1.cumpleHoy():
47      print("Hoy hay que felicitar a", p1.nombre(), p1.apellidos)
48
49  p2 = PersonaOculta("Pablo", "Prego", edadHoy20YMedio, "azul")
50  print(p2.nombre(), "es mayor de edad:", p2.esAdulto())
51  if p2.cumpleHoy():
52      print("Hoy hay que felicitar a", p2.nombre(), p2.apellidos)
53
54  print("Colores Favoritos: " , p1.nombre(), p1.colorFavorito,
55      p2.nombre(), p2.colorFavorito)
56  # Ahora a Pablo le gusta el color favorito de Paula
57  p2.colorFavorito = p1.colorFavorito
58  print("Colores Favoritos: " , p1.nombre(), p1.colorFavorito,
59      p2.nombre(), p2.colorFavorito)
```

Salida:

```
--- Paula nació el 2007-01-15 19:34:19.215408
Paula es mayor de edad: False
Hoy hay que felicitar a Paula Gala
--- Pablo nació el 2003-07-15 19:34:19.215494
Pablo es mayor de edad: True
Colores Favoritos:  Paula rojo Pablo azul
Colores Favoritos:  Paula rojo Pablo rojo
```

Como Pablo no cumple hoy, no entramos en el if y no hay que felicitarlo.

Sintaxis y ejemplos en Java

En Java existen tres palabras reservadas para indicar los cuatro tipos de visibilidad de los atributos o métodos:

- public: accesible desde otras clases, paquetes… desde todos lados.
- protected: accesible para sus hijas y desde el resto de clases de su paquete.
- *friendly* (o *package*): accesible para el resto de clases de su paquete (pero no para las hijas si están en otros paquetes). En este caso no ponemos ninguna palabra reservada, ya que es la opción por defecto.
- private: accesible solo desde la propia clase, ni hijos ni nadie más.

Así pues, al declarar los atributos, indicamos en cada uno de ellos que es privado (líneas 7 a 10).

A la fecha de nacimiento no dejaremos acceder a nadie, pero proporcionamos un par de métodos para saber si es mayor de edad o si hoy es su cumpleaños, pero sin descubrir su fecha de nacimiento.

Para acceder a nombre o apellidos, creamos los métodos *getter*, un clásico de Java, que incluso el propio IDE puede crear si se lo pedimos (líneas 30 a 36). No dejaremos que nadie los modifique. En nuestra aplicación, nombre y apellidos son para toda la vida.

Lo que sí se cambia es de colorFavorito; por eso, para este atributo proporcionamos un método *setter*, además del *getter*, en las líneas 38 a 44.

Para un supuesto atributo X de tipo Y, los métodos *getter* y *setter* serán los siguientes:

```java
public Y getX() {
    return x;
}

public void setX(Y x) {
    this.x = x;
}
```

Tras todos los métodos públicos, encontramos el método auxiliar edad(), privado, que nos ayuda a calcular la edad de esa persona a día de hoy.

NOTA:

Por convención, los métodos privados se ubican al final de la clase: primero los públicos, luego protegidos, después privados.

```
01  package oo;
02
03  import java.time.LocalDate;
04  import java.time.Period;
05
06  public class PersonaOculta {
07      private String nombre;
08      private String apellidos;
09      private LocalDate fechaNac;
10      private String colorFavorito;
11
12      public PersonaOculta(String nombre, String apellidos,
13              LocalDate fechaNac, String colorFavorito) {
14          this.nombre = nombre;
15          this.apellidos = apellidos;
16          this.fechaNac = fechaNac;
17          this.colorFavorito = colorFavorito;
18          System.out.println("--- " + nombre + " " + apellidos
19                  + " nació el " + fechaNac);
20      }
21
22      public boolean esAdulto() {
23          return edad().getYears() >= 18;
24      }
25
26      public boolean cumpleHoy() {
27          return edad().getMonths() == 0 && edad().getDays() == 0;
28      }
29
30      public String getNombre() {
31          return nombre;
32      }
33
34      public String getApellidos() {
35          return apellidos;
36      }
37
38      public String getColorFavorito() {
39          return colorFavorito;
40      }
41
42      public void setColorFavorito(String colorFavorito) {
43          this.colorFavorito = colorFavorito;
44      }
45
46      private Period edad() {
47          return Period.between(fechaNac, LocalDate.now());
48      }
49  }
```

Para espiar la fecha de nacimiento calculada para las personas, pintamos sus datos (que no deberíamos) en las líneas 18-19.

Para probar bien la privacidad, mejor hacemos las pruebas en otra clase:

PruebaPersonaOculta.java	Java

```java
01  package oo;
02
03  import java.time.LocalDate;
04
05  public class PruebaPersonaOculta {
06
07      public static void main(String[] args) {
08          LocalDate edadHoy17 = LocalDate.now().minusYears(17);
09          LocalDate edadHoy20YMedio =
10                  LocalDate.now().minusYears(20).minusMonths(6);
11
12          PersonaOculta p1 = new PersonaOculta(
13                  "Paula", "Gala", edadHoy17, "rojo");
14          System.out.println(p1.getNombre() + " es mayor de edad: "
15                  + p1.esAdulto());
16          if (p1.cumpleHoy()) {
17              System.out.println("Hoy hay que felicitar a "
18                      + p1.getNombre() + " " + p1.getApellidos());
19          }
20
21          PersonaOculta p2 = new PersonaOculta(
22                  "Pablo", "Prego", edadHoy20YMedio, "azul");
23          System.out.println(p2.getNombre() + " es mayor de edad: "
24                  + p2.esAdulto());
25          if (p2.cumpleHoy()) {
26              System.out.println("Hoy hay que felicitar a "
27                      + p2.getNombre() + " " + p2.getApellidos());
28          }
29
30          // Colores
31          System.out.println("Colores Favoritos: "
32                  + p1.getNombre() + " " + p1.getColorFavorito() + " "
33                  + p2.getNombre() + " " + p2.getColorFavorito());
34          // Ahora a Pablo le gusta el color favorito de Paula
35          p2.setColorFavorito(p1.getColorFavorito());
36          System.out.println("Colores Favoritos: "
37                  + p1.getNombre() + " " + p1.getColorFavorito() + " "
38                  + p2.getNombre() + " " + p2.getColorFavorito());
39
40      }
41  }
```

En las líneas 8-10, como hemos hecho en el ejemplo de Python, calculamos fechas relativas al día de hoy para que el código dé el mismo resultado respecto al cumpleaños o la mayoría de edad se ejecute cuando se ejecute.

Salida:

```
--- Paula Gala nació el 2007-01-15
Paula es mayor de edad: false
Hoy hay que felicitar a Paula Gala
--- Pablo Prego nació el 2003-07-15
Pablo es mayor de edad: true
Colores Favoritos: Paula rojo Pablo azul
Colores Favoritos: Paula rojo Pablo rojo
```

Vaya, en Java tampoco es hoy el cumpleaños de Pablo, y no lo vamos a felicitar.

Enumerados

Los **enumerados** son un tipo especial de clases que se utilizan para agrupar posibles valores relacionados, una serie de constantes. Pueden ser tan simples como la lista de valores mencionada, pero también pueden incluir métodos, constructores, y darles mucho más potencial.

Veremos dos ejemplos: por un lado, cuatro niveles: fácil, medio, difícil e imposible; por otro, cuatro rangos de edad, según el tipo de estudios: infantil de 0 a 6 años, primaria de 6 a 12, secundaria de 12 a 16 y bachillerato de 16 a 18. En este caso, añadiremos un método que, dada una edad, diga si están dentro de un rango determinado.

Sintaxis y ejemplos en Python

Para declarar un enumerado en Python, extenderemos la clase Enum (que debemos importar), es decir, tras el nombre de la clase, ponemos Enum entre paréntesis.

Por cada una de las opciones, debemos darle un valor. Para no preocuparnos de qué valor le damos, podemos utilizar auto() (tras importarlo), como vemos en el ejemplo Nivel.

En el caso del RangoEdad, el valor que le damos es un *array*, con la edad mínima y máxima de cada rango.

Dentro de la clase podemos definir métodos, como en cualquier otra clase. enRango(edad) comprueba si la edad recibida está, cómo no, en rango.

```python
01  from enum import Enum, auto
02
03  class Nivel(Enum):
04      FACIL = auto()
05      MEDIO = auto()
06      DIFICIL = auto()
07      IMPOSIBLE = auto()
08
09  class RangoEdad(Enum):
10      INFANTIL = [0, 6]
11      PRIMARIA = [6, 12]
12      SECUNDARIA = [12, 16]
13      BACHILLERATO = [16, 18]
14
15      def enRango(self, edad):
16          return edad >= self.value[0] and edad <= self.value[1]
17
18  # Prueba Nivel
19  print("PRUEBA DE NIVEL")
20  nivel = Nivel.DIFICIL
21  print("Te toca el nivel", nivel)
22  print("Te toca el nivel", nivel.name)
23
24  if (nivel == Nivel.FACIL):
25      print("Tú puedes con más, no te quedes ahí")
26  else:
27      print("¡Olé tu valentía!")
28
29  print("Los niveles posibles son", list(Nivel))
30  print()
31
32  # Prueba RangoEdad
33  print("PRUEBA DE RANGO DE EDAD")
34  edades = [2, 6, 11, 18]
35  for edad in edades:
36      for rango in list(RangoEdad):
37          print("La edad", edad,
38              "sí" if rango.enRango(edad) else "no",
39              "está en rango para", rango.name)
```

A partir de la 18, encontramos unas cuantas líneas para probar estos enumerados. Podemos declarar variables que tomen uno de los valores o utilizarlos directamente. Si tomamos la instancia completa (línea 21), nos pintará la clase y el nombre, mientras que si pedimos el .name, como en la línea 22, solo pintará el nombre. El if de las líneas 24 a 27 nos muestra cómo podemos hacer comparaciones.

También es interesante cómo list(Nivel), en la línea 29, nos lista todos los niveles disponibles.

Para probar RangoEdades, preparamos un *array* con unas cuantas edades e iteramos a dos niveles, para todas las edades, para todos los rangos, comprobamos si esa edad se encuentra en rango. En la línea 38 utilizamos el condicional ternario de Python para poner el «sí» o el «no».

Salida:

```
PRUEBA DE NIVEL
Te toca el nivel Nivel.DIFICIL
Te toca el nivel DIFICIL
¡Olé tu valentía!
Los niveles posibles son [<Nivel.FACIL: 1>, <Nivel.MEDIO: 2>, <Nivel.
DIFICIL: 3>, <Nivel.IMPOSIBLE: 4>]

PRUEBA DE RANGO DE EDAD
La edad 2 sí está en rango para INFANTIL
La edad 2 no está en rango para PRIMARIA
La edad 2 no está en rango para SECUNDARIA
La edad 2 no está en rango para BACHILLERATO
La edad 6 sí está en rango para INFANTIL
La edad 6 sí está en rango para PRIMARIA
La edad 6 no está en rango para SECUNDARIA
La edad 6 no está en rango para BACHILLERATO
La edad 11 no está en rango para INFANTIL
La edad 11 sí está en rango para PRIMARIA
La edad 11 no está en rango para SECUNDARIA
La edad 11 no está en rango para BACHILLERATO
La edad 18 no está en rango para INFANTIL
La edad 18 no está en rango para PRIMARIA
La edad 18 no está en rango para SECUNDARIA
La edad 18 sí está en rango para BACHILLERATO
```

Hay edades de transición que están en dos rangos, ¡no pasa nada!

Sintaxis y ejemplos en Java

Los enumerados en Java se declaran casi como se declaran las clases: simplemente cambiamos la palabra clave class por enum.

En un enum simple, como el ejemplo Nivel, declaramos, separados por comas, los distintos valores que pueda tomar.

```java
01  package oo;
02
03  public enum Nivel {
04      FACIL, MEDIO, DIFICIL, IMPOSIBLE;
05  }
```

Pero también es posible hacer enumerados más complejos. Si queremos acompañar a cada valor de ciertos parámetros, existe la opción de hacerlo. Basta con implementar un constructor que los reciba.

Independientemente de si parametrizamos los valores o no, también es posible añadir los métodos que creamos necesarios.

En el ejemplo RangoEdad tenemos un constructor que recibe dos números enteros, con las edades de inicio y fin de cada rango. Además, hemos implementado un método que indica si la edad recibida está incluida en ese rango.

ADVERTENCIA:

El constructor tiene visibilidad privada, no es necesario indicarlo. No podemos hacerlo público, porque nadie debe crear nuevas instancias para el enum. Hay los que hay. No más.

```java
01  package oo;
02
03  public enum RangoEdad {
04      INFANTIL(0, 6),
05      PRIMARIA(6, 12),
06      SECUNDARIA(12, 16),
07      BACHILLERATO(16, 18);
08
09      private int ini;
10      private int fin;
11
12      RangoEdad(int ini, int fin) {
13          this.ini = ini;
14          this.fin = fin;
15      }
16
17      public boolean enRango(int edad) {
18          return ini <= edad && edad >= fin;
19      }
20  }
```

En una clase aparte, probamos ambos *enums*:

En la primera parte, probamos Nivel, establecemos uno en una variable, la utilizamos para pintar el nivel que quiero, pero también para comprobar si es el nivel IMPOSIBLE. Terminamos listando todos los valores posibles llamando al método values(), en la línea 18.

En la parte final probamos, como en el ejemplo en Python, en qué rangos están algunas edades. Recorremos un *array* de edades, recorremos todos los rangos y comprobamos si cada edad está en ese rango.

PruebaEnums.java	Java

```java
01  package oo;
02
03  public class PruebaEnums {
04      public static void main(String[] args) {
05          // prueba Nivel
06          System.out.println("PRUEBA DE NIVEL");
07          Nivel nivel = Nivel.FACIL;
08
09          System.out.println("Quiero el nivel " + nivel);
10
11          if (nivel == Nivel.IMPOSIBLE) {
12              System.out.println("El nivel es demasiado alto.");
13          } else {
14              System.out.println("Tú puedes.");
15          }
16
17          System.out.println("Los niveles posibles son:");
18          for (Nivel n : Nivel.values()) {
19              System.out.println(n);
20          }
21          System.out.println();
22
23          // prueba RangoEdad
24          System.out.println("PRUEBA DE RANGO DE EDAD");
25          int[] edades = {3, 5, 7, 12, 17};
26          for (int edad : edades) {
27              for (RangoEdad rango : RangoEdad.values()) {
28                  System.out.println("La edad " + edad + " "
29                          + (rango.enRango(edad) ? "sí" : "no")
30                          + " está en rango para " + rango);
31              }
32          }
33      }
34  }
```

Salida:

```
PRUEBA DE NIVEL
Quiero el nivel FACIL
Tú puedes.
Los niveles posibles son:
FACIL
MEDIO
DIFICIL
IMPOSIBLE

PRUEBA DE RANGO DE EDAD
La edad 3 no está en rango para INFANTIL
La edad 3 no está en rango para PRIMARIA
La edad 3 no está en rango para SECUNDARIA
La edad 3 no está en rango para BACHILLERATO
La edad 5 no está en rango para INFANTIL
La edad 5 no está en rango para PRIMARIA
La edad 5 no está en rango para SECUNDARIA
La edad 5 no está en rango para BACHILLERATO
La edad 7 sí está en rango para INFANTIL
La edad 7 no está en rango para PRIMARIA
La edad 7 no está en rango para SECUNDARIA
La edad 7 no está en rango para BACHILLERATO
La edad 12 sí está en rango para INFANTIL
La edad 12 sí está en rango para PRIMARIA
La edad 12 no está en rango para SECUNDARIA
La edad 12 no está en rango para BACHILLERATO
La edad 17 sí está en rango para INFANTIL
La edad 17 sí está en rango para PRIMARIA
La edad 17 sí está en rango para SECUNDARIA
La edad 17 no está en rango para BACHILLERATO
```

Excepciones

El manejo de excepciones me apasiona, y suelo dedicarle un espacio importante en mis obras, pero aquí intentaré ser concisa.

En la orientación a objetos, la forma correcta de manejar posibles errores es mediante las **excepciones**. Cuando nos encontramos ante un dato inesperado o una situación incorrecta, lanzamos una excepción, que hace parar la ejecución normal del código hasta que en algún punto de la pila de llamadas que nos ha llevado a ese estado se captura la excepción, y quizá se trata.

Aunque existe una clase Exception que podría valer, se suelen crear clases hijas de esta, dándoles un nombre significativo que explique el problema que ha sucedido.

Sintaxis y ejemplos en Python

Para declarar una excepción en Python, escribimos una clase que extienda de Exception, no tiene por qué hacer nada: pass (líneas 1 y 2).

Para lanzar una excepción, utilizamos la palabra clave raise seguida de una instancia de la excepción que deseemos, como en el método privado dividir() de la línea 17.

En la clase Calculadora probamos dos formas de manejar las excepciones.

En el método calcularPrevisor() intentamos la división y, si no se puede, resolvemos de otra forma (tomando un 0 como resultado, en el ejemplo). Para ello, utilizamos la estructura try / except. Tras el try ponemos el código que podría ser problemático y, tras except, indicamos la excepción que queremos tratar, seguida de su tratamiento.

Sin embargo, en el método calcularValiente(), tiramos para adelante e ignoramos si puede haber problemas o no.

excepciones.py	Python

```python
01  class DatoInvalidoException(Exception):
02      pass
03
04  class Calculadora:
05      def calcularPrevisor(self, a, b, c):
06          try:
07              aux = self.__dividir(b, c)
08          except DatoInvalidoException:
09              aux = 0
10          return a + aux
11
12      def calcularValiente(self, a, b, c):
13          return a + self.__dividir(b, c)
14
15      def __dividir(self, a, b):
16          if b == 0:
17              raise DatoInvalidoException()
18          return a / b
19
20  # Prueba
21  c = Calculadora()
22
23  print("# version previsora")
24  print(c.calcularPrevisor(3, 4, 0))
25
26  print("# version valiente")
27  try:
28      print(c.calcularValiente(3, 4, 0))
29  except DatoInvalidoException:
30      print("Se ha producido un error")
31
32  print("# version kamikaze")
33  print(c.calcularValiente(3, 4, 0))
```

A la hora de probarlo, vemos que la llamada a calcularPrevisor() nos da un resultado: sin problemas, la ejecución ha funcionado perfectamente. Hubo un problema: se resolvió.

```
# version previsora
3
```

La segunda prueba llama a calcularValiente(), pero siendo consciente de que puede salir algo mal, utilizando el try / except. Si eso sucede, muestra un mensaje de error. Hubo un problema: se trató avisando al usuario lo más elegantemente posible.

```
# version valiente
Se ha producido un error
```

En el tercer intento, etiquetado como versión *kamikaze*, nos olvidamos totalmente de los problemas… ¡hasta que nos damos de bruces con ellos! En la salida que ve el usuario se muestra un montón de información técnica que el usuario no entiende ni debería ver jamás, acabamos demostrando que no sabemos programar bien:

```
# version kamikaze
Traceback (most recent call last):

    File ~/anaconda3/lib/python3.10/site-packages/spyder_kernels/
      py3compat.py:356 in compat_exec
          exec(code, globals, locals)

    File ~/…/excepciones.py:32
          print(c.calcularValiente(3, 4, 0))

    File ~/…/excepciones.py:13 in calcularValiente
          return a + self.__dividir(b, c)

    File ~/…/excepciones.py:17 in __dividir
          raise DatoInvalidoException()

DatoInvalidoException
```

Esta información técnica es la traza de la excepción, que debería ayudarnos a entender de dónde viene el problema y tomar medidas para que no suceda, como las que hemos visto justo en los ejemplos precedentes.

Sintaxis y ejemplos en Java

Para declarar una excepción en Java, escribimos una clase que extienda de Exception.

```
DatoInvalidoException.java                                          Java
01  package oo;
02
03  public class DatoInvalidoException extends Exception {
04
05  }
```

Para lanzar una excepción, cuando detectamos un problema, utilizamos la palabra clave throw seguida de la instancia de la excepción, existente o de nueva creación. Lo vemos en la línea 22, del método dividir() de la clase Calculadora. Debemos declarar que un método puede lanzar una excepción si las cosas no van bien (excepto si la excepción es de tipo *runtime*, pero hemos dicho que iría al grano). Declaramos el lanzamiento de excepciones por parte de un método mediante la palabra reservada throws seguida del tipo de excepción que se podría lanzar (o no: si todo va bien, no se lanzará).

ADVERTENCIA:

¡No confundas throw con throws!

De forma equivalente a la que hemos visto en el ejemplo en Python, en el método calcularPrevisor() intentamos la división; y, si no se puede, resolvemos de otra forma (tomando un 0 como resultado, en el ejemplo). Para ello, utilizamos la estructura try / catch. Dentro del bloque try ponemos el código que podría ser problemático y, dentro del bloque catch, su tratamiento. Eso sí, debemos indicar entre paréntesis la excepción que queremos tratar.

Sin embargo, en el método calcularValiente(), tiramos para adelante, declarando que puede dar problemas, pero sin hacer nada por resolverlos, ya se encargará otro de ello.

Calculadora.java	Java

```
01  package oo;
02
03  public class Calculadora {
04
05      public int calcularPrevisor(int a, int b, int c) {
06          int aux;
07          try {
08              aux = dividir(b, c);
09          } catch (DatoInvalidoException e) {
10              aux = 0;
11          }
12          return a + aux;
13      }
14
15      public int calcularValiente(int a, int b, int c)
16              throws DatoInvalidoException {
17          return a + dividir(b, c);
18      }
19
20      private int dividir(int a, int b) throws DatoInvalidoException {
21          if (b == 0) {
22              throw new DatoInvalidoException();
23          }
24          return a / b;
25      }
26  }
```

Probamos estos métodos en el método main de la clase PruebaExcepciones. La versión previsora podemos llamarla sin temores, no se prevén problemas, porque ya se trataron. Como la versión valiente declara que pueden surgir imprevistos, utilizamos try / catch para controlar lo que pueda pasar.

PruebaExcepciones.java	Java

```
01  package oo;
02
03  public class PruebaExcepciones {
04      public static void main(String[] args) throws DatoInvalidoException {
05          Calculadora c = new Calculadora();
06          System.out.println("// versión previsora");
07          System.out.println(c.calcularPrevisor(3, 4, 0));
08
09          System.out.println("// versión valiente");
10          try {
11              System.out.println(c.calcularValiente(3, 4, 0));
12          } catch (DatoInvalidoException e) {
13              System.err.println("Se ha producido un error");
14          }
15      }
16  }
```

La salida obtenida en este ejemplo es del todo profesional: un resultado válido o un error controlado.

```
// versión previsora
3
// versión valiente
Se ha producido un error
```

En otra clase, en otro main, implementamos la versión *kamikaze*. Aunque nos avisa que puede haber algún problema, seguimos insistiendo en no tratarlo y lanzarlo «más arriba» (pero no, ¡ya no hay «más arriba»!)

PruebaExcepcionesKamikaze.java	Java

```
01  package oo;
02
03  public class PruebaExcepcionesKamikaze {
04      public static void main(String[] args) throws DatoInvalidoException {
05          Calculadora c = new Calculadora();
06          System.out.println("// versión kamikaze");
07          System.out.println(c.calcularValiente(3, 4, 0));
08      }
09  }
```

Por tanto, del resultado obtenido esta vez no puedo decir lo mismo, no es nada profesional:

```
// versión kamikaze
Exception in thread "main" oo.DatoInvalidoException
      at oo.Calculadora.dividir(Calculadora.java:22)
      at oo.Calculadora.calcularValiente(Calculadora.java:17)
      at  oo.PruebaExcepcionesKamikaze.main(PruebaExcepcionesKamikaze.
           java:7)
```

Anda, ¡si te encuentras con esto, analiza la salida y corrige tu código!

Programación dirigida por eventos

- Programar dirigido por eventos.
- Reaccionar a las acciones del usuario.
- Gestionar los clics del ratón y la pulsación de teclas.
- Implementar *listeners*.
- Escribir clases internas y anónimas.

Introducción

Cuando no había usuarios, cuando los ordenadores eran máquinas inmensas manejadas por operadoras especializadas, un programa empezaba a ejecutarse y seguía su flujo hasta el fin, quizá unas horas más tarde. Pero cuando tenemos usuarios, con una interfaz gráfica, con ratón o pantalla táctil o lo que sea, las aplicaciones deben ser capaces de reaccionar a cualquier petición que les haga el usuario, a los eventos que surjan. Así pues, la programación dirigida por eventos llega como una evolución necesaria a la programación estructurada.

Piensa en nuestros primeros juegos, en los primeros capítulos de este libro. Cuando jugábamos a adivinar un número, nuestro programa sabía de antemano en qué orden iban a suceder las cosas: el usuario escribía algo en el teclado justo después de que se lo pidiéramos, entonces, comprobábamos el número: si era menor, un mensaje; si era mayor, otro, y si era igual, ¡victoria! Había interacción con el usuario, pero predefinida, muy estructurada, secuencial: arranque, entrada de parámetros, procesamiento de los parámetros, generación de un resultado.

En cambio, en los juegos en los que hemos añadido una interfaz gráfica, el usuario tiene más margen de maniobra, y eso que no los hemos complicado mucho. Puede pulsar en cualquier casilla, en el buscaminas incluso con un botón u otro del ratón.

Cuando programamos dirigidos por eventos, debemos definir qué eventos sucederán en el programa y cuál será su reacción. Por ejemplo, en el tres en raya, cuando clican en una casilla, colocamos ahí una X o una O; pero en el Memory, giramos la tarjeta. En el buscaminas, si el usuario clica con el botón secundario, marcamos la casilla como posible mina; pero si utiliza el botón principal, entonces descubrimos la casilla, y quizás logre ganar o perder.

Al lanzar la ejecución del programa, se ejecutará todo el código necesario para la inicialización de la aplicación, preparar el modelo, mostrar la vista… Pero entonces se quedará bloqueado a la espera de la recepción de eventos generados por el usuario o por sensores externos u otros programas o hebras, así como eventos de red.

NOTA:

El paradigma dirigido por eventos no se usa por sí solo, sino combinado con la programación estructurada o, más frecuentemente, con la programación orientada a objetos.

NOTA:

Aunque ahora me centraré en los eventos sobre la interfaz gráfica, este paradigma también sirve para tratar otros tipos de eventos, como la llegada de un pedido en un sistema de comercio online o una petición de transferencia en un banco.

Detección de eventos

Hemos dicho que el programa, tras su inicialización, se queda bloqueado a la espera de la llegada de los eventos. Este efecto se logra gracias a un bucle de eventos que se queda a la escucha de forma permanente. Representado en pseudocódigo podría ser:

```
Bucle de eventos:
MIENTRAS cierto
   Recoger evento.
   SI evento == clic botón principal ENTONCES
      Tratar clic botón principal.
   SI NO SI evento = clic botón secundario ENTONCES
      Tratar clic botón secundario.
   SI NO SI evento = tecla ENTONCES
      Tratar tecla.
   SI NO SI evento = foco en elemento ENTONCES
      Tratar foco en elemento.
   SI NO SI …
   FIN SI.
FIN MIENTRAS.
FIN.
```

De esta forma, el programa recibe un evento tras otro, y trata cada uno con el procedimiento preestablecido.

En los lenguajes preparados para soportar la programación dirigida por eventos, este bucle será transparente para el programador, mientras que, en lenguajes sin soporte innato, podrá implementarlo.

Gestión de eventos

Para la gestión de eventos, definimos qué método (*callback*) reaccionará en cada caso. Tenemos que implementarlo como cualquier otro método, pero, en vez de llamarlo cuando nosotros, como programadores, creamos oportuno, será llamado por el bucle de eventos cuando detecte el evento al que debe responder.

Sintaxis y ejemplos en Python (Tkinter)

La sintaxis depende no solo del lenguaje, sino también de la librería que utilicemos. Veamos un ejemplo en Python usando Tkinter.

Para atar (*to bind*) o vincular un método a un evento en un elemento, la sintaxis sería:

```
elemento.bind(nombreEvento, nombreMetodo)
```

Por ejemplo:

```
boton.bind("<Button-1>", tratarClic)
```

Fíjate en que el nombre del evento va entre comillas, porque es un String, un texto, y el nombre del método es eso, el nombre, no una llamada, no incluimos los paréntesis: no queremos que se ejecute el método cuando hacemos el bind(), sino cuando se produzca el evento.

Es posible que en algún momento queramos dejar de escuchar eventos en un elemento. Podemos hacerlo utilizando unbind(), cumpliendo con la sintaxis:

```
elemento.unbind(nombreEvento)
```

Por ejemplo:

```
boton.unbind("<Button-1>")
```

Nombres de eventos

La lista de posibles nombres de eventos es larga, listemos ahora los más habituales:

- <Button-#>: donde # es el número de botón pulsado. Detecta la pulsación con el puntero del ratón encima del elemento en cuestión.

- <Double-Button-#>: Similar a <Button-#>, pero detecta la doble pulsación, el doble clic.

- <Enter>: El puntero del ratón entra en el elemento, sin necesidad de pulsar, simplemente pasaremos por encima.

- <Leave>: Similar a <Enter>, pero detecta la salida de encima del elemento.

- <FocusIn>: El foco del teclado se ha ubicado en este elemento o en un hijo suyo; por ejemplo, cuando clicamos dentro de un cuadro de texto para disponernos a escribir en él.

- <FocusOut>: El foco del teclado sale de este elemento; por ejemplo, cuando pulsamos la tecla tabulación para pasar al siguiente cuadro de texto.

- <Return>: Detecta la pulsación de la tecla Intro o Enter.

- <Key>: Salta cuando pulsamos cualquier tecla. El objeto evento, en su atributo char, tendrá el valor de la tecla pulsada.

- letra: Trata la pulsación de la letra en cuestión. Se puede utilizar con casi cualquier carácter imprimible, menos el espacio que debemos indicarlo con <space> y el signo menor que (<) que se indicará con <less>.

Ejemplo

En apenas cuarenta líneas, hemos implementado un sencillo ejemplo, en el que montamos un marco con un botón y dos zonas de texto, en una de ellas mostraremos el evento recibido y en la otra el mensaje que queramos.

En el botón escucharemos cuatro eventos: entrar, salir, botón principal y botón secundario (líneas 30 a 33), mientras que en el marco escucharemos solo el clic (línea 26).

En la línea 38 procedemos a lanzar el bucle (mainloop) que lanzará la interfaz gráfica y se quedará a la escucha de lo que pueda suceder.

```
                              eventos.py                                    Python
01  import tkinter as tk
02
03  def clicFuera(evento):
04      espia.config(text = str(evento))
05      mensaje.config(text = "Has clicado fuera del botón")
06
07  def dentro(evento):
08      espia.config(text = str(evento))
09      mensaje.config(text = "Te has metido dentro del botón")
10
11  def fuera(evento):
12      espia.config(text = str(evento))
13      mensaje.config(text = "Has salido del botón")
14
15  def botonPrincipal(evento):
16      espia.config(text = str(evento))
17      mensaje.config(text = "Has pulsado con el botón principal")
18
19  def botonSecundario(evento):
20      espia.config(text = str(evento))
21      mensaje.config(text = "Has pulsado con el botón secundario")
22
23  root = tk.Tk()
24  root.title("Eventos")
25  frame = tk.Frame(root)
26  frame.bind("<Button-1>", clicFuera)
27  frame.pack()
28  boton = tk.Button(frame, text = "Botón de los eventos")
29  boton.pack()
30  boton.bind("<Enter>", dentro)
31  boton.bind("<Leave>", fuera)
32  boton.bind("<Button-1>", botonPrincipal)
33  boton.bind("<Button-2>", botonSecundario)
34  espia = tk.Label(frame, text = "Datos del evento")
35  espia.pack()
36  mensaje = tk.Label(frame, text = "Zona de mensajes")
37  mensaje.pack()
38  root.mainloop()
```

Ejecución y salida

En la primera imagen vemos los textos iniciales propuestos. No ha sucedido nada aún. En cuanto desplazamos el ratón y entra en la zona del botón, reaccionará al evento <Enter> y se ejecutará el método dentro(). Este evento indicará si el elemento tiene el foco y en qué coordenadas se ha producido la entrada, como el evento <Leave> que mostrará las coordenadas de salida. ¿Eres capaz de entrar y salir por el mismo punto?

Si clicamos con el botón principal, dentro del botón tendremos una reacción (botonPrincipal()), pero si pulsamos fuera, el comportamiento será otro (clicFuera()). En caso de pulsación de un botón, el evento nos informará, como antes, de las coordenadas en las que se ha producido el evento, pero también del número de botón pulsado.

Figura 15.1. Capturas de todos los eventos del ejemplo, en Python.

Sintaxis y ejemplos en Java

Para gestionar los eventos en Java, debemos implementar *event listeners* (oyentes de eventos), que reciben un evento, siempre hijo (o nieto o bisnieto) de la clase EventObject.

Es importante tener en cuenta que la gestión de los eventos es que deben ejecutarse muy rápido. Piensa que tanto los métodos de dibujo de la interfaz gráfica como los de gestión de los eventos se ejecutan en la misma hebra, así que una reacción lenta haría que el usuario tuviera la sensación de que el programa no responde con ligereza.

Como en muchas cosas en programación, no hay una forma única de resolver los problemas, veremos algunas opciones, pero en cada ocasión has de escoger la más adecuada. Implementar cada listener en una clase nos dará una arquitectura muy clara, pero puede ocasionar problemas de rendimiento. Implementar en clases privadas puede darnos una implementación más segura…

Los eventos se clasifican en dos tipos: los semánticos (*action events* e *item events*) y los de bajo nivel (eventos de ratón y teclado). Se recomienda, cuando se pueda, utilizar los eventos semánticos, ya que los de bajo nivel representan sucesos muy cercanos al sistema y, por tanto, podrían dar problemas de portabilidad: por ejemplo, sobre un botón, mejor un ActionListener que un MouseListener, ya que el primero se lanzará al activar el botón, independientemente de si el usuario está usando el ratón o el teclado, mientras que el segundo ignoraría las teclas.

Cada método de un *event listener* recibe como argumento un objeto que hereda de EventObject, aunque suele ajustarse al tipo de evento que estamos tratando. Fíjate en los imports del ejemplo: ActionEvent, FocusEvent, KeyEvent, MouseEvent, entre otros. EventObject solo define un método: getSource(), que devuelve el objeto en el que se produjo el evento.

Existen al menos cuatro formas de implementar un *listener*:

- Mediante una clase pública, definida en su propio fichero:

  ```java
  boton1.addActionListener(new RatonListener());
  ```

- Mediante una clase anónima, definida en el mismo parámetro: creamos una instancia de la clase que estamos implementando:

  ```java
  boton2.addActionListener(new ActionListener() {

      @Override
      public void actionPerformed(ActionEvent e) {
          System.out.println("actionPerformed en clase anónima");
      }
  });
  ```

- Mediante una clase interna, no pública, definida en el mismo fichero:

  ```java
  boton3.addActionListener(new ListenerInterno());
  ```

- Mediante una lambda:

  ```java
  boton4.addActionListener(event ->
      System.out.println("actionPerformed en lambda"));
  ```

El código fuente completo sería:

```java
01  package eventos;
02
03  import java.awt.GridLayout;
04  import java.awt.event.ActionEvent;
05  import java.awt.event.ActionListener;
06
07  import javax.swing.JButton;
08  import javax.swing.JFrame;
09
10  public class Sintaxis extends JFrame {
11      private JButton boton1;
12      private JButton boton2;
13      private JButton boton3;
14      private JButton boton4;
15
16      public Sintaxis() {
17          super("Sintaxis");
18          setLayout(new GridLayout());
19
20          boton1 = new JButton();
21          boton1.setText("Botón 1");
22          boton1.addActionListener(new RatonListener());
23          add(boton1);
24
25          boton2 = new JButton();
26          boton2.setText("Botón 2");
27          boton2.addActionListener(new ActionListener() {
28              @Override
29              public void actionPerformed(ActionEvent e) {
30                  System.out.println("actionPerformed en clase anónima");
31              }
32          });
33          add(boton2);
34
35          boton3 = new JButton();
36          boton3.setText("Botón 3");
37          boton3.addActionListener(new ListenerInterno());
38          add(boton3);
39
40          boton4 = new JButton();
41          boton4.setText("Botón 4");
42          boton4.addActionListener(event ->
43              System.out.println("actionPerformed en lambda"));
44          add(boton4);
45
```

```
46          setDefaultCloseOperation(JFrame.EXIT_ON_CLOSE);
47          setBounds(200, 200, 300, 100);
48          setVisible(true);
49      }
50
51      public static void main(String[] args) {
52          new Sintaxis();
53      }
54
55      class ListenerInterno implements ActionListener {
56          @Override
57          public void actionPerformed(ActionEvent e) {
58              System.out.println("actionPerformed en clase interna");
59          }
60      }
61  }
```

```
01  package eventos;
02
03  import java.awt.event.ActionEvent;
04  import java.awt.event.ActionListener;
05
06  public class RatonListener implements ActionListener {
07
08      @Override
09      public void actionPerformed(ActionEvent e) {
10          System.out.println("actionPerformed en clase pública");
11      }
12  }
```

Algunos *listeners* exigen muchos métodos... como los cinco del MouseListener. Si utilizamos cualquiera de las técnicas anteriores, como en el ejemplo Eventos, en la siguiente sección, tendremos que implementar los cinco métodos. Cierto es que podemos dejarlos vacíos. Pero, en caso de que necesitemos implementar solo uno o dos, es posible extender un *adapter*, como el MouseAdapter. Es una clase que ya tiene los cinco métodos vacíos y, por tanto, es suficiente con sobrescribir el que necesitemos y aprovechar la implementación (vacía) en el adapter para el resto.

Comprueba la diferencia en los botones 1 y 2:

```java
01  package eventos;
02
03  import java.awt.GridLayout;
04  import java.awt.event.MouseAdapter;
05  import java.awt.event.MouseEvent;
06  import java.awt.event.MouseListener;
07
08  import javax.swing.JButton;
09  import javax.swing.JFrame;
10
11  public class Adaptador extends JFrame {
12      private JButton boton1;
13      private JButton boton2;
14
15      public Adaptador() {
16          super("Adaptador");
17          setLayout(new GridLayout());
18
19          boton1 = new JButton();
20          boton1.setText("Botón 1");
21          boton1.addMouseListener(new MouseListener() {
22
23              @Override
24              public void mouseReleased(MouseEvent e) {
25                  System.out.println("mouseReleased");
26              }
27
28              @Override
29              public void mousePressed(MouseEvent e) {
30                  System.out.println("mousePressed");
31              }
32
33              @Override
34              public void mouseExited(MouseEvent e) {
35                  System.out.println("mouseExited");
36              }
37
38              @Override
39              public void mouseEntered(MouseEvent e) {
40                  System.out.println("mouseEntered");
41              }
42
43              @Override
44              public void mouseClicked(MouseEvent e) {
45                  System.out.println("mouseClicked");
46              }
47          });
48          add(boton1);
49
```

```
50          boton2 = new JButton();
51          boton2.setText("Botón 2");
52          boton2.addMouseListener(new MouseAdapter() {
53
54              @Override
55              public void mouseClicked(MouseEvent e) {
56                  System.out.println("mouseClicked en MouseAdapter");
57              }
58          });
59          add(boton2);
60
61          setDefaultCloseOperation(JFrame.EXIT_ON_CLOSE);
62          setBounds(200, 200, 300, 100);
63          setVisible(true);
64      }
65
66      public static void main(String[] args) {
67          new Adaptador();
68      }
69 }
```

Ejemplo

En este ejemplo hay cinco elementos en pantalla, utilizando un BorderLayout, que los coloca en los puntos cardinales. Tenemos, al norte, un campo de texto, editable; al oeste, un botón; en el centro, una área de texto sobre la que no permitiremos la edición, en la que se mostrarán los datos del último evento; al este, una etiqueta de texto para mostrar el contador de eventos que se han tratado; y al sur, otra etiqueta de texto para poner mensajes.

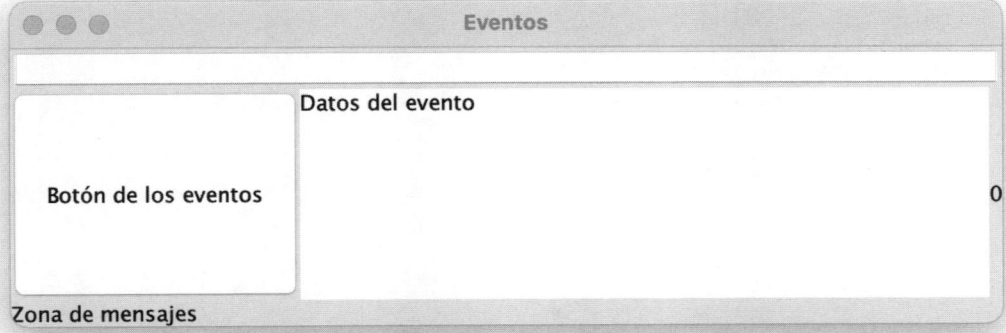

Figura 15.2. Captura del ejemplo en Java antes de ningún evento.

Por comodidad, he implementado todo en una misma clase, creando los *listeners* como clases anónimas.

Además de indicando el paquete, la clase empieza con una larga lista de importaciones: los elementos gráficos, los *listeners* y los eventos.

La clase Eventos extiende de JFrame, es decir, el marco gráfico en el que montaremos los elementos. Declaramos como atributos de la clase todos los elementos gráficos que utilizaremos, un botón, el campo de texto, el espacio espia para mostrar la información más extensa, la del evento, y las dos etiquetas, para el mensaje y el contador, que requiere que llevemos un contadorEventos.

Y entramos en el constructor, que establece el título y el método de distribución de los elementos en la pantalla (*layout*).

NOTA:

No acaba aquí el constructor... sigue en los fragmentos de código a continuación.

Eventos.java	Java

```java
01  package eventos;
02
03  import java.awt.AWTEvent;
04  import java.awt.BorderLayout;
05  import java.awt.event.ActionEvent;
06  import java.awt.event.ActionListener;
07  import java.awt.event.FocusEvent;
08  import java.awt.event.FocusListener;
09  import java.awt.event.KeyEvent;
10  import java.awt.event.KeyListener;
11  import java.awt.event.MouseEvent;
12  import java.awt.event.MouseListener;
13
14  import javax.swing.JButton;
15  import javax.swing.JFrame;
16  import javax.swing.JLabel;
17  import javax.swing.JTextArea;
18  import javax.swing.JTextField;
19
20  public class Eventos extends JFrame {
21      private JButton boton;
22      private JTextField campo;
23      private JTextArea espia;
24      private JLabel mensaje;
25      private JLabel contador;
26      private int contadorEventos = 0;
27
28      public Eventos() {
29          super("Eventos");
30          setLayout(new BorderLayout());
```

ActionListener

Aun dentro del constructor, por cada elemento, lo crearemos e inicializaremos y le añadiremos un *listener*, del que implementaremos los eventos requeridos. En cada caso, un *listener* distinto, para aprovechar y aprender varios. Finalmente, añadimos el elemento al marco, en la ubicación establecida para cada uno.

En el caso del botón, le ponemos un ActionListener, en el que debemos implementar el método actionPerformed().

En este ejemplo, todos los eventos los implementaremos igual: llamamos al método mostrarEvento() y le pasamos el evento e y el mensaje. La implementación de este método se halla en las próximas páginas, a partir de la línea 122.

Eventos.java	Java

```java
32        boton = new JButton();
33        boton.setText("Botón de los eventos");
34        boton.addActionListener(new ActionListener() {
35
36            @Override
37            public void actionPerformed(ActionEvent e) {
38                mostrarEvento(e, "ActionPerformed en el botón");
39            }
40        });
41        add(boton, BorderLayout.WEST);
```

Tras pulsar el botón, aparecen el mensaje previsto en la zona sur y, en la central, los datos del evento: el tipo, el comando (el texto del botón), el instante en el que se produjo y los modificadores, como se aprecia en la figura 15.3.

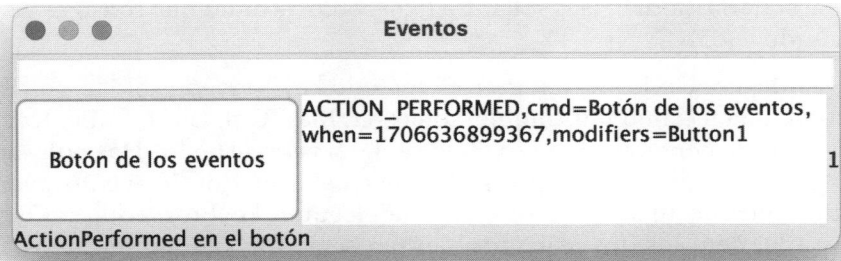

Figura 15.3. Captura tras pulsar en el botón.

KeyListener

El siguiente elemento que añadimos, en la zona norte, es el campo de texto, del que escucharemos las pulsaciones del teclado, mediante un KeyListener. En el mensaje mostraremos la tecla pulsada y su código numérico entre paréntesis.

En este caso, tenemos que implementar tres métodos, para reaccionar a tres acciones: apretar la tecla (keyPressed()), soltarla (keyReleased()) y, su efecto, escribirla (keyTyped()).

Eventos.java	Java

```
43        campo = new JTextField();
44        campo.addKeyListener(new KeyListener() {
45
46            @Override
47            public void keyTyped(KeyEvent e) {
48                mostrarEvento(e, "Has tecleado " + e.getKeyChar()
49                    + " (" + e.getKeyCode() + ")");
50            }
51
52            @Override
53            public void keyReleased(KeyEvent e) {
54                mostrarEvento(e, "Has soltado " + e.getKeyChar()
55                    + " (" + e.getKeyCode() + ")");
56            }
57
58            @Override
59            public void keyPressed(KeyEvent e) {
60                mostrarEvento(e, "Has pulsado " + e.getKeyChar()
61                    + " (" + e.getKeyCode() + ")");
62            }
63        });
64        add(campo, BorderLayout.NORTH);
```

Juega un rato con ello. Mientras pulsas la tecla «a», verás el mensaje «Has tecleado a (65)» y, al soltarla, saldrá «Has soltado a (65)», pero ¡te reto a que consigas visualizar «Has pulsado a (65)»!

Deja, deja, ¡déjalo! No lo vas a lograr. El método keyPressed() solo lo percibirás al pulsar sobre una tecla no imprimible, como Alt, May, Ctrl, Cmd... Mientras pulsas la tecla May, la de poner una letra en mayúscula, sí veras el texto «Has pulsado (16)». Y digo «solo lo percibirás» porque, si te fijas en el contador de eventos, verás que pulsar una letra lo incrementa en tres: se ejecutan keyPressed(), keyTyped() y keyReleased(), pero los dos primeros van tan seguidos, que no llegamos a ver el mensaje «Has pulsado a (65)». Sin embargo, si una tecla no es imprimible, al no ejecutarse keyTyped() sí veremos los efectos de keyPressed().

En la figura 15.4 se aprecia, además, en la zona espía, que también he pulsado la tecla comando (⌘). ¡Me has pillado! He aprovechado a capturar el evento de pulsar las teclas que lanzan la captura de pantalla: ⌘ + Mayus + 5. Incluso puedes saber que he utilizado la tecla de la izquierda (KEY_LOCATION_LEFT). ¡Qué indiscreción!

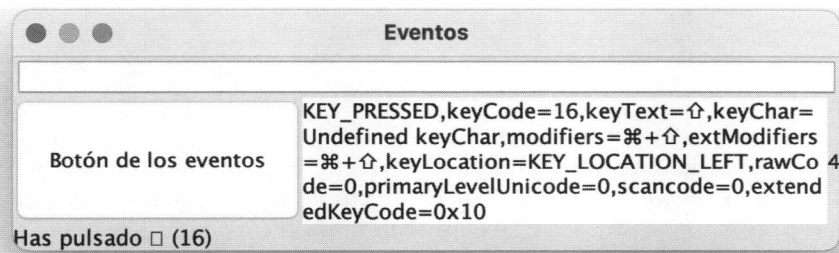

Figura 15.4. Captura tras pulsar la tecla Mayúsculas.

FocusListener

Seguimos con el área de texto espia, que he llamado así porque nos va a enseñar las intimidades de los eventos. Esta vez trabajamos un poco más la configuración del elemento, indicando que no queremos que se pueda editar (línea 67) y que queremos que se visualice en varias líneas si el texto es demasiado largo (línea 68).

Pero también la utilizo para probar otro tipo de *listener*: el FocusListener, que requiere implementar dos métodos, uno para detectar cuando un elemento recibe el foco, tiene el cursor en él (focusGained()) o lo pierde (focusLost()).

En otros lenguajes, como JavaScript, el evento de perder el foco se llama blur.

Eventos.java	Java

```
66    espia = new JTextArea("Datos del evento");
67    espia.setEditable(false);
68    espia.setLineWrap(true);
69    espia.addFocusListener(new FocusListener() {
70
```

```
71          @Override
72          public void focusLost(FocusEvent e) {
73              mostrarEvento(e, "El foco ya no está en el espía");
74          }
75
76          @Override
77          public void focusGained(FocusEvent e) {
78              mostrarEvento(e, "El foco está en el cuadro espía");
79          }
80      });
81      add(espia, BorderLayout.CENTER);
```

En la figura 15.5 se muestra el resultado de clicar en el área de texto. Se halla información del evento, más extensa de lo habitual. Especialmente interesante es la propiedad opposite: nos indica qué elemento tenía el foco antes, no vaya a ser que se lo queramos devolver.

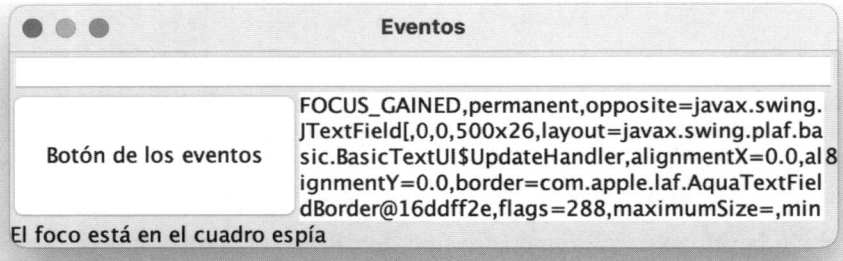

Figura 15.5. Captura tras clicar sobre la zona espía, otorgándole el foco.

MouseListener

El siguiente elemento que añadimos es el mensaje, en la zona sur. Le toca el turno al MouseListener, vamos a cotillear qué se está haciendo con el ratón. Son cinco métodos:

- mouseReleased: cuando se suelta el botón.
- mousePressed: cuando se pulsa el botón.
- mouseExited: cuando el puntero del ratón deja de estar dentro del elemento.
- mouseEntered: cuando el puntero del ratón se posa encima del elemento.
- mouseClicked: cuando se pulsa y suelta el botón en la misma ubicación.

```java
83      mensaje = new JLabel("Zona de mensajes");
84      mensaje.addMouseListener(new MouseListener() {
85
86          @Override
87          public void mouseReleased(MouseEvent e) {
88              mostrarEvento(e, "Has soltado el ratón");
89          }
90
91          @Override
92          public void mousePressed(MouseEvent e) {
93              mostrarEvento(e, "Has presionado el ratón");
94          }
95
96          @Override
97          public void mouseExited(MouseEvent e) {
98              mostrarEvento(e, "El ratón ha salido");
99          }
100
101         @Override
102         public void mouseEntered(MouseEvent e) {
103             mostrarEvento(e, "El ratón ha entrado");
104         }
105
106         @Override
107         public void mouseClicked(MouseEvent e) {
108             mostrarEvento(e, "Has hecho clic con el ratón");
109         }
110
111     });
112     add(mensaje, BorderLayout.SOUTH);
```

Estos cinco eventos dan mucho juego, me limitaré a un par de ejemplos:

Primero coloco el ratón sobre la zona de mensajes (figura 15.6). Los datos del evento nos muestran las coordenadas por las que hemos entrado a esa área. No hay botón, no hay contador de clics.

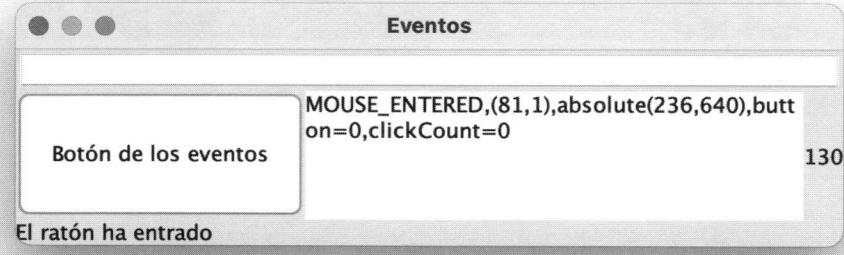

Figura 15.6. Captura tras colocar el ratón sobre la zona de mensajes.

Ese contador de clics nos permitirá distinguir si se ha hecho un clic normal o un doble clic o la cantidad de clics que se hayan hecho de forma consecutiva sin desplazar significativamente el puntero. En la figura 15.7 vemos cómo he hecho doble clic con el botón principal, el Button1.

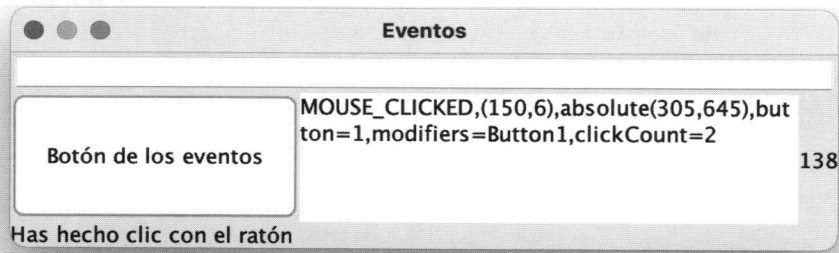

Figura 15.7. Captura tras hacer doble clic con el botón principal sobre la zona de mensajes.

Te animo a probar varias combinaciones, por ejemplo, clicar en el botón con el ratón mientras pulsas alguna tecla especial del teclado (control, shift…).

Fin del ejemplo

Y ya terminamos con el área del contador, a la que ya no le he metido más eventos.

Para finalizar la preparación de la interfaz gráfica, definimos cómo queremos que se cierre, su tamaño y ubicación en pantalla y, ya con todo listo, la hacemos visible. Con ello, podemos dar por concluido el constructor, tras el cual implementamos el método mostrarEvento() que hemos utilizado para tratar cada uno de los eventos: actualizamos el contador con un preincremento, rellenamos el área de texto central con los parámetros el evento y escribimos el texto recibido en el mensaje del sur.

ADVERTENCIA:

El método paramString() de los eventos solo se debe utilizar para propósitos de depuración, como lo que estamos haciendo aquí.

Finalmente, necesitamos el método main para ejecutar todo esto.

Eventos.java	Java

```
114        contador = new JLabel();
115        add(contador, BorderLayout.EAST);
116
117        setDefaultCloseOperation(JFrame.EXIT_ON_CLOSE);
118        setBounds(200, 200, 600, 200);
119        setVisible(true);
120    }
121
122    private void mostrarEvento(AWTEvent e, String textoMensaje) {
123        contador.setText("" + ++contadorEventos);
124        espia.setText(e.paramString());
125        mensaje.setText(textoMensaje);
126    }
127
128    public static void main(String[] args) {
129        new Eventos();
130    }
131 }
```

Con estas pinceladas sobre la programación dirigida a eventos y su gestión, seguro que ya estás pensando en los maravillosos programas que puedes crear o incluso en cómo mejorar los juegos propuestos.

Interfaz gráfica de usuario

- Programar la interfaz gráfica de usuario para aplicaciones de escritorio.
- Distribuir los elementos gráficos en la ventana.
- Utilizar distintos *widgets*, como botones, etiquetas, cuadros de texto…
- Combinar distintos tipos de contenedores.

Introducción

La interfaz gráfica del usuario (*Graphical User Interface* o GUI, por sus siglas en inglés) ofrece a este un entorno visual que le permite interactuar con la aplicación mediante el ratón, el teclado o una pantalla táctil, entre otros modos. Nace en contraposición a las antiguas interfaces por líneas de comandos (CLI, *Command Line Interface*, que siguen vigentes hoy en día para ciertas herramientas), en las que el usuario responde a las peticiones del programa con comandos o instrucciones en modo texto, utilizando su teclado.

Aunque tanto Python como Java son lenguajes adecuados para hacer el *backend*, y hoy en día las interfaces de usuario más frecuentes son en formato web, a través de un navegador o como apps de móvil, las aplicaciones de escritorio con GUI siguen siendo una opción válida, como has visto, o verás, en muchos juegos de este libro, y no está de más conocerla.

Aunque puede haber otras librerías o kits para esta tarea, nos centraremos en **Tkinter** para Python y **Swing** para Java.

Componentes

Las interfaces de usuario están formadas por distintos *widgets* o **elementos**, colocados en **contenedores** siguiendo una determinada **distribución** o *layout*.

Contenedores

Los contenedores son, entonces, esos componentes de las librerías gráficas preparados para contener y organizar otros componentes gráficos.

En el caso de Java, distinguimos entre JFrame y JPanel. JFrame se corresponde con la ventana, con su título, sus botones de minimizar, maximizar, cerrar… Es un componente de alto nivel. Por otro lado, JPanel se utiliza para la distribución interna dentro de la ventana, por ejemplo, para agrupar distintos componentes. Una aplicación gráfica debe tener un componente de máximo nivel, como JFrame, y puede tener entre ninguno y muchos JPanel, según cómo lo vayamos a distribuir.

Por su lado, en Python, perdón, en Tkinter, no se hace esa distinción y solo contamos con Frame que, a su vez, puede contener otros Frame.

Distribución (layout)

Tkinter nos ofrece tres formas de distribuir los elementos dentro de un contenedor:

*   pack(): tomando cada elemento como un bloque rectangular, ajusta todos los elementos que añadamos como lo haríamos con bloques de verdad. Podemos indicarle en qué lado añadirlo (side).

- grid(): coloca los elementos en una cuadrícula. Podemos indicarle las coordenadas o si queremos ocupar más de una fila y/o columna (con rowspan y columnspan).
- place(): ubica cada elemento empezando en las coordenadas indicadas, en las que pondrá la esquina superior izquierda del *widget*.

Swing en más rico en *layouts*. Aunque te puedes crear clases propias, y existe alguna más, las más comunes son:

- FlowLayout: es la distribución por defecto para JPanel. Va colocando uno tras otro, en la misma fila, hasta que se llena y sigue en la siguiente.
- BorderLayout: este me encanta, divide el espacio en cinco zonas: arriba (norte), abajo (sur), este (derecha), oeste (izquierda) y centro. Dentro de cada una es posible añadir componentes simples u otros contenedores. Es la distribución por defecto para JFrame.
- BoxLayout: coloca todos los elementos en una sola fila o columna, uno tras otro.
- GridLayout: como en el caso de Python, *grid* viene de cuadrícula, así que va posicionando los elementos en una cuadrícula con casillas de igual tamaño.
- CardLayout: este *layout* trata los elementos como una pila, mostrando uno solo a la vez, cuando convenga, podemos pedir que pase al siguiente.

¿Te estás liando mucho? En breve lo vemos en ejemplos, feos, pero ya verás cómo son buenos muestrarios.

Elementos (widgets)

No voy a listar aquí todos los elementos disponibles en Tkinter o en Swing, ya que esto es solo una breve introducción a estas librerías y no un manual completo. Me centro en los elementos incluidos en el ejemplo.

- Textos e imágenes
  - **Etiqueta:** de texto (o de imagen), es decir, un texto que se muestra sin más. En Tkinter se llama Label y en Swing, JLabel.
  - **Imagen:** Para cargar una imagen desde un fichero y poderla utilizar en una etiqueta. En Python sería PhotoImage y en Java, ImageIcon (¡sorpresa! No empieza por J).
- Botones clicables
  - **Botón:** Button o JButton es difícil de explicar, porque seguro que ya sabes lo que es, pero podríamos decir que es un elemento preparado para ser clicado y así interactuar con el usuario. Suele llevar un texto o una imagen y, al clicarlo, se lanza la acción deseada.
  - **Casilla de verificación:** Checkbutton o JCheckBox. Cuadradito que podemos marcar o desmarcar.
  - **Botón de opción:** Radiobutton o JRadioButton. Circulito que podemos marcar o desmarcar. Pero, atención, la diferencia con la casilla de verificación no es solo la forma. Cuando tenemos varios *radios* agrupados, el comportamiento

habitual y esperado es que solo uno pueda estar seleccionado: cuando selecciono uno, se deselecciona el que lo estaba previamente, mientras que podemos seleccionar cuantos *checks* necesitemos simultáneamente.

- **Listas:** Listbox o JList: elemento para mostrar un listado de posibles valores. El usuario podrá seleccionar uno o varios según lo configuremos.
- Entrada del usuario
  - **Cuadro de texto**: elemento para que el usuario pueda escribir en él, de una línea de alto, y el ancho que definamos. Se llama Entry en Tkinter y JTextField en Swing.
  - **Text:** parecido al cuadro de texto, pero de varias líneas: Text o JTextArea.

Hay muchos más, como barras deslizantes (*slider*), cuadros de texto con incremento/decremento (*spinner*), pestañas, electores de ficheros, colores, barras de progreso, separadores, diálogos… Ahí tienes unos cuantos retos para seguir aprendiendo.

Pero vayamos ya a los ejemplos, esta vez separados por lenguaje.

Sintaxis y ejemplos en Python (Tkinter)

No tengas en cuenta la estética de este ejemplo, busco un muestrario donde mostrarte la mayor cantidad de casos en el mínimo espacio. En las imágenes del libro quizá no se aprecie bien, por ser en escala de grises, pero cuando ejecutes el código en tu ordenador, verás que está formado por varios bloques de colores. Esos colores de fondo nos ayudan a identificar los bloques. En un diseño de verdad no los pondríamos, al menos, así.

En cada bloque utilizaré un *layout* distinto, y añadiré elementos similares:

- Etiquetas colocadas con pack() en el primer bloque.
- Distintos tipos de botones, organizados con grid() en el segundo.
- Entradas de texto colocadas por coordenadas, con place(), en el tercer y último bloque.

Empezamos creando un elemento raíz, en el que establecemos el título de la ventana y su tamaño (ancho x alto, en la línea 5), así como el color de fondo, azul cielo.

Como hemos hecho en muchos de los juegos, también añadimos una barra de estado en la que ir mostrando qué sucede. Irá al final de todo, pero la declaramos ya para poder utilizarla en los métodos que tratan los eventos.

gui.py	Python

```
01  import tkinter as tk
02
03  root = tk.Tk()
04  root.title("Muestrario GUI con Tkinter")
05  root.geometry("300x600")
06  root.config(bg="skyblue")
07
08  barraEstado = tk.Label(root, text = "barra de estado")
```

Entramos en el bloque que utiliza pack(). Le damos el color coral de fondo, para identificar claramente el espacio que ocupamos. Iremos colocando siete etiquetas: las primeras, numeradas; la última, con una imagen. Fíjate en la numeración, porque es el orden en el que las estamos insertando. El texto de la etiqueta también indica en qué lado la hemos colocado.

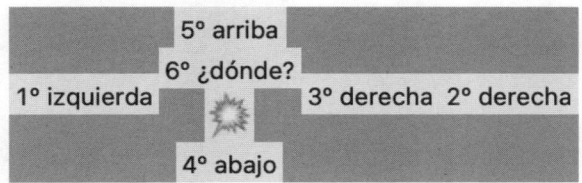

Figura 16.1. Detalle del bloquePack en el ejemplo en Python.

Cuando colocamos dos elementos en el mismo sitio, el nuevo «empuja» al antiguo, lo puedes ver con 2º y 3º, ambos a la derecha.

Al empacar la sexta etiqueta, no indicamos dónde queremos ponerla, así que se queda en la zona central. Con la imagen, hacemos lo mismo, un simple pack() sin más indicaciones, y se coloca debajo de la anterior. Por cierto, para poner la imagen, necesitamos primero cargarla, referenciando el fichero, y luego dándole la propiedad image (en lugar de text) a la etiqueta (líneas 25 y 26).

gui.py	Python

```
10  bloquePack = tk.Frame(root)
11  bloquePack.config(bg = "coral")
12
13  eti1 = tk.Label(bloquePack, text = "1º izquierda")
14  eti1.pack(side = "left")
15  eti2 = tk.Label(bloquePack, text = "2º derecha")
16  eti2.pack(side = "right")
17  eti3 = tk.Label(bloquePack, text = "3º derecha")
18  eti3.pack(side = "right")
19  eti4 = tk.Label(bloquePack, text = "4º abajo")
20  eti4.pack(side = "bottom")
21  eti5 = tk.Label(bloquePack, text = "5º arriba")
22  eti5.pack(side = "top")
23  eti6 = tk.Label(bloquePack, text = "6º ¿dónde?")
24  eti6.pack()
25  img = tk.PhotoImage(file = 'explosion.png')
26  eti7 = tk.Label(bloquePack, image = img)
27  eti7.pack()
28
29  bloquePack.pack()
```

Seguimos con la cuadrícula, *frame* al que le damos un color lavanda de fondo.

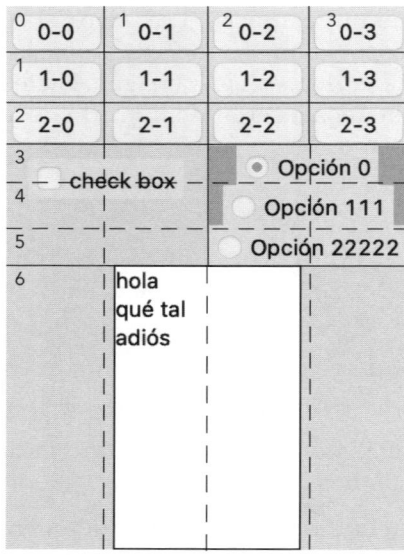

Figura 16.2. Detalle del bloqueGrid en el ejemplo en Python.

Empezamos con dos bucles anidados para generar 3 x 4 botones, sin más virguerías. Al crear los botones, indicamos en qué *frame* los vamos a meter y su texto (en este caso, pintamos la i y la j de los bucles). Al hacer el grid(), especificamos en qué fila y columna queremos ubicar cada botón.

Seguimos con una casilla de verificación, Checkbutton, a cuyo constructor le damos el *frame* y el texto, como antes, pero, además, el comando a ejecutar y la variable en la que Python almacenará el valor de este elemento. Por eso antes definimos varCheck como IntVar y también el método a ejecutar, que pintará un 1 si la casilla está marcada o un 0 si no lo está, en la barra de estado. En la línea 44, al hacer el grid(), decimos que queremos meter este elemento en un espacio que ocupe dos casillas de ancho, columnspan = 2.

En las otras dos columnas, pero ocupando tres filas (rowspan = 3), metemos un nuevo *frame* con tres Radiobutton. A este *frame* le daremos un color de fondo marrón clarito. El tratamiento de los eventos sobre los *radios* es equivalente al que hemos puesto para la casilla de verificación. Fíjate en que los tres *radios* comparten la misma variable. Así quedan vinculados.

También añadimos en este bloque una lista de valores, como un sistema de «botones» más. Por cada elemento de la lista que hemos creado *ad hoc*, insertamos, al final de la lista (tk.END), cada elemento. Insertamos la lista en el bloque, con un grid(), ocupando las cuatro columnas.

ADVERTENCIA:

No podemos combinar varios layouts en un mismo frame: o vamos a grids o vamos a packs. Si no cumples esta regla, tendrás que lidiar con errores de ejecución.

```
31  bloqueGrid = tk.Frame(root)
32  bloqueGrid.config(bg = "lavender")
33  for i in range(3):
34      for j in range(4):
35          botoncito = tk.Button(bloqueGrid, text = str(i) + "-" + str(j))
36          botoncito.grid(row = i, column = j)
37
38  varCheck = tk.IntVar()
39  def marcado():
40      barraEstado.config(
41          text = "check box {} marcado".format(varCheck.get()))
42  check = tk.Checkbutton(bloqueGrid, text = "check box",
43              command = marcado, variable = varCheck)
44  check.grid(columnspan = 2)
45
46  bloqueRadios = tk.Frame(bloqueGrid)
47  bloqueRadios.config(bg = "burlywood")
48  varRadio = tk.IntVar()
49  def seleccionado():
50      barraEstado.config(
51          text = "radio {} seleccionado".format(varRadio.get()))
52  for i in range(3):
53      radio = tk.Radiobutton(bloqueRadios,
54              text = "Opción " + str(i)*((2*i)+1),
55              variable = varRadio, value = i, command = seleccionado)
56      radio.grid()
57  bloqueRadios.grid(row = 3, column = 2, columnspan = 2, rowspan = 3)
58
59  def eleccion(ev):
60      barraEstado.config(
61          text = "elemento {} elegido".format(lista.curselection()))
62  lista = tk.Listbox(bloqueGrid, selectmode = tk.BROWSE, width = 12)
63  lista.bind("<<ListboxSelect>>", eleccion)
64  for t in ["hola", "qué tal", "adiós"]:
65      lista.insert(tk.END, t)
66  lista.grid(columnspan = 4)
67  bloqueGrid.pack()
```

Al tercer bloque le damos un color de nombre muy poético: verde marino oscuro. Poco importa. Lo que sí es importante es que fijamos qué tamaño nos interesa darle, ya que esta vez emplearemos place(), y este *layout* no se autoajusta al contenido. Ubica los elementos exactamente donde decimos.

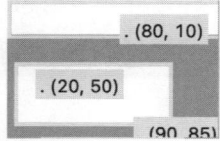

Figura 16.3. Detalle del bloquePlace en el ejemplo en Python.

Empezamos insertando un campo de texto y un área de texto, a lo que reaccionaremos a cada pulsación de tecla replicando lo escrito en estas entradas en la barra de estado. El campo de texto lo ubicamos en la posición (0, 0), para ver claro que la referencia es la esquina superior derecha. El área de texto la desplazamos 5 puntos en horizontal y 45 en vertical.

Para recuperar el contenido del área de texto, debemos hacer un get() pasándole como argumentos las posiciones de inicio y fin que queremos coger. El texto "1.0" del ejemplo significa que deseamos coger desde la línea 1, carácter 0, es decir, desde el principio. Como fin, ponemos tk.END, ya que queremos cogerlo todo.

Y para probar todo el potencial de este *layout*, aunque nos impida ver bien los campos de entrada que acabamos de crear, colocamos tres etiquetas por encima. Fíjate en que la que empieza en las coordenadas (90, 85) no cabe y no se muestra entera. Este *layout* no hace crecer el *frame* para ajustarse a los elementos insertados, así que, si colocas algo fuera de ese espacio, simplemente no lo verás. Dado el caso, ¡no enloquezcas y repasa las coordenadas!

gui.py	Python

```
69  bloquePlace = tk.Frame(root, width = 150, height = 100)
70  bloquePlace.config(bg = "darkseagreen")
71
72  contenido = tk.StringVar()
73  def escribiendo(ev):
74      barraEstado.config(text = contenido.get())
75  campoEntrada = tk.Entry(bloquePlace, textvariable = contenido)
76  campoEntrada.bind("<KeyRelease>", escribiendo)
77  campoEntrada.place(x = 0, y = 0)
78  campoGrande = tk.Text(bloquePlace, height = 3, width = 15)
79  campoGrande.place(x = 5, y = 45)
80  def escribiendoMucho(ev):
81      barraEstado.config(text = campoGrande.get("1.0", tk.END))
82  campoGrande.bind("<KeyRelease>", escribiendoMucho)
83
84  place8010 = tk.Label(bloquePlace, text = ". (80, 10)")
85  place8010.place(x = 80, y = 10)
86  place2050 = tk.Label(bloquePlace, text = ". (20, 50)")
87  place2050.place(x = 20, y = 50)
88  place9085 = tk.Label(bloquePlace, text = ". (90, 85)")
89  place9085.place(x = 90, y = 85)
90  bloquePlace.pack()
```

Para terminar, no olvides que hay que hacer el pack() de la barra de estado (al final, porque queremos empaquetarla tras los otros tres bloques) y lanzamos el mainloop().

gui.py	Python

```
92  barraEstado.pack()
93  root.mainloop()
```

Y aquí tienes el resultado final:

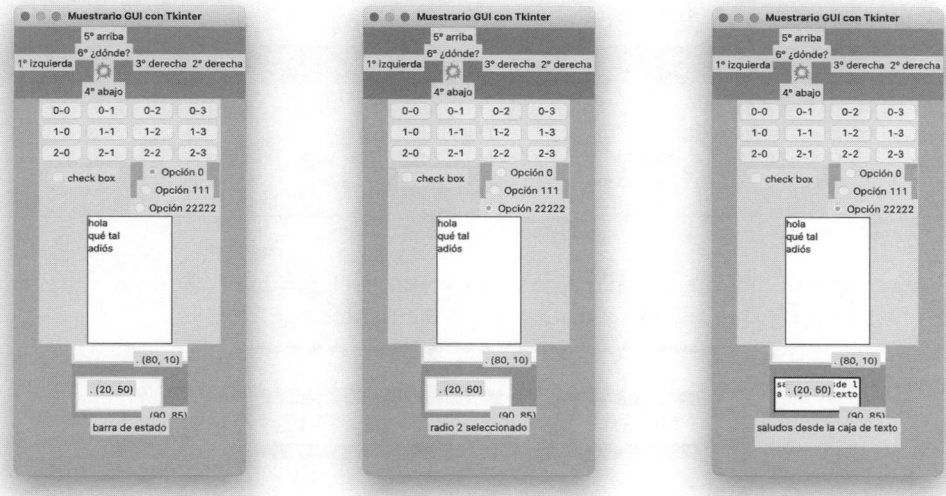

Figura 16.4. Ejemplo en Python entero.

Si interactúas con los elementos que tienen *listeners*, verás el resultado en la barra de estado. Como yo aún no había tocado nada antes de sacar la captura, en la captura de la izquierda vemos el texto inicial, pero en la central se aprecia que seleccioné el tercer *radio* y, en la de la derecha, que escribí texto.

Sintaxis y ejemplos en Java (Swing)

Veamos otro ejemplo, esta vez utilizando Swing en Java.

> **NOTA:**
>
> *En el código listado no se incluyen los imports (ni el package). Los componentes son del paquete javax.swing, Layouts, Listeners y Color de java.awt. Pero no te preocupes, lo tienes en el repositorio de código. En cualquier caso, la funcionalidad de organizar imports de tu IDE te ayudará.*

En los juegos, a veces, hemos extendido los elementos, de forma que nuestras clases eran botones o marcos o… Pero, esta vez, lo haremos todo desde un main, olvidándonos un poco de la herencia, pero aplicando otro de los principios de la orientación a objetos: la composición. Creamos instancias de las clases que nos interesen, sin extenderlas en nuevas clases.

Por tanto, empezamos creando un nuevo JFrame al que le damos un título y en el que establecemos el sistema de distribución que utilizaremos: FlowLayout. Se irán añadiendo los elementos unos tras otros.

Gui.java	Java

```
23  public class Gui {
24  public static void main(String[] args) {
25        JFrame marco =new JFrame("Muestrario GUI con Swing");
26        marco.setLayout(new FlowLayout());
```

Los elementos que añadiremos al marco serán, como en el ejemplo en Python, subpaneles cada uno con un *layout* distinto y con variados elementos dentro.

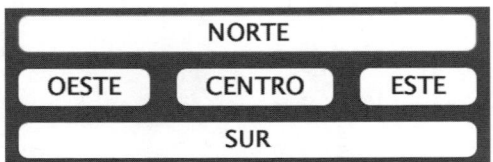

Figura 16.5. Detalle del panelBorder en el ejemplo en Java.

Creamos un nuevo panel, con color de fondo azulón, en el que usaremos el BorderLayout, el de los puntos cardinales. Y en cada punto meteremos un botón cuya etiqueta será el nombre de ese punto: norte, sur…

ADVERTENCIA:

No hemos puesto listeners a los botones, así que no sucederá nada si los clicas. Puedes consultar el capítulo anterior para aprender a reaccionar a los eventos. En este ejemplo los evitamos para simplificarlo.

Gui.java	Java

```
28        JPanel panelBorder =new JPanel();
29        panelBorder.setBackground(Color.BLUE);
30        panelBorder.setLayout(new BorderLayout());
31        panelBorder.add(new JButton("NORTE"), BorderLayout.NORTH);
32        panelBorder.add(new JButton("SUR"), BorderLayout.SOUTH);
33        panelBorder.add(new JButton("ESTE"), BorderLayout.EAST);
34        panelBorder.add(new JButton("OESTE"), BorderLayout.WEST);
35        panelBorder.add(new JButton("CENTRO"), BorderLayout.CENTER);
36        marco.add(panelBorder);
```

En el siguiente panel, con fondo verde, utilizaremos el BoxLayout en sentido vertical, es decir, según el eje de la página (PAGE_AXIS). Insertamos una etiqueta, un campo de texto, y un área de texto de cinco líneas por quince columnas, y como marca este *layout*, se ubica un elemento bajo el otro.

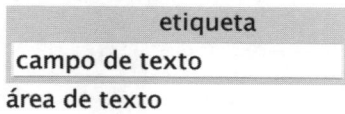

Figura 16.6. Detalle del panelBoxVertical en el ejemplo en Java.

Gui.java	Java

```
38    JPanel panelBoxVertical = new JPanel();
39    panelBoxVertical.setLayout(
40        new BoxLayout(panelBoxVertical, BoxLayout.PAGE_AXIS));
41    panelBoxVertical.setBackground(Color.GREEN);
42    panelBoxVertical.add(new JLabel("etiqueta"));
43    panelBoxVertical.add(new JTextField("campo de texto"));
44    panelBoxVertical.add(new JTextArea("área de texto", 5, 15));
45    marco.add(panelBoxVertical);
```

Veamos el impacto de un pequeño cambio en la configuración: repetimos con BoxLayout, pero esta vez utilizando el LINE_AXIS, el eje de la línea, es decir, en sentido horizontal. Le ponemos un fondo azul cian.

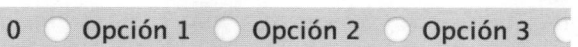

Figura 16.7. Detalle del panelBoxHorizontal en el ejemplo en Java.

Para este panel, creamos un grupo de botones al que le añadimos cinco botoncitos de opción. Agrupar los botones no tiene efectos gráficos. Lo que conseguimos añadiendo varios botones a un ButtonGroup es vincularlos para que solo sea posible seleccionar uno. Comprueba que la agrupación de botones funciona: clica sobre algunos de ellos y verifica que, cuando seleccionas uno, se deselecciona el otro.

Por cierto, observa que no entran todos en la captura. BoxLayout añade los elementos sin quejarse, eso sí, todos en la misma línea, y si no caben... es tu problema. Habrá que ir con cuidado al usarlo.

```
47        JPanel panelBoxHorizontal = new JPanel();
48        panelBoxHorizontal.setLayout(
49            new BoxLayout(panelBoxHorizontal, BoxLayout.LINE_AXIS));
50        panelBoxHorizontal.setBackground(Color.CYAN);
51
52        ButtonGroup grupo = new ButtonGroup();
53        for (int i = 0; i < 5; i++) {
54            JRadioButton radio = new JRadioButton("Opción " + i);
55            grupo.add(radio);
56            panelBoxHorizontal.add(radio);
57        }
58        marco.add(panelBoxHorizontal);
```

Quizá si queremos meter muchos elementos similares nos conviene más utilizar GridLayout: en nuestro ejemplo, con fondo naranja, de dos filas y tres columnas.

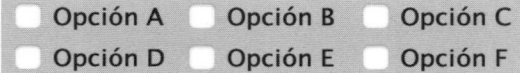

Figura 16.8. Detalle del panel Grid en el ejemplo en Java.

En esta ocasión lo llenamos con seis casillas de verificación. Para variar un poco, en vez de números, ponemos letras.

¿Cómo conseguimos letras consecutivas? Partimos de la primera letra, un char, 'A' en el ejemplo, le sumamos un número. Al sumar un char y un número, para Java, el resultado es un número, que podemos volver a convertir mediante un casting a char, y ya tenemos, de nuevo una letra, por ejemplo, una 'C' si le sumamos dos a la 'A'.

Podríamos indicarle las coordenadas en las que queremos insertar cada elemento, pero, como ya nos conviene que ponga uno tras otro, dejamos que se organice el *layout* solito, añadiéndolos con un simple add().

```
60        JPanel panelGrid = new JPanel();
61        panelGrid.setBackground(Color.ORANGE);
62        panelGrid.setLayout(new GridLayout(2, 3));
63        for (int i = 0; i < 6; i++) {
64            JCheckBox check = new JCheckBox("Opción " + (char)('A' + i));
65            panelGrid.add(check);
66        }
67        marco.add(panelGrid);
```

En el último panel de este ejemplo sí añadiremos un *listener*… porque emplearemos un CardLayout. Empezamos poniendo el fondo en color magenta, aunque no lo llegaremos a apreciar.

En los otros paneles, habíamos establecido el *layout* creándolo de nuevas directamente. Ahora lo guardamos en una variable antes de establecerlo para poder acceder a él al gestionar el evento de cambio de tarjeta. Gestión que haremos en un ActionListener muy simple: reaccionará al evento pasando a la siguiente tarjeta (línea 75).

Cada tarjeta debe ser un JPanel a su vez, así que lo podríamos complicar más, pero solo le ponemos un botón: en las dos primeras con una imagen (cargada como a ImageIcon), en la tercera con un texto. Añadimos cada botón a su panel, tarjeta, y cada tarjeta al panelCard. Y con esto ya lo tendríamos.

Gui.java	Java

```java
69    JPanel panelCard = new JPanel();
70    panelCard.setBackground(Color.MAGENTA);
71    CardLayout layoutTarjetas = new CardLayout();
72    panelCard.setLayout(layoutTarjetas);
73
74    ActionListener listenerTarjetas =
75        evento -> layoutTarjetas.next(panelCard);
76
77    JPanel tarjeta1 = new JPanel();
78    JButton boto= new JButton(
79        new ImageIcon(Gui.class.getResource("explosion.png")));
80    boton1.addActionListener(listenerTarjetas);
81    tarjeta1.add(boton1);
82    panelCard.add(tarjeta1);
83
84    JPanel tarjeta2 = new JPanel();
85    JButton boto= new JButton(
86        new ImageIcon(Gui.class.getResource("mina.png")));
87    boton2.addActionListener(listenerTarjetas);
88    tarjeta2.add(boton2);
89    panelCard.add(tarjeta2);
90
91    JPanel tarjeta3 = new JPanel();
92    JButton boto= new JButton("FIN");
93    boton3.addActionListener(listenerTarjetas);
94    tarjeta3.add(boton3);
95    panelCard.add(tarjeta3);
96
97    marco.add(panelCard);
```

¿Quieres verlo todo junto?

  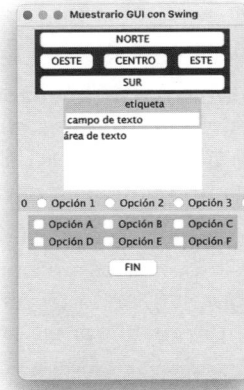

Figura 16.9. Ejemplo en Java entero.

Clica en el botón con la explosión, verás la mina. Si clicas en la mina, verás el «FIN», pero no se termina nada. Si clicas en «FIN», damos la vuelta y vuelves ¡a la explosión!

Pero antes hay que terminar: que salga cuando se cierre, le damos dimensiones al marco y, no te olvides, lo hacemos visible. Ahora sí. Ya se puede ejecutar.

Gui.java	Java

```
99          marco.setDefaultCloseOperation(JFrame.EXIT_ON_CLOSE);
100         marco.setBounds(50, 100, 300, 500);
101         marco.setVisible(true);
102     }
103 }
```

Un buen reto podría ser intentar traducir ambos ejemplos al otro lenguaje.

Sigue retándote

Has llegado al final del libro, ¡enhorabuena! Espero que hayas aprendido mucho y disfrutado aún más.

Pero con el final de esta obra no llega el fin de tu aprendizaje en el mundo de la programación. ¿Por dónde seguir? Depende de tus necesidades e intereses, pero algunas ideas podrían ser:

- acceso a ficheros
- acceso a datos en bases de datos
- desarrollo de aplicaciones móviles
- profesionalización del código (con control de versiones, documentación, sistemas de trazas, integración continua, gestión de proyectos…)
- programación funcional (*streams* y lambdas)
- uso de *frameworks* y librerías
- …

Si quieres profundizar en Java te invito a seguir el manual imprescindible *Curso de programación Java*, mi primer libro. En *Estructuras de datos y algoritmos. Guía ilustrada para programadores* (que abarca varios lenguajes, como Python, Java, JavaScript y Haskel), mi segundo libro, te adentrarás en aspectos fundamentales de la programación.

Por cierto, ¿has aprendido Java o Python o los dos a la vez? ¿Conocías alguno de los dos? ¿Qué tal se han dado los retos propuestos?

Puedes contactarme por X (antes Twitter) (@MarionaJava) o LinkedIn (marionanadal) para compartir tu experiencia con este libro.

respuestas

Capítulo	Página	Pregunta	Respuesta	QR
2	36	¿Con cuántas tabulaciones pondrías una línea de despedida que se mostrara siempre?	Ninguna	
3	44	Si utilizas una estrategia óptima, ¿cuántos intentos necesitas, como máximo, para adivinar cualquier número entre 1 y 100?	7	
4	69	¿Por qué método deberíamos reemplazar equalsIgnoreCase si quisiéramos ser estrictos con el usuario y no permitirle responder en minúsculas?	equals	
5	88	Con la nueva lista de PALABRAS, ¿cuántas podrían ser la buscada si tenemos la pista PE_ _ _ _?	3	
6	125	En la partida de la figura 6.4, ¿en qué casilla debería jugar la O para evitar que la X gane?	No puede	
7	156	Con estos símbolos, ¿cuál es tamaño máximo de tablero cuadrado que podemos montar?	4x4	
8	194	¿De qué tamaño es un tablero si una de sus celdas tiene el siguiente contorno (4, 5), (5, 5), (4, 6) y (5, 6)?	5x6	
9	259	¡Ayúdame! ¿Cuál es la palabra de ocho letras que estoy buscando?	CALAVERA	
9	293	¡Ayúdame! ¿Cuál es la palabra de cinco letras que estoy buscando?	GUACA	

Índice alfabético